Michael Wolff

FUEGO Y FURIA

Michael Wolff ha recibido numerosos galardones por su trabajo, incluidos dos National Magazine Awards. Ha sido columnista habitual en *Vanity Fair, New York, The Hollywood Reporter, British GQ, USA Today* y *The Guardian*. Ha publicado seis libros con anterioridad a este, incluidos los éxitos de ventas *Burn Rate* y *The Man Who Owns the News*. Vive en Manhattan y tiene cuatro hijos.

FUEGO
Y
FURIA

FUEGO Y FURIA

DENTRO DE LA CASA BLANCA DE TRUMP

MICHAEL WOLFF

Traducción de Maia Figueroa Evans, Jesús Gómez Gutiérrez,
Julio Ignacio Hermoso Oliveras y Antonio Rivas Gonzálvez

VINTAGE ESPAÑOL
Una división de Penguin Random House LLC
Nueva York

PRIMERA EDICIÓN VINTAGE ESPAÑOL, FEBRERO 2018

Copyright de la traducción © 2018 por Maia Figueroa Evans,
Jesús Gómez Gutiérrez, Julio Ignacio Hermoso Oliveras y Antonio Rivas Gonzálvez

Todos los derechos reservados. Publicado en los Estados Unidos de América
por Vintage Español, una división de Penguin Random House LLC, Nueva York,
y distribuido en Canadá por Random House of Canada, una división de Penguin
Random House Canada Limited, Toronto. Originalmente publicado en inglés
en los Estados Unidos como *Fire and Fury: Inside the Trump White House*
por Henry Holt and Company, Nueva York, en 2018. Copyright © 2018
por Michael Wolff. Esta traducción fue publicada simultáneamente en
España y América Latina por Editorial Planeta, Barcelona.

Vintage es una marca registrada y Vintage Español y su colofón son
marcas de Penguin Random House LLC.

Información de catalogación de publicaciones disponible en la
Biblioteca del Congreso de los Estados Unidos.

Vintage Español ISBN: 978-0-525-56428-7
eBook ISBN: 978-0-525-56429-4

Para venta exclusiva en EE.UU., Canadá, Puerto Rico y Filipinas.

www.vintageespanol.com

Impreso en los Estados Unidos de América
10 9 8 7 6 5 4 3 2 1

Para Victoria y Louise, madre e hija

ÍNDICE

NOTA DEL AUTOR

El motivo de escribir este libro no puede ser más evidente. Con la inauguración de Donald Trump el 20 de enero del 2017, Estados Unidos entró en el ojo de la tormenta política más extraordinaria desde, al menos, el Watergate. A medida que se acercaba ese día me fui preparando para contar esta historia de la forma más contemporánea posible e intentar ver la vida en la Casa Blanca de Trump a través de los ojos de las personas más cercanas a esta.

Inicialmente este proyecto fue concebido como un relato de los primeros cien días de la administración de Trump, el indicador más tradicional de una presidencia. Pero los acontecimientos se dispararon sin respiro durante más de doscientos días; el telón del primer acto de la presidencia de Trump tan solo descendió con el nombramiento del general retirado John Kelly como jefe de gabinete a finales de julio y la salida del jefe de estrategia, Stephen K. Bannon, tres semanas después.

Los sucesos que narro en estas páginas se basan en conversaciones que tuvieron lugar a lo largo de un periodo de dieciocho meses con el presidente, con la mayoría de los altos funcionarios —algunos de ellos hablaron conmigo docenas de veces— y con mucha otra gente con la que ellos hablaron a su vez. La primera entrevista tuvo lugar a finales de mayo de 2016 en la residencia de Trump en Beverly Hill, mucho antes de que llegara a imaginar que existiría una Casa Blanca de Trump, y menos aún que escribiría un libro sobre ello. El entonces candidato se comió una pinta de Häagen-Dazs de vainilla al tiempo que opinaba alegre y despreocupadamente sobre una serie de temas y mientras que sus ayudantes, Hope Hicks, Corey Lewandowsky y Jared Kushner, entraban y salían de la sala. Las conversaciones con miembros de su equipo de campaña prosiguieron durante la Convención Republicana en Cleveland, cuando aún era difícil imaginarse que Trump sería elegido. Continuaron en la Torre Trump con un Steve Bannon conversador, antes de las elecciones, cuando Trump seguía pareciendo una rareza divertida, y más tarde, luego de las elecciones, cuando parecía un hacedor de milagros.

Poco después del 20 de enero ocupé algo así como un asiento semipermanente en el sofá del Ala Oeste. Desde entonces realicé más de doscientas entrevistas.

Aunque la administración de Trump ha convertido la hostilidad hacia la prensa en casi una norma, también se ha mostrado más abierta hacia los medios que cualquier otra Casa Blanca reciente que recordemos. Al principio, aspiraba a tener un cierto nivel de acceso formal a esta Casa Blanca, un estatus como de "mosca en la pared". El propio presidente alentó esa idea. Pero debido a los numerosos feudos en la Casa Blanca de Trump que entraron en conflicto abierto en los primeros días de la administración, parecía que no había ninguna persona capaz de hacerlo realidad. Por otro lado, tampoco había nadie que me dijera "márchate". De modo que me convertí más en un intruso constante que en un invitado —algo bastante cercano a una auténtica mosca en la pared—, sin haber aceptado ninguna regla ni haber hecho ninguna promesa sobre lo que podía o no podía escribir.

Muchos de los relatos sobre lo que ha ocurrido en la Casa

Blanca de Trump se contradicen unos con otros; muchos, a la manera trumpiana, son lisa y llanamente mentira. Estas contradicciones, y esta visión generosa de la verdad, y de la realidad misma, son un hilo elemental de este libro. A veces he dejado que los participantes dieran su versión, y corresponderá al lector juzgar aquellas versiones. Otras veces, debido a la solidez de las historias y al provenir de fuentes en las que he llegado a confiar, he mostrado la versión de los hechos que creo que es cierta.

Muchas de mis fuentes me han hablado en condición de "deep background", una convención de los libros políticos contemporáneos que permite mostrar una descripción incorporea de hechos proporcionada por un testigo anónimo. También me he apoyado en entrevistas extraoficiales ("*off the record*"), permitiendo que una fuente proporcione una cita directa con el acuerdo de que no será citada. Otras fuentes han hablado conmigo con la condición de que el material de las entrevistas no se haría público antes de que se publicase el libro. Por último, algunas fuentes hablaron directamente de manera oficial ("*on the record*").

Al mismo tiempo, merece la pena señalar algunos de los dilemas periodísticos a los que me he enfrentado mientras trataba con la administración de Trump, muchos de ellos consecuencia de la ausencia de procedimientos oficiales en la Casa Blanca y la falta de experiencia de los responsables. Estos dilemas han incluido manejar material "off the record" o de "deep background", que más tarde se convirtió informalmente en "on the record"; fuentes que me contaron cosas en confidencia y posteriormente las compartieron abiertamente (como si hubieran dejado a un lado sus primeras vacilaciones; un descuido frecuente a la hora de fijar los parámetros del uso de una conversación); que el punto de vista de una fuente fuera tan bien conocido y tan ampliamente compartido que sería ridículo no acreditarlo; y la confidencia casi de panfleto clandestino o la reproducción pasmosa de conversaciones que en realidad eran privadas o confidenciales. Y, por todas partes en esta historia, la voz constante, incansable e incontrolada del propio presidente, en público y en privado, compartida por otros a diario, a veces casi simultáneamente en cuanto abría la boca.

Fuera cual fuera el motivo, casi todas las personas que contacté —tanto altos miembros del personal de la Casa Blanca como observadores dedicados— compartieron mucho tiempo conmigo y se esforzaron enormemente en ayudar a arrojar luz sobre el carácter excepcional de la vida dentro de la Casa Blanca de Trump. Al fin y al cabo, lo que yo pude presenciar, y de lo que trata este libro, es a un grupo de gente que ha luchado, cada cual a su manera, para asumir lo que significa trabajar para Donald Trump.

Tengo una enorme deuda con ellos.

FUEGO
Y
FURIA

PRÓLOGO:
AILES Y BANNON

La velada empezó a las seis y media, pero Steve Bannon, convertido de repente en uno de los hombres más poderosos del mundo y cada vez menos preocupado por las restricciones de tiempo, llegaba tarde.

Bannon había prometido asistir a esta pequeña cena organizada por amigos comunes en una casa de Greenwich Village para ver a Roger Ailes, el anterior director de Fox News y la figura más importante en los medios derechistas, y en algún momento mentor de Bannon. Al día siguiente, el 4 de enero de 2017 —poco más de dos semanas antes de la inauguración de su amigo Donald Trump como el presidente número cuarenta y cinco—, Ailes se dirigiría a Palm Beach, hacia una jubilación forzosa que esperaba fuera temporal.

Parecía que iba a nevar, y durante un tiempo, la cena estuvo por cancelarse. Ailes, de setenta y seis años y con una larga historia de problemas en la pierna y la cadera, apenas podía caminar, y, si nevaba, llegar a Manhattan con su esposa Beth desde su residencia en el Hudson, en el norte del estado, se dificultaba a causa de las calles resbaladizas. Pero estaba ansioso por ver a Bannon. La ayudante de este, Alexandra Preate, no dejaba de enviar mensajes de texto con actualizaciones sobre el avance de Bannon en su salida de la Torre Trump.

Mientras el pequeño grupo esperaba a Bannon, la velada pertenecía a Ailes. Tan desconcertado como la mayoría de los demás por la victoria de su viejo amigo Donald Trump, Ailes ofreció a los reunidos una especie de miniseminario sobre la condición aleatoria y absurda de la política. Antes de poner en marcha Fox News en 1996, Ailes había sido durante treinta años uno los principales agentes políticos del Partido Republicano. Por mucho que lo hubiera sorprendido el resultado de las elecciones, aún podía argumentar una línea directa desde Nixon hasta Trump. Aunque no estaba seguro, dijo, de que el propio Trump, que en diversos momentos había sido republicano, independiente y demócrata, pudiera hacer lo mismo. Aun así, Ailes pensaba que conocía a Trump tan bien como el que más y estaba ansioso por ofrecer su ayuda. También estaba ansioso por volver al juego de los medios de la derecha, y describió con entusiasmo algunas de las posibilidades de reunir los miles de millones de dólares que creía que necesitaría para montar una cadena por cable.

Tanto Ailes como Bannon se consideraban estudiantes aplicados de la historia; ambos eran autodidactas partidarios de las teorías de campo universales. Veían esto en un sentido carismático: los dos tenían una relación personal con la historia, al igual que Donald Trump.

Ahora, sin embargo, Ailes comprendía con reticencia que al menos por el momento tenía que pasar la antorcha de la derecha a Bannon. Era una antorcha que ardía con muchas ironías. La Fox News de Aisles, con sus 1,500 millones de dólares de beneficios anuales, había dominado la política republicana durante veinte años. Ahora era la Breitbart News de Bannon la que con su mero millón y medio de beneficios reclamaba ese papel. Durante treinta años, Ailes —hasta hacía poco la persona más poderosa en la política conservadora— le había seguido la corriente y había tolerado a Donald Trump, pero al final quien lo había elegido había sido Bannon con Breitbart.

Seis meses antes, cuando la victoria de Trump aún parecía algo poco posible, Ailes, acusado de acoso sexual, fue obligado a dejar Fox News en una jugada organizada por los hijos liberales de Rupert Murdoch, el conservador de ochenta y cinco años y accionista mayoritario de Fox News (y el propietario de medios más poderoso de la época). La caída de Ailes fue un gran motivo de celebración entre los liberales: la mayor pesadilla conservadora de la política moderna había sido derribada bajo la nueva norma social. Apenas tres meses después, Trump, acusado de un comportamiento mucho más turbio y abusivo, fue elegido presidente.

* * *

A Ailes le gustaban muchas cosas de Trump: su talento de vendedor, su actitud de hombre del espectáculo y sus chismes. Admiraba el sexto sentido de Trump en cuanto al mercado público, o al menos el carácter implacable e infatigable de sus intentos por ganárselo. Le gustaba el juego de Trump. Le gustaba el impacto que causaba y su desvergüenza. "Él simplemente sigue adelante", se maravilló Ailes ante un amigo después del primer debate con Hillary Clinton. "Golpeas a Donald Trump en la cabeza y él sigue adelante. Ni siquiera se da cuenta de que lo han golpeado".

Pero Ailes estaba convencido de que Trump no tenía creencias políticas ni respaldo. El hecho de que Trump se hubiera convertido en el máximo avatar del hombre común enojado de la Fox era otra señal de que estábamos viviendo en un mundo al revés. Alguien estaba pagando la broma... y Ailes tenía la sospecha de que era él.

Aun así, Ailes había estado observando a los políticos durante décadas, y en su larga trayectoria había visto prácticamente todos los estilos, rarezas, inventos, apetencias y manías. Los agentes como él mismo —y ahora, como Bannon— trabajaban con todos. Era la relación simbiótica y codependiente definitiva. Los políticos eran la cara visible de un trabajo organizativo complejo. Los agentes conocían el juego, como también lo conocían muchos candidatos y dirigentes electos. Pero Ailes estaba seguro de que Trump, no. Trump era indisciplinado, no tenía capacidad alguna para seguir un plan. No podía ser parte de ninguna organización, ni era probable que se adhiriese a ningún programa o principio. En opinión de Ailes, era un "rebelde sin causa". Era simplemente "Donald", como si no hiciera falta añadir nada más.

A principios de agosto, menos de un mes después de que Ailes fuera expulsado de Fox News, Trump pidió a su viejo amigo que se encargase de la gestión de su desastrosa campaña. Ailes, sabiendo lo poco dado que era Trump a seguir consejos, o incluso a escucharlos, rechazó la oferta. Una semana después, Bannon se hacía cargo de la tarea.

Tras la victoria de Trump, Ailes parecía arrepentirse de no haber aprovechado la oportunidad de dirigir la campaña de su amigo y no podía creer que la oferta de Trump hubiera resultado ser la oportunidad definitiva. El ascenso de Trump al poder, imaginaba Ailes, fue el triunfo improbable de muchas cosas que Ailes y Fox News representaban. Después de todo, Ailes era quizá la persona más responsable de desatar las corrientes de "hombre enojado" que habían conquistado la victoria de Trump: había inventado los medios de la derecha que estaban encantados con el carácter de Trump.

Ailes, que era un miembro del círculo cercano de amigos y consejeros a los que Trump llamaba con frecuencia, se descubrió esperando poder pasar más tiempo con el presidente cuando él y Beth se mudasen a Palm Beach (sabía que Trump planeaba viajar frecuentemente a Mar-a-Lago, cerca de la nueva casa de Ailes).

Aun así, aunque era muy consciente de que en política la victoria lo cambia todo —el ganador es el ganador—, Ailes seguía sin poder asimilar el hecho improbable y asombroso de que su amigo Donald Trump fuera ahora el presidente de Estados Unidos.

* * *

A las nueve y media, tres horas tarde, cuando ya se había consumido buena parte de la cena, por fin llegó Bannon. Con una chaqueta desaliñada, sus dos camisas distintivas y abrigo militar, aquel hombre de sesenta y tres años, mal afeitado y excedido de peso, se sentó a la mesa con los demás invitados y tomó de inmediato el control de la conversación. Hizo a un lado una copa de vino —"No bebo"— y se lanzó a un discurso vivaz, una imperiosa descarga de información sobre el mundo que estaba a punto de asaltar.

—Vamos a poner todos los medios de modo que todos los miembros del gabinete pasen en los próximos siete días sus audiencias de confirmación —dijo de la selección de candidatos de perfil de negocios-y-militar tipo años cincuenta para el gabinete—. Tillerson en dos días, Session en dos días, Mattis en dos días...

Bannon pasó bruscamente de "Perro Rabioso" Mattis —el general de cuatro estrellas jubilado a quien Trump había propuesto como secretario de Defensa— a una larga diatriba sobre la tortura, el sorprendente liberalismo de los generales y la estupidez de la burocracia civil-militar. Luego pasó al nombramiento inminente de Michael Flynn —un general favorito de Trump que había participado en el acto de apertura de muchos mítines de este— como consejero de Seguridad Nacional.

—Está bien. No es Jim Mattis ni John Kelly... pero está bien. Solo necesita contar con el equipo adecuado. —Aun así, Bannon afirmó—: Cuando eliminas a todos los de "Nunca Trump" que han firmado todas esas cartas, y a todos los neocons que nos han metido en todas esas guerras... no queda mucho donde mirar.

Bannon dijo que había intentado proponer a John Bolton, el conocido diplomático halcón, para el puesto de consejero de Seguridad Nacional. Bolton también era uno de los favoritos de Ailes.

—Es un lanzabombas —dijo Ailes—. Y un cabrón extraño. Pero lo necesitas. ¿Quién si no es bueno en Israel? Flynn es un loco respecto a Irán. Tillerson —el secretario de Estado designado— solo entiende de petróleo.

—El bigote de Bolton es un problema —bufó Bannon—. A Trump no le parece que tenga el aspecto adecuado. Ya sabes que Bolton es un gusto adquirido.

—Bueno, tuvo problemas porque una noche se metió en una pelea en un hotel y persiguió a una mujer.

—Si le digo eso a Trump, le dará el trabajo.

* * *

Bannon fue curiosamente capaz de abrazar la causa de Trump a la vez que sugería no tomársela del todo en serio. Había conocido en persona por primera vez al intermitente candidato presidencial en 2010. En una reunión en la Torre Trump, Bannon le había propuesto a Trump que dedicara medio millón de dólares a respaldar a candidatos de estilo Tea Party como una forma de hacer avanzar sus ambiciones presidenciales. Bannon dejó la reunión suponiendo que Trump jamás soltaría una cantidad así. Simplemente, no era un jugador serio. Entre aquella primera reunión y mediados de agosto de 2016, cuando tomó las riendas de la campaña de Trump, Bannon estaba seguro de que, aparte de algunas entrevistas que le había hecho para su programa de radio en Breitbart, no había pasado más de diez minutos conversando cara a cara con Trump.

Pero el momento del zeitgeist de Bannon había llegado. Por todas partes corría un sentimiento súbito de falta de confianza global. El Brexit en el Reino Unido, oleadas de inmigrantes llegando a las indignadas costas de Europa, la enajenación de los trabajadores, el espectro de más derrumbes financieros, Bernie Sanders y su revanchismo liberal; todo provocaba respuestas negativas. Incluso los representantes más dedicados del globalismo parecían vacilar. Bannon creía que una gran cantidad de gente se mostraba súbitamente receptiva a un nuevo mensaje: el mundo necesitaba fronteras, o debía regresar a una época en la que tenía fronteras. Cuando Estados Unidos era grande. Trump se había convertido en la plataforma de ese mensaje.

Cuando tuvo lugar aquella cena en enero, Bannon llevaba inmerso en el mundo de Donald Trump casi cinco meses. Y aunque había acumulado un voluminoso catálogo de las peculiaridades de Trump, y tenía motivos suficientes para estar preocupado por la impredecibilidad y los puntos de vista de su jefe, aquello no restaba valor al atractivo extraordinario y carismático que Trump tenía para la derecha, el Tea Party, la base memética de internet. Tampoco restaba valor a la oportunidad que ahora, en la victoria, le daba al propio Steve Bannon.

* * *

—Pero, ¿lo entiende? —preguntó Ailes de repente, haciendo una pausa y mirando fijamente a Bannon.

Se refería a si lo entendía Trump. Aquella parecía ser una pregunta sobre la agenda de la derecha: ¿Aquel playboy multimillonario entendía de verdad la causa populista de los trabajadores? Esta posiblemente era una pregunta directa sobre la propia naturaleza del poder. ¿Entendía Trump dónde lo había colocado la historia?

Bannon bebió un trago de agua.

—Lo entiende —dijo, después de titubear un momento quizá demasiado largo—. O entiende lo que entiende.

Ailes no dejó de mirarlo de reojo, como esperando a que Bannon mostrara alguna carta más.

—De verdad —dijo Bannon—. Está en el programa. Es su programa. —Desviándose del propio Trump, Bannon se zambulló en
la agenda—. El primer día trasladaremos la embajada de Estados
Unidos a Jerusalén. Netanyahu está a favor. Sheldon —Sheldon
Adelson, el multimillonario de los casinos, defensor derechista
de Israel y partidario de Trump— está a favor. Sabemos adónde
vamos con esto.

—¿Lo sabe Donald? —preguntó Ailes, escéptico.

Bannon sonrió, casi guiñó el ojo, y continuó:

—Dejemos que Jordania se quede con Cisjordania, dejemos
que Egipto se quede con Gaza. Dejemos que se arreglen o que se
hundan intentándolo. Los saudíes están al límite, los egipcios están
al límite, todos aterrorizados por Persia... Yemen, Sinaí, Libia...
Esto pinta mal... Por eso Rusia es tan clave... ¿Tan mala es Rusia?
Son malos, pero el mundo está lleno de tipos malos.

Bannon dijo aquello con un toque de exuberancia: un hombre
rehaciendo el mundo.

—Pero es bueno saber que los malos son los malos —dijo Ailes,
provocándolo—. Donald quizá no lo sepa.

El auténtico enemigo, dijo Bannon con determinación, teniendo
cuidado de no defender demasiado a Trump pero tampoco de faltarle al respeto, era China. China era el primer frente de una nueva
guerra fría. Y en los años de Obama lo habían malinterpretado
todo; lo que pensábamos que entendíamos no lo entendíamos en
absoluto. Aquel era el fracaso de la inteligencia estadounidense.

—Creo que Comey es un tipo de tercera. Creo que Brennan es
un tipo de segunda —dijo Bannon, desestimando al director del
FBI y al director de la CIA—. La Casa Blanca ahora mismo es como
la Casa Blanca de Johnson en 1968. Susan Rice —la consejera de
Seguridad Nacional de Obama— está dirigiendo la campaña contra el ISIS como consejera de seguridad. Eligen los objetivos, eligen
los ataques de dron. Quiero decir, están dirigiendo la guerra con la

misma eficacia que Johnson en el sesenta y ocho. El Pentágono está totalmente desconectado de todo el asunto. Los servicios de inteligencia están desconectados de todo el asunto. Los medios han dejado que Obama se salga con la suya. Si quitamos la ideología, esto es todo un asunto de aficionados. No sé lo que hace Obama. Nadie en Capitol Hill lo conoce, ningún empresario lo conoce; ¿qué ha conseguido? ¿Qué hace?

—¿Qué opina Donald de esto? —preguntó Ailes, insinuando claramente que Bannon iba mucho más allá que su benefactor.

—Está totalmente comprometido.

—¿Enfocado?

—Se lo cree.

—Yo no le daría a Donald demasiadas cosas en las que pensar —dijo Ailes, divertido.

Bannon bufó.

—Demasiadas, demasiado pocas... Eso no necesariamente cambia las cosas.

* * *

—¿En qué se ha metido con los rusos? —presionó Ailes.

—Principalmente —dijo Bannon— fue a Rusia y creyó que iba a reunirse con Putin. Pero a Putin no le importa una mierda. Así que sigue intentándolo.

—Es Donald —dijo Ailes.

—Es algo grandioso —dijo Bannon, que había empezado a mirar a Trump como una especie de maravilla natural sin explicación.

De nuevo, como dejando el tema de Trump a un lado —una gran y peculiar presencia por la que ambos debían estar agradecidos y a la que había que soportar—, Bannon, en el papel que había concebido para sí mismo como el autor de la presidencia de Trump, se lanzó:

—China lo es todo. Nada más importa. Si no manejamos bien a China, no manejaremos bien nada. Todo el asunto es muy sencillo. China está donde estaba la Alemania nazi de 1929 y 1930. Los chinos, al igual que los alemanes, son la gente más racional del mundo hasta que dejan de serlo. Y ahora van a perder los estribos como Alemania en los años treinta. Vamos a tener un estado hipernacionalista, y cuando eso ocurra no se podrá meter de nuevo al genio dentro de la botella.

—Donald puede no ser Nixon en China —dijo Ailes con expresión neutra, sugiriendo que la idea de que Trump tomara el manto de la transformación mundial era forzar un poco la credulidad. Bannon sonrió.

—Bannon en China —dijo, con grandilocuencia notable y a la vez con una seca autodesaprobación.

—¿Cómo está el chico? —dijo Ailes, refiriéndose al yerno de treinta y seis años de Trump y consejero político imprescindible, Jared Kushner.

—Es mi socio —dijo Bannon, sugiriendo con el tono que aunque sintiera algo diferente, estaba decidido a mantener ese mensaje.

—¿De verdad? —dijo Ailes, dubitativo.

—Está en el equipo.

—Ha tenido un montón de almuerzos con Rupert.

—De hecho —dijo Bannon—, podría servirme tu ayuda en esto.

Entonces, Bannon pasó unos minutos intentando reclutar a Ailes para desactivar a Murdoch. Desde que lo expulsaron de Fox, el resentimiento de Ailes contra Murdoch había aumentado. Ahora, Murdoch estaba al mismo tiempo persuadiendo al presidente electo y animándolo a que se moderase, una extraña inversión de las siempre extrañas corrientes del conservadurismo norteamericano. Bannon quería que Ailes le sugiriese a Trump, un hombre cuyas numerosas neurosis incluían el horror a la pérdida de la memoria y la senilidad, que Murdoch podría estar perdiendo la cabeza.

—Lo llamaré —dijo Ailes—. Pero Trump haría lo que fuera por Rupert. Igual que por Putin. Los halaga y después se caga. Lo que me preocupa es quién tira de la cadena de quién.

El anciano mago de los medios de derecha y el joven (aunque no tan joven) siguieron conversando, para satisfacción de los otros invitados, hasta las doce y media: el anciano intentando llegar a entender el nuevo enigma nacional que era Trump —aunque Ailes diría que, de hecho, el comportamiento de Trump era siempre predecible— y el joven aparentemente resuelto a no echar a perder su propia cita con el destino.

—Donald Trump lo entiende. Es Trump, pero lo entiende. Trump es Trump —afirmó Bannon.

—Sí, es Trump —dijo Ailes, con algo parecido a la incredulidad.

1

EL DÍA DE LAS ELECCIONES

La tarde del 8 de noviembre de 2016, Kellyanne Conway —jefa de campaña de Donald Trump y una personalidad central y destacada del "mundo Trump"— se instaló en su oficina acristalada de la Torre Trump. Hasta las últimas semanas de la carrera presidencial, el cuartel general de la campaña de Trump había sido un lugar apático. Lo único que lo distinguía de las salas administrativas de una empresa eran unos cuantos carteles con eslóganes de derecha.

Conway se encontraba de muy buen humor, teniendo en cuenta que estaba a punto de sufrir una contundente, si no catastrófica, derrota. Donald Trump iba a perder las elecciones —de eso estaba segura—, pero posiblemente la derrota sería por menos de seis puntos. Eso sería una victoria considerable. Y en cuanto a la derrota inminente, a Conway no le importaba: era culpa de Reince Priebus, no de ella.

Conway había pasado buena parte del día telefoneando a amigos y aliados en el mundo político y echándole la culpa a Priebus. Ahora estaba informando a algunos productores y presentadores de televisión con los que había forjado buenas relaciones, y de los que —después de haberse entrevistado en las últimas semanas—

esperaba conseguir un trabajo permanente después de las elecciones. Había estado cortejando cuidadosamente a muchos de ellos desde que se había unido a la campaña de Trump a mediados de agosto, representándola con su voz combativa y su rostro telegénico, con esas sonrisas espasmódicas y su extraña combinación de vulnerabilidad e imperturbabilidad.

Dejando a un lado otros errores horribles de la campaña, el auténtico problema, afirmaba, era el diablo al que no podía controlar: el Comité Nacional Republicano o CNR (RNC, por sus siglas en inglés), dirigido por Priebus, su compañera inseparable Katie Walsh, de treinta y dos años, y su publicista, Sean Spicer. En lugar de volcarse a fondo, el CNR, al fin y al cabo la herramienta del *establishment* republicano, había estado conteniendo sus apuestas desde que Trump ganó la nominación a principios del verano. Cuando Trump necesitó su apoyo, el apoyo no estuvo allí.

Esa era la primera parte de la explicación de Conway. La otra era que, a pesar de todo, la campaña había salido del hoyo luchando con uñas y dientes. Un equipo con una grave falta de recursos, con prácticamente el peor candidato de la historia política moderna —cada vez que se mencionaba el nombre de Trump, Conway ponía los ojos en blanco o se quedaba con la mirada perdida— había hecho un trabajo extraordinariamente bueno. Conway, que nunca había participado en una campaña nacional, y que antes de Trump había estado a cargo de una agencia de encuestas de poca importancia, tenía muy claro que después de la campaña sería una de las principales voces conservadoras de las noticias por cable.

De hecho, uno de los encuestadores de campaña de Trump, John McLaughlin, había empezado a insinuar la semana anterior que algunas cifras estatales clave, que hasta entonces habían sido lamentables, podrían estar cambiando a favor de Trump. Pero ni Conway ni el propio Trump ni su yerno Jared Kushner —el auténtico jefe de campaña, o el supervisor de esta designado por la familia— cambió de opinion: aquella inesperada aventura acabaría pronto.

Solo Steve Bannon, con su extraño punto de vista, insistía en que las cifras cambiarían a su favor. Pero dado que era el punto de vista de Bannon —el loco Steve—, no resultaba especialmente tranquilizador.

Casi todos los implicados en la campaña, aún un grupo muy pequeño, pensaban en sí mismos como un equipo que veía las cosas con claridad, con perspectivas muy realistas sobre sus posibilidades. La tácita opinión compartida entre ellos era que no solo Donald Trump "no" sería presidente, sino que probablemente no debería serlo. Afortunadamente, la primera suposición hacía que no tuvieran que detenerse a pensar en la segunda.

Mientras la campaña llegaba a su fin, el propio Trump se mantenía optimista. Había sobrevivido a la publicación de la grabación de Billy Bush cuando, en el escándalo que siguió, el CNR había tenido el descaro de presionarlo para que abandonase la carrera presidencial. James Comey, el director del FBI, había dejado tirada a Hillary once días antes de las elecciones al afirmar que iba a reabrir la investigación sobre sus correos electrónicos, y así había ayudado a evitar una victoria aplastante de Clinton.

—Puedo ser el hombre más famoso del mundo —le dijo Trump a su ayudante intermitente Sam Nunberg al principio de la campaña.

—Pero, ¿quiere ser presidente? —preguntó Nunberg (una pregunta cualitativamente diferente a la habitual en el test existencial de los candidatos: "¿Por qué quiere ser presidente?"). Nunberg no obtuvo respuesta.

La cuestión era que no necesitaba una respuesta porque Trump no iba a ser presidente.

Al viejo amigo de Trump, Roger Ailes, le gustaba decir que si uno quería hacer carrera en la televisión, primero debía presentarse a presidente. Ahora, Trump, animado por Ailes, estaba dejando caer rumores sobre una cadena propia. Era un futuro prometedor.

Trump le aseguró a Ailes que saldría de aquella campaña con una marca mucho más reforzada e incontables oportunidades por delante. "Esto es más grande que lo que jamás soñé", le dijo a Ailes una semana antes de las elecciones. "No pienso en perder porque esto no es perder: hemos ganado completamente". Más aún, ya estaba empezando a ensayar su respuesta pública cuando perdiera las elecciones: "¡Ha sido un robo!".

Donald Trump y su minúscula banda de guerreros de campaña estaban preparados para perder con fuego y furia. No estaban preparados para ganar.

* * *

En política, alguien tiene que perder, pero todos piensan que pueden ganar. Y, probablemente, uno no puede ganar a menos que crea que puede... Excepto en la campaña de Trump.

El *leitmotiv* de Trump sobre su propia campaña era lo desastrosa que era y como todos los que estaban involucrados eran unos perdedores. Así mismo estaba convencido de que la gente de Clinton eran ganadores brillantes: "Ellos tienen a los mejores y nosotros a los peores", solía decir. El tiempo transcurrido con Trump en el avión de campaña fue a menudo una experiencia épica de insultos: todos los que lo rodeaban eran idiotas.

Corey Lewandowski, que había actuado poco más o menos como el primer director oficial de la campaña de Trump, sufría a menudo las críticas del candidato. Durante meses, Trump lo llamó "el peor", y en junio de 2016 acabó por despedirlo. Pero incluso después de eso, Trump estuvo proclamando que la campaña estaba condenada sin Lewandowski. "Somos todos unos perdedores", decía. "Toda nuestra gente es terrible, nadie sabe lo que está

haciendo... Ojalá volviera Corey". Trump no tardó en amargarse también con su segundo director de campaña, Paul Manafort.

En agosto, entre doce y diecisiete puntos por detrás de Clinton y enfrentándose a una tormenta diaria de prensa que iba a por sangre, Trump no podía imaginar un escenario peor para conseguir una victoria electoral. En aquel sombrío momento, vendió de alguna forma esencial su campaña perdedora. El multimillonario derechista Bob Mercer, un patrocinador de Ted Cruz, había desviado su apoyo hacia Trump con una infusión de cinco millones de dólares. Convencido de que la campaña estaba haciendo agujeros, Mercer y su hija Rebekah se habían trasladado en helicóptero desde su residencia en Long Island a un acto de recaudación de fondos —otros donantes potenciales se retiraban a cada segundo— en la residencia en los Hamptons de Woody Johnson, propietario de los New York Jets y heredero de Johnson&Johnson.

Trump no tenía relación en realidad con ninguno de los dos, ni con el padre ni con la hija. Había mantenido algunas conversaciones con Bob Mercer, quien hablaba principalmente en monosílabos, y toda la historia de Rebekah Mercer con Trump se reducía a un *selfie* que ella se había hecho con él en la Torre Trump. Pero cuando los Mercer presentaron su plan para hacerse cargo de la campaña e introducir a sus tenientes, Steve Bannon y Kellyanne Conway, Trump no se resistió. Únicamente expresó que no comprendía cómo alguien quisiera hacer aquello. "Esto", les dijo a los Mercer, "está muy jodido".

Bajo cualquier indicador importante, algo más terrible incluso que un sentimiento de catástrofe planeaba sobre lo que Steve Bannon llamó "la campaña patética": un sentimiento de imposibilidad estructural.

Hasta el propio candidato, que era multimillonario, se negaba a invertir su propio dinero en la campaña. Bannon le dijo a Jared

Kushner —quien cuando Bannon se sumó a la campaña estaba con su esposa de vacaciones en Croacia con David Geffen, enemigo de Trump— que, después del primer debate en septiembre, necesitarían cincuenta millones de dólares adicionales para funcionar hasta el día de las elecciones.

—Es imposible que consigamos cincuenta millones a menos que podamos garantizar la victoria —dijo Kushner, realista.

—¿Veinticinco millones? —tanteó Bannon.

—Si podemos decir que la victoria es más que probable.

Al final, lo máximo que haría Trump sería un préstamo a la campaña de diez millones de dólares, con la condición de que los recuperaría en cuanto pudieran recaudar dinero por otros medios. (Steve Mnuchin, el entonces encargado de la tesorería de la campaña, acudió a recoger el dinero con las instrucciones de la transferencia preparadas, de manera que Trump no se pudiera olvidar oportunamente de enviar el dinero).

De hecho no existió una campaña real porque no había una organización real; en el mejor de los casos era excepcionalmente disfuncional. Roger Stone, el primer jefe de campaña de facto, renunció o lo despidió Trump (los dos declararon públicamente que habían sido ellos quienes se habían deshecho del otro). A Sam Nunberg, un ayudante de Trump que había trabajado para Stone, lo expulsó ruidosamente Lewandowski, y a continuación, Trump aumentó exponencialmente el lavado de trapos sucios en público al demandar a Nunberg. Lewandowski y Hope Hicks, la auxiliar de relaciones públicas que Ivanka Trump agregó a la campaña, tuvieron una relación que acabó con una pelea pública en plena calle, un incidente que Nunberg citó en su respuesta a la demanda de Trump. La campaña, siendo sinceros, no estaba diseñada para ganar nada.

Incluso el hecho de que Trump eliminase a los otros dieciséis candidatos republicanos, por improbable que pareciera, no

hizo que el objetivo final de ganar la presidencia resultase menos descabellado.

Y si, durante el otoño, la victoria pareció ligeramente más plausible, aquello se evaporó con el asunto de Billy Bush. "Me veo atraído automáticamente por la belleza; simplemente empiezo a besarlas", le dijo Trump al presentador de la NBC, a micrófono abierto, en medio del debate nacional sobre el acoso sexual. "Es como un imán. Simplemente las beso. Ni siquiera espero. Y cuando eres una estrella, te dejan hacerlo. Puedes hacer lo que quieras... Agarrarlas por el coño. Puedes hacer lo que quieras".

Fue una revelación operística. Un suceso tan mortificante que cuando a Reince Priebus, el director del CNR, lo llamaron para que fuera de Washington a Nueva York a una reunión de emergencia en la Torre Trump, no consiguió reunir ánimos para salir de Penn Station. El equipo de Trump tardó dos horas en convencerlo para que cruzase la ciudad.

—Amigo —dijo un Bannon desesperado, intentando atraerlo por teléfono—, puede que nunca te vuelva a ver después de hoy, pero tienes que venir a este edificio y cruzar la puerta.

* * *

El lado bueno de la ignominia que tuvo que soportar Melania Trump después de la grabación de Billy Bush fue que ahora sería realmente imposible que su marido pudiera llegar a presidente.

El matrimonio de Donald Trump era desconcertante para casi todos los que lo rodeaban; o lo era, en cualquier caso, para aquellos que no tenían *jets* privados y muchas residencias. Trump y Melania pasaban juntos relativamente poco tiempo. Podían pasar días sin verse, aun cuando estuvieran ambos en la Torre Trump. Ella a menudo no sabía dónde estaba él, ni reparaba demasiado en ello. Su marido iba de una residencia a otra como podía ir de una habitación a otra. Además de saber muy poco sobre sus andanzas,

Melania sabía muy poco sobre sus negocios, y en el mejor de los casos, se interesaba solo ligeramente en ellos. Tras haber sido un padre ausente para sus primeros cuatro hijos, Trump se mostraba más ausente aún con el quinto, Barron, su hijo con Melania. Ahora en su tercer matrimonio, les dijo a sus amigos, había perfeccionado por fin aquel arte: vive y deja vivir. "Dedícate a tus cosas".

Era un mujeriego notorio, y durante la campaña presidencial se convirtió posiblemente en el acosador más famoso del mundo. Aunque nadie podría decir jamás que Trump tenía sentido de la prudencia cuando se trataba de mujeres, él tenía un montón de ideas sobre cómo manejarlas, incluida una teoría que comentó entre sus amigos: cuantos más años de diferencia haya entre un hombre mayor y una mujer joven, menos personalmente se tomará la mujer que el hombre mayor le sea infiel.

Aun así, la idea de que aquel era un matrimonio solo de nombre estaba lejos de la verdad. Trump hablaba con frecuencia de Melania cuando ella no estaba. Admiraba su aspecto, a menudo en presencia de otros, haciéndola sentirse incómoda. Ella era, como él decía en público orgullosamente y sin ironía, una "mujer trofeo". Y mientras que en general no compartía su vida con ella, sí que compartía gustosamente las sobras. "Una esposa feliz es una vida feliz", decía, repitiendo una máxima popular entre los ricos.

También buscaba la aprobación de Melania. (Siempre buscaba la aprobación de las mujeres que lo rodeaban, que hacían bien en dársela). En 2014, cuando se planteó seriamente por primera vez presentarse a presidente, Melania era una de las pocas personas que creía posible que pudiera ganar. Aquello era un chiste para Ivanka, que se había distanciado cuidadosamente de la campaña. Con un desagrado no disimulado hacia su madrastra, Ivanka diría a sus amigos: "Todo lo que tienen que saber sobre Melania es que cree que si él se presenta, sin duda ganará".

Pero la perspectiva de que su marido llegase realmente a ser presidente era algo horrible para Melania. Creía que destruiría su vida cuidadosamente protegida —protegida también, que no era poco, del resto de la familia Trump—, y que había enfocado casi por completo en su hijo pequeño.

No empieces la casa por el tejado, le decía su esposo, divertido, aun cuando pasaba cada día dedicado a la campaña y acaparando los informativos. Pero el terror y el tormento de Melania iban aumentando.

Por Manhattan circulaba una campaña de chismes sobre ella, cruel y cómica en sus insinuaciones, de la que le hablaron sus amigos. Su carrera como modelo estaba siendo estudiada atentamente. En Eslovenia, donde se crió, una revista sobre famosos, *Suzy*, llevó a la imprenta los rumores sobre ella después de que Trump consiguiera ser nominado. A continuación, como un aperitivo nauseabundo de lo que podría estar por llegar, el *Daily Mail* hizo correr la historia por todo el mundo.

El *New York Post* se hizo con los descartes de una sesión de fotos desnuda que Melania había hecho al principio de su carrera de modelo, una fuga de información que cualquiera que no fuese Melania asumió que se podía rastrear hasta el propio Trump.

Inconsolable, enfrentó a su esposo. ¿Este es el futuro? Le dijo que no sería capaz de soportarlo.

Trump respondió a su manera —"¡Los demandaremos!"— y la puso en contacto con abogados. Pero él también parecía estar insólitamente arrepentido. "Solo un poco más", le dijo. Todo acabará en noviembre. Y le ofreció una garantía solemne a su esposa: no había manera alguna de que pudiera ganar. E incluso proviniendo de un marido crónicamente infiel —él diría que no lo podía evitar—, aquella era una promesa que su esposa estaba segura de que cumpliría.

* * *

La campaña de Trump había repetido, quizá no tan involuntaria-
mente, la trama de la película de Mel Brooks *Los productores* (*The
Producers*). En la película ya clásica, los estúpidos y poco honra-
dos héroes de Brooks, Max Bialystock y Leo Bloom, planean vender más del cien por ciento de las participaciones de propiedad
del espectáculo de Broadway que están produciendo. Como solo
serían descubiertos si la obra tiene éxito, todo en ella está pensado
para que sea un desastre. Entonces crean una obra tan estrafalaria
que acaba triunfando, condenando así a nuestros héroes.

Los candidatos presidenciales ganadores —impulsados por el
orgullo o el narcisismo o un sentimiento sobrenatural de destino—
han pasado probablemente una parte sustancial de sus carreras,
si no toda su vida desde la adolescencia, preparándose para ese
papel. Van ascendiendo la escalera de cargos electos. Perfeccionan
su imagen pública. Se dedican obsesivamente a crear una red de
relaciones, porque el éxito en política tiene mucho que ver con
quiénes son tus aliados. Estudian a fondo. (Hasta en el caso del
desinteresado George W. Bush, este confiaba en que los amigos de
su padre se preparasen por él). Y van dejando limpio el terreno a su
paso, o al menos se esfuerzan todo lo posible en cubrir lo que haya
que cubrir. Se preparan para ganar y para gobernar.

El cálculo de Trump, bastante deliberado, era distinto. El candidato y sus principales lugartenientes creían que podían conseguir todos los beneficios de "casi" convertirse en presidente sin
tener que cambiar ni una pizca su comportamiento ni su forma de
ver el mundo: no tenemos que ser más que lo que somos y quienes
somos porque, por supuesto, no vamos a ganar.

Muchos candidatos a la presidencia han hecho una virtud del
hecho de ser ajenos a las intrigas de Washington; en la práctica,
esta estrategia solo favorece a los gobernadores contra los senadores. Cada candidato serio, sin importar lo mucho que denigre a
Washington, confía en gente de la periferia para obtener consejo

y apoyo. Pero en el caso de Trump, ni una persona de su círculo interno había trabajado en política a nivel nacional. Sus consejeros más cercanos jamás habían trabajado en política. Trump nunca había tenido muchos amigos íntimos de ningún tipo, pero cuando empezó la campaña hacia la presidencia, prácticamente no tenía a nadie a su alrededor metido en política. Los únicos políticos con los que tenía cierto trato eran Rudy Giuliani y Chris Christie, y ambos eran, a su manera, tipos raros y aislados. Y decir que él no sabía nada —nada de nada— sobre los fundamentos intelectuales básicos del oficio se daba tan por supuesto que resultaba cómico. Al principio de la campaña, en una escena digna de *Los productores*, Sam Nunberg fue a explicarle la Constitución al candidato. "Cuando apenas había llegado a la Cuarta Enmienda Trump se llevó el dedo a los labios y se le pusieron los ojos en blanco".

Casi todos los miembros del equipo de Trump se vieron envueltos en el tipo de conflictos engorrosos que acaban causando problemas a un presidente o a su personal. A Mike Flynn, el futuro consejero de Seguridad Nacional de Trump, que se convirtió en el telonero de los actos de campaña y a quien Trump disfrutaba oyendo quejarse de la CIA y de la inutilidad de los espías estadounidenses, le habían dicho sus amigos que no había sido una buena idea aceptar 45,000 dólares de los rusos por dar un discurso. "Bueno, solo sería un problema si ganáramos", les aseguró, sabiendo que, por lo tanto, no sería ningún problema.

Paul Manafort, el lobista internacional y agente político a quien Trump había conservado para dirigir su campaña después de haber despedido a Lewandowski —y quien aceptó no recibir un sueldo, despertando cuestiones sobre la existencia de un *quid pro qu*o—, había pasado treinta años representando a dictadores y déspotas corruptos, acumulando millones de dólares en un rastro de dinero que había atraído la atención de los investigadores de Estados Unidos desde hacía mucho tiempo. Y lo que era más preocupante, cuando se unió a la campaña estaba siendo perseguido, y todos y cada uno de sus pasos financieros documentados, por el multimillonario oligarca ruso Oleg Deripaska, quien afirmaba que este le había robado diecisiete millones de dólares en una estafa inmobiliaria y había jurado vengarse.

Por razones bastante evidentes, ningún presidente antes de Trump y muy pocos políticos habían surgido del mundo inmobiliario: un mercado escasamente regulado, basado en una deuda importante y expuesto a las frecuentes fluctuaciones del mercado, que a menudo depende de los favores del gobierno y es la moneda de cambio preferida en situaciones de problemas de efectivo y blanqueo de capitales. El yerno de Trump, Jared Kushner; el padre de Jared, Charlie; los hijos de Trump, Don Jr. y Eric, y su hija Ivanka, además del propio Trump, todos ellos habían sustentado sus negocios en mayor o menor medida trabajando en el limbo cuestionable del flujo de efectivo internacional y del dinero proveniente de la evasión fiscal. Charlie Kushner, a cuyos negocios inmobiliarios estaba completamente atado el yerno de Trump, que era su ayudante más importante, ya había pasado algún tiempo en una prisión federal por evasión de impuestos, manipulación de testigos y donativos de campaña ilegales.

Los políticos modernos y su personal encargan sobre sí mismos las más profundas investigaciones de oposición. Si el equipo de Trump hubiera examinado a su candidato, habrían llegado razonablemente a la conclusión de que una investigación ética profunda los pondría fácilmente en apuros. Pero Trump decidió específicamente no hacerlo. Roger Stone, asesor político de Trump durante mucho tiempo, le explicó a Steve Bannon que la configuración psíquica de Trump hacía imposible que se evaluara a sí mismo. Tampoco podía soportar que alguien pudiera saber tanto sobre él... y por lo tanto tuviera algo que podría usar contra él. Y, en cualquier caso, ¿para qué realizar un análisis detallado potencialmente peligroso, con las posibilidades nulas que tenían de ganar?

Trump no solo desestimó los conflictos que podían causar sus asuntos de negocios y sus participaciones inmobiliarias, además se negaba con audacia a hacer públicas sus declaraciones de impuestos. ¿Para qué, si no iba a ganar?

Es más: Trump se negó a dedicar ni un minuto a considerar, aunque solo fuera hipotéticamente, cualquier detalle sobre la transición, alegando que daba "mala suerte", pero dando a entender que en realidad sería una pérdida de tiempo. Y tampoco consideraría ni remotamente el tema de sus sociedades y los conflictos de intereses.

"¡No iba a ganar! O, más bien, perder sería ganar".

Trump sería el hombre más famoso del mundo. Un mártir por culpa de la corrupta Hillary Clinton.

Su hija Ivanka y su yerno Jared pasarían de ser de unos chicos ricos relativamente desconocidos a celebridades internacionales y embajadores de marca.

Steve Bannon se convertiría de hecho en el líder del movimiento Tea Party.

Kellyanne Conway sería una estrella de las noticias por cable.

Reince Priebus y Katie Walsh recuperarían su Partido Republicano.

Melania Trump podría volver a salir a comer sin llamar la atención.

Aquel era el desenlace libre de problemas que esperaban el 8 de noviembre de 2016. Perder sería bueno para todo el mundo.

Poco después de las ocho en punto de aquella noche del día de las elecciones, cuando la tendencia inesperada —Trump podría ganar— pareció confirmarse, Don Jr. le dijo a un amigo que su padre, o DJT, como lo llamaba, se veía como si hubiera visto un fantasma. Melania, a quien Donald Trump le había dado su solemne palabra, estaba deshecha en lágrimas, y no precisamente de alegría.

En el espacio de poco más de una hora se produjo, según la observación no carente de humor de Steve Bannon, la metamorfosis de un Trump estupefacto a un Trump incrédulo y luego a un Trump horrorizado. Pero aún estaba por llegar la última transformación: de repente, Donald Trump se convirtió en un hombre que creía que merecía ser el presidente de Estados Unidos, y que además estaba totalmente capacitado para serlo.

2

LA TORRE TRUMP

El sábado siguiente a las elecciones, Donald Trump recibió en su apartamento tríplex de la Torre Trump a un pequeño grupo de partidarios que venían a felicitarlo. Incluso sus amigos más cercanos seguían sorprendidos y desconcertados, y la atmósfera de la reunión tuvo cierta cualidad onírica. Pero Trump se dedicaba principalmente a mirar el reloj.

Rupert Murdoch, hasta entonces absolutamente seguro de que Trump era un charlatán y un idiota, había dicho que él y su nueva esposa, Jerry Hall, harían una visita al presidente electo. Pero Murdoch se retrasaba; se retrasaba mucho. Trump seguía asegurando a sus invitados que Rupert estaba en camino y llegaría pronto. Cuando algunos de los invitados hicieron amago de marcharse, Trump los convenció de que se quedaran un poco más. "Mejor que se queden para ver a Rupert". (O, como interpretó uno de los visitantes, para ver a Trump con Rupert).

Murdoch, que en el pasado, con Wendy, su esposa de entonces, había socializado a menudo con Jared e Ivanka, no se había esforzado mucho por ocultar su falta de interés por Trump. El afecto que Murdoch sentía hacia Kushner creaba una curiosa dinámica de poder entre Trump y su yerno, que Kushner, con razonable sutileza, hacía jugar a su favor dejando caer a menudo el nombre de Murdoch en las conversaciones con Trump. Cuando, en 2015, Ivanka Trump le dijo a Murdoch que su padre iba a presentarse de verdad a presidente, Murdoch descartó directamente la posibilidad.

Pero ahora, el nuevo presidente electo —después del contratiempo más asombroso de la historia de Estados Unidos— estaba nervioso esperando a Murdoch. "Es uno de los grandes", les dijo a sus invitados, cada vez más tenso a medida que pasaba el tiempo. "De verdad que es uno de los grandes, el último de los grandes. Deben quedarse a verlo".

Era un juego de inversiones curiosas, una simetría irónica. Trump, que quizá no había captado aún la diferencia entre convertirse en presidente y elevar su posición social, ponía todo su esfuerzo en ganarse el favor del antes desdeñoso magnate de los medios. Y Murdoch, al llegar finalmente a la celebración a la que lamentaba tener que ir en más de un sentido, estaba tan abrumado como cualquiera de los otros, y luchaba por ajustar su punto de vista sobre un hombre que durante más de una generación había sido en el mejor de los casos un payaso principesco entre los ricos y famosos.

* * *

Murdoch no era ni de lejos el único multimillonario que había mostrado su desdén hacia Trump. En los años anteriores a las elecciones, Carl Icahn, de cuya amistad hablaba Trump a menudo y a quien había sugerido que nombraría para un alto cargo, ridiculizaba con frecuencia a su compañero multimillonario (de quien decía que no era multimillonario ni remotamente).

Pocos de los que conocían a Trump tenían ilusiones sobre él. Aquel era casi su atractivo: era lo que era. Un guiño en el ojo, estafador de corazón.

Pero ahora era el presidente electo. Y aquello, en el *jiu-jitsu* de la realidad, lo cambiaba todo. Así que, se dijera lo que se dijera, lo había conseguido. Había sacado la espada de la piedra. Aquello significaba algo. Lo significaba todo.

Los multimillonarios tuvieron que repensar las cosas. Como cualquiera que estuviera en la órbita de Trump. El personal de campaña, que ahora se encontraba de repente en posición de hacerse con puestos en el Ala Oeste —trabajos con los que se hacía carrera y se hacía historia— tenía que ver de manera diferente a aquella persona extraña, difícil, hasta ridícula y, no había que engañarse, escasamente dotada. Lo habían elegido presidente. Así que era, como le gustaba señalar a Kellyanne Conway, "presidencial" por definición.

Aun así, nadie lo había visto aún mostrarse presidencial; esto es, aceptar públicamente el ritual político y el decoro. O incluso ejercer un mínimo de autocontrol.

Ahora estaban reclutando a otros que, a pesar de sus impresiones evidentes sobre aquel hombre, aceptaban la oferta. Jim Mattis, un general de cuatro estrellas jubilado, uno de los mandos más respetados en las Fuerzas Armadas estadounidenses; Rex Tillerson, director general de ExxonMobil; Scott Pruitt y Betsy DeVos, leales a Jeb Bush. Todos ellos se concentraban ahora en el hecho singular de que aunque Trump era una figura extraña, e incluso absurda, había sido elegido presidente.

Podemos hacer que esto funcione, era lo que de repente decían todos ahora en la órbita de Trump. O, al menos, esto podría funcionar.

De hecho, de cerca, Trump no era el hombre grandilocuente y pendenciero que había agitado a multitudes rabiosas durante la campaña. Tampoco era iracundo ni combativo. Puede que haya sido el candidato presidencial más amenazante y terrorífico y malicioso de la historia moderna, pero en persona parecía casi relajante. Su autosatisfacción extrema se contagiaba. La vida era hermosa. Trump era un optimista, al menos en cuanto a sí mismo. Era encantador y derramaba elogios; se concentraba en su interlocutor. Era divertido y hasta parecía no tomarse muy en serio a sí mismo. Además tenía una energía increíble: "Vamos a hacer esto", sea lo que sea, "vamos a hacerlo". No era un tipo duro. Era "un gran mono de buen corazón", dijo Bannon con un leve tono de elogio.

A Peter Thiel, cofundador de PayPal y miembro del consejo de Facebook —y, la verdad, la única personalidad destacada de Silicon Valley que apoyaba a Trump—, otro multimillonario y antiguo amigo de Trump le había advertido que el nuevo presidente, en una explosión de adulaciones, le ofrecería a Thiel su amistad imperecedera: "Todos dicen que eres grande, tú y yo vamos a tener una relación de trabajo maravillosa, todo lo que quieras, ¡llámame y lo haremos!". A Thiel le advirtieron que no se tomase demasiado en serio la oferta de Trump. Pero Thiel, que había dado un discurso apoyándolo en la Convención Republicana de Cleveland, comentó a su amigo que, aun estando sobre aviso, estaba absolutamente seguro de que Trump había sido sincero cuando dijo que serían amigos para toda la vida, a pesar de que nunca volvió a saber de él (ni éste le devolvió las llamadas). El poder proporciona una buena excusa para los despistes sociales. Otros aspectos del carácter de Trump eran más problemáticos.

Casi todos los profesionales que estaban preparados para unírsele se estaban dando cuenta de que el nuevo presidente parecía no saber nada. Sencillamente, no había ningún tema, aparte de la construcción de edificios quizá, del que tuviera algún conocimiento profundo. Con él, todo se hacía sobre la marcha. Cualquier cosa que supiera parecía haberla aprendido media hora antes, y solo superficialmente y a medias. Pero cada miembro del nuevo equipo de Trump se autoconvencía de lo contrario porque, qué sabían ellos, si aquel hombre había sido elegido presidente, evidentemente, tenía algo que ofrecer. De hecho, mientras que todos en su círculo social de ricos sabían que era enormemente ignorante —Trump, el hombre de negocios, ni siquiera era capaz de leer un estado de cuentas, y el Trump que había hecho campaña presumiendo de su capacidad negociadora era, con su falta de atención a los detalles, un negociador horrible—, todavía encontraban un valor en su *instinto*. Aquella era la palabra. Era una fuerza de la personalidad. Podía hacer que uno le creyera.

"¿Es Trump una buena persona, una persona inteligente, una persona capaz?", preguntó Sam Nunberg, el ayudante político de Trump durante mucho tiempo. "Ni siquiera lo sé. Pero sé que es una estrella".

Para intentar explicar las virtudes y el atractivo de Trump, Piers Morgan —el periodista británico y desafortunado presentador de la CNN que había aparecido en *Celebrity Apprentice* y había seguido siendo amigo leal de Trump— dijo que todo estaba en el libro de Trump *El arte de la negociación* (*The Art of the Deal*). Todo lo que lo había convertido en Trump y definía su inteligencia, su energía y su carisma estaba allí. Si uno quería conocer a Trump, simplemente tenía que leer ese libro. Pero Trump no había escrito *El arte de la negociación*. El coautor, Tony Schwartz, insistía en que apenas había contribuido y que ni siquiera lo había leído. Y aquello era quizá la cuestión: Trump no era un escritor, era un personaje, un protagonista y un héroe.

Siendo un aficionado al *wrestling* que se había convertido en colaborador del World Wrestling Entertainment (WWE) (y una personalidad que había entrado en el Salón de la Fama del WWE), Trump, al igual que Hulk Hogan, vivía como un personaje de ficción en la vida real. Para diversión de sus amigos e incomodidad de muchos de los que ahora se preparaban para trabajar para él en los altos niveles del gobierno federal, Trump hablaba a menudo de sí mismo en tercera persona. Trump hizo esto. El Trumpster hizo aquello. Tan poderoso era su personaje, o su papel, que parecía incapaz de renunciar a él para ser presidente, o mostrarse presidencial.

Por difícil que fuera, muchos de los que estaban a su alrededor intentaron justificar su comportamiento: intentaron encontrar en este una explicación de su éxito, entenderlo como una ventaja, no una limitación. Para Steve Bannon, la única virtud política de Trump era ser un macho alfa, quizá el último de los machos alfa. Un hombre de los años cincuenta, un integrante del Rat Pack, un personaje sacado de la serie *Mad Men*.

La interpretación de Trump de su propia naturaleza esencial fue aún más precisa. Una vez, al volver en su avión con un amigo multimillonario que traía con él a una modelo extranjera, Trump, intentando acercarse a la cita de su amigo, los animó a hacer escala en Atlantic City. Les enseñaría su casino. El multimillonario le aseguró a la modelo que no había nada por lo que recomendar Atlantic City, que era un lugar plagado de basura blanca (*"white trash"*).

—¿Qué es "basura blanca"? —preguntó la modelo.

—Gente como yo —dijo Trump—, solo que son pobres.

Buscaba una manera de no ajustarse a las normas, de no ser respetable. Era una especie de receta para ganar de un individuo fuera de la ley; y ganar, fuera como fuera, era lo importante.

O, como sus amigos comentarían, teniendo cuidado de que no los engañara también a ellos, era simplemente que no tenía escrúpulos. Era un rebelde, un perturbador; vivía fuera de las reglas, y por lo tanto las despreciaba. Un amigo cercano que también era amigo de Bill Clinton los encontraba inquietantemente parecidos, salvo que Clinton tenía una apariencia respetable y Trump no.

Esta personalidad del "fuera de la ley" se manifestaba, tanto en Trump como en Clinton, en su estilo de ser mujeriegos y, de hecho, acosadores. Incluso entre los acosadores y mujeriegos de primer nivel, parecían estar excepcionalmente libres de dudas y vacilaciones.

A Trump le gustaba decir que una de las cosas que hacían la vida digna de ser vivida era meterse en la cama con las mujeres de sus amigos. Al perseguir a la mujer de un amigo, intentaría convencerla de que su marido no era quizá lo que ella pensaba. Entonces mandaría a su secretaria a que llamase al amigo y le dijera que fuera a su despacho; una vez llegado el amigo, Trump se lanzaría a lo que para él eran más o menos bromas sexuales constantes. "¿Todavía te acuestas con tu mujer? ¿Con qué frecuencia? ¿No te has acostado con nadie mejor que ella? Cuéntame. A las tres en punto vienen unas chicas de Los Ángeles. Podemos ir arriba y pasar un buen rato. Te prometo...". Y mientras tanto la mujer de su amigo habría estado escuchando por el altavoz del teléfono.

Sin duda han habido otros presidentes antes, y no solo Clinton, que carecían de escrúpulos. Lo más desconcertante para muchos de los que conocían bien a Trump era que se las había arreglado para ganar las elecciones, y conseguir aquel éxito definitivo, careciendo totalmente del requisito principal para aquel trabajo: lo que los neurocientíficos denominan "función ejecutiva". De algún modo había ganado la carrera hacia la presidencia, pero su cerebro parecía incapaz de realizar lo que serían las tareas esenciales en el nuevo trabajo. No tenía ninguna habilidad para planear, organizar, prestar atención y concentrarse en diversas cosas; nunca había podido ajustar su comportamiento a lo que se requiriera para conseguir los objetivos. En un nivel más básico, era simplemente incapaz de conectar causa y efecto.

La acusación de que Trump se confabuló con los rusos para ganar las elecciones, de la que él se burló, es, según algunos de sus amigos, un ejemplo perfecto de su incapacidad para conectar los puntos. Aun cuando no hubiera conspirado personalmente con los rusos para amañar el resultado, sus esfuerzos para conseguir el favor de nada menos que Vladimir Putin habían dejado sin duda un rastro de palabras y actos preocupantes que sin duda tendrían un costo político enorme.

Poco después de las elecciones, su amigo Ailes le dijo con cierto apremio: "Tienes que arreglar bien lo de Rusia". Incluso estando exiliado de Fox News, Ailes seguía teniendo una red de información fabulosa. Le advirtió a Trump que tendría que vérselas con material potencialmente dañino. "Te lo tienes que tomar en serio, Donald".

"Jared se encarga", contestó alegremente Trump. "Todo está arreglado".

* * *

La Torre Trump, al lado de Tiffany's y ahora cuartel general de una revolución populista, de repente parecía una nave espacial —la Estrella de la Muerte— en la Quinta Avenida. Mientras los grandes y los buenos y los ambiciosas, así como los manifestantes airados y *hoi polloi* curiosos empezaban a abrirse camino hasta la puerta del próximo presidente, se levantaron a toda prisa barricadas semejantes a laberintos para escudarlo.

El Acta de Transición Presidencial Pre-Elección de 2010 establecía financiación para los nominados a la presidencia para que empezaran el proceso de veto de miles de candidatos a trabajos en la nueva administración, codificaba normativas que determinarían las primeras acciones de una nueva Casa Blanca y preparaba el traspaso de responsabilidades burocráticas el 20 de enero. Durante la campaña, Chris Christie, el gobernador de Nueva Jersey, la cabeza nominal de la oficina de transición de Trump, había tenido que explicar enérgicamente al candidato que no podía redirigir esos fondos, que la ley le exigía que gastase el dinero y planease la transición, incluso una que no esperaba tener que necesitar. Trump, frustrado, dijo que no quería oír nada más sobre el tema.

Al día siguiente de las elecciones, los consejeros cercanos a Trump —ansiosos de repente por formar parte de un proceso del que casi todo el mundo había hecho caso omiso— empezaron de inmediato a culpar a Christie por la falta de preparativos para la transición. A toda prisa, un equipo de transición básico se desplazó desde el centro de Washington hasta la Torre Trump.

Esta era sin duda una de las sedes más caras jamás ocupada por un equipo de transición (y, ya puestos, por una campaña presidencial). Y aquello era parte del asunto. Transmitía un mensaje estilo Trump: no solo somos "outsiders", sino que somos más poderosos que ustedes los "insiders". Más ricos. Más famosos. Con mejor sede.

Y, por supuesto, la sede estaba personalizada: su nombre, en grandes letras, estaba en la puerta. En lo alto estaba su apartamento tríplex, mucho más grande que la zona residencial de la Casa Blanca. Allí estaba su despacho privado, el cual había ocupado desde la década de 1980. Y allí estaban los pisos de la campaña y ahora de la transición: bien asentados en su órbita y no en la de Washington y el "pantano".*

La reacción instintiva de Trump ante su éxito ya no improbable, sino absurdo, fue lo opuesto a la humildad. Fue en cierto modo pasárselo por la cara a todo el mundo. La gente de Washington, o los aspirantes a serlo, tendrían que acudir a él. La Torre Trump eclipsó inmediatamente a la Casa Blanca. Todos los que asistían a ver al presidente electo estaban admitiendo, o aceptando, el gobierno de un advenedizo. Trump los obligó a pasar por lo que los de su círculo interno llamaban alegremente "el paseo de los perpe-

* Se refiere a la clase política de Washington. Poco antes de las elecciones, Trump prometió "drenar el pantano". (N. de los t.)

tradores" delante de la prensa y de observadores variados. Era un acto de obediencia, si no de humillación.

La atmósfera ultraterrestre de la Torre Trump ayudaba a ocultar el hecho de que pocos entre las filas escasas del círculo interno de Trump, con la responsabilidad que les había caído de la noche a la mañana de formar un gobierno, tenían alguna experiencia relevante. Ninguno tenía historial político. Ninguno tenía historial en la administración del gobierno. Ninguno tenía historial legislativo.

La política es un negocio de contactos, de a-quién-conoces. Pero a diferencia de otros presidentes electos —todos los cuales padecieron invariablemente sus propios defectos de gestión—, Trump no tenía una carrera con contactos políticos y gubernamentales a quienes recurrir. Apenas tenía una organización política propia. Durante la mayor parte de los últimos dieciocho meses en la carretera, había sido en su núcleo una empresa de tres personas: su director de campaña, Corey Lewandowski (hasta que fue obligado a marcharse un mes antes de la Convención Nacional Republicana); su portavoz-asistente-interna, Hope Hicks, de veintiséis años, la primera persona contratada en la campaña, y el propio Trump. Un equipo simple y eficiente que sigue sus instintos. Trump había descubierto que mientras más gente tuviera que tratar en un equipo, más difícil sería dar la vuelta al avión y volver a casa a dormir por la noche.

El equipo profesional —aunque, la verdad sea dicha, no había ningún profesional político entre sus miembros— que se había unido a la campaña en agosto era un último intento de evitar una humillación aplastante. Pero eran personas que habían trabajado con Trump apenas unos meses.

Reince Priebus, mientras se preparaba para pasar del CNR a la Casa Blanca, notó con preocupación que, muy a menudo, Trump ofrecía trabajos sobre la marcha a personas a las que nunca había visto antes, para puestos cuya importancia Trump no entendía especialmente.

Ailes, un veterano de las Casas Blancas de Nixon, Reagan y Bush, estaba cada vez más preocupado por la falta de concentración inmediata del presidente electo en la estructura de la Casa Blanca que lo serviría y lo protegería. Intentó meterle en la cabeza a Trump la ferocidad de la oposición con la que se iba a encontrar.

—Necesitas que tu jefe de gabinete sea un hijo de puta. Y necesitas un hijo de puta que conozca Washington —le dijo Ailes a Trump poco después de las elecciones—. Quieres ser tu propio hijo de puta, pero no conoces Washington. —Ailes tenía una sugerencia—: El portavoz Boehner. —(John Boehner había sido el presidente-portavoz de la Cámara de Representantes de Estados Unidos hasta que se vio obligado a marcharse tras un golpe del Tea Party en 2015).

—¿Ese quién es? —preguntó Trump.

Todos en el círculo de multimillonarios de Trump, preocupados por su desprecio a la competencia de otros, trataron de advertirle sobre la importancia de la gente, la gran cantidad de gente, que necesitaría con él en la Casa Blanca; gente que entendiera Washington. "Tu gente es más importante que tu política. Tu gente es tu política".

—Frank Sinatra se equivocaba —dijo David Bossie, uno de los más antiguos consejeros políticos de Trump—. Si puedes conseguirlo en Nueva York, no significa necesariamente que puedas conseguirlo en Washington.

* * *

La naturaleza del papel del moderno jefe de gabinete es el centro de muchos estudios sobre la Casa Blanca. El jefe de gabinete decide tanto como el propio presidente la forma en que funcionará la Casa Blanca y la rama ejecutiva, que emplea a cuatro millones de personas, incluyendo a los 1.3 millones de las fuerzas armadas.

El puesto ha sido interpretado como presidente suplente, u oficial operativo en jefe, o incluso como primer ministro. Han existido jefes de gran importancia, como los de Richard Nixon: H. R. Haldeman y Alexander Craig; los de Gerald Ford: Donald Rumsfeld y Dick Cheney; el de Jimmy Carter: Hamilton Jordan; el de Ronald Reagan: James Baker; el de George H. W. Bush: James Baker de nuevo; los de Bill Clinton: Leon Panetta, Erskine Bowles y John Podesta; el de George W. Bush: Andrew Card, y los de Barack Obama: Rahm Emanuel y Bill Daley. Cualquiera que estudie el puesto llegará a la conclusión de que un jefe de gabinete fuerte es mejor que uno débil, y que un jefe de gabinete con historial en Washington y en el gobierno federal es mejor que alguien llegado de fuera.

Donald Trump era poco o nada consciente de la historia o del pensamiento relativo a este puesto. Utilizó su propio estilo y su propia experiencia de gestión. Durante décadas había confiado en asistentes, amigos y familiares fieles. Pero aunque a Trump le gustaba hablar de su empresa como de un imperio, en realidad se trataba de un discreto holding empresarial y una empresa boutique, más ajustada a las peculiaridades de su propietario y a la marca representativa que a cualquier balance de resultados u otros medidores de rendimiento.

Sus hijos, Don Jr. y Eric —a quienes, a espaldas de Trump, los que estaban dentro llamaban Uday y Qusay, como los hijos de Saddam Hussein—, se preguntaban si no podría haber algo parecido a dos estructuras paralelas en la Casa Blanca, una dedicada a las visiones a gran escala de su padre, su apariencia personal y su estilo de vendedor, y la otra que se ocupase de los asuntos de la gestión cotidiana. En esta estructura, se veían a sí mismos dedicándose a las tareas diarias.

Una de las primeras ideas de Trump había sido reclutar a su amigo Tom Barrack —parte de su camarilla de magnates inmobiliarios, que incluía a Steven Roth y a Richard Lefrak— y nombrarlo jefe de gabinete.

Barrack, nieto de inmigrantes libaneses, era un deslumbrante inversor en propiedades inmobiliarias legendariamente astuto que poseía el antiguo paraíso de rarezas de Michael Jackson, el rancho Neverland. Con Jeffrey Epstein —el financiero de Nueva York que se había convertido en un habitual de la prensa amarilla tras las acusaciones de sexo con menores y una declaración de culpabilidad ante un cargo de consumidor de prostitución que lo había mandado trece meses a la cárcel de Palm Beach en 2008—, Trump y Barrack formaban una especie de trío de mosqueteros de la vida nocturna en las décadas de 1980 y 1990.

Fundador y director general de la empresa de capital privado Colony Capital, Barrack se hizo multimillonario invirtiendo en endeudamientos inmobiliarios en todo el mundo, incluyendo el rescate de su amigo Donald Trump. Más recientemente había ayudado a pagar la fianza del yerno de su amigo, Jared Kushner.

Barrack había observado con diversión la excéntrica campaña presidencial de Trump y había negociado el reemplazo de Corey Lewandowski por Paul Manafort después de que Lewandowski perdiera el favor de Kushner. Entonces, tan desconcertado como cualquiera por los continuos éxitos de la campaña, Barrack presentó al futuro presidente en términos cálidos y personales ante la Convención Nacional Republicana de julio (algo que chocaba con su tono sombrío y beligerante).

Para Trump, que su amigo Tom —un genio organizativo perfectamente consciente de la falta de interés de su amigo por la gestión cotidiana— se apuntara a dirigir la Casa Blanca era la fantasía perfecta. Era la solución instantánea y conveniente de Trump para la circunstancia imprevista de ser presidente de improviso: trabajar con su mentor, confidente, inversor y amigo, alguien a quien los que los conocían describían como "uno de los que mejor manejan a Trump". En el círculo de Trump llamaban a esto el plan de los "dos amigos". (Epstein, que seguía siendo cercano a Barrack, había sido eliminado de la biografía de Trump).

Barrack, que estaba entre las pocas personas cuyas habilidades no cuestionaba Trump, podría, según su visión optimista, hacer que las cosas funcionaran con suavidad y permitieran a Trump ser Trump. Por parte de Trump era un signo de autoconsciencia poco habitual: Donald Trump podía no saber lo que no sabía, pero sabía que Tom Barrack sí sabía. Se encargaría de llevar el negocio mientras Trump vendía el producto: hacer América grande de nuevo (Make America Great Again, #MAGA).

Para Barrack, al igual que para cualquiera de los que rodeaban a Trump, el resultado de las elecciones era una especie de circunstancia inconcebible similar a ganar la lotería: tu inverosímil amigo se convertía en presidente. Pero Barrack, después de incontables peticiones y llamadas telefónicas de Trump presionándolo, acabó decepcionando a su amigo: "Soy simplemente demasiado rico", le dijo. Nunca habría sido capaz de separar sus empresas y sus intereses —incluyendo grandes inversiones en Oriente Medio— de forma que pudiera contentar a los encargados de cuestiones éticas. A Trump no le preocupaban —o estaba en negación— sus propios conflictos de intereses, pero Barrack no veía más que problemas y que le costaría caro. Además, a Barrack, en su cuarto matrimonio, no le interesaba dejar que su propia vida alborotada —a menudo al lado de Trump, a lo largo de los años— cayera bajo el foco público.

* * *

La segunda opción de Trump era su yerno. Durante la campaña, tras meses de agitación y extravagancias (si no para Trump, para muchos otros, incluida su familia), Kushner se había convertido en

su asistente eficaz, rondando cerca, hablando solo cuando le hablaban, pero ofreciendo siempre una visión tranquila y halagadora.
Corey Lewandowski llamaba a Jared "el mayordomo". Trump había
llegado a creer que su yerno, en parte debido a que parecía saber
cómo apartarse de su camino, era especialmente sagaz.

Desafiando a la ley y al decoro, y a las miradas incrédulas de
todo el mundo, el presidente parecía tener la intención de rodearse
de su familia en la Casa Blanca. Los Trump, todos ellos —excepto
su esposa, que misteriosamente se había quedado en Nueva York—,
se habían mudado allí, todos dispuestos a asumir responsabilidades similares a las de su estatus en la organización de Trump, sin
que aparentemente nadie los aconsejase en contra.

Finalmente, fue Ann Coulter, diva de la derecha y partidaria de
Trump, la que se llevó aparte al presidente electo y le dijo: "Al parecer nadie te lo ha dicho. Pero no puedes. Simplemente, no puedes
contratar a tus hijos".

Trump siguió insistiendo en que tenía todo el derecho a usar la
ayuda de su familia, al mismo tiempo que pedía que lo compren-
dieran. Esto es la familia, dijo. "Es un poquito, un poquito complicado". Los miembros de su personal se daban cuenta no solo de
los conflictos y los problemas legales que conllevaría que el yerno
de Trump dirigiera la Casa Blanca, sino que aquello se convertiría,
más aún de lo que ya era, en "la familia primero" para Trump. Después de muchas presiones, al menos aceptó no nombrar a su yerno
jefe de gabinete; al menos no oficialmente.

* * *

Si no nombraba a Barrack ni a Kushner, Trump pensó que el puesto
debería ir entonces al gobernador de Nueva Jersey, Chris Christie,
que junto a Rudy Giuliani completaba la suma total de su círculo
de amigos con experiencia política real.

Christie, como la mayoría de los aliados de Trump, ganaba

o perdía su favor intermitentemente. En las últimas semanas de
la campaña, Trump midió despectivamente la distancia cada vez
mayor entre Christie y su empresa perdedora, y luego, con la victoria, su interés por volver a unirse.

Trump y Christie se conocían desde la época en que Trump
estaba intentando —y fracasando— convertirse en un magnate
del juego en Atlantic City. En EL magnate del juego de Atlantic
City. (Trump siempre se había mostrado competitivo y a la vez
admiraba al magnate del juego de Las Vegas Steve Wynn, a quien
nombraría responsable de finanzas del CNR). Trump había res-
paldado a Christie cuando este ascendió en la política de Nueva
Jersey. Admiraba su forma directa de hablar, y durante un tiempo,
mientras Christie anticipaba su propia carrera presidencial en
2012 y 2013 —y mientras Trump buscaba un nuevo capítulo para
sí mismo tras la desaparición de *The Apprentice*, su franquicia de
reality show—, Trump llegó a preguntarse si este lo podría considerar un posible vicepresidente.

Al principio de la campaña, Trump dijo que no se habría
enfrentado a Christie de no haber sido por el escándalo Bridgegate
(que saltó cuando los socios de Christie cerraron carriles de tráfico
en el puente George Washington para perjudicar al alcalde de una
ciudad cercana que era rival de Christie, y que Trump justificó en
privado como "son solo cosas de Nueva Jersey"). Cuando Christie
abandonó la carrera en febrero de 2016 y se sumó a la campaña de
Trump, soportó un torrente de burlas por apoyar a su amigo, quien
creía que le había prometido vía libre al puesto de vicepresidente.

Le dolió mucho a Trump no poder dárselo. Pero si el *establishment* republicano no quería a Trump, a Christie lo querían igual de
poco. Así que Christie consiguió el trabajo de dirigir la transición
y la promesa implícita de algún puesto central: fiscal general o jefe
de gabinete.

Pero cuando había sido fiscal en New Jersey, Christie había mandado a la cárcel a Charles Kushner, el padre de Jared, en 2005. Charles Kushner, perseguido por los federales por mentir en su declaración de impuestos, organizó un montaje con una prostituta para chantajear a su cuñado, que iba a declarar en su contra.

Muchos relatos de esto, la mayoría narrados por el propio Christie, convirtieron a Jared en la mano vengadora que abortó su carrera en la administración de Trump. Era el tipo de historia de venganza perfecta: el hijo del hombre inocente (o, en este caso —hay pocas dudas al respecto—, del hombre declarado culpable) usa su poder contra el hombre que perjudicó a su familia. Pero otros relatos ofrecen una historia más sutil y de algún modo más oscura. Jared Kushner, como los yernos en todas partes, andaba con pies de plomo alrededor de su suegro, desplazando el menor volumen de aire posible: el masivo y dominante hombre mayor, el delgado y flexible joven. En la historia revisada de la muerte-de-Chris-Christie, no es el deferente Jared el que golpea, sino —en cierto sentido, de manera más satisfactoria para la fantasía de venganza— el propio Charlie Kushner el que exige con dureza que se cobre la deuda. Fue su nuera, que tenía influencia real en el círculo de Trump, quien asestó el golpe. Ivanka le dijo a su padre que el nombramiento de Christie como jefe de gabinete o en cualquier otra posición elevada crearía una situación extremadamente difícil para ella y para su familia, y que sería mejor que Christie desapareciera por completo de la órbita de Trump.

* * *

Bannon era el peso pesado de la organización. Trump, que parecía sorprendido por el discurso de este —una mezcla de insultos, palabrería histórica, perspectivas de los medios, comentarios derechistas y tópicos motivacionales—, empezó a proponer a Bannon como jefe de gabinete a su círculo de multimillonarios, solo para ver aquella idea ridiculizada y censurada. Pero en cualquier caso Trump consiguió poner a mucha gente a favor de Bannon.

En las semanas previas a las elecciones, Trump había etiquetado a Bannon como un adulador por la seguridad con que aseguraba que ganaría. Pero ahora había empezado a considerarlo como alguien con algo parecido a poderes místicos. Y de hecho, Bannon, sin ninguna experiencia política previa, era el único miembro del círculo de Trump capaz de ofrecer una visión coherente del populismo "trumpista".

Las fuerzas en contra de Bannon —que incluían a prácticamente todos los republicanos que no fueran del Tea Party— se apresuraron a reaccionar. Murdoch, cada vez más némesis de Bannon, le dijo a Trump que este sería una elección peligrosa. Joe Scarborough, antiguo congresista y copresentador del programa de la MSNBC *Morning Joe*, uno de los programas favoritos de Trump, le dijo en privado que "Washington estallaría en llamas" si Bannon se convertía en jefe de gabinete, comenzando entonces un tema recurrente en su programa denigrando públicamente a Bannon.

De hecho, Bannon presentaba problemas aun mayores que su política: era profundamente desorganizado, centraba su atención en cualquier cosa que atrajera su mente obtusa y descartaba todo lo demás. ¿Podría ser quizá el peor gestor que hubiera existido? Podría serlo. Parecía incapaz de devolver una llamada telefónica. Respondía a los correos electrónicos con una sola palabra; en parte porque era paranoico respecto al *e-mail*, pero más aún por una afición a ser controladoramente críptico. Mantenía en alerta constante a acompañantes y asistentes. La verdad es que no se podía concertar una cita con Bannon, había que limitarse a presentarse allí. Y de algún modo, su propia lugarteniente clave, Alexandra Preate, una recaudadora de fondos y encargada de relaciones públicas conservadora, era tan desorganizada como él. Después de tres matrimonios, Bannon llevaba una vida de soltero en Capitol Hill en una casa adosada conocida como la Embajada Breitbart, que además hacía las veces de oficina de Breitbart. Era la vida de alguien complicado. Nadie en su sano juicio contrataría a Bannon para un trabajo que incluyera hacer que los trenes salieran con puntualidad.

* * *

Por tanto, quedaba Reince Priebus.

Para Capitol Hill, era el único jefe razonable entre los aspirantes, y no tardó en convertirse en sujeto de una intensa presión por parte del portavoz de la Cámara, Paul Ryan, y del líder de la mayoría del Senado, Mitch McConnell. Si tenían que tratar con un extraterrestre como Donald Trump, sería mejor que lo hicieran con la ayuda de alguien como ellos.

Priebus, de cuarenta y cinco años, no era ni un político ni un especialista en asuntos políticos ni un estratega. Era un trabajador de la maquinaria política, una de las profesiones más antiguas. Un recaudador de fondos.

Un joven de clase trabajadora originario de Nueva Jersey y después de Wisconsin que, a los treinta y dos años realizó su primera y última campaña para optar a un cargo electo: un intento fallido de entrar en el senado estatal de Wisconsin. Se convirtió en el presidente del partido estatal y luego en el consejero general del Comité Nacional Republicano. En 2011 ascendió a la presidencia del CNR. El crédito político de Priebus nació de haber aplacado al Tea Party en Wisconsin y de su asociación con el gobernador de Wisconsin, Scott Walker, una estrella ascendente en el cielo republicano (y brevemente —muy brevemente—, el candidato de 2016).

Con partes importantes del Partido Republicano opuestas rotundamente a Trump, y con la certeza casi universal de que Trump sufriría una derrota vergonzosa y arrastraría al partido con él, cuando Trump ganó la nominación, Priebus se vio sometido a una gran presión para que desviara recursos e incluso para que abandonara por completo la campaña de este.

El propio Priebus estaba convencido de que Trump no tenía esperanza; sin embargo, cubrió sus apuestas. El hecho de que no abandonase a Trump por completo se convirtió en un posible margen de victoria y convirtió a Priebus en algo así como un héroe (así mismo, según la versión de Kellyanne Conway, si hubieran perdido habría sido objeto razonable de críticas). Se convirtió en la opción por defecto para jefe de gabinete.

Aun así, su entrada en el círculo interno de Trump le provocó a Priebus cierta dosis de incertidumbre y perplejidad. Salió de su primera reunión larga con Trump pensando que había sido una experiencia rara y desconcertante. Trump hablaba sin parar y se repetía todo el tiempo.

"Así es la cosa", le dijo a Priebus un asociado cercano de Trump. "En una reunión de una hora con él, vas a escuchar cincuenta minutos de historias y van a ser las mismas historias una y otra vez. Así que tendrás que plantear un asunto y tendrás que repetirlo siempre que puedas".

El nombramiento de Priebus como jefe de gabinete, que se anunció a mediados de noviembre, también colocó a Bannon en una posición equivalente. Trump volvía a seguir su inclinación natural de no dejar que nadie tuviera poder auténtico. Priebus, incluso estando a cargo del puesto principal, sería una especie de figura débil, al estilo tradicional de la mayoría de los lugartenientes de Trump a lo largo de los años. Aquella elección también les pareció bien a los otros aspirantes. Tom Barrack podía esquivar a Priebus sin problemas y seguir hablando directamente con Trump. La posición de Jared Kushner como yerno y, en breve, ayudante principal no tendría obstáculos. Y Steve Bannon, que rendía cuentas directamente a Trump, siguió siendo la voz indisputada del trumpismo en la Casa Blanca.

En otras palabras: habría un jefe de gabinete nominal —el menos importante— y varios otros, más importantes, ejerciendo el papel en la práctica y garantizando a la vez el caos y la independencia incontestada de Trump.

Jim Baker, jefe de gabinete de Ronald Reagan y de George H. W. Bush y modelo para casi todos de cómo se debía gestionar la Casa Blanca, aconsejó a Priebus que no aceptase el cargo.

* * *

La metamorfosis de Trump de candidato de chiste a encantador de una base demográfica desafecta, a nominado risible y a presidente electo como "fisura en el tejido del tiempo", no inspiró en él ningún sentido trascendental de sobria reflexión. Después de la sorpresa inicial, pareció reescribirse de inmediato como el presidente inevitable.

Un ejemplo de ese revisionismo, y de la nueva talla que parecía asumir como presidente, tuvo que ver con el momento más bajo de la campaña: la grabación de Billy Bush.

Su explicación, en una conversación extraoficial con un presentador de cable amistoso, fue que "en realidad no era yo".

El presentador admitió que era injusto que lo caracterizaran por un suceso aislado.

—No —insistió Trump—: no era yo. Gente que sabe de esto me ha dicho que es muy fácil alterar estas cosas y poner voces de gente completamente distinta.

Era el ganador y ahora esperaba ser objeto de reverencia, fascinación y favor. Esperaba que esto fuese una situación binaria: un medio hostil se convertiría en un partidario entusiasta.

Y sin embargo ahí estaba él, el ganador tratado con horror y agresividad por unos medios que en el pasado, de manera natural y por protocolo, se esperaba que prodigaran alabanzas a un presidente entrante, sin importar quién fuera. (El hecho de que Trump hubiera obtenido tres millones de votos menos seguía siendo un detalle irritante que era mejor no tocar). Le resultaba casi incomprensible que la misma gente —esto es, los medios— que lo habían criticado violentamente por decir que podía impugnar la elección estuvieran diciendo ahora que era ilegítimo.

Trump no era un político capaz de procesar la existencia de facciones de apoyo y de rechazo; era un vendedor que necesitaba cerrar una venta.

—Gané. Soy el ganador, no el perdedor —repetía incrédulamente, como un mantra.

Bannon describió a Trump como una máquina simple. El interruptor de "on" estaba lleno de halagos, y el de "off" de calumnias. Los halagos eran continuos, serviles, en forma de superlativos y totalmente desconectados de la realidad: tal y cual era lo mejor, lo más increíble, el *non plus ultra*, lo eterno. Las calumnias eran furiosas, amargas, resentidas, como un portazo con una puerta de hierro.

Esa era la naturaleza del estilo de venta particular de Trump. Su creencia estratégica era que no había motivo para no derramar un bombo excesivo en un posible cliente. Pero si el cliente se descartaba como comprador, tampoco había razón para no cubrirlo de oprobio y demandas. Después de todo, si no respondía a las alabanzas, bien podía responder al acoso. Bannon tenía la impresión —quizá con un exceso de confianza— de que el interruptor de Trump se podía activar y desactivar fácilmente.

Frente al escenario de una guerra mortal de voluntades—con los medios, con los demócratas, con el pantano— que Bannon lo animaba a luchar, Trump también podía ser cortejado. En cierto sentido, lo único que quería era que lo cortejasen.

Jeff Bezos, director de Amazon y propietario del *Washington Post*, que se había convertido en una de las muchas bestias negras de Trump en el mundo mediático, se tomó a pesar de todo la molestia de contactar no solo con el presidente electo sino con su hija Ivanka. Durante la campaña, Trump dijo que Amazon se estaba librando de "una evasión de impuestos criminal", y que si ganaba, "oh, vaya si tendrán problemas". Ahora, de repente, Trump estaba alabando a Bezos como "un genio del máximo nivel". Elon Musk, en la Torre Trump, tanteó a Trump en la nueva administración para que se unieran a él en la carrera hacia Marte, y Trump se lanzó con entusiasmo. Stephen Schwarzman, el director del Grupo Blackstone —y amigo de Kushner— se ofreció a organizar un consejo de negocios para Trump, que este aceptó. Anna Wintour, editora de *Vogue* y reina de la industria de la moda, había tenido la esperanza de que Obama la nombrase embajadora de Estados Unidos en el Reino Unido, y cuando no pasó, se alineó estrechamente con Hillary Clinton. Ahora acudía a la Torre Trump (aunque se negó con arrogancia a recorrer el paseo de los perpetradores) y, con un descaro notable, se propuso ante Trump para ser su embajadora en la Corte de San Jaime, y Trump pensó en considerar la idea. ("Por suerte", dijo Bannon, "no hubo química entre ellos").

El 14 de diciembre, una delegación de alto nivel de Silicon Valley llegó a la Torre Trump para reunirse con el presidente electo, aunque Trump había criticado repetidamente a la industria tecnológica durante la campaña. Esa misma tarde Trump telefoneó a Rupert Murdoch, quien le preguntó cómo había ido la reunión.

—Oh, de maravilla, sencillamente de maravilla —dijo Trump—. Muy, muy bien. Esos tipos necesitan de verdad mi ayuda. Obama no los favorecía mucho, demasiadas normativas. Esta es realmente mi oportunidad para ayudarlos.

—Donald —dijo Murdoch—, durante ocho años, esos tipos

han tenido a Obama en el bolsillo. Prácticamente dirigían la administración. No necesitan tu ayuda.

—Pero mira ese asunto de la visa H-1B. Realmente necesitan esas visas H-1B.

Murdoch sugirió que adoptar un enfoque liberal hacia las visas H-1B sería difícil de compatibilizar con sus promesas sobre la inmigración. Pero a Trump no pareció preocuparle.

—Ya pensaremos en algo —le aseguró a Murdoch.

—Jodido idiota —dijo Murdoch al colgar el teléfono, encogiéndose de hombros.

* * *

Diez días antes de la inauguración de Trump como presidente número cuarenta y cinco, un grupo de jóvenes miembros de su equipo —los hombres con los trajes y corbatas normativos de Trump, las mujeres con las botas altas, faldas cortas y melena hasta los hombros que él prefería—, veían por internet al presidente Barack Obama pronunciando su discurso de despedida desde una laptop en las oficinas de transición.

—El señor Trump ha dicho que nunca ha escuchado un discurso entero de Obama —dijo con seriedad uno de los jóvenes.

—Son tan aburridos —dijo otro.

Mientras Obama se despedía, al otro lado de la sala se preparaba la primera conferencia de prensa de Trump desde las elecciones, que tendría lugar al día siguiente. El plan era realizar un esfuerzo importante para mostrar que los posibles conflictos de intereses con los negocios del presidente se tratarían de una manera formal y considerada.

Hasta aquel momento, el punto de vista de Trump era que lo habían elegido precisamente a causa de esos conflictos —su inteligencia para los negocios, sus conexiones, su experiencia y su marca—, no a pesar de ellos, y que era escandaloso que alguien pensara que pudiera desentenderse de ellos incluso aunque quisiera. De hecho, para los periodistas y para cualquiera que quisiera escuchar, Kellyanne Conway ofreció de parte de Trump una defensa patética sobre cuánto se había sacrificado ya.

Después de avivar las llamas de su intención de pasar por alto las reglas relativas a los conflictos de intereses, ahora, de forma un tanto teatral, adoptaría un enfoque generoso. De pie en el vestíbulo de la Torre Trump, junto a una mesa rebosante de carpetas y documentos legales, describiría los enormes esfuerzos que había realizado para hacer lo imposible y cómo, por tanto, podría centrarse exclusivamente en los asuntos de la nación.

Pero, de repente, aquello pareció no ser lo importante.

Fusion GPS, una empresa de investigación de la oposición (fundada por antiguos periodistas, y proveedora de información a clientes privados), había sido contratada por grupos interesados del Partido Demócrata. Fusión había contratado en junio de 2016 a Christopher Steele, un antiguo espía británico, para que ayudara a investigar las constantes jactancias de Trump sobre su relación con Vladimir Putin y la naturaleza de las relaciones de Trump con el Kremlin. Usando informes de fuentes rusas, muchas de ellas conectadas con la inteligencia rusa, Steele preparó un informe demoledor —apodado "el dossier"— que sugería que Donald Trump había sido chantajeado por el gobierno de Putin. En septiembre, Steele informó a periodistas del *New York Times*, el *Washington Post*, Yahoo! News, el *New Yorker* y la CNN. Todos se negaron a usar aquella información sin verificar y de procedencia poco clara, especialmente teniendo en cuenta que era poco probable que Trump ganara las elecciones.

Pero el día anterior a la conferencia de prensa programada, la CNN dejó escapar algunos detalles del dossier de Steele. Casi inmediatamente después, Buzzfeed publicó el informe completo, una bacanal desglosada de comportamientos inaceptables.

A unos días del ascenso de Trump a la presidencia, los medios, con su voz singular sobre los asuntos de Trump, planteaban una conspiración de proporciones colosales. La teoría, presentada como algo apenas probable, era que los rusos habían sobornado a Donald Trump durante un viaje a Moscú con un tosco montaje de chantaje que involucraba a prostitutas y grabaciones de actos sexuales que llegaban a nuevos extremos de depravación (incluyendo "lluvias doradas"). La conclusión implícita era que un Trump comprometido había conspirado con los rusos para robar las elecciones e instalarse en la Casa Blanca como marioneta de Putin.

Si aquello era cierto, el país se encontraba ante uno de los momentos más extraordinarios de la historia de la democracia, las relaciones internacionales y el periodismo.

Si no era cierto —y era difícil imaginar que pudiera existir una posición intermedia— parecería apoyar la idea de Trump (y la de Bannon) de que los medios, también en un desarrollo espectacular en la historia de la democracia, estaban tan cegados por el aborrecimiento y la repulsión, tanto ideológica como personal, hacia el líder elegido democráticamente que harían todo lo que estuviera en su mano para derribarlo. Mark Hemingway, en el conservador pero anti-Trump *Weekly Standard*, trataba la nueva paradoja de dos narradores poco fiables que dominaban la vida estadounidense: el presidente electo hablaba con poca información y a menudo sin base alguna, mientras que "el enfoque que los medios han decidido utilizar es que todo lo que hace este hombre es, por defecto, o inconstitucional o un abuso de poder".

En la tarde del 11 de enero, aquellas dos percepciones opuestas se enfrentaban en el vestíbulo de la Torre Trump: el anticristo político, una figura de escándalo bufonesco, en el bolsillo del adversario histórico de Estados Unidos, contra los medios con aspiraciones a turba revolucionaria, ebrios de su propia virtud, certidumbre y teorías de conspiración. Cada parte presentaba para la otra parte una visión de la realidad "falsa" y totalmente desacreditada.

Si las anteriores definiciones del personaje parecen sacadas de las historietas cómicas, así es exactamente como se desarrolló la conferencia de prensa.

Primero, Trump se autoalabó:

—Seré al mayor creador de empleos que Dios ha creado jamás...

Referencias a los temas que tenía ante él:

—Los veteranos con un poco de cáncer no pueden ver a un médico hasta que están terminales...

Luego la incredulidad:

—Estuve en Rusia hace años en el concurso de Miss Universo, estuvo muy bien, les dije a todos que tuvieran cuidado, porque no quieres que te vean en televisión, había cámaras por todas partes. Y de nuevo no solo en Rusia, sino en todas partes. Así que, ¿alguien se cree realmente esa historia? Soy bastante germanófobo, por cierto. Créanme.

Luego la negación:

—No tengo tratos con Rusia, no tengo ningún trato que pueda tener lugar en Rusia porque nos hemos mantenido fuera, y no tengo préstamos con Rusia. Tengo que decir una cosa... A lo largo del fin de semana me han ofrecido dos mil millones de dólares en un negocio en Dubái y lo he rechazado. No tenía por qué rechazarlo, pues como ya saben no tengo ningún conflicto de intereses como presidente. No sabía de esto hasta hace tres meses pero es una cosa buena. Pero no quería aprovecharme de algo. No tengo conflictos de intereses en lo relativo a mi presidencia. De hecho puedo dirigir mis negocios, dirigir mis negocios y dirigir el gobierno al mismo tiempo. Sé que no se ve bien, pero sería capaz de hacerlo si quisiera. Puedo dirigir la organización Trump, una gran, gran empresa, y puedo dirigir el país, pero no quiero hacer eso.

Entonces, el ataque directo a la CNN, su némesis:

—Su organización es terrible. Su organización es terrible...
Silencio... Silencio... No sean groseros... No sean... No, no voy a
permitirles una pregunta... No voy a permitirles una pregunta...
Son noticias falsas...

Y en resumen:

—En primer lugar, ese informe no se tendría que haber impri-
mido jamás porque no vale el papel en que se ha impreso. Esto
nunca debía haber ocurrido. China ha hackeado veintidós millones de cuentas. Y eso ocurre porque no tenemos defensa, porque
nos dirige gente que no sabe lo que está haciendo. Rusia respetará
mucho más a nuestro país cuando yo esté al cargo. Y no solo Rusia;
China, que se ha aprovechado totalmente de nosotros. Rusia,
China, Japón, México, todos los países nos respetarán más, mucho
más de lo que lo han hecho en administraciones anteriores...

No solo el presidente electo llevaba en la manga esa larga lista
de agravios, sino que quedaba claro que el hecho de haber sido
elegido presidente no cambiaría su exhibición sin filtros, aparentemente incontrolable y verborreica de agravios, resentimiento e ira.

—Creo que ha hecho un trabajo excelente —dijo Kellyanne
Conway después de la conferencia de prensa—. Pero los medios
no dirán eso. Nunca lo dicen.

3

DÍA UNO

A sus treinta y seis años, Jared Kushner se enorgullecía de su habilidad para llevarse bien con hombres mayores. En el momento de la inauguración de Donald Trump se había convertido en el intermediario designado entre su suegro y el *establishment*: republicanos más moderados, intereses empresariales y los ricos de Nueva York. Tener contacto con Kushner parecía ofrecerle a la élite preocupada una forma de gestionar una situación inestable.

Algunos de los miembros del círculo de confianza de su suegro confiaban también en Kushner, y a menudo le confesaban sus preocupaciones sobre su amigo, el presidente electo.

"Le doy buenos consejos sobre lo que tiene que hacer y al día siguiente los sigue durante tres horas para después acabar saliéndose sin remedio del guion", se quejaba uno de ellos al yerno de Trump. Kushner, cuya postura era escuchar todo y no revelar mucho a cambio, dijo que entendía su frustración.

Aquellas figuras poderosas intentaban transmitir un sentido de la realidad de la política que todos aseguraban entender a un nivel significativamente más alto que el que pronto sería presidente. A todos les preocupaba que Trump no entendiera a qué se estaba enfrentando. Que, sencillamente, no hubiera un método claro en su locura.

Cada uno de aquellos interlocutores le proporcionó a Kushner una especie de manual sobre las limitaciones del poder presidencial; Washington estaba tan diseñado para frustrar y minar el poder del presidente como para acogerlo.

"No dejes que enfade a la prensa, no dejes que enfade al Partido Republicano, que no amenace a los congresistas porque lo joderán si lo hace, y por encima de todo, que no irrite a la comunidad de inteligencia", le dijo a Kushner una figura republicana de carácter nacional. "Si irrita a la comunidad de inteligencia, encontrarán la forma de tomarse la revancha y tendrán dos o tres años de investigaciones sobre Rusia, y cada día se filtrará algún detalle de alguna otra cosa".

A Kushner, sobrenaturalmente sereno, le pintaron una vívida imagen de los espías y de su poder, de cómo pasaban secretos de la comunidad de inteligencia a antiguos miembros de la comunidad o a otros aliados en el Congreso o incluso a personas de la rama ejecutiva, y de ahí a la prensa.

Uno de los sabios que ahora llamaba con frecuencia a Kushner era Henry Kissinger. Kissinger, que había sido testigo de primera fila cuando la burocracia y la comunidad de inteligencia se enfrentaron contra Nixon, le esbozó un panorama del tipo de maldades y otras cosas peores a las que la nueva administración tendría que enfrentarse.

El "estado profundo", la idea de los derechistas y los izquierdistas de una red de inteligencia en permanente conspiración contra el gobierno, parte del glosario de Breitbart, se convirtió en la expresión usada por el equipo de Trump: ha azuzado al oso del estado profundo.

Había nombres: John Brennan, director de la CIA; James Clapper, director de la inteligencia nacional; Susan Rice, consejera nacional de seguridad saliente, y Ben Rhodes, delegado de Rice y uno de los favoritos de Obama.

Se dibujaron escenarios de película: una cábala de esbirros de la comunidad de inteligencia, conocedores de todo tipo de pruebas dañinas de la irresponsabilidad y de los tratos turbios de Trump, podría, siguiendo un calendario estratégico de filtraciones dañinas, vergonzosas y de distracción, hacer imposible que la Casa Blanca de Trump pudiera gobernar.

Lo que le repitieron a Kushner una y otra vez fue que el presidente tenía que hacer cambios. Tenía que tratar con los demás. Tenía que suavizarse. "Son fuerzas a las que no conviene subestimar", le decían con absoluta seriedad.

A lo largo de la campaña, y con más intensidad incluso tras las elecciones, Trump había tratado a la comunidad de inteligencia estadounidense —la CIA, el FBI, el Consejo Nacional de Seguridad (NSC), y así hasta un total de diecisiete agencias distintas— como incompetente y mentirosa. (Soltaba el mensaje "en piloto automático", dijo un ayudante). Entre los diversos y numerosos mensajes confusos de Trump en contra de la ortodoxia conservadora, aquel era uno especialmente jugoso. Su caso contra la inteligencia estadounidense incluía la información defectuosa sobre las armas de destrucción masiva que precedió a la guerra de Irak, una letanía de errores de inteligencia con Obama en lo relativo a Afganistán, Irak, Siria, Libia y otras regiones en guerra, y más recientemente, pero en modo alguno menos importante, las filtraciones de inteligencia sobre sus presuntas relaciones y subterfugios con los rusos.

Las críticas de Trump parecían alinearse con la izquierda en el medio siglo que llevaban convirtiendo en el villano a las agencias de inteligencia estadounidenses. Pero en una especie de reversión, los liberales y la comunidad de inteligencia se alineaban ahora en su horror ante Donald Trump. Buena parte de la izquierda —que en general había rechazado ruidosa y mordazmente el juicio tajante de la comunidad de inteligencia relativo a que Edward Snowden era un traidor que había revelado secretos nacionales en lugar de un denunciante bienintencionado—, ahora de repente aceptaba la autoridad de esa misma comunidad de inteligencia cuando insinuaba las infames relaciones de Trump con los rusos.

Trump estaba en un peligroso aprieto.

Por eso, Kushner pensó que sería prudente que uno de los primeros actos de la nueva administración consistiera en tenderle la mano a la CIA.

* * *

Trump no disfrutó de su propia inauguración. Deseaba que fuera una gran fiesta. Tom Barrack, el hombre del espectáculo —además del rancho Neverland de Michael Jackson, había adquirido Miramax Pictures, en manos de Disney, junto con el actor Rob Lowe—, podía haber rechazado el cargo de jefe de gabinete, pero como parte de su implicación en la sombra en la Casa Blanca de su amigo, se dispuso a reunir dinero para el acto inaugural y para crear un acontecimiento que —en apariencia bastante en contraste con el carácter del nuevo presidente, y con el deseo de Steve Bannon de una inauguración populista sin artificios— prometió que tendría una "sensualidad suave" y una "cadencia poética". Pero Trump, rogando a sus amigos que usaran su influencia para reclutar a algunas estrellas de primera categoría que estaban desdeñando el evento, empezaba a enfadarse y a sentirse herido porque las estrellas parecían decididas a avergonzarlo. Bannon, que además de agitador profesional podía ser una voz tranquilizadora, intentó explicar la naturaleza dialéctica de lo que habían conseguido (sin usar la palabra *dialéctica*). Como el éxito de Trump estaba más allá de toda medida, o como mínimo de toda expectativa, los medios y los liberales tenían que justificar su propio fracaso, le explicó al nuevo presidente.

En las horas anteriores a la inauguración, todo Washington parecía contener la respiración. La tarde anterior a que Trump jurara el cargo, Bob Corker, senador republicano por Tennessee y presidente del Comité de Relaciones Exteriores del Senado, abrió sus comentarios como orador destacado de una reunión en el hotel Jefferson con la pregunta existencial: "¿Adónde van las cosas?". Se detuvo por un momento y entonces respondió, como desde lo más profundo de un pozo de perplejidad: "No tengo ni idea".

Aquel mismo día, un poco más tarde, un concierto en el Lincoln Memorial, parte de un siempre extravagante intento de importar a Washington la cultura pop, acabó sin ninguna estrella, con el propio Trump en el escenario como acto principal, insistiendo airadamente ante sus ayudantes que él podía superar a cualquier estrella.

Habiendo sido disuadido por su personal de que se quedara en el Hotel Internacional Trump de Washington como quería, y lamentando la decisión, el presidente electo se levantó en la mañana de la inauguración quejándose del alojamiento en la Blair House, la residencia de invitados oficial al otro lado de la calle frente a la Casa Blanca. Demasiado calor, poca presión del agua, mala cama.

Su humor no mejoró. A lo largo de la mañana se lo vio discutir con su esposa, que parecía al borde de las lágrimas y regresaría a Nueva York al día siguiente; prácticamente todas las palabras que le dirigió fueron duras y perentorias. Kellyanne Conway se había tomado a Melania Trump como una misión personal de relaciones públicas, promoviendo a la Primera Dama como una columna vital de soporte del presidente y una voz útil por derecho propio, y estaba intentando convencer a Trump de que tendría un papel importante en la Casa Blanca. Pero, en general, la relación de los Trump era una de esas cosas sobre las que nadie hacía demasiadas preguntas, otra variable misteriosa en el humor del presidente.

En la reunión ceremonial en la Casa Blanca entre el que pronto sería presidente y el que pronto dejaría de serlo, que se celebró justo antes de que asistieran a la ceremonia de jura del cargo, Trump creyó que los Obama actuaron con desdén —"muy arrogantes"— hacia él y Melania. En vez de poner cara de póquer e ir a los actos de inauguración, el presidente electo lució lo que algunos de los que lo rodeaban habían dado en llamar su cara de golf: iracunda y enfadada, los hombros caídos, balanceando los brazos, el entrecejo arrugado y los labios fruncidos. Se había convertido en el Trump público, el Trump truculento.

Una inauguración se supone que debe ser un acto positivo. Los medios consiguen una historia nueva y estimulante. Para los fieles del partido vuelven los buenos tiempos. Para los funcionarios del gobierno permanente —el pantano— es una oportunidad para ganarse el favor y buscar nuevas ventajas. Para el país es una coronación. Pero Bannon tenía tres mensajes o temas que intentaba reforzarle a su jefe: su presidencia iba a ser diferente, diferente como ninguna desde la de Andrew Jackson (le estaba proporcionando a su iletrado presidente electo libros relacionados con Jackson y citas de este); sabían quienes eran sus enemigos y no debían caer en la trampa de intentar convertirlos en amigos, porque no lo serían; y así, desde el día uno, deberían considerarse a sí mismos en pie de guerra. Aunque aquello sintonizaba con el lado combativo decidido a "devolver los golpes" de Trump, no era bueno para su lado de querer caer bien. Bannon se veía a sí mismo como el gestor de los dos impulsos, enfatizando el primero y explicándole a su jefe por qué tener enemigos allí hacía que aparecieran amigos en algún otro lugar.

De hecho, el mal humor de Trump encajaba perfectamente con el discurso inaugural lleno de agravios escrito por Bannon. Buena parte del discurso de sesenta minutos era parte de la matraca diaria de *joie de guerre* de Bannon, su visión de "recuperar el país", "América primero", "masacre por todas partes". Pero acabó siendo más oscuro y más violento cuando quedó filtrado por la decepción de Trump y lo presentó con su cara de golf. La administración comenzó su andadura intencionadamente con un tono de amenaza; un mensaje impulsado por Bannon, dirigido al otro lado, de que el país iba a pasar por un cambio profundo. Los sentimientos heridos de Trump —su sensación de haber sido rechazado y no ser querido justo el día en que se convertía en presidente— ayudaron a enviar aquel mensaje. Cuando bajó del podio tras pronunciar su alocución, no dejaba de repetir: "Nadie va a olvidar este discurso".

George W. Bush, en el estrado, proporcionó lo que probablemente se convertirá en la nota histórica a pie de página del discurso de Trump: "Qué mierda más rara".

* * *

Trump, a pesar de su decepción por el fracaso de Washington en recibirlo y agasajarlo adecuadamente, era, como buen vendedor, un optimista. Los vendedores, cuya característica primaria y ventaja principal es su capacidad de seguir vendiendo, reorganizan constantemente su visión del mundo en términos positivos. Lo que para cualquier otro es desánimo, para ellos es únicamente la necesidad de mejorar la realidad.

A la mañana siguiente, Trump estaba buscando confirmación de su punto de vista de que la inauguración había sido un éxito. "La multitud se extendía hasta el final. Había por lo menos un millón de personas, ¿verdad?". Hizo una serie de llamadas telefónicas a sus amigos, que en su mayoría le dijeron que sí. Kushner confirmó la presencia de una gran multitud. Conway no intentó disuadirlo. Priebus estuvo de acuerdo. Bannon bromeó.

Uno de los primeros movimientos de Trump como presidente fue sustituir una serie de fotografías inspiracionales en el Ala Oeste por imágenes de escenas de grandes multitudes en su ceremonia inaugural.

Bannon había llegado a racionalizar las distorsiones de la realidad de Trump. Sus hipérboles, exageraciones, despliegues de fantasía, improvisaciones y la libertad que se tomaba en general para remodelar los hechos eran producto de su ausencia básica de malicia, pretensión y control de los impulsos que habían ayudado a crear la inmediatez y la espontaneidad que tenían tanto éxito con muchos que eran de ese tipo de persona, y que horrorizaban a tantos otros.

Para Bannon, Obama era la estrella del norte de la actitud distante. "La política", decía con una autoridad que contradecía el hecho de que hasta el mes de agosto anterior jamás había trabajado en política, "es ahora más que nunca un juego de inmediatez". Para Bannon, Trump era un William Jennings Bryan moderno. (Bannon había hablado durante mucho tiempo de la necesidad de tener un nuevo William Jennings Bryan en la política de la derecha, aunque sus amigos suponían que se refería a sí mismo). En la época del cambio de siglo, Bryan había hechizado a audiencias rurales con su habilidad para hablar apasionada y extemporáneamente durante periodos de tiempo aparentemente ilimitados. Según la teoría de algunos de sus íntimos, Trump compensaba sus dificultades con la lectura, la escritura y la concentración con un estilo improvisador que producía, si no exactamente un William Jennings Bryan, sí algo bastante cercano al extremo opuesto del efecto de Obama.

Era parte exhortatorio, parte testimonio directo, parte arrogancia de bar; un enfoque incoherente, inconexo, digresivo, de aparente despreocupación que combinaba aspectos de la furia de la televisión por cable, revivalismo religioso de las carpas de lona, comedia estilo judío, charlas motivacionales y de bloguero de YouTube. El carisma, en la política estadounidense, había llegado a definirse como una mezcla de encanto, ingenio y estilo; cierta genialidad. Pero había otra clase de carisma estadounidense en una línea más cercana al evangelismo cristiano, un espectáculo emocional y vivencial.

La campaña de Trump había construido su estrategia central en torno a grandes mítines que atraían con regularidad a decenas de miles de asistentes, un fenómeno político al que los demócratas no habían prestado mucha atención y veían como una señal del limitado atractivo de Trump. Para el equipo de Trump, aquel estilo, aquella conexión inmediata —sus discursos, sus tuits, sus llamadas espontáneas a programas de radio y televisión y, a menudo, a cualquiera que lo escuchase— eran reveladores; una política nueva e inspiradora. Para el otro lado era una payasada que en el mejor de los casos aspiraba a ser el tipo de demagogia cruda y autoritaria que hacía mucho tiempo que se había desacreditado y pasado a la historia y que, cuando aparecía en la política estadounidense, fracasaba invariablemente.

Mientras que las ventajas de ese estilo estaban ahora muy claras para el equipo de Trump, el problema era que a menudo —de hecho, con toda regularidad— producían afirmaciones que no eran ni remotamente ciertas.

Aquello había llevado cada vez más a la teoría de las dos realidades diferentes de la política de Trump. En una de las realidades, que abarcaba a la mayoría de los partidarios de Trump, se entendía y se apreciaba su naturaleza. Era el antiestudioso. Era el contraexperto. Era lo que le decían las entrañas. Era el hombre corriente. Era jazz (algunos, al explicarlo, decían que "rap") cuando todos los demás eran música folclórica. En la otra realidad, en la que residían la mayor parte de sus antagonistas, sus virtudes eran penosas cuando no defectos mentales y criminales. En aquella realidad vivían los medios, que con su conclusión de una presidencia descabellada y bastarda creían que podrían reducirlo y dañarlo (acabar con él) y robarle toda credibilidad señalando de forma implacable lo literalmente equivocado que estaba.

Los medios, adoptando una moralidad "escándalo, escándalo", no podían imaginar que estar equivocado factualmente no era en absoluto un punto final. ¿Cómo podía no avergonzarlo absolutamente? ¿Cómo podía defenderlo su personal? ¡Los hechos eran los hechos! Desafiarlos o ignorarlos o subvertirlos lo convertían a uno en un mentiroso, con intención de engañar, presentando falsos testimonios. (Una polémica periodística menor surgió sobre el detalle de si esas falsas verdades debían llamarse imprecisiones o mentiras).

Según lo veía Bannon: 1) Trump jamás cambiaría, 2) intentar hacer que cambiase, sin duda dañaría su estilo, 3) a los partidarios de Trump no les importaba, 4) a los medios no les iba a gustar, de todas formas, 5) era mejor jugar contra los medios que para los medios, 6) la pretensión de los medios de ser los protectores de la honradez factual y la precisión era en sí misma otro engaño, 7) la revolución de Trump era un ataque a las asunciones convencionales y a los expertos, así que era mejor abrazar el comportamiento de Trump que intentar controlarlo o arreglarlo.

El problema era que aunque nunca se iba a ajustar a seguir un guion ("sencillamente, su mente no trabaja de esa forma" era una de las racionalizaciones internas), Trump ansiaba la aprobación de los medios. Pero, como enfatizó Bannon, nunca iba a entender los hechos correctamente, ni tampoco iba a admitir que los hubiera entendido mal, así que no iba a conseguir esa aprobación. Eso significaba optar por la mejor opción siguiente: que había que defenderlo agresivamente de la desaprobación de los medios.

El problema ahí era que cuanto más ruidosa era la defensa —principalmente, afirmaciones que se podían demostrar incorrectas con facilidad—, más redoblaban los medios sus ataques y su censura. Y lo que era más, Trump estaba recibiendo también la censura de sus amigos. Y no solo se trataba de llamadas de amigos preocupados por él, sino que miembros de su equipo llamaban a otros para que lo llamasen a él y le dijeran que aflojase un poco.

—¿A quién tienes ahí? —le dijo Joe Scarborough en una llamada frenética—. ¿En quién confías? ¿Jared? ¿Quién puede explicarte este asunto antes de que decidas actuar al respecto?

—Bueno —dijo el presidente—, no te va a gustar la respuesta, pero la respuesta soy yo. Yo. Hablo conmigo.

Fue así como, en las primeras veinticuatro horas tras la inauguración, el presidente se inventó un millón de personas que no existían. Envió a su nuevo secretario de prensa, Sean Spicer —cuyo mantra personal no tardaría en ser: "No te puedes inventar esta mierda"— a defender su caso ante los medios, en un momento que convirtió a Spicer, un profesional político bastante serio, en una broma nacional, algo de lo que parecía destinado a no recuperarse nunca. Y por añadidura, el presidente culpó a Spicer por no hacer que el millón de personas fantasma pareciesen reales.

Fue la primera muestra presidencial de lo que los habituales de la campaña habían aprendido a lo largo de muchos meses: en el nivel más básico, a Trump, tal como lo expresó más tarde Spicer, nada le importaba una mierda. Le podías decir lo que quisieras, pero él sabía lo que sabía, y si lo que le decías contradecía lo que sabía, simplemente no te creía.

Al día siguiente, Kellyanne Conway, cuya actitud agresiva durante la campaña se estaba volviendo cada vez más petulante y autocompasiva, afirmó el derecho del nuevo presidente a recurrir a "hechos alternativos". Resultó que Conway quería decir "información alternativa", lo que al menos podía implicar la existencia de datos adicionales. Pero tal como lo dijo, ciertamente sonaba a que la nueva administración reclamaba el derecho a rehacer la realidad. Lo que en cierto sentido era así. Aunque desde el punto de vista de Conway eran los medios los que rehacían las cosas, convirtiendo en una montaña (de ahí lo de "noticias falsas") un grano de arena (una honrada exageración mínima, aunque de enormes proporciones).

En cualquier caso, la pregunta que todo el mundo se hacía sobre si Trump seguiría con sus tuits no supervisados y a menudo inexplicables ahora que estaba en la Casa Blanca y era presidente —una pregunta que circulaba con tanto interés dentro de la Casa Blanca como fuera de ella— quedó respondida: seguiría.

Aquello fue una innovación fundamental en el gobierno: estallidos regulares e incontrolados de furia y desahogo.

* * *

El asunto oficial inmediato del presidente era, sin embargo, arreglar las cosas con la CIA.

El sábado 21 de enero, en un acto organizado por Kushner, el presidente, en su primer acto presidencial, hizo una visita a Langley para, en la esperanzada descripción de Bannon, "hacer un poco de política". En unos comentarios cuidadosamente preparados en su primer acto como presidente, arrojaría algo de su famosa adulación sobre la CIA y el resto del extenso —y lleno de filtraciones— mundo de la inteligencia estadounidense.

Sin quitarse su abrigo oscuro, lo que le daba cierto aspecto de gánster, caminando ante el muro de estrellas de la CIA donde esta rinde homenaje a sus agentes caídos, frente a una multitud de unos trescientos miembros del personal de la agencia y un grupo de miembros de la Casa Blanca, y de repente en un estado de ánimo de fanfarronería incansable y con el placer de tener a un público cautivo, el nuevo presidente, dejando a un lado el texto que llevaba preparado, se lanzó a lo que podríamos llamar con confianza uno de los discursos más peculiares que jamás haya pronunciado un presidente de Estados Unidos.

—Sé mucho sobre West Point, soy una persona que cree firmemente en los estudios. Siempre digo que tuve un tío que fue un gran profesor en el MIT durante treinta y cinco años, que hizo un trabajo académico fantástico de muchas formas, era un genio académico, y entonces me dicen: ¿es Donald Trump un intelectual? Créanme, soy una persona bastante inteligente.

Aquello era de algún modo una alabanza dirigida a que pronto sería confirmado como nuevo director de la CIA Mike Pompeo, que había asistido a West Point y a quien Trump había traído con él para que estuviera con los asistentes al acto, y que en aquel momento estaba tan desconcertado como cualquiera de los presentes.

—No sé si saben que cuando yo era joven... Por supuesto, me siento joven, me siento como si tuviera treinta, treinta y cinco, treinta y nueve... Alguien dice: ¿eres joven? Y yo digo, creo que soy joven. En los últimos meses de la campaña iba haciendo paradas, cuatro paradas, cinco paradas, siete paradas; discursos, discursos delante de veinticinco, treinta mil personas, quince, diecinueve mil... Me siento joven; creo que todos somos muy jóvenes. Cuando era joven siempre estábamos ganando cosas en este país. Ganábamos en el comercio, ganábamos en las guerras; a cierta edad recuerdo oír de uno de mis instructores, Estados Unidos jamás ha perdido una guerra. Y entonces, después de eso, es como si no hubiéramos ganado nada. ¿Conocen la vieja expresión "al vencedor pertenecen los despojos"? Recuerden lo que siempre digo: hay que quedarse con el petróleo.

—¿*Quién* tiene que quedarse con el petróleo? —preguntó un estupefacto empleado de la CIA inclinándose hacia un compañero, al fondo de la sala.

—Yo no era un fan de Irak, no quería ir a Irak. Pero les digo que nos metimos allí y salimos mal y siempre digo además de eso que hay que quedarse con el petróleo. Ahora lo digo por razones económicas, pero si piensas en ello, Mike... —Se dirigía al otro extremo de la sala, al que pronto sería director—. Si nos quedamos con el petróleo no tendríamos a ISIS porque es de ahí de donde sacan el dinero en primer lugar, así que por eso deberíamos habernos quedado con el petróleo. Pero, bien, quizá tengan otra oportunidad, pero el hecho es que deberíamos habernos quedado con el petróleo.

El presidente se detuvo y sonrió con satisfacción evidente.

—La razón por la que son mi primera parada, como ya saben estoy en guerra con los medios, son los seres humanos más deshonestos de la Tierra, y hacen que parezca que yo tuviera una disputa con la comunidad de inteligencia y solo quiero que sepan que la razón por la que son mi primera parada es exactamente lo contrario, y ellos entienden eso. Les estaba contando lo de los números. Hicimos, hicimos algo ayer en el discurso. ¿Le gustó el discurso a todo el mundo? Tuvo que gustarles. Pero teníamos un campo enorme lleno de gente. Los vieron. Amontonados. Me levanté esta mañana, puse una de las cadenas de televisión y mostraron un campo vacío y yo dije, espera un momento, yo pronuncié un discurso. Miré y el campo estaba lleno, parecía haber un millón, millón y medio de personas. Mostraron un campo donde prácticamente no había nadie. Y dijeron que Donald Trump no atraía y yo dije que estaba casi lloviendo, la lluvia debería haber espantado a la gente, pero Dios miró hacia abajo y dijo que no vamos a dejar que llueva en tu discurso y de hecho cuando empecé dije oooh no, me acaban de caer un par de gotas, y dije, oh, esto es malo, pero seguimos adelante, y la verdad es que se detuvo de inmediato...

—No, no se detuvo —dijo para sí una del equipo que viajaba con él, que inmediatamente se contuvo y miró alrededor con expresión preocupada para ver si alguien la había oído.

—... y entonces salió el sol y avancé y comenzó a llover fuerte. Llovió a cántaros, pero tenemos algo asombroso porque, de verdad parecía como un millón, un millón y medio de personas, fuera lo que fuera, pero iban hasta el final del monumento a Washington y por error conecto con esta cadena y muestran un campo vacío y dicen que atraje a doscientas cincuenta mil personas. Bueno, eso no está mal, pero es mentira... Y ayer tuvimos otra que fue interesante. En el Despacho Oval hay una hermosa estatua del Dr. Martin Luther King y a mí me cae bien Churchill, Winston Churchill, creo que a casi todos nos cae bien Churchill, no viene de nuestro país pero tuvo mucho que ver con él, nos ayudó, verdadero aliado, y como ya saben a la estatua de Churchill la quitaron... Así que un periodista de la revista *Time* y yo he estado en la portada catorce o quince veces. Creo que tengo el récord de todos los tiempos en la historia de *Time*. Porque si Tom Brady está en la portada una vez es porque ganó la Super Bowl o algo. Yo he estado quince veces este año. No creo, Mike, que sea un récord que pueda ser superado, estás de acuerdo... ¿Qué opinas?

—No —dijo Pompeo con voz ahogada.

—Pero diré que dijeron que fue muy interesante que "Donald Trump retiró el busto, la estatua, del Dr. Martin Luther King", y estaba justo ahí, había un cámara delante de ella. Así que Zeke... Zeke... de la revista *Time*..., escribió una historia sobre que la quité. Yo nunca haría eso. Tengo un gran respeto por el Dr. Martin Luther King. Pero así de deshonestos son los medios. Ahora es una historia enorme, pero la retractación es algo así. —Indicó con los dedos algo muy pequeño—. Es una línea, si se molestan siquiera en publicarla. Solo digo que amo la honradez, amo el periodismo honrado. Les diré por última vez, aunque lo diré cuando dejen entrar a los miles de otras personas que han estado intentando entrar, porque volveré, quizá tengamos que encontrar una sala más grande, podríamos conseguir una sala más grande y quizá, *quizá*, la construirá alguien que sepa como construir y no habrá columnas. ¿Lo entienden? Quitaremos las columnas, pero saben que lo que quería decir es que los quiero, los respeto, no hay nadie a quien respete más. Hacen un trabajo fantástico y vamos a empezar a ganar de nuevo, y van a estar dirigiendo la carga, así que muchas gracias a todos.

Como muestra del constante efecto *Rashomon* de Trump —sus discursos inspiraban alegría u horror—, los testigos describirían su recepción en la CIA como un desbordamiento emocional al estilo de los Beatles o como una respuesta tan perpleja y aterrorizada que, en los segundos posteriores a que terminó, se podría haber oído caer un alfiler.

4

BANNON

Steve Bannon fue el primer alto funcionario de Trump en pisar la Casa Blanca después de que este jurara su cargo. Durante la ceremonia de inauguración, se llevó a la recién nombrada subsecretaria de Estado, Katie Walsh —subdirectora de Reince Priebus en el Comité Nacional Republicano—, a examinar el Ala Oeste, ahora desocupada. Habían limpiado la alfombra, pero lo demás no había cambiado mucho: seguía siendo un laberinto de salas pequeñas que pedían a gritos una nueva capa de pintura y que no se adecentaban a fondo con regularidad, decoradas como si se tratara de la secretaría de una universidad pública. Bannon se adjudicó la anodina oficina situada enfrente del despacho del jefe de gabinete, mucho más grande, y requisó de inmediato las pizarras blancas en las que pretendía plasmar los cien primeros días del gobierno de Trump. Luego empezó a sacar los muebles: la idea era no dejar ningún sitio donde alguien se pudiera sentar. Allí no habría reuniones; o, por lo menos, no habría reuniones en las que la gente pudiera ponerse cómoda. Discusión limitada. Debates limitados. Aquello era la guerra. Y aquella, una sala de guerra.

Muchos de los que habían trabajado con Bannon en la campaña electoral y durante el período de transición enseguida notaron un cambio. Ya había conseguido un objetivo, y ahora se preparaba para otro. Se trataba de un hombre vehemente, pero de repente había alcanzado un estado aún más elevado de concentración y determinación.

"¿Qué le ocurre a Steve?", preguntó Kushner. "¿Le pasa algo?", continuó. Y por último: "No lo entiendo. Éramos uña y carne".

En una sola semana, Bannon parecía haber puesto fin a la camaradería de la Torre Trump —incluida su predisposición para hablar largo y tendido a cualquier hora— y haberse vuelto mucho más distante, casi inalcanzable. Estaba "concentrado en mis cosas", ocupándose de que las cosas se hicieran; pero muchos tuvieron la impresión de que esas cosas consistían en tramar planes contra ellos. Al fin y al cabo, uno de sus rasgos personales era el de ser un conspirador. Anticiparse a los golpes de los demás, contraatacar antes siquiera de haberse producido el ataque. Para él, eso era adelantarse a los acontecimientos, siempre con varios objetivos en mente. En ese momento, estaba concentrado en dos de ellos: en primer lugar, lograr la elección de Donald Trump; en segundo lugar, decidir la composición de su gobierno. Por ahora, empezaba a captar el alma de la Casa Blanca de Trump, consciente de un detalle que los demás no habían comprendido todavía: aquello iba a ser un combate a muerte.

* * *

Durante los primeros días de la transición, Bannon había alentado al equipo de Trump a leer *The Best and the Brightest* de David Halberstam. (Una de las pocas personas que pareció aceptar ese encargo fue Jared Kushner). "Es un libro apasionante —dijo Bannon con entusiasmo—. Reveladora, con personajes increíbles, llena de verdad".

Se lo apropió, casi a modo de marca personal, y se lo enseñaba a muchos de los periodistas liberales a los que cortejaba; aunque con ello también quería transmitir algo (y se trataba de algo importante, sobre todo teniendo en cuenta la naturaleza improvisada de los protocolos de contratación en las transiciones gubernamentales): ten cuidado a quién contratas.

El libro de Halberstam, publicado en 1972, es un intento tolstoiano por comprender a las grandes figuras del mundo académico, intelectual y militar que, durante los años de Kennedy y Johnson, malinterpretaron profundamente la naturaleza de la guerra de Vietnam, en la que, además, tuvieron una intervención de dudosa competencia. *The Best and the Brightest* fue un cuento admonitorio sobre el *establishment* de la década del 1960 —precursora de la misma a la que ahora Trump y Bannon desafiaban de un modo tan agresivo—, pero también constituyó una respetada guía para llegar al poder.

Los futuros expertos en política, líderes mundiales y periodistas famosos de la generación de los setenta (la generación de Bannon, aunque él quedara muy lejos de ese círculo elitista) usaban *The Best and the Brightest* como manual sobre las características del poder de los Estados Unidos y las formas de alcanzarlo, en el que no solo se especificaban las universidades y los entornos adecuados para lograr abrirse paso hasta la estructura del poder norteamericano, sino que además se detallaban el lenguaje, las actitudes, las ideas y los contactos más útiles para ello. Muchos lo veían como una lista de recomendaciones para llegar a lo más alto, aunque la intención del autor era advertir sobre lo que no debe hacerse una vez que se está ahí. *The Best and the Brightest* traza un perfil de aquellos que deberían ocupar el poder. Barack Obama quedó embelesado con el libro durante sus años en la universidad, al igual que Bill Clinton, premiado con la beca Rhodes por aquel entonces.

El libro de Halberstam define la apariencia y el pulso del poder de la Casa Blanca. Su lenguaje resonante, imponente y, a veces, acertadamente pomposo marcaría el tono del periodismo presidencial de los cincuenta años siguientes. Incluso los ocupantes más infames y fracasados de la Casa Blanca recibían un trato digno de personalidades excepcionales que habían alcanzado las cumbres más altas tras un largo adiestramiento en el proceso darwinista de selección inherente a la política. El propio Bob Woodward, que ayudó a derribar a Nixon —convirtiéndose él mismo en un creador incontestable de mitos presidenciales—, escribió un montón de libros en los que incluso los actos presidenciales más desacertados parecen formar parte de un desfile histórico protagonizado por un sentido intachable de la responsabilidad y por decisiones de vida o muerte. Solo los lectores más insensibles no compartirían el ensueño de que no formaban parte de esa increíble procesión. Y Steve Bannon fue uno de ellos.

* * *

Si Halberstam fue quien definió el proceder presidencial, Trump se encargó de desafiarlo... y de profanarlo. En principio, no contaba con un solo atributo que pudiera llevarlo a ese venerado círculo presidencial; y fue precisamente eso (curiosamente, a contracorriente de lo que se establecía en la premisa del libro) lo que proporcionó a Steve Bannon su oportunidad.

Cuanto menos creíble es un candidato presidencial, menos creíbles —y, frecuentemente, más inexpertos— son sus ayudantes; o, en otras palabras: un candidato con pocas posibilidades solo atrae a ayudantes con pocas posibilidades, pues aquellos que sí las tienen se van con los candidatos más factibles. Cuando un candidato por el que nadie apostaba gana —algo cada vez más probable, y es que los *outsiders* están de moda en la carrera presidencial—, la Casa Blanca se llena de gente aún más peculiar que de costumbre. Sin embargo, el libro de Halberstam y la propia campaña de Trump demuestran que los jugadores mejor posicionados también cometen errores lamentables. De ahí que, según la narrativa de Trump, el verdadero genio se encuentra entre los personajes más improbables alejados del *establishment*.

Aún así, pocos tan improbables como el propio Steve Bannon.

Bannon tenía sesenta y tres años cuando aceptó su primer trabajo formal en política y se sumó a la campaña de Trump. Su cargo en el nuevo gobierno como jefe de estrategia fue, además, su primer empleo no solo en el gobierno federal, sino también en el sector público ("¿Estratega?", se mofó Roger Stone, que había sido uno de los estrategas de Trump antes de Bannon). Dejando de lado al propio Trump, Bannon era indiscutiblemente la persona de mayor edad y con menos experiencia que había pisado la Casa Blanca. Y llegaba tras una carrera extravagante.

Colegio católico en Richmond (Virginia). Después, una universidad local, la Virginia Tech. Posteriormente, siete años en la marina, primero como teniente de navío embarcado y después en el Pentágono. Mientras estaba en la marina hizo un máster en la School of Foreign Service de Georgetown, pero luego abandonó la carrera militar. Más tarde obtuvo un MBA en la Harvard Business School, y trabajó cuatro años como banquero de inversiones en Goldman Sachs —concentrándose, los dos últimos, en la industria de medios de Los Ángeles—, aunque sin destacar más allá de puestos de nivel intermedio.

En 1990, cuando tenía treinta y siete años, Bannon fundó su propia compañía, Bannon & Co, una asesoría financiera orientada a la industria del espectáculo. Como si fuera una tapadera, colgó el cartel de "abierto" en una industria que contaba con un pequeño núcleo exitoso rodeado por círculos concéntricos que irradiaban todo tipo de aspirantes prometedores, en decadencia y fracasados. Bannon & Co logró esquivar la decadencia y el fracaso y alcanzar la condición de aspirante mediante la inversión de pequeñas cantidades de dinero en proyectos cinematográficos independientes (entre los que no hubo un solo éxito).

Él mismo era como un personaje cinematográfico. Y todo un cliché: alcohol, matrimonios fracasados, siempre corto de dinero en un negocio donde la vara de medir el éxito la determinan los excesos de los ricos. Siempre tramando algo, y siempre decepcionado.

Para ser un hombre tan consciente de su destino, tendía a pasar desapercibido. Jon Corzine, exdirector de Goldman y futuro senador de los Estados Unidos y gobernador de Nueva Jersey, estaba ascendiendo en Goldman Sachs en la época de Bannon, pero nunca reparó en él. Cuando Bannon se convirtió en jefe de campaña de Trump y pasó a ser la sensación —o la duda— de la prensa, sus credenciales incluyeron súbitamente una enrevesada historia según la cual Bannon & Co tenía una participación en el superéxito *Seinfeld* y, en consecuencia, se había ganado sus veinte años de beneficios residuales, aunque ninguno de los directivos, creadores o productores de *Seinfeld* había oído jamás hablar de él.

Mike Murphy, el asesor mediático republicano que dirigió el Comité de Acción Política (PAC, por sus siglas en inglés) de Jeb Bush y que se convirtió en una figura destacada del movimiento anti-Trump, recordaba vagamente que unos diez años antes Bannon había querido contratar los servicios de su empresa para una película que estaba produciendo: "Me dijeron que estaba en la reunión, pero sinceramente no me acuerdo de él".

El *New Yorker*, que estaba investigando el enigma Bannon —que básicamente se reducía a una única pregunta: ¿cómo era posible que prácticamente todos los medios desconocieran a un hombre que, de repente, se encontraba entre los más poderosos del gobierno?—, trató de seguir sus pasos en Hollywood, pero fracasó en gran medida. El *Washington Post* rastreó sus múltiples direcciones sin llegar a ninguna conclusión clara, excepto por una insinuación sobre un posible fraude electoral de poca importancia.

A mediados de la década de 1990, asumió un papel significativo en Biosfera 2, un proyecto sobre la vida en el espacio generosamente financiado por Edward Bass, uno de los herederos de la familia petrolera Bass. La revista *Time* clasificó ese emprendimiento como una de las cien peores ideas del siglo, definiéndolo también como un capricho de ricos. Bannon, que buscaba oportunidades en situaciones difíciles, entró en el proyecto cuando se estaba hundiendo, pero solo consiguió provocar más problemas y litigios, incluida una denuncia por acoso y vandalismo.

Tras el desastre de Biosfera 2, participó en la búsqueda de financiación para un proyecto virtual de Videojuego de Rol Multijugador Masivo en Línea (MMORPG, por sus siglas en inglés, también conocidos como MMO) que se llamaba Internet Gaming Entertainment (IGE). La IGE era la empresa sucesora de Digital Entertainment Network (DEN), una puntocom fracasada cuyos directivos —entre los que se encontraba la antigua estrella infantil Brock Pierce (*The Mighty Ducks*), fundador de la IGE— se enfrentaban a varias denuncias por abuso sexual de menores. Pierce perdió su puesto en la IGE, donde Bannon entró como directivo, y finalmente la empresa se hundió en un litigio interminable.

Las crisis empresariales son un campo de juego lleno de oportunidades, pero unas son mejores que otras. Y el tipo de escenarios en los que Bannon se movía implicaban gestión de conflictos, bajezas diversas y situaciones relativamente desesperadas: esencialmente, se trataba de manejar un presupuesto menguante del que solo podían sacarse pequeños beneficios. Un modelo de vida que consiste en alimentarse de las sobras de aquellas personas que disfrutan de un mayor bienestar. Bannon hacía lo posible por llevarse un primer premio, pero nunca lo consiguió.

Sin embargo, las crisis también son un juego a la contra; y el impulso del que juega a la contra —descontento personal, resentimiento general e instinto de apostador en partes iguales— empezó a espolear a Bannon con más fuerza que nunca. En su caso, parte de ese impulso procedía de una familia irlandesa católica, de colegios también católicos y de tres matrimonios rotos con tres divorcios complicados (algunos periodistas sacaron oro de las recriminaciones de su segunda esposa).

Hasta no hace mucho, Bannon podría haber sido un personaje típicamente moderno, una especie de antihéroe romántico: un exmilitar surgido de la clase trabajadora que luchó —a través de varias carreras y distintos matrimonios— en la persecución de sus objetivos, pero sin encontrarse nunca demasiado cómodo en el mundo del poder, que quería dinamitar y del que ansiaba formar parte al mismo tiempo; un personaje de Richard Ford, John Updike o Harry Crews: la historia de un hombre estadounidense. Pero ahora esas historias han cruzado una línea política, y hoy la historia del "hombre americano" es una historia de derecha. Bannon buscó sus modelos en luchadores políticos como Lee Atwater, Roger Ailes o Karl Rove; todos ellos monstruos de la política permanentemente en guerra contra el convencionalismo y la modernidad, disfrutando diversas maneras de profanar la sensibilidad liberal.

Además, Bannon no era necesariamente un buen tipo, por mucha inteligencia y carisma que poseyera y por más que ensalzara las virtudes que comportaba el hecho de ser un "hombre hecho a sí mismo". El embaucador no se humaniza solamente por haber sido un emprendedor sin demasiado éxito durante varias décadas. Uno de sus competidores de la prensa conservadora afirmó en cierta ocasión, tras reconocer su inteligencia y su altura de miras, que "es cruel, falso e incapaz de preocuparse por otras personas. Sus ojos van de un lado a otro como si estuvieran buscando un arma con la que golpearte o apuñalarte".

La prensa conservadora no recibía bien su lado irascible, antagonista y católico, pero esas barreras eran fáciles de saltar; en cambio, la prensa liberal —con sus jerarquías empresariales— era mucho más difícil de burlar. Por otra parte, el mercado de los medios conservadores es altamente lucrativo, con libros que frecuentemente encabezan las listas de superventas, o videos y otros productos disponibles en canales de venta directa capaces de sortear los canales de distribución más caros.

A principios del año 2000, Bannon se convirtió en proveedor de productos y medios conservadores. Su socio en dicha empresa era David Bossie, panfletista ultraconservador y miembro del comité del Congreso que investigó el caso Whitewater de los Clinton, quien acabaría uniéndose a él como subdirector de campaña de Trump. Bannon conoció a Andrew Breitbart, fundador de Breitbart News, durante la emisión de uno de los documentales de Bannon y Bossie, *In the Face of Evil* (promocionado con el eslogan: "La cruzada de Ronald Reagan por destruir los sistemas políticos más tiránicos y depravados que ha conocido el mundo"), lo cual lo llevaría a relacionarse con el hombre que más adelante le ofrecería su gran oportunidad: Robert Mercer.

* * *

En este sentido, Bannon no era tanto un empresario con una gran visión o conocimiento de los negocios como un hombre que se limitaba, simplemente, a seguir el rastro del dinero (o a intentar quitárselo a los idiotas). No habría conseguido llegar mucho más lejos de donde se encontraban Bob y Rebekah Mercer, que casi se habían convertido a sí mismos en incautos profesionales. Bannon invirtió su talento empresarial en asumir el rol de cortesano, mentor y consejero político y económico de padre e hija.

La suya fue una misión conscientemente quijotesca: logró que dedicaran sumas ingentes de dinero —aunque estas apenas supusieran una minúscula parte de la fortuna multimillonaria de Bob Mercer— a intentar crear un movimiento político radical de libre mercado, de reducción drástica del gobierno, pro educación privada, antiliberal, pro patrón oro, pro pena de muerte, antimusulmán, procristiano, monetarista y contrario a los derechos civiles en los Estados Unidos.

Bob Mercer es un *nerd* consumado, un ingeniero que diseña algoritmos de inversiones y que se convirtió en copresidente de uno de los fondos de inversión libres (*hedge funds*) más exitosos: Renaissance Technologies. Con su hija Rebekah, fundó lo que en la práctica es un Tea Party privado, desde el que ofrecía financiación a cualquier otro Tea Party o proyecto ultraconservador que les gustara. Tanto el padre como la hija son más raros de lo que pudiera imaginarse. Bob Mercer es, a efectos prácticos, un ser no verbal, que mira con ojos vacíos sin decir nada (o diciendo lo mínimo indispensable); alguien que tiene un piano Steinway en su yate y que, cuando invitaba a sus amigos y colegas a la embarcación, se dedicaba a tocar el instrumento sin "preocuparse por prestar ninguna atención a sus invitados". Sin embargo, sus ideas políticas —hasta donde se podían deducir— eran generalmente favorables a Bush; y sus discusiones políticas, por lo menos aquellas en las que se mostraba casi receptivo, trataban sobre asuntos como el activismo político de base y la recopilación de datos. Era Rebekah Mercer —que había intimado con Bannon, y cuyas ideas políticas eran inflexibles, contundentes y doctrinarias— la que definía a la familia. "Es una fanática... una fanática... una completa fanática... Ideológicamente, no se puede mantener una conversación con ella", dijo un alto funcionario del equipo de Trump en la Casa Blanca.

Bannon, que básicamente controlaba la inversión de los Mercer en el sitio del diario digital, tomó el control de Breitbart News en el año 2012, tras la muerte de Andrew Breitbart. Aprovechando su experiencia en el sector de los videojuegos, usó Gamergate —un movimiento ultraconservador pionero que se dedicaba a hostigar y a dañar la imagen de las mujeres de la industria de dicho sector—

para conseguir enormes cantidades de tráfico a través de memes políticos virales. (Una madrugada, estando en la Casa Blanca, Bannon afirmó que él sabía cómo crear un Breitbart para la izquierda, y que tendría una ventaja clave en ello porque "la gente de izquierda quiere ganar un Pulitzer, y yo, en cambio, quiero ser Pulitzer".)

Mientras trabajaba y vivía en la casa que Breitbart había alquilado en Capitol Hill, Bannon se convirtió en uno de los cada vez más numerosos personajes notables que integraban el movimiento Tea Party en Washington, pues era el *consigliere* de los Mercer. Aun así, su posición seguía siendo secundaria, como demuestra el hecho de que su mayor proyecto fuera la carrera de uno de los menos conocidos y más peculiares senadores de los Estados Unidos, al que intentó promover como candidato a la presidencia en el año 2012: Jeff Sessions, a quien Bannon llamaba afectuosamente "Beauregard", usando su segundo nombre y evocando al general confederado.

Donald Trump era una estrella en ascenso y, cuando empezó la carrera presidencial del 2016, pasó a ser el tótem de Breitbart. (Muchas de las opiniones que Trump expresó durante la campaña procedían de artículos de Breitbart que Bannon le imprimía. De hecho, Bannon empezó a insinuar que él era el equivalente a lo que Ailes había sido en la Fox, es decir, la verdadera fuerza oculta tras el candidato elegido).

Bannon no se cuestionaba demasiado la buena fe, el comportamiento o las posibilidades electorales de Trump porque, en parte, Trump no era nada más que el último rico al que le había echado el ojo. En el mundo de los emprendedores —y más aún en el de nivel bajo— la figura del hombre rico es un hecho establecido que uno tiene que aceptar y con el que hay que lidiar. Y, por supuesto, si Trump hubiera sido alguien de buena fe, con un comportamiento mejor y claras posibilidades de ser elegido, Bannon no habría tenido su gran oportunidad.

Aunque en el pasado Bannon solo hubiera sido un embaucador de poca monta, invisible y marginal —como un personaje de Elmore Leonard—, se vio de repente transformado en la Torre Trump, una oficina a la que llegó el 15 de agosto y de la que en realidad no salió (salvo algunas noches, y solo durante unas horas, cuando se dirigía a su domicilio temporal en Manhattan), hasta el día 17 de enero, cuando el equipo de transición se mudó a Washington. En la Torre Trump nadie competía por ser el cerebro de la operación. Entre los personajes dominantes, ni Kushner ni Priebus ni Conway ni, desde luego, tampoco el presidente electo tenían la capacidad de expresar ningún tipo de idea o narrativa coherente. De manera predeterminada, todo el mundo se volvía hacia el locuaz, aforístico, caótico, ocurrente y espontáneo hombre que estaba constantemente en el edificio y que, además, por increíble que pareciera, había leído un libro o dos.

Y lo cierto es que fue Bannon quien, durante la campaña, fue capaz de encauzar la gestión operativa de Trump —por no mencionar su desbarajuste filosófico— hacia una idea política concreta: el camino de la victoria radicaba en el mensaje cultural y económico que se dirigiera a los trabajadores blancos de Florida, Ohio, Michigan y Pensilvania.

* * *

Bannon coleccionaba enemigos, y pocos de ellos alimentaron tanto su rencor y ferocidad contra el mundo tradicional republicano como lo hizo Rupert Murdoch; sobre todo porque Donald Trump le prestaba atención. Bannon conocía un detalle clave sobre Trump: la última persona con la que hablaba terminaba siempre teniendo una influencia política enorme. Trump se jactaba de que Murdoch lo llamaba constantemente, mientras que Murdoch, por su parte, se quejaba de que Trump lo tenía al teléfono en todo momento.

Bannon, que siempre estaba encantado de recordarle a Trump que Murdoch era extranjero, le dijo en cierta ocasión: "No sabe nada de política estadounidense, y no se preocupa por el pueblo". Sin embargo, Trump no se cansaba nunca de él. Y, teniendo en cuenta su amor por los "ganadores" —y Murdoch le parecía el ganador por excelencia—, enseguida empezó a hablar mal de su amigo Ailes, pues desde su punto de vista era claramente "un perdedor".

A pesar de ello, el mensaje de Murdoch acabó resultando útil para Bannon. Murdoch había conocido a todos los presidentes desde Harry Truman, detalle que no se cansaba de mencionar; y, como había conocido a más jefes de Estado que nadie, creía ser más consciente que los jóvenes —y también que el septuagenario Trump— de que el poder político era efímero. Como mucho, un presidente solo disponía de seis meses para dejar su huella en la opinión pública y marcar su agenda, y eso solo en el caso de que realmente tuviera esos seis meses; todo lo demás consistía en apagar fuegos y luchar contra la oposición.

Ese era el mensaje urgente que el propio Bannon había intentado hacer llegar al frecuentemente distraído Trump. De hecho, el poco atento presidente solo llevaba unas cuantas semanas en la Casa Blanca y ya pretendía abreviar las reuniones, reducir el tiempo que pasaba en el despacho y mantener las rutinas de su adicción al golf.

En lo tocante a la forma de gobernar, la visión estratégica de Bannon era contundente e intimidante: dominar siempre es mejor que negociar. Había soñado con alcanzar la cumbre del poder burocrático, pero no se veía a sí mismo como un burócrata, pues se consideraba con una ética y objetivos más elevados. Era un vengador, y también se creía un hombre sincero. Hay un orden moral en la coherencia del lenguaje y la acción: si dijiste que ibas a hacer algo, entonces hazlo.

En su cabeza, llevaba una colección de actos decisivos que, además de marcar los primeros días del nuevo gobierno, dejarían claro que ya nada volvería a ser igual. A sus sesenta y tres años, tenía prisa.

* * *

Bannon había investigado a fondo la naturaleza de las órdenes ejecutivas (OE). Teóricamente, nadie puede gobernar por decreto en los Estados Unidos, pero en la práctica puedes terminar haciéndolo. E, irónicamente, había sido el gobierno de Obama —enfrentado a un recalcitrante Congreso republicano— el que había abusado de las OE. Y ahora, en lo que parecía un juego de suma cero, las OE de Trump iban a anular las OE de Obama.

Durante la transición, Bannon y Stephen Miller, un antiguo ayudante de Sessions que se había unido a la campaña de Trump y se había convertido en eficaz ayudante e investigador de Bannon, hicieron una lista de más de doscientas OE para presentar en los primeros cien días de gobierno. Pero, desde el punto de vista de Bannon, la inmigración debía ser el primer paso. Los extranjeros eran la manía *non plus ultra* del trumpismo. Trump creía firmemente que mucha gente estaba harta de los extranjeros, una noción que se desestimaba con frecuencia por considerarla típica de personas cortas de miras (Jeff Sessions era uno de sus exponentes más quejosos sobre el tema). Bannon, que se había sumado a las tesis de Sessions antes de pasarse a Trump, comprendió que la campaña de este era una oportunidad perfecta para comprobar si el "nativismo" tenía verdaderamente adeptos. Y, cuando ganaron, decidió que no había duda alguna sobre la necesidad de declararse etnocéntrico en cuerpo y alma.

Además, ese era un asunto que sacaba de quicio a los liberales.

La tolerancia en materia de inmigración estaba en el centro de la nueva filosofía liberal y, en opinión de Bannon, dejaba al desnudo su hipocresía. Para los liberales, la diversidad era un bien absoluto; pero Bannon pensaba que cualquier persona que no estuviera completamente cegada por la luz de esa inclinación política podía ver que las olas de inmigrantes llegaban con un montón de problemas, como se demostraba en Europa. Y no se trataba de problemas que recayeran sobre los privilegiados liberales, sino que lo hacían sobre los ciudadanos más expuestos del otro extremo de la escala económica.

No hacía falta ser muy listo ni tener demasiado instinto para saber que Trump había asumido esa posición, que sostenía frecuentemente ("¿Es que ya no quedan americanos?", decía). En alguno de sus primeros actos políticos, incluso en aquellos anteriores a la elección de Obama en el 2008, hablaba con perplejidad y resentimiento sobre la implantación de cuotas estrictas a la inmigración europea y la riada procedente de "Asia y otros lugares" (una riada que, como los liberales se apresuraron a puntualizar, no pasaba de goteo, aunque su caudal hubiera aumentado). Su obsesión con el certificado de nacimiento de Obama era, en parte, su obsesión por flagelar a los extranjeros no europeos, quienes encarnaban una especie de cebo racial: "¿Quién es esa gente? ¿Qué están haciendo aquí?".

A veces, durante la campaña electoral, enseñaban algún gráfico impactante: un mapa del país con las tendencias dominantes del fenómeno migratorio de hacía cincuenta años, estado por estado. Los inmigrantes eran de muchos países y, en muchos casos, europeos; pero el mapa actual mostraba un dominio de la inmigración mexicana en todos los estados. En opinión de Bannon, esa era la realidad diaria de los trabajadores estadounidenses: la presencia continua y creciente de una fuerza de trabajo alternativa y más barata.

Bannon había desarrollado toda su carrera política en los medios de comunicación dedicados a la cobertura política, lo cual incluía los medios de internet (es decir, los medios que buscaban una respuesta inmediata). La fórmula Breitbart horrorizaba tanto a los liberales que la base quedaba doblemente satisfecha, generando clics en una cascada de disgusto y aprobación. La gente se definía por la reacción de su enemigo. El conflicto era el cebo de los medios, esto es, la carnaza política. La nueva política no era el arte del compromiso, sino el arte del conflicto.

Sin embargo, el verdadero objetivo era desenmascarar la hipocresía de la visión liberal. A pesar de las leyes, normas y costumbres, los globalizadores liberales se las habían arreglado para imponer el mito de una inmigración más o menos de puertas abiertas. Y era una hipocresía por partida doble, sobre todo teniendo en cuenta que, *sottovoce*, el gobierno de Obama había sido muy agresivo en materia de deportación de ilegales, algo que a los liberales no les gustaba oír.

"La gente quiere que les devuelvan a su país —decía Bannon—. Es tan sencillo como eso".

* * *

Bannon pretendía que sus OE eliminaran las ideas liberales de un proceso que ya era reaccionario; pero, en lugar de intentar cumplir sus objetivos con el menor trastorno posible —manteniendo unas cuantas hojas liberales en la parra—, se decantó por el camino que pronosticaba mayores pugnas.

¿Por qué? Esa fue la pregunta de todos los que consideraban que la competencia más importante en el ejercicio del gobierno es evitar el conflicto, incluida la de la mayor parte de los funcionarios. Los nuevos designados en las agencias y departamentos afectados, entre las que se encontraban las secretarías de Estado y de Seguridad Nacional —el general John Kelly, entonces director de esta última, estaba resentido por el desbarajuste causado por la OE de inmigración— querían un momento de paz para asegurar su posición antes de considerar siquiera la posibilidad de establecer normas nuevas, que serían tan dramáticas como polémicas. Los antiguos titulares de esos cargos —los de Obama, que aún ocupaban la mayoría de los puestos ejecutivos— encontraron incomprensible que el nuevo gobierno se complicara la vida al establecer procedimientos que ya existían replanteándolos en términos incendiarios, agresivos y con argumentos *ad hominem*, lo que forzaba a los liberales a oponerse a ellos.

La misión de Bannon consistía en pinchar la burbuja global liberal del emperador desnudo, la cual se mostraba de la forma más ridícula posible en su negativa a ver las tremendas dificultades y las costosas consecuencias de la inmigración descontrolada. Quería obligar a los liberales a reconocer que hasta sus propios gobiernos, incluido el de Obama, intentaban reducir la inmigración, aunque sus políticas se vieran obstaculizadas por su oposición a reconocer dicho esfuerzo.

La redacción de las OE debía expresar de forma implacable la despiadada opinión del gobierno (que también era la de Bannon). Sin embargo, Bannon no sabía cómo se cambiaban las normas y las leyes, lo cual era un problema que podía desbaratar sus planes, pues la oposición podía usarlo en su contra. El procedimiento era su enemigo; pero solo el hecho de hacerlo (sin pararse a pensar en cómo), y hacerlo inmediatamente, podía ser una contramedida eficaz.

Así, hacer las cosas sin más se convirtió en uno de los principios de Bannon, el mejor antídoto contra el fastidio y la resistencia de la burocracia y el *establishment*. De hecho, el caos que ese proceder sin método implicaba era la única forma posible de hacer las cosas. Pero, aunque tuviera claro que el desconocimiento sobre las particularidades del proceso no importa demasiado cuando te limitas a actuar, quedaba la duda de quién iba a hacer lo que él quería que se hiciera. O, a modo de corolario: como nadie del gobierno de

Trump sabía hacer nada, nadie tenía claro lo que hacía cada cual.

Sean Spicer, cuyo trabajo consistía literalmente en explicar qué hacía la gente y por qué, fracasaba a menudo en su labor "porque nadie tenía una ocupación de verdad, porque nadie podía desempeñar ningún trabajo".

Como jefe de gabinete, Priebus tenía que organizar reuniones y horarios, contratar a los miembros del personal y supervisar las funciones individuales de los departamentos; pero Bannon, Kushner, Conway y la hija del presidente carecían de responsabilidades específicas: hacían lo que se les iba ocurriendo sobre la marcha. Es decir, hacían lo que querían. Y aprovechaban la oportunidad cada vez que podían, aunque no supieran cómo hacer lo que querían hacer.

Por ejemplo: Bannon, siempre impulsado por su deseo de hacer las cosas sin más, no usaba computadora. "¿Cómo se las arregla?", se preguntaba Katie Walsh. Pero ahí estaba la diferencia entre tener una visión de conjunto y no tenerla. El proceso era una patraña. La experiencia era el último refugio de los liberales, siempre derrotados por el contexto general. La forma de hacer cosas grandes era tener la voluntad de hacer cosas grandes. La esencia del pensamiento de Trump —y del propio Steve Bannon— se podía reducir a un "no se preocupen por las nimiedades". Según Walsh, "el caos era la estrategia de Steve".

Bannon encargó a Stephen Miller la redacción de la OE sobre inmigración. Miller, un hombre de cincuenta y cinco años atrapado en el cuerpo de un joven de treinta y dos, era un antiguo ayudante de Jeff Sessions al que habían contratado para la campaña de Trump por su experiencia política; pero, al margen de ser un ultraconservador entregado a la causa, no estaba claro en qué consistían sus habilidades. Se suponía que escribía discursos; sin embargo, parecía limitado a las tablas y era incapaz de construir oraciones; se suponía que era consejero político, pero no sabía casi nada de política; se suponía que era el intelectual de la casa, pero era un inculto militante; se suponía que era especialista en comunicación, pero se llevaba mal con casi todo el mundo. Durante la transición, Bannon lo mandó a consultar internet para que aprendiera algo e intentara redactar el borrador de la OE.

Cuando llegó a la Casa Blanca, Bannon ya tenía un esbozo de su orden ejecutiva sobre inmigración y las distintas prohibiciones para entrar en el país, un plan trumpista de gran alcance que afectaba a la mayoría de los musulmanes, pero lo tuvo que recortar a regañadientes —en parte, debido a la intervención de Priebus—, por lo que finalmente todo aquello se quedó en un proyecto que, poco después, directamente sería considerado draconiano.

En su obsesión por aprovechar el momento —y con una ignorancia casi total sobre la forma de hacerlo—, prestaron oídos a los extravagante discursos de la CIA y a la multitud de chiflados presentes durante la toma de posesión, y presentaron una orden ejecutiva que revisaba la política de inmigración de los EE.UU., sin que prácticamente nadie del gobierno federal la hubiera visto o supiera nada de ella. Pasando por encima de abogados y reguladores, así como de las agencias y el personal responsable de aplicar la OE, el presidente —sometido a la intensa y baja voz de Bannon, que lo acribilló apresuradamente con datos complejos— firmó lo que le pusieron delante.

Así, se firmaron las limitaciones en materia de viajes, que entraron en vigor el viernes 27 de enero. El resultado fue un estallido de horror e indignación por parte de los medios liberales, una ola de terror en las comunidades de inmigrantes, protestas tumultuosas en los principales aeropuertos, confusión gubernamental y, dentro de la Casa Blanca, una serie de recriminaciones, advertencias y condenas procedentes de amigos y familiares: "¿Qué has hecho?", "¿Sabes lo que has hecho?", "¡Tienes que anular ese decreto!", "¡Estás acabado antes de empezar!", "¿Quién está a cargo aquí?".

Pero Steve Bannon estaba satisfecho. No habría podido trazar una línea divisoria más clara entre los dos Estados Unidos (el de Trump y el de los liberales), ni entre su Casa Blanca y la Casa Blanca habitada por quienes aún no estaban dispuestos a quemarla.

Casi todo el equipo de la Casa Blanca se preguntaba lo mismo: "¿Por qué lo hemos hecho un viernes sabiendo que afectaría gravemente a los aeropuertos y que habría más protestas que cualquier otro día?". "¿Que por qué? —contestó Bannon—. Porque esos sensibleros irán a los aeropuertos y organizarán disturbios". Esa era la forma de aplastar a los liberales: sacarlos de quicio y empujarlos hacia la izquierda.

5

JARVANKA

El domingo siguiente a la aprobación de la OE de inmigración, Joe Scarborough y su copresentadora en el programa *Morning Joe* de la MSNBC, Mika Brzezinski, fueron a comer a la Casa Blanca.

Scarborough es un excongresista republicano de Pensacola (Florida), y Brzezinski es la hija de Zbigniew Brzezinski, que fue ayudante de Johnson en la Casa Blanca y consejero de Seguridad Nacional de Jimmy Carter. *Morning Joe* se emitía desde el año 2007, y tenía muchos seguidores entre los políticos y periodistas de Nueva York. Trump era un antiguo admirador suyo.

Durante los primeros días de la campaña del 2016, se produjo un cambio de liderazgo en NBC News, y se vaticinaba que el programa —cuyos índices de audiencia estaban cayendo en picado— iba a ser cancelado; pero Scarborough y Brzezinski estrecharon sus lazos con Trump, y convirtieron su espacio en uno de los pocos productos mediáticos que no solo tenían una visión positiva del entonces candidato, sino que, además, parecían conocer su forma de pensar. Trump pasó a ser un invitado habitual; el programa, una forma más o menos directa de hablar con él.

Era el tipo de relación con la que Trump había soñado: periodistas que lo tomaban en serio, hablaban de él con frecuencia, se interesaban por sus puntos de vista, le contaban chismes y vendían los chismorreos que él les ofrecía. Daba la impresión de que todos formaban parte del sistema, que era el lugar exacto donde Trump quería estar. Aunque él se presentara a sí mismo como un *outsider* político, en realidad le dolía el hecho de no pertenecer a esa casta.

Trump creía que los medios a los que apoyaba (en el caso de Scarborough y Brzezinski, ayudándolos a mantener sus puestos de trabajo) estaban en deuda con él; y los medios, que le daban una enorme cantidad de cobertura gratuita, creían que él estaba en deuda con ellos, hasta el punto de que Scarborough y Brzezinski se consideraban una especie de consejeros semioficiales, cuando no los mecánicos políticos que lo habían llevado hasta donde estaba.

En agosto, tuvieron un encontronazo que provocó el siguiente tuit de Trump: "Algún día, cuando las cosas se calmen, contaré la verdadera historia de @JoeNBC y su novia altamente insegura @morningmika. ¡Vaya par de payasos!". Pero las pataletas de Trump solían terminar en una admisión tácita —aunque fuera a regañadientes— de que las mismas resultaban beneficiosas para todas las partes, por lo que poco después volvieron a la cordialidad anterior.

Scarborough y Brzezinski se presentaron en la Casa Blanca el noveno día de la presidencia de Trump, quien les enseñó orgullosamente el Despacho Oval y se quedó momentáneamente desmoralizado cuando Brzezinski comentó que había estado muchas veces con su padre y que lo vio por primera vez a los nueve años. Trump les enseñó entonces algunos objetos de interés y, ya otra vez entusiasmado, su nuevo retrato de Andrew Jackson, el presidente al que Steve Bannon había convertido en tótem del nuevo gobierno.

"¿Y bien? ¿Qué les ha parecido mi primera semana?", preguntó Trump con alegría, pidiendo un halago. Scarborough se quedó sorprendido por el hecho de que el presidente estuviera tan contento en plena oleada de protestas, y respondió tímidamente: "Bueno, me encanta lo que ha hecho con US Steel, y que invitara a los chicos del sindicato a la Casa Blanca". Trump se había comprometido a usar acero de la compañía US Steel para fabricar los oleoductos estadounidenses, por lo que, en un gesto típicamente suyo, se había reunido en la Casa Blanca con los representantes sindicales, a los que llevó después hasta el Despacho Oval (algo que, según decía, Obama no había hecho nunca).

Sin embargo, Trump volvió a repetir la pregunta, y Scarborough se llevó la impresión de que nadie le había dicho que su primera semana había sido un desastre. De hecho, pensó que Bannon y Priebus, que estaban entrando y saliendo constantemente del despacho, lo habrían convencido de lo contrario.

En cualquier caso, Scarborough se atrevió a decir que el decreto sobre inmigración se podría haber manejado con más sutileza y que, en conjunto, su primera semana había sido un período difícil. Sorprendido, Trump se lanzó a un largo monólogo sobre lo bien que habían ido las cosas, y entre carcajadas dijo a Bannon y Priebus: "Joe no cree que haya sido una buena semana". A lo que, tras girarse hacia Scarborough, añadió: "¡Podría haber invitado a Hannity!".

Durante el almuerzo —pidieron pescado, alimento que Brzezinski no come—, Jared e Ivanka se sumaron a Scarborough, Brzezinski y el presidente. Jared se había convertido en una especie de confidente de Scarborough, y le iba a filtrar un flujo continuo de información interna sobre la Casa Blanca; a cambio, Scarborough defendería la posición y los puntos de vista políticos de Kushner. Pero ese momento no había llegado todavía, así que el yerno y la hija se limitaron a mostrarse respetuosos y a adoptar una posición secundaria mientras Scarborough y Brzezinski charlaban con el presidente, que —como de costumbre— no dejaba de hablar.

Trump no dejó de buscar impresiones positivas sobre su primera semana, y Scarborough volvió a halagar su forma de tratar a los sindicalistas. En ese instante, Jared los interrumpió para decir que lo de tender una mano a los sindicatos, cuyo electorado era tradicionalmente demócrata, había sido idea de Bannon, y que ese era justamente "el estilo Bannon".

"¿Bannon? —preguntó el presidente, dirigiéndose a su yerno—. No fue idea de Bannon. Fue mía. Es el estilo Trump, no el estilo Bannon".

Kushner se encerró en sí mismo y se salió de la discusión. Trump cambió de tema, y dijo a Scarborough y Brzezinski, refiriéndose a su no tan secreta relación: "¿Y ustedes? ¿Qué tal les va?".

Scarborough y Brzezinski dijeron que la situación seguía complicada y que aún no era pública, al menos oficialmente; pero que las cosas iban bien y que, al final, seguro que acabarían resolviéndose.

"Deberían casarse", dijo Trump.

"¡Yo los puedo casar! —declaró súbitamente Kushner, judío ortodoxo—. Soy ministro de los unitaristas de internet".

"¿Cómo? —protestó el presidente—. ¿Qué estás diciendo? ¿Por qué querrían que los casaras tú cuando los puedo casar yo? ¡Cuando los puede casar el presidente! ¡Y en el Mar-a-Lago!".

* * *

Casi todos aconsejaron a Jared que no aceptara el trabajo en la Casa Blanca. Como miembro de la familia, podía ejercer una influencia considerable desde una posición inmune a los ataques; pero si era parte del equipo cabía la posibilidad de que pusieran en duda su experiencia, y, por otra parte, los críticos y enemigos que aún no se atrevían a atacar al presidente buscarían en él su punto débil. Además, en el Ala Oeste de Trump, desde el momento en que alguien tiene un título —uno que no sea el de yerno—, siempre habrá otros que se lo quieran quitar.

Jared e Ivanka agradecieron el consejo, que procedía —entre otros— del hermano del primero, Josh (en parte, por el deseo de proteger a su hermano; en parte, por su aversión hacia Trump); pero, tras sopesar los posibles riesgos y beneficios, lo rechazaron. El propio Trump alimentó las nuevas ambiciones de su yerno y su hija, y, al ver que el entusiasmo de estos aumentaba, intentó mostrarse escéptico... mientras a otros les decía que no podía hacer nada por pararles los pies.

Para Jared e Ivanka —en realidad, para todos los que estaban en el nuevo gobierno, incluido el presidente—, la historia había dado un vuelco tan asombroso e inesperado que no podían hacer otra cosa que aprovecharlo. Era una decisión conjunta de la pareja y, en algún sentido, también un trabajo conjunto. Jared e Ivanka habían llegado a un acuerdo: si surgía la ocasión, sería ella quien se presentaría a la presidencia (o el primero de los dos en tenerla a tiro). Ivanka coqueteaba con la idea de que la primera presidenta de los Estados Unidos no iba a ser Hillary Clinton, sino Ivanka Trump.

Bannon, el hombre que había acuñado el término Jarvanka, cada vez más usado, se quedó espantado cuando se enteró de sus planes. "¿Han dicho eso? Oh, vamos. No me digas que han dicho eso. Por favor, no me digas eso. Oh, Dios mío".

A decir verdad, Ivanka tenía más experiencia que la inmensa mayoría de las personas que trabajaban en la Casa Blanca por aquel entonces. Jared y ella —solo Jared, aunque, por inferencia, ella también— eran el verdadero jefe de gabinete; o, por lo menos, tan jefes de gabinete como Priebus y Bannon, que solo respondían ante el presidente. Además, desde un punto de vista organizativo, tenían una posición completamente independiente en el Ala Oeste, un superestatus. Cuando Priebus y Bannon intentaban recordarles de forma diplomática que había procedimientos y formalidades que cumplir, la pareja se escudaba tras el liderazgo de sus prerrogativas familiares.

Por si eso fuera poco, el presidente le había dado a Jared la cartera de Oriente Medio, convirtiéndolo en uno de los miembros más importantes del gobierno —y, en consecuencia, del mundo— en materia de política internacional. En pocas semanas, su responsabilidad se extendió en la práctica a casi todos los asuntos internacionales, campo en el que Kushner carecía de experiencia.

El más convincente de los motivos que habían llevado a Kushner a entrar en la Casa Blanca era la "influencia", término que usaba como sinónimo de "proximidad". Aunque ya perteneciera a la familia del presidente, cualquiera que estuviera cerca de él tendría influencia, y tendría tanta más influencia cuanto más cerca estuviera. A Trump se lo podía ver como una especie de oráculo de Delfos, sentado en su trono y soltando dictámenes que alguien debería interpretar. Y también se lo podía ver como a un niño lleno de energía, que convertiría en su favorito al primero que lograra aplacarlo o distraerlo. O como el dios Sol (que es, exactamente, como se veía a sí mismo), el centro absoluto de atención, dispensando favores y delegando poderes que podía invalidar cuando quisiera. Además, ese dios Sol no calculaba a largo plazo, sino que vivía en el momento (razón de más para no moverse nunca de su lado). Por ejemplo, Bannon comía con él todas las noches, o, por lo menos, se presentaba a las cenas: un soltero al servicio de otro soltero *de facto*. (Priebus llegó a comentar que al principio todo el mundo quería estar en esas cenas; pero que, al cabo de unos meses, estas se habían convertido en un deber tortuoso que intentaban evitar).

En parte, Jared e Ivanka habían optado por el poder relativo y la influencia de un trabajo normal en la Casa Blanca (en contraposición con mantener un papel de consejeros externos) porque sabían que, para influir a Trump, había que meterse a fondo. Entre llamada y llamada podían perder a Trump en cualquier momento, y —reuniones aparte— casi todos sus días consistían en llamadas telefónicas. Era inmensamente complicado: aun siendo cierto, en términos generales, que la última persona que hablaba con él era quien más lo influía, no siempre escuchaba a todo el mundo. La fuerza de los argumentos o de las peticiones que le hacían no pesaba tanto en él como la simple presencia del otro y su habilidad para conectar con sus pensamientos, que no eran otros que los de un hombre con muchas obsesiones, aunque, paradójicamente, no tenía demasiadas opiniones realmente inamovibles.

Es posible que, en última instancia, Trump no fuera tan distinto, en su esencia solipsista, de cualquier persona rica que haya pasado casi toda su vida en un medio altamente controlado. Pero una diferencia clara consistía en que el presidente no había adquirido ningún tipo de disciplina social, hasta el punto de que ni siquiera intentaba fingir decoro. Por ejemplo, él nunca conversaba de verdad, o no en el sentido de compartir información o de sumergirse en un tira y afloja; tampoco hacía demasiado caso de lo que le decían ni sopesaba particularmente sus respuestas (y esa era una de las razones por las que resultaba tan repetitivo); y, desde luego, no trataba a nadie con cortesía. Si quería algo, se concentraba a fondo y prestaba una atención dadivosa; pero, por el contrario, si alguien quería algo de él, tendía a irritarse y a perder el interés. Exigía tu atención, pero si te rebajabas y se la dabas te despreciaría por ello. Se podría afirmar que era un actor mimado, instintivo y con mucho éxito. Todos eran lacayos sometidos a su voluntad, o ejecutivos cinematográficos que intentaban avivar su atención y rendimiento sin despertar su enfado ni su petulancia.

En compensación, él les ofrecía entusiasmo, rapidez mental, espontaneidad y —si lograba alejarse por un segundo de su narcisismo— una valoración frecuentemente incisiva sobre las debilidades de sus oponentes y sus deseos más profundos. La política era rehén del incrementalismo, es decir, de personas que saben demasiado y que se hunden ante las complejidades y los conflictos de intereses antes de empezar; pero los trumpistas querían creer que, como Trump sabía muy poco, eso daría una esperanza nueva y algo excéntrica al sistema.

En un plazo relativamente corto (menos de un año), Jared había pasado de los planteamientos del Partido Demócrata, con los que había sido criado, a ser un acólito del trumpismo. Su cambio dejó perplejos a muchos de sus amigos y a su propio hermano, cuya compañía de seguros (Oscar, fundada con dinero de la familia Kushner) iba a sufrir un duro golpe con la derogación del Obamacare.

Su aparente conversión era resultado, por un lado, de la insistente y carismática tutoría de Bannon, quien profesaba la teoría de que existían ideas capaces de cambiar el mundo, es decir, ideas con un impacto verdadero en la realidad material (las cuales, a Kushner, le habían pasado desapercibidas incluso en Harvard). Por otro lado, ese cambio también se debía a su resentimiento con las élites liberales, a las que había intentado cortejar con la compra del *New York Observer* en un tiro que le salió por la culata; y, por supuesto, una vez metido en la campaña electoral, a la necesidad de convencerse a sí mismo de que acercarse al absurdo tenía sentido, pues el trumpismo era algo así como una realpolitik cuya razón de ser, al final, quedaría demostrada para todo el mundo. Pero, sobre todo, su ideología había dado un giro porque el trumpismo había ganado. Y, a caballo regalado, no se le miran los dientes. Además, estaba seguro de que, aunque todo lo relativo a Trump fuera malo, él podría arreglarlo.

* * *

Por mucho que le sorprendiera (lejos de sentirse cerca de Trump, se había limitado a seguirle la corriente durante muchos años), Kushner se parecía bastante a su suegro. Charlie, el padre de Jared, mantenía similitudes escalofriantes con el padre de Donald, Fred: los dos habían usado su dinero y su poder para dominar y subyugar a sus hijos, y de un modo tan completo que, a pesar de sus exigencias, sus hijos los adoraban. Eran dos hombres extremos; dos hombres beligerantes, intransigentes y despiadados que habrían criado a una prole sufridora y obsesionada con obtener la aprobación de su padre (Freddy, el hermano mayor de Trump, fracasó en el intento, y, siendo gay como era —según muchas fuentes—, bebió hasta morir, en 1981, cuando solo contaba con cuarenta y tres años de edad). A las personas que se reunían con ellos por motivos de negocios no les sorprendía que Charlie y Jared Kushner se saludaran invariablemente con un beso, ni tampoco que Jared llamara "papi" a su padre a pesar de ser ya un adulto.

Por muy dominantes que fueran sus padres, ni Donald ni Jared afrontaron el mundo con humildad. El privilegio suavizó la inseguridad. Forasteros ansiosos de probarse a sí mismos o de reclamar sus derechos en Manhattan (Kushner era de Nueva Jersey, y Trump, de Queens), en general, la gente los tenía por un par de engreídos, petulantes y arrogantes. Ambos cultivaban una pose tranquila que podía resultar más cómica que elegante, y ninguno de los dos podía escapar —ni por elección propia ni por tener conciencia de ello— de sus privilegios. "Hay privilegiados que son conscientes de lo que son y lo ponen a un lado, pero Kushner enfatizaba su privilegio en todos sus gestos y palabras, sin darse cuenta", dijo un directivo neoyorquino del sector de los medios de comunicación que trabajó con él. Ninguno de los dos salió nunca de su círculo de privilegios. Y el desafío que se habían planteado consistía en introducirse aún más en dicho círculo. Su trabajo era el ascenso social.

La mira de Jared apuntaba con frecuencia a los hombres mayores. Rupert Murdoch pasó una cantidad sorprendente de tiempo con él, que buscaba consejo profesional en el magnate de los medios, campo en el que el joven estaba decidido a entrar. Además, cortejó con insistencia a Ronald Perelman, un financiero multimillonario y artista de la Oferta Pública de Adquisición (OPA) quien terminaría acogiéndolos a él y a Ivanka en su sinagoga privada durante las fiestas judías. Y, por supuesto, Kushner persiguió al propio Trump, que se hizo fan suyo y se mostró inusitadamente tolerante cuando su hija se tuvo que convertir al judaísmo ortodoxo para poder casarse con él. A fin de cuentas, de joven, Trump también había cultivado cuidadosamente un grupo de mentores de cierta edad, entre los que se encontraba Roy Cohn, el extravagante abogado que había sido mano derecha del senador anticomunista Joe McCarthy.

Y luego estaba el duro hecho de que el mundo de Manhattan —y, en particular, su voz: los medios de comunicación— los rechazaba de forma cruel. La prensa había decidido que Donald Trump era un "quiero y no puedo", un peso ligero, y lo criticaban por cometer el peor pecado de todos (al menos, desde el punto de vista de los medios): buscar su favor con demasiada frecuencia. En la práctica, su fama era una fama inversa, es decir: era famoso, justamente, por ser infame. Era una fama de chiste.

Quien quiera entender el desaire de los medios y sus múltiples niveles de ironía solo tiene que fijarse en el *New York Observer*, el semanario de Manhattan que Kushner compró en el año 2006 por diez millones de dólares, esto es, exactamente por diez millones más de lo que valía, según casi todas las estimaciones.

* * *

El *New York Observer* se fundó en 1987, y, al igual que muchos medios fracasados, nació como capricho de un rico. Era una insípida crónica semanal del Upper East Side, el barrio más pudiente de Nueva York, del que hablaba como si se tratara de un pueblo pequeño; pero nadie le hizo caso. Su frustrado patrón, Arthur Carter, que había amasado su fortuna en Wall Street con la primera generación de consolidaciones de deuda, entró en contacto con Graydon Carter (con quien no tenía ninguna relación familiar, a pesar de compartir apellido), el director de la revista *Spy*, una imitación neoyorquina de la revista satírica británica *Private Eye*. *Spy* era una de esas publicaciones de la década de 1980 —como *Manhattan Inc.*, la relanzada *Vanity Fair* y *New York*— obsesionadas con los nuevos ricos y con lo que parecía ser un momento de cambio en Nueva York. Trump era símbolo y punta de lanza de aquella nueva era de exceso y fama y de la celebración mediática de ese tipo de cosas. Graydon Carter llegó a la jefatura del *New York Observer* en 1991, y, desde ese cargo, además de cambiar el rumbo del semanario y dirigirlo hacia la cultura del dinero, lo convirtió esencialmente en una guía de recomendaciones para los medios que informaban sobre la cultura mediática, así como para los miembros de la alta sociedad que querían aparecer en ellos. Quizá no vuelva a haber nunca una publicación tan autorreferencial como era aquella.

Donald Trump, como muchos otros en esa clase de nuevos ricos, buscaba la cobertura de los medios (el *New York Post*, de Murdoch, era el registrador oficial de la nueva aristocracia hambrienta de publicidad), y el *New York Observer* se encargaba de la cobertura mediática que el futuro presidente recibía. La historia de Trump es la historia de lo que él mismo hizo para lograr ser historia. Era desvergonzado, teatral e instructivo; y es que el mundo puede ser tuyo si estás dispuesto a arriesgarte a que te humillen. Trump se transformó en un correlato objetivo del apetito desmesurado por la fama y la notoriedad. Llegó a creer que lo sabía todo acerca de los medios: a quién hay que conocer, cómo hay que fingir, qué tráfico de información es rentable, qué mentiras se pueden decir y qué mentiras esperan los medios que digas. Y, por su parte, los medios llegaron a creer que lo sabían todo sobre Trump: las cosas que lo enorgullecían, aquello con lo que se engañaba, todas y cada una de sus mentiras, así como los inexplorados extremos a los que podía llegar con tal de obtener más atención mediática.

Graydon Carter usó el *New York Observer* como escalera para llegar hasta *Vanity Fair*, desde donde pensaba que tendría ocasión de acceder a famosos más importantes que Donald Trump. En 1994, Peter Kaplan —un director con un profundo sentido de la ironía y el tedio posmodernos— lo sustituyó al frente del *Observer*.

Según Kaplan, Trump se convirtió súbitamente en otra persona. Si antes había sido símbolo del éxito y se mofaba de ello, ahora era, en consonancia con los tiempos que corrían —y tras haber tenido que refinanciar una deuda gravosa—, un símbolo del fracaso, de lo que también se reía. Fue un giro complicado, porque afectaba tanto a Trump como a la nueva visión que los medios tenían de sí mismos. Trump pasó a encarnar una personalización del sentimiento de culpa de la prensa, de tal modo que la promoción de este y el interés por él derivaron en una especie de fábula moral sobre los propios medios. Y el final definitivo de dicho cuento llegó cuando Kaplan pidió que no se informara más sobre Trump, pues todas las historias sobre él se habían convertido en un cliché.

El *New York Observer* de Kaplan y su visión detallista del corazón de los medios tuvo una consecuencia importante: el semanario llegó a ser el referente principal para la nueva generación de reporteros, que iban inundando las publicaciones neoyorquinas a medida que el periodismo se volvía más consciente de sí mismo y más autorreferencial. No había nada más vergonzoso para los que trabajaban en medios neoyorquinos que tener que escribir sobre Donald Trump. No escribir sobre él y, por supuesto, no tomarlo al pie de la letra se convirtió en un patrón moral.

En 2006, cuando Kaplan llevaba quince años como director, Arthur Carter vendió el *Observer* —que nunca había dado beneficios— a un desconocido heredero de bienes inmobiliarios que quería ganar peso y notoriedad en Nueva York: Kushner (quien, por aquel entonces, tenía solo veinticinco años). Así, ahora Kaplan trabajaba para una persona veinticinco años más joven, un hombre que, por ironías de la vida, era exactamente el tipo de arribista sobre el que, por lo demás, habría escrito.

Kushner amortizó el medio enseguida, pues, por otra ironía de la vida de la que no necesariamente debió de ser consciente, se le permitió acceder al círculo social donde conocería a la hija de Donald Trump, Ivanka, con quien se casaría en el año 2009. Por desgracia para Kushner, el *Observer* no era económicamente rentable, y su relación con Kaplan se volvió cada vez más tensa. Por su parte, Kaplan empezó a contar ocurrentes y devastadoras historias sobre la inmadurez y la petulancia de su jefe, las cuales repetía constantemente a sus muchos protegidos mediáticos y, en consecuencia, también a los propios medios.

Kaplan se marchó en el año 2009, y Kushner cometió un error típico de los ricos que compran publicaciones: reducir costos para intentar aumentar los beneficios. En poco tiempo, la prensa lo empezó a ver como el hombre que no solo le arrebató la publicación a Kaplan, sino que la arruinó de manera brutal e incompetente. Para empeorar las cosas, Kaplan falleció por un cáncer en 2013, cuanto tenía cincuenta y nueve años; así que, a efectos prácticos, Kushner se convirtió también en su asesino.

La prensa es personal; es una serie de marcadores de sangre. Con frecuencia, los medios cumplen el papel de una especie de mente colectiva que decide quién sube, quién baja, quién vive y quién muere. Si alguien se mantiene el tiempo suficiente bajo su escrutinio, tiene altas posibilidades de que su destino sea tan desagradable como el de un déspota de una república bananera (una ley de la selva que Hillary Clinton, por ejemplo, fue incapaz de sortear). Los medios tienen la última palabra.

Mucho antes de que Trump se presentara a la presidencia, él y el secuaz de su yerno se encontraban sometidos a la lenta tortura del ridículo, la condena y las insistentes burlas de los medios, que, además, los consideraban ignominiosos. Esos tipos no son nadie. Solo son restos mediáticos. ¡Pues no faltaba más!

En lo que fue una inteligente estrategia, Trump cogió su reputación mediática, la sacó del hipercrítico mundo neoyorquino y la llevó al más despreocupado Hollywood, convirtiéndose en estrella de su propio *reality show* (*The Apprentice*) y asumiendo una premisa que le retribuiría muchos beneficios durante la campaña electoral: en un país de espectáculos, no hay mayor bien que la fama. Ser famoso es ser querido; o, por lo menos, sirve para que te adulen.

La fabulosa e incomprensible ironía de que la familia de Trump consiguiera llegar a lo más alto y ganarse incluso la inmortalidad, a pesar de la aversión de la prensa y de todo lo que esta sabía y había dicho sobre ellos, supera las pesadillas más espantosas imaginables y entra de lleno en los chistes de carácter cósmico. Trump y su yerno se mantuvieron unidos en las circunstancias más exasperantes, siempre conscientes —aunque nunca llegaran a entender completamente el porqué— de que eran objeto de las burlas mediáticas, y ahora, también, de su perpleja indignación.

* * *

El hecho de que Trump y su yerno tuvieran tantas cosas en común no significaba que jugaran en la misma liga. Por muy cerca que estuviera de Trump, Kushner seguía siendo miembro de su séquito, y no tenía más control sobre su suegro que ninguno de los que estaban en el negocio de intentar controlar a Trump.

La dificultad en hacer efectivo ese control formó parte de las justificaciones y racionalizaciones que llevaron a Kushner a superar el marco de su relación familiar y aceptar un cargo en la Casa Blanca. Así tendría influencia sobre su suegro y hasta podría

ayudar —ambición considerable para un joven inexperto— a que
este adquiriera alguna cuota de dignidad.

Si la restricción de los movimientos migratorios iba a ser la
marca inaugural de Bannon en la Casa Blanca, Kushner tendría
la suya en la reunión con el presidente mexicano, Enrique Peña
Nieto, a quien su suegro había amenazado e insultado durante la
campaña electoral.

Kushner llamó a Kissinger, que entonces tenía noventa y tres
años, para pedirle consejo; y, aunque principalmente lo hizo para
halagar al anciano y poder dejar caer su nombre, también buscaba
consejo de verdad. Trump no había hecho otra cosa que causar
problemas al presidente mexicano, y, si Kushner conseguía que
este fuera a la Casa Blanca, eso sería —a pesar de la postura de
Bannon, que se había mostrado contrario a las concesiones políticas durante la dura batalla electoral— una concesión importante
en su haber (aunque no podría llamarse propiamente "concesión").
Era lo que Kushner creía que debía hacer: seguir tranquilamente
los pasos del presidente y añadir tonalidades y sutilezas que escla-
recieran las intenciones reales ocultas tras esos pasos, o que las
reestructuraran por completo.

Las negociaciones para llevar a Enrique Peña Nieto a la Casa
Blanca habían empezado durante el periodo de transición. Kushner vio la oportunidad de convertir el asunto del muro en un
acuerdo bilateral sobre inmigración, es decir, en un gran logro de
la política trumpista. Dichas negociaciones llegaron a su apogeo el
miércoles posterior a la toma de posesión, cuando los miembros
de una delegación mexicana de alto nivel —la primera visita de
políticos extranjeros a la Casa Blanca— se reunieron con Kuskner
y Reince Priebus. Aquella tarde, Kushner informó a su suegro que
Peña Nieto estaba de acuerdo en viajar a Washington, y que podían
empezar a organizar el viaje.

Al día siguiente, Trump tuiteó: "Los EE.UU. tienen un déficit de 60,000 millones de dólares con México. Ha sido un acuerdo desequilibrado desde el principio del NAFTA[*]." Tras lo cual, en otro tuit, añadió: "Se ha perdido una cantidad ingente de trabajos y empresas. Si México no quiere pagar el más que necesario muro, será mejor que se cancele la reunión".

Y Peña Nieto hizo exactamente eso, dejando las negociaciones de Kushner y su habilidad política por el suelo.

* * *

El viernes 3 de febrero, a la hora de desayunar, una aturdida Ivanka Trump bajó por las escaleras del hotel Four Seasons de Georgetown —uno de los centros del pantano— y entró en el salón hablando por teléfono en voz alta: "Esto es un desastre, y no sé cómo arreglarlo".

La semana había estado marcada por los continuos efectos colaterales del decreto sobre inmigración —que había llegado a los tribunales y anunciaba un fallo contundente contra el gobierno— y de las aún más embarazosas filtraciones de dos llamadas telefónicas de intención teóricamente amistosa, una con el presidente mexicano ("*bad hombres*"), y otra con el primer ministro australiano ("mi peor llamada con diferencia"). Además, Nordstrom había anunciado el día antes que abandonaba la línea de ropa de Ivanka Trump.

Ivanka, de treinta y cinco años de edad, era un personaje agobiado; una empresaria que había tenido que dejar repentinamente su negocio. Por otra parte, estaba abrumada por el esfuerzo de mudarse con sus tres hijos a una casa y a una ciudad nuevas, y prácticamente sin ayuda. Tanto es así que, varias semanas después de que se hubiesen trasladado, alguien le preguntó a Jared si sus

---

[*] Tratado de Libre Comercio de América del Norte (NAFTA, por sus siglas en inglés). (N. de los t.)

hijos se estaban acostumbrando al colegio nuevo, a lo que Jared contestó que sí, que estaban en un colegio nuevo, aunque tardó en recordar cuál.

Pero, en otros aspectos, Ivanka había caído de pie, y es que el Four Seasons era su hábitat natural. La joven se codeaba con todas las personas que eran alguien, entre las que aquella mañana, en el restaurante, se encontraban: Nancy Pelosi, portavoz de la minoría en la Cámara de Representantes; Stephen Schwarzman, director ejecutivo de Blackstone; Vernon Jordan, lobista, peso pesado de Washington y confidente de Clinton; Wilbur Ross, candidato a la Secretaría de Comercio; Julian Smith, presidente de Bloomberg Media; Mike Berman, conocido lobista; y una mesa llena de mujeres de grupos de presión y altas ejecutivas, como Hilary Rosen, vieja representante en Washington de la industria musical; Juleanna Glover, consejera de Elon Musk en el Distrito de Columbia; Niki Christoff, directora política de Uber; y Carol Melton, directora de asuntos políticos de Time Warner.

Dejando a un lado el hecho de que su padre estuviera en la Casa Blanca, así como sus diatribas respecto al drenaje del pantano —categoría en la que, por lo demás, cabían casi todos los presentes—, Ivanka se encontraba en el tipo de sala en la que se había esforzado tanto por estar. Siguiendo el ejemplo de su padre, estaba haciéndose un nombre y convirtiéndose en una marca polifacética de múltiples productos; pero también estaba cambiando de modelo: mientras que él había sido un hombre de golf y negocios con aspiraciones, ella era madre y mujer de negocios con aspiraciones. Mucho antes de que alguien pudiera imaginar que Trump sería presidente, Ivanka había ganado un millón de dólares con la venta de su libro *Women Who Work: Rewriting the Rules for Success*.

En muchos sentidos, este había sido un viaje inesperado que había exigido más disciplina de lo imaginable para una típica, dis-

traída y satisfecha mujer de la alta sociedad. A los veintiún años de
edad, Ivanka había aparecido en una película de su novio de entonces, Jamie Johnson (uno de los herederos de Johnson & Johnson):
un film interesante y algo perturbador donde Jamie reunía a sus
amigos ricos para que expresaran abiertamente sus frustraciones,
su falta general de ambición y el desprecio hacia sus respectivas
familias (uno de aquellos amigos luego lo enzarzó en una larga
disputa judicial por la imagen que había dado de él en la cinta).
Pero Ivanka, que hablaba con un acento de chica rica de California —acento que cambiaría a lo largo de los años, hasta conseguir
algo parecido a la voz de una princesa de Disney—, estaba notable-
mente menos enfadada con sus padres, aunque diera la impresión
de estar tan ociosa y de ser tan poco ambiciosa como los demás.

Ella trataba a su padre con desenfado e, incluso, con ironía,
hasta el punto de que, en una entrevista para la televisión, se burló
de su forma de peinarse. De hecho, describía el secreto capilar
de Trump a sus amigos como una coronilla absolutamente calva
—la isla resultante tras una operación de reducción de cuero
cabelludo— rodeada por un círculo de pelo por delante y por los
lados, los cabellos de cuyos extremos subía para reunirlos en el
centro, peinarlos hacia atrás y asegurarlos con laca. Además, y para
darle un toque más cómico, añadía que el color era resultado de
un producto llamado Just for Men y que, cuanto más tiempo se lo
dejaba puesto, más oscuro se ponía su pelo. Así, el rubio anaran-
jado de Trump era resultado de su impaciencia.

Padre e hija se llevaban casi extrañamente bien. Ella era la verdadera mini-Trump (título al que aspiran muchas personas en la
actualidad). Ivanka lo aceptaba tal como era, y lo ayudaba no solo
en sus negocios, sino también en sus realineamientos conyugales,
facilitándole entradas y salidas. Si tienes un padre idiota y todo
el mundo lo sabe, puedes convertir esa realidad en una comedia
romántica y divertida, o algo así.

Desde un punto de vista razonable, tendría que haber estado más enfadada. Había crecido en una familia con problemas, y, por si eso fuera poco, se trataba de una familia que había estado constantemente inmersa en la mala prensa; pero sabía bifurcar la realidad y vivir solo en la parte superior de esta, donde el apellido Trump había llegado a ser —por mucho que lo mancillaran— una presencia cariñosamente tolerable. Residía en una burbuja con otros ricos que prosperaban en sus relaciones mutuas; al principio, con los amigos de un colegio privado del Upper East Side; luego, entre contactos en el mundo de la moda, los medios y la vida social. Además, tendía a encontrar protección y estatus en las familias de sus novios, vinculándose agresivamente a una serie de pretendientes provenientes de familias ricas —como la de Jamie Johnson, antes de los Kushner— por encima de la suya propia.

Wendi Murdoch, que también era un ejemplo social curioso (especialmente para su marido de entonces, Rupert), fue la persona que se encargó de supervisar y encauzar la relación entre Ivanka y Jared. Un sector de la nueva generación de mujeres ricas pretendía reestructurar su vida como miembros de la alta sociedad, convirtiendo un modelo determinado de extravagancia y "nobleza obliga" en un nuevo estatus de mujer poderosa, una especie de posfeminismo de las famosas. Para ello, se esforzaban en conocer a otras ricas —las mejores ricas—, en formar parte integral y valiosa de una red de gente adinerada y en conseguir que sus nombres evocaran... bueno, riqueza. No estaban satisfechas con lo que tenían: querían más y eso exigía ser bastante infatigable. Tenían que vender un producto: ellas mismas. Cada una era su propia *start-up*.

Eso era lo que su padre había hecho siempre. Ese era el verdadero negocio familiar, incluso por encima del inmobiliario.

Kushner y ella formaron una pareja de poder, y se reinventaron conscientemente como modelos máximos del éxito, la ambición y

la satisfacción en el nuevo mundo global, y también como representantes de una nueva sensibilidad artística y ecofilantrópica.
Para Ivanka, eso incluía su relación con Wendi Murdoch y Dasha
Zhukova, la entonces esposa del oligarca ruso Roman Abramo-
vich (un habitual en el mundo artístico internacional), así como la
asistencia, pocos meses antes de las elecciones, a un seminario de
meditación de Deepak Chopra en compañía de Kushner. Estaba
buscando un sentido y lo estaba encontrando. Su transformación
se plasmó no solo en sus líneas de joyería, calzado y accesorios o en
sus *reality shows* televisivos, sino también en una cuidadosa presencia mediática. Se convirtió en una supermadre magníficamente
coordinada, que se volvería a reinventar cuando su padre saliera
elegido presidente, aunque en esta ocasión lo haría como miembro
de una familia real.

Pero, a decir verdad, la relación con su padre no era en modo
alguno un vínculo familiar convencional. Si no era simple oportunismo, ciertamente sí se trataba de algo transaccional. Era un
negocio. La creación de la marca, la campaña presidencial y, ahora,
la Casa Blanca. Todo era un negocio.

Ahora bien, ¿qué pensaban verdaderamente Ivanka y Jared
sobre su padre y su suegro, respectivamente?

"Hay mucho, mucho, mucho afecto entre ellos. Se nota, se nota
de verdad", contestó Kellyanne Conway, esquivando parcialmente
la pregunta.

"No son estúpidos", dijo Rupert Murdoch cuando se lo preguntaron.

"Creo que entienden de verdad a Trump, y que aprecian su
energía —observó Joe Scarborough—. Pero hay cierto desapego".
O, como dijo después, había tolerancia, pero pocas ilusiones.

* * *

Aquel viernes, Ivanka desayunaba en el Four Seasons con Dina Powell, la última ejecutiva de Goldman Sachs en unirse a la Casa Blanca.

En los días posteriores a la elección de Trump, Ivanka y Jared se reunieron con una serie de abogados y agentes de relaciones públicas, la mayoría de los cuales se mostraban reacios a comprometerse con ellos, como descubrió la pareja, en parte quizá porque esta parecía menos interesada en aceptar sus consejos que en comprar aquellos que quería oír. De hecho, casi todos les transmitieron el mismo mensaje: rodeénse de (y familiarícense con) personas poderosas con gran credibilidad. O, en otras palabras: son unos aficionados, así que necesitan a auténticos profesionales.

Hubo un apellido que se citó reiteradamente: Powell, el de una republicana que había sacado tanta influencia como beneficios de Goldman Sachs, y que prácticamente era la antítesis de una republicana trumpista. Su familia se había marchado de Egipto cuando era niña, y hablaba árabe con fluidez. Había ascendido junto a una serie de leales republicanos, como Kay Bailey Hutchinson, senadora de Texas, y Dick Armey, el líder de la mayoría, respectivamente. Había sido jefe de gabinete de la Casa Blanca con Bush y subsecretaria de Estado para asuntos culturales y educativos. Llegó a Goldman en el año 2007, y se convirtió en socia en el 2010, cuando dirigía su rama filantrópica, la Fundación Goldman Sachs. Siguiendo una tendencia típica en las carreras de muchos cargos políticos, se había convertido en consejera de relaciones públicas de alto nivel, además de ser una especialista en contactos, es decir, alguien que conocía a las personas adecuadas del poder y sabía cómo usar la influencia de los demás.

Las lobistas y profesionales de la comunicación que se reunieron aquella mañana en el Four Seasons estaban tan interesadas en Powell y en su presencia en el nuevo gobierno como en la hija

del presidente. Para ellas, Ivanka era una novedad que no tomaban demasiado en serio, pero el hecho de que hubiera ayudado a
Powell a llegar a la Casa Blanca y de que deliberara públicamente
con ella añadía una dimensión más profunda a la hija de Trump.
La Casa Blanca parecía seguir a pies juntillas la vía trumpista, pero
aquello insinuaba una vía alternativa, que, en opinión de las mujeres del Four Seasons, era una potencial Casa Blanca en la sombra.
Además de asaltar el poder, la familia de Trump mostraba un evidente entusiasmo al respecto.

Tras un largo desayuno, Ivanka se levantó y cruzó la sala. Mientras daba instrucciones tajantes por teléfono, prodigó saludos calu-
rosos y aceptó tarjetas de presentación.

6

EN CASA

Durante las primeras semanas de la presidencia de Trump, algunos de sus leales seguidores desarrollaron la teoría de que este no se comportaba como un presidente, no asumía su nuevo estatus ni se mostraba más comedido en modo alguno (como demostraban sus tuits matinales, su negativa a seguir los guiones que le daban y sus llamadas autocompasivas a sus amigos, que ya se empezaban a filtrar a la prensa), pero es que él no había tenido que dar el salto de muchos de sus predecesores. La mayoría de los presidentes electos llegaban a la Casa Blanca tras una vida política más o menos normal, y se sentían abrumados por su súbito ascenso a una mansión con seguridad y empleados domésticos casi palaciegos, un avión que estaba constantemente a su disposición y un séquito de cortesanos y consejeros, todo lo cual les recordaba que sus circunstancias habían cambiado por completo. Pero para el nuevo presidente, aquello no distaba mucho de su vida anterior en la Torre Trump, más cómoda y más acorde a sus gustos que la Casa Blanca, y donde también tenía empleados domésticos, seguridad, cortesanos, consejeros omnipresentes y un avión a su disposición. Para él, ser presidente no era para tanto.

Pero había otra teoría radicalmente opuesta a esta primera: Trump había perdido la concentración porque su mundo cuidadosamente ordenado había saltado por los aires. El septuagenario era una criatura de costumbres, y lo era hasta tal punto que pocas personas sin un control despótico de su entorno lo hubieran podido siquiera imaginar. Había vivido en la misma casa —una extensión enorme de la Torre Trump— desde 1983, poco después de que la construyeran. Desde entonces, todas las mañanas recorría el mismo camino hasta su despacho, que estaba varios pisos más abajo, en una esquina del edificio. El propio despacho era una cápsula del tiempo detenida en la década de 1980, con los mismos espejos de marco dorado y las mismas portadas de la revista *Time* en la pared; de hecho, no había visto ningún cambio significativo más allá de la sustitución del balón de fútbol americano de Joe Namath por el de Tom Brady. Fuera de su despacho veía las mismas caras y los mismos sirvientes —empleados domésticos, guardias de seguridad y aduladores, la gente del "sí, señor"— que lo habían atendido desde, básicamente, siempre.

"¿Imaginan lo perturbador que debe de ser llevar tu vida con normalidad y, de repente, encontrarte en la Casa Blanca?", comentaba un viejo amigo de Trump, sonriendo de oreja a oreja ante esa broma del destino, quizá merecidísima.

A Trump le parecía que la Casa Blanca —un edificio viejo de mantenimiento esporádico y renovaciones parciales que, además, era famoso por tener problemas de cucarachas y roedores— era un lugar molesto y hasta un poco siniestro. Los amigos que admiraban su talento de hotelero se preguntaban por qué no reformaba el lugar, pero daba la impresión de que se sentía intimidado por los ojos que lo observaban.

Kellyanne Conway, cuya familia se había quedado en Nueva Jersey, y había dado por sentado que podría viajar a casa cuando el presidente volviera a Nueva York, se llevó una sorpresa al saber que tanto esa ciudad como la Torre Trump quedaban repentinamente fuera de sus planes. Conway pensó que, además de ser consciente de la hostilidad de Nueva York, Trump haría un esfuerzo por "formar parte de esta gran casa". (Aunque más tarde, reconociendo las problemáticas inherentes al cambio de circunstancias que había sufrido y las dificultades que comportaba la adaptación a la vida presidencial, añadió: "¿Con cuánta frecuencia irá a Camp David? —el espartano y silvestre retiro presidencial del parque Catoctin Mountain, en Maryland—. Seguro que nunca").

Trump tenía un dormitorio independiente en la Casa Blanca; y era la primera vez desde la presidencia de Kennedy que una pareja presidencial tenía habitaciones separadas (aunque Melania no pasaba mucho tiempo allí). Durante los primeros días, el presidente pidió dos pantallas de televisión, que se sumaron a la que ya había, y una cerradura en la puerta, lo cual le costó un breve enfrentamiento con el Servicio Secreto, pues ellos insistían en tener acceso a la habitación. Luego, regañó a los empleados domésticos por recoger su camisa del suelo: "Si mi camisa está en el suelo, será porque quiero que esté en el suelo". Más tarde, impuso una serie de normas nuevas: nadie podía tocar nada, y mucho menos su cepillo de dientes (siempre había tenido miedo de que lo envenenaran, motivo por el que le gustaba comer en McDonald's, ya que nadie sabía cuándo iba a ir y la comida ya estaba preparada); además, avisaría al servicio cuando quisiera que le cambiaran las sábanas, y él mismo se haría la cama.

Cuando no cenaba a las seis y media con Steve Bannon, hacía algo que le gustaba más: meterse en la cama con una hamburguesa de queso, mirar los tres televisores y llamar por teléfono —el teléfono era su verdadero contacto con el mundo— a un pequeño grupo de amigos, entre los que frecuentemente se encontraba Tom Barrack, que medía sus niveles de agitación durante la noche para, después, comparar sus propias notas con las del presidente.

* * *

Pero tras aquel comienzo complicado las cosas empezaron a ir mejor (en opinión de algunos, hasta de un modo presidencial).

El martes 31 de enero, durante una ceremonia eficazmente coreografiada que se emitió en horario de máxima audiencia, un alegre y seguro Trump anunciaba el ascenso del juez federal de apelaciones Neil Gorsuch al Tribunal Supremo. Gorsuch era una combinación perfecta de una impecable posición conservadora, una honradez fuera de dudas y unas credenciales legales y judiciales de primera categoría. Además de cumplir la promesa que había hecho a la base y la élite conservadoras, Trump tomó una decisión que parecía perfectamente presidencial.

El nombramiento de Gorsuch también fue una victoria para los empleados que habían visto titubear al presidente una y otra vez con su flamante y jugoso cargo en la mano. Satisfecho con el recibimiento de su decisión (y, especialmente, por el hecho de que la prensa no pudiera ponerle demasiados reparos), Trump se volvió fan de Gorsuch; aunque, antes de decidirse por él, se preguntaba por qué no podía dar ese trabajo a un amigo fiel, pues dárselo a alguien que ni siquiera conocía era, desde su punto de vista, un desperdicio.

Durante el proceso de selección, había pasado prácticamente por la totalidad de sus amigos abogados; todos ellos, personajes peculiares y poco adecuados para el cargo, y la mayoría, sin posibilidades de tener éxito político. Pero entre aquellos personajes peculiares, poco adecuados y sin posibilidades había uno al que Trump volvía constantemente: Rudy Giuliani.

Trump estaba en deuda con Giuliani. No es que le preocuparan mucho sus deudas, pero aquella, ciertamente, había quedado pendiente de pago. Giuliani era un viejo amigo de Nueva York, y, además, en un momento en el que muy pocos republicanos apoyaban a Trump —y casi ninguno de importancia nacional—, él había estado a su lado, y lo había hecho de un modo combativo, feroz e incansable; particularmente, durante los difíciles días posteriores a Billy Bush: cuando casi todo el mundo —incluidos el candidato, Bannon, Conway y sus propios hijos— creía que la campaña se iría al diablo, Giuliani no cedió ni un segundo en su apasionada, constante y convencida defensa de Trump.

Giuliani quería ser secretario de Estado, y Trump le había ofrecido el empleo. El círculo de Trump se oponía a Giuliani por la misma razón por la que Trump se sentía inclinado a concederle el cargo: porque Trump le prestaba atención y se la iba a seguir prestando. El equipo del presidente cuchicheaba sobre su salud y su equilibrio emocional. Incluso su lealtad, demostrada durante el "pussygate", parecía una carga. Le habían ofrecido el cargo de fiscal general, el departamento de Seguridad Nacional y la dirección del servicio de inteligencia, pero decidió rechazarlos y seguir insistiendo con la Secretaría de Estado o —en una postura que los burócratas interpretaron como una carambola gigantesca y como el no va más de la arrogancia— con el Tribunal Supremo. Como Trump no podía poner a un hombre abiertamente proabortista en ese tribunal sin romper con sus creencias políticas o arriesgarse a que rechazaran a su candidato, no *tendría* más remedio que darle la Secretaría de Estado.

El fracaso de esa estrategia —dicha secretaría fue a parar a Rex Tillerson— debería haber sido un punto final, pero Trump siguió dando vueltas a la idea de poner a Giuliani en el Tribunal Supremo. El 8 de febrero, en pleno proceso de confirmación, Gorsuch criticó públicamente el desprecio de Trump por la Justicia. Resentido, el presidente decidió retirar su nominación; y aquella noche, durante las conversaciones telefónicas que mantenía después de cenar, comentó que tendría que haberle dado el cargo a Rudy, el único hombre leal. Bannon y Priebus tuvieron que recordarle, una y otra

vez, que en una de las pocas jugadas maestras de política apaci-
guadora —y un guiño perfecto a la base republicana— que habían
llevado a cabo durante la campaña electoral habían permitido que
la Federalist Society presentara una lista de candidatos y les habían
prometido que el nominado sería una persona de esa lista; una lista
en la que, valga decirlo, no se encontraba Giuliani.

En cambio, el nombre de Gorsuch sí que aparecía en ella. Y,
poco después de eso, Trump ni siquiera recordaría haber querido
nunca a otro.

* * *

El 3 de febrero, la Casa Blanca albergó un acto cuidadosamente
orquestado de uno de los nuevos consejos económicos, el Foro
Estratégico y Político del presidente Trump. Se trataba de un grupo
de ejecutivos y empresarios de peso que Stephen Schwarzman,
director de Blackstone, se había encargado de reunir. La planificación del acto —con elegantes folletos, presentaciones coreografia-
das y un orden del día preciso— se debía más a Schwarzman que
a la Casa Blanca; pero terminó siendo una de esas reuniones que
se le daban bien a Trump y que, además, le gustaban. Kellyanne
Conway, quien mencionaba con frecuencia a la junta de Schwarzman, se empezó a quejar pronto de que, a pesar de que ese tipo
de actos —en los que Trump se sentaba con gente seria para buscar soluciones a los problemas del país— eran el alma de la Casa
Blanca, la prensa les daba muy poca cobertura.

Los consejos de asesores económicos eran una estrategia de
Kushner, una aproximación cultivada al mundo de los negocios
que distraía a Trump de lo que el propio Kushner consideraba un
programa ignorante de derecha. Según el cada día más sarcás-
tico Bannon, su verdadero propósito era permitir que Kushner se
codeara con altos ejecutivos.

Schwarzman reflejaba lo que para muchos era una sorprendente y repentina afinidad de Wall Street con Trump. Pocos directivos de grandes empresas habían apoyado públicamente a Trump (la prensa insistía en que una victoria de Trump hundiría los mercados, y casi todas las grandes empresas, por no decir todas, estaban tan seguras de la victoria de Hillary Clinton que ya habían contratado a equipos de profesionales relacionados con la familia), pero ahora lo trataban con repentina calidez. La promesa de una reforma impositiva y la política antirregulatoria de la Casa Blanca pesaban más que los perturbadores tuits del presidente y sus otras formas de caos. Además, la bolsa no dejaba de subir desde el 9 de noviembre, el día después de las elecciones, y, por si eso fuera poco, los empresarios no dejaban de hablar del buen ambiente que había en sus reuniones privadas, en las que Trump se mostraba efusivo y astutamente halagador. Pero también estaba el alivio por no tener que enfrentarse al tira y afloja de los implacables equipos de los Clinton ("¿Qué puede hacer hoy por nosotros?", "¿Podemos usar su plan?").

Ahora bien, aunque los altos ejecutivos recibieran a Trump con los brazos abiertos, muchas empresas grandes estaban cada vez más preocupadas por sus consumidores. De repente, la marca Trump era la más grande del mundo; la nueva Apple, pero en sentido contrario, porque todo el mundo la despreciaba (por lo menos, una cantidad importante de los consumidores que la mayoría de las marcas grandes cortejaban).

Por ejemplo: el día de la toma de posesión, los empleados de Uber (la empresa de transporte compartido), descubrieron que varias personas se habían encadenado a la puerta de su sede de San Francisco. Su director ejecutivo, Travis Kalanick, estaba en el consejo de Schwarzman, y la gente acusaba de "colaboracionistas" —modelo Vichy— tanto a Uber como a Kalanick, un estatus muy distinto al que tenían cuando buscaban influencia gubernamental en sobrias reuniones con el presidente. De hecho, los

manifestantes creían estar viendo la relación entre Uber y Trump
en términos políticos; pero, en realidad, lo estaban haciendo en
términos convencionales de marca, y amenazaban con desco-
nectarse. La mayoría de los consumidores de Uber son jóvenes,
urbanos y liberales, así que sintonizan mal con las bases de Trump.
Los "millennials", siempre conscientes de las marcas, pensaron que
aquello iba más allá del regateo político, y se lo tomaron como un
épico conflicto de identidad. En un mundo de entendidos en marcas, la Casa Blanca de Trump no era tanto un gobierno y un lugar
de conflictos de intereses y desarrollo de políticas como un símbolo cultural impopular e inamovible.

Kalanick abandonó el consejo. Bob Iger, director de Disney, se
limitó a descubrir que estaba ocupado el día de la primera reunión.
Pero la mayoría de los miembros —Elon Musk, el inversor, inven-
tor y fundador de Tesla, quien también lo abandonaría más tarde,
fue la única excepción— no procedían de empresas mediáticas o
tecnológicas, sino de empresas de toda la vida, "de cuando América era grande". Entre ellos se encontraban Mary Barra, directora
ejecutiva de General Motors; Ginni Rometty, de IBM; Jack Welch,
antiguo director de GE; Jim McNerney, expresidente de Boeing;
e Indra Nooyi, de PepsiCo. La nueva derecha habría elegido a
Trump, pero las cien fortunas empresariales más antiguas lo cortejaban más.

Trump asistió a la primera reunión con todo su séquito —los
que siempre lo seguían en fila india, incluidos Bannon, Priebus,
Kushner, Stephen Miller y Gary Cohn, director del Consejo Económico Nacional—, pero la dirigió él mismo. Todos los presentes hablaron cinco minutos, y Trump les hizo preguntas cuando
hubieron terminado. El presidente no parecía especialmente preparado (si es que siquiera se había preparado de alguna manera)
para abordar ninguno de los asuntos que se discutieron; pero sus
preguntas fueron incisivas, e insistió sobre los temas de los que

quería saber más, lo que hizo que la reunión tuviera un tira y afloja bastante fluido. Uno de los ejecutivos comentó que, aparentemente, esa era su forma preferida de obtener información: hablar sobre lo que le interesaba y conseguir que otras personas hablaran sobre ello.

La reunión duró dos horas. Desde el punto de vista de la Casa Blanca, Trump estuvo en su mejor nivel. Se sentía muy cómodo cuando estaba con personas a las que respetaba, y justamente se encontraba con "las personas más respetadas del país" (según él mismo), personas que, a la vez, también parecían respetarlo a él.

Aquello se convirtió en uno de los objetivos de su equipo: crear situaciones en las que el presidente estuviera cómodo e inflar una especie de burbuja que lo protegiera del mezquino mundo. Desde luego, hicieron lo posible por replicar la fórmula: Trump en el Despacho Oval o en alguna otra sala de mayor tamaño del Ala Oeste, presidiendo una mesa integrada por personas receptivas, y con posibilidades de sacar alguna foto de la estudiada postal. Durante aquellos actos, Trump solía ser su propio director de escena, y dirigía a los actores tanto dentro como fuera de ella.

* * *

Los medios tienen un filtro cauteloso —cuando no selectivo— a la hora de retratar la vida real en la Casa Blanca. Ni el presidente ni su familia están sometidos —o no suelen estarlo— a los típicos *paparazzi* de la prensa amarilla que persiguen a los famosos, lo cual suele terminar en fotografías embarazosas, ridículas o poco halagadoras, o en especulaciones continuas sobre sus vidas privadas. El presidente recibe un trato formal de traje y corbata hasta durante sus peores escándalos. De hecho, las parodias presidencias de *Saturday Night Live* son graciosas, en parte, porque juegan con la creencia popular de que, en realidad, los presidentes son personajes contenidos y acartonados, y sus familias, que los siguen de cerca, incoloras y obedientes. Un chiste que se hacía a costa de Nixon, por ejemplo, era el que hacía referencia a su imagen lamentablemente estirada (hasta en el Watergate, cuando bebía a destajo, seguía de traje y corbata y se arrodillaba para rezar). Gerald Ford, por su parte, se limitaba a tropezarse cada vez que bajaba del Air Force One, lo que provocaba una ruptura hilarante con su típica pose presidencial. Ronald Reagan, quien seguramente ya sufría los primeros síntomas del alzhéimer, tenía una imagen cuidadosamente trabajada de calma y seguridad. Bill Clinton, uno de los mayores desgarros del decoro presidencial en la historia moderna, siempre parecía mantener el control. George W. Bush, tan desvinculado de todo, proyectaba una imagen mediática de hombre absolutamente concentrado en su cargo. Y a Barack Obama lo presentaban sistemáticamente —tal vez para su desgracia— con aire atento, firme y decidido. Esto es, en parte, consecuencia de un control arrogante de la imagen, pero también se debe a que se supone que el presidente es el ejecutivo más importante de los Estados Unidos, o a que el mito nacional requiere que lo sea.

Donald Trump había intentado dar exactamente esa misma imagen durante casi toda su carrera, que es algo así como la del hombre de negocios ideal de la década de 1950. Aspira a parecerse a su padre (o, en cualquier caso, a no disgustarlo). Excepto cuando se viste para jugar al golf, cuesta imaginar a Trump sin traje y corbata, pues casi siempre los lleva. La dignidad personal —es decir, una apariencia de decoro— es una de sus obsesiones, e incluso se siente incómodo cuando está con hombres que no llevan ese atuendo. Las formalidades y las convenciones —antes de ser presidente, casi todos los que no tenían fama o mil millones de dólares lo llamaban "señor Trump"— son el eje central de su forma de ser. La informalidad es enemiga del fingimiento, y su objetivo era que la marca Trump fuera sinónimo de poder, riqueza y ambición.

El día 5 de febrero, el *New York Times* publicó una historia sobre la Casa Blanca según la cual el presidente, que ya llevaba dos semanas en el cargo, deambulaba en bata a altas horas de la noche intentando averiguar cómo se encendían las luces. Trump se derrumbó. Lo interpretó —no incorrectamente— como un intento de hacerlo parecer un loco, como Norma Desmond en *Sunset Boulevard*, una estrella decadente y hasta senil que vivía en un mundo de fantasías (según Bannon, esa era la imagen que el *Times* pretendía dar de Trump; una interpretación que se adoptó rápidamente en la Casa Blanca). Y, por supuesto, una vez más, todo era cosa de la prensa, que lo trataba como nunca antes había tratado a ningún presidente.

Esta percepción no era incorrecta. En sus esfuerzos por informar sobre una presidencia que le parecía del todo aberrante, el *New York Times* había introducido un tipo nuevo de cobertura periodística en su visión de la Casa Blanca. Además de enfatizar los anuncios de la Casa Blanca —separando lo trivial de lo importante—, el periódico también resaltaba (frecuentemente, ubicándolo en sus portadas) el sentido de lo absurdo, de lo deplorable, de lo demasiado humano. Esas historias tendían a presentar a Trump como un hombre ridículo. Maggie Haberman y Glenn Thrush, los dos reporteros de noticias de la Casa Blanca que más insistieron en esa línea, pasaron a formar parte de las quejas constantes de Trump contra la prensa que lo perseguía. Thrush llegó a ser un habitual en los *sketches* del *Saturday Night Live*, donde a menudo se burlaban del presidente, de sus hijos, de su secretario de prensa (Sean Spicer) y de sus consejeros Bannon y Conway.

El presidente, que solía ser un fabulador en su interpretación personal del mundo, era bastante literal en lo referente a la visión que tenía de sí mismo; de ahí que refutara esa imagen nocturna de hombre medio loco o seriamente tocado que paseaba por la Casa Blanca alegando que ni siquiera tenía una bata.

"¿Parezco uno de esos tipos que usan bata? ¿En serio?

—preguntó sin humor alguno a todos los que se cruzó durante las cuarenta y ocho horas siguientes—. ¿Me imaginas tú en bata?".

Pero, ¿quién había filtrado eso? Para Trump, los detalles de su vida personal se convirtieron en una preocupación mucho mayor que ningún otro tipo de filtración.

La dirección del *New York Times* en Washington, igualmente literal y preocupada ante el hecho de que el presidente no tuviera bata, filtró, a su vez, que su fuente era Bannon.

Y Bannon, que se jactaba de ser una especie de agujero negro de silencio, también se había convertido en algo así como la voz oficial de ese agujero negro, el "garganta profunda" de todo el mundo. Era ingenioso, intenso, evocador y desbordante; su discreción teórica siempre daba paso a constantes comentarios semipúblicos sobre la petulancia, la fatuidad y la completa falta de seriedad de casi todos los habitantes de la Casa Blanca. Ya en la segunda semana de la presidencia de Trump, todos los integrantes de la Casa Blanca parecían tener su propia lista de aquellas personas potencialmente capaces de filtrar noticias, y hacían lo posible por revelar sus nombres antes de que otros hicieran lo mismo con los de ellos.

Sin embargo, había otra posible fuente responsable de las filtraciones: el propio Trump. Y es que, durante las llamadas diurnas y nocturnas que hacía desde la cama, hablaba frecuentemente con personas que no tenían motivos para guardar sus secretos. Era un río de quejas —empezando por la Casa Blanca, que consideraba un basural—, y muchos de los destinatarios de sus llamadas las empezaron a extender a lo largo y ancho del siempre atento e implacable mundo de los rumores.

* * *

El 6 de febrero, Trump hizo —sin ningún tipo de presunción de confidencialidad— una de sus llamadas furiosas, autocompasivas y no solicitadas a un conocido miembro de la prensa que estaba de paso en Nueva York. Aparentemente, su objetivo no era otro que el de expresar su resentimiento por las continuas críticas por parte de la prensa, así como por la deslealtad de sus empleados.

El objeto inicial de su ira fueron el *New York Times* y su periodista Maggie Haberman, a quien llamó "chiflada". Gail Collins (del *Times*), que había escrito una columna en la que comparaba desfavorablemente a Trump con el vicepresidente Pence, era "una imbécil". Pero entonces, sin salirse del epígrafe de los medios que odiaba, pasó a la CNN y a la profunda deslealtad de su director, Jeff Zucker.

Zucker, que había encargado *The Apprentice* mientras era director de la NBC, era "un producto de Trump" (lo dijo el propio Trump, hablando en tercera persona). Y él, "personalmente", le había conseguido el trabajo en la CNN. "Sí, sí, se lo conseguí yo".

Luego, repitió una historia que contaba obsesivamente a casi todas las personas con las que hablaba. Una noche, aunque no recordaba cuándo, fue a cenar y se encontró sentado junto a "un caballero que se apellidaba Kent" —indudablemente, Phil Kent, exdirector de Turner Broadcasting, la división de Time Warner que supervisaba la CNN— y que "tenía una lista con cuatro nombres". Trump solo reconoció uno de los cuatro, el de Jeff Zucker, gracias a *The Apprentice*. "Zucker era el cuarto de la lista, y lo ensalcé como si fuera el número uno. Probablemente, no debería haberlo hecho. Zucker no es tan listo, pero me gusta demostrar que puedo hacer ese tipo de cosas". Sin embargo, Zucker, "un tipo terrible con unos índices de audiencia lamentables", se había vuelto contra él después de que Trump le consiguiera el trabajo, y había dicho algo "increíblemente asqueroso". Se refería con ello al "dossier" ruso y a la historia de la "lluvia dorada" de la CNN, que lo había acusado de estar con prostitutas en una fiesta celebrada en un hotel de Moscú.

Tras dar buena cuenta de Zucker, el presidente de los Estados Unidos empezó a hacer conjeturas sobre lo que implicaba la práctica de la lluvia dorada, y afirmó que todo formaba parte de una campaña mediática —la cual nunca tendría éxito— para sacarlo de la Casa Blanca. Como eran unos perdedores que lo odiaban por haber ganado las elecciones, se dedicaban a decir cosas completamente falsas e inventadas. Por ejemplo, la portada que la revista *Time* —donde había aparecido más que nadie en toda la historia, como les recordaba constantemente a sus interlocutores— había sacado esa semana a Steve Bannon, al que presentaban como un buen tipo y de quien decían que era el verdadero presidente. "¿Cuánta influencia crees que tiene Steve Bannon sobre mí?", preguntó Trump, repitiendo después la pregunta; tras lo cual se contestó a sí mismo, también repitiendo su respuesta en este caso: "¡Cero! ¡Cero!". Y lo mismo podía decir de su yerno, quien aún tenía mucho que aprender.

La prensa no solo le estaba haciendo daño, según dijo —no estaba buscando su apoyo, y ni siquiera una respuesta—, sino que además estaba minando su capacidad negociadora, y, con ello, perjudicando a la nación. Eso también valía para el programa *Saturday Night Live*, que la gente encontraba gracioso sin darse cuenta de que esa actitud hacía daño al país. Y, aunque entendía que *Saturday Night Live* fuera mezquino con él, se pasaban de mezquinos: era "una falsa comedia". Trump había revisado el tratamiento que la prensa había dado a los presidentes anteriores, y había descubierto que ninguno había sufrido nada parecido, ni siquiera Nixon, que también fue tratado de forma injusta. "Kellyanne, una persona verdaderamente imparcial, lo ha documentado todo. Lo puedes ver si quieres".

Trump comentó que aquel mismo día había ahorrado 700 millones de dólares anuales en puestos de trabajo que, de otro modo, se habrían marchado a México, pero que, sin embargo, la prensa hablaba de una bata "que no tengo porque nunca he usado bata. Y nunca la usaré, porque no soy de esa clase de hombres".

Los medios estaban socavando la dignidad de la Casa Blanca, y "la dignidad es muy importante". Pero Murdoch, "que nunca me había llamado ni una sola vez", lo llamaba ahora todo el tiempo. Y eso debía de significar algo.

La llamada duró veintiséis minutos.

7

RUSIA

A ntes de que hubiera motivos para sospechar de Sally Yates, ya existían sospechas sobre ella. El informe de transición afirmaba que a Trump no le gustaría aquella abogada de cincuenta y seis años nacida en Atlanta que, tras estudiar en la Universidad de Georgia y hacer carrera en el Departamento de Justicia, parecía destinada a la fiscalía general. Había algo en cierto tipo de personajes estilo Obama, algo en su actitud y en su forma de caminar, que los delataba. *Superioridad*. Algo que también compartía con una clase particular de mujeres que siempre irritaban a Trump; por ejemplo, las mujeres de Obama y de Clinton. Algo que después extendería a todas "las mujeres del Departamento de Justicia".

Entre Trump y los funcionarios de carrera había una división insalvable. Trump podía entender a los políticos, pero le costaba descifrar el temperamento y las motivaciones de esos burócratas. No sabía lo que querían. ¿Por qué querrían ser funcionarios permanentes? ¿Cómo era posible que alguien pudiera querer eso? "¿Qué le sacan? ¿Doscientos mil, como mucho?", se preguntaba con asombro.

Si Sally Yates hubiera rechazado el cargo de fiscal general en funciones —para ejercerlo mientras Jeff Sessions, el fiscal elegido, esperaba la confirmación—, Trump se habría alegrado al cabo de poco tiempo. Pero era la fiscal general adjunta, confirmada por el Senado, y la persona que ejerciera de fiscal general en funciones debía tener la confirmación del Senado. Y, aunque Yates parecía sentirse atrapada en territorio hostil, aceptó el empleo.

En tales circunstancias, la curiosa información que presentó al consejero legal de la Casa Blanca, Don McGahn, durante la primera semana del gobierno —antes de la segunda semana, cuando se negó a tramitar la orden de inmigración, razón por la cual fue despedida de inmediato— resultó no solo inoportuna, sino también sospechosa.

Michael Flynn, al que acababan de confirmar en el puesto de consejero de Seguridad Nacional, había restado importancia a los informes aparecidos en el *Washington Post* sobre una conversación telefónica con el embajador ruso, Serguéi Kisliak. Dijo que solo se había tratado de una conversación protocolaria. Aseguró al equipo de transición —entre otros, al vicepresidente electo Pence— que no habían discutido las sanciones impuestas a Rusia durante el gobierno de Obama, afirmación que Pence repitió más tarde.

Sin embargo, Yates informó a la Casa Blanca que la conversación de Flynn con Kisliak había sido grabada "de forma fortuita" entre una serie de pinchazos telefónicos autorizados; es decir, pinchazos presumiblemente autorizados por el secreto Tribunal de Vigilancia de Inteligencia Extranjera de los Estados Unidos (FISA, por sus siglas en inglés) para espiar al embajador ruso, que, casualmente, habían afectado a Flynn.

La FISA había adquirido notoriedad tras las revelaciones de Edward Snowden, que la convirtieron en bestia negra de los liberales, molestos con los atentados contra la privacidad. Ahora iba a salir de nuevo; pero, esta vez, como aliada de los liberales, quienes esperaban usar esos pinchazos "fortuitos" para asociar al equipo de Trump con una conspiración con Rusia.

Poco después, McGahn, Priebus y Bannon, que ya tenían dudas sobre el buen juicio y la fiabilidad de Flynn —"un mierda", según Bannon—, hablaron sobre el mensaje de Yates. Flynn tuvo que volver a dar explicaciones sobre su reunión con Kisliak, y le informaron que su conversación podía estar grabada. Una vez más, rechazó cualquier insinuación de que hubieran hablado de nada significativo.

En opinión de algunas personas de la Casa Blanca, el chisme de Yates era tan poco importante "como si hubiera descubierto que el marido de su amiga flirteaba con otra y, por una cuestión de principios, se hubiera visto obligada a contárselo a ella".

En cambio, la Casa Blanca estaba más alarmada por el hecho de que en una escucha telefónica de carácter general, donde se suponía que los nombres de los ciudadanos estadounidenses debían estar enmascarados —y solo se podían desenmascarar mediante procedimientos complejos—, Yates hubiera descubierto a Flynn de un modo tan fácil como conveniente. Su informe también parecía confirmar que la filtración de las grabaciones al *Post* procedía del Buró Federal de Investigaciones (FBI, por sus siglas en inglés), del Departamento de Justicia o de la Casa Blanca de Obama; pero que, por otro lado, estas solo eran una parte de la creciente oleada de filtraciones, que tenían al *Times* y al *Post* como destinatarios predilectos.

En su valoración del mensaje de Yates, la Casa Blanca llegó a la conclusión de que el problema con Flynn, siempre difícil de manejar, era menos relevante que el problema con Yates. El Departamento de Justicia, con su enorme plantilla de abogados favorables a Obama, tenía los oídos puestos en el equipo de Trump.

* * *

"Es injusto", dijo Kellyanne Conway, sentada en su despacho del segundo piso —aún sin decorar— mientras describía los sentimientos heridos del presidente. "Es evidentemente injusto. Es muy injusto. Ellos han perdido. No han ganado. Esto es tan injusto que POTUS no quiere ni hablar de ello".

No había nadie en la Casa Blanca que quisiera hablar —o que tuviera autorización oficial para hacerlo— sobre Rusia, sobre la historia que, como mínimo, iba a marcar el primer año del gobierno de Trump; algo evidente para todos ellos, incluso antes de que llegaran al poder. Nadie estaba preparado para afrontarlo.

"Es un tema que no merece ni un solo comentario", dijo Sean Spicer, sentado en el sofá de su despacho, cruzando los brazos. "No merece ni un solo comentario", insistió con obstinación.

Por su parte, el presidente no usó —aunque podría haberlo hecho— el término "kafkiano". La historia de Rusia le parecía tan estúpida como inexplicable, sin ninguna base real. No era más que una trampa.

Durante la campaña electoral, prácticamente nadie del círculo íntimo de Trump había creído que pudieran sobrevivir al escándalo del fin de semana de Billy Bush, pero sí lo hicieron. Y entonces estalló el escándalo ruso. Comparado con el "pussygate", lo de Rusia solo parecía una jugada desesperada de la izquierda; pero el asunto seguía sin olvidarse e, incomprensiblemente, la gente se lo creía; cuando, en realidad, no había nada de nada.

"Era cosa de los medios".

La Casa Blanca se había acostumbrado rápidamente a los escándalos dirigidos por los medios, y también estaban habituados a que estos fueran pasajeros; pero este se mantenía en primera plana de un modo frustrante.

Si había algo que demostrara no solo el sesgo de los medios, sino también su intención de socavar la presidencia de la Casa Blanca, ese algo era —en opinión del círculo de Trump— la historia de Rusia, lo que el *Washington Post* había definido como un "ataque ruso a nuestro sistema político" ("tan injusto, tan terriblemente

injusto, sin pruebas de un solo voto fraudulento", dijo Conway).
Era pérfido. Desde su punto de vista, era parecido —aunque no lo
dijeran de ese modo— a las oscuras conspiraciones clintonianas
que los republicanos solían usar contra los liberales: Whitewater,
Bengasi, el *email-gate*; es decir, una narrativa obsesiva que provoca
investigaciones que llevan a otras investigaciones, así como a una
cobertura mediática aún más obsesiva y sin salida posible. Eso
era la política moderna: sangrientas conspiraciones con las que se
intentaban destruir a personas y carreras.

Cuando alguien hizo una comparación con Whitewater delante
de Conway, ella no contraatacó con el argumento de las obsesiones; lejos de eso, se enredó en detalles sobre Webster Hubbell, un
personaje casi olvidado del caso Whitewater, y sobre la culpabilidad de la Rose Law Firm de Arkansas, de la que Hillary Clinton era
socia. Todo el mundo creía las conspiraciones que les convenían, y
rechazaban total y absolutamente aquellas que iban dirigidas contra ellos. Llamar "conspiración" a algo era desestimarlo.

En cuanto a Bannon, promotor de muchas conspiraciones,
desestimó la historia de Rusia con un argumento de libro: "Solo es
una teoría conspirativa". Y, de paso, añadió que el equipo de Trump
era incapaz de conspirar sobre nada.

* * *

Solo habían pasado dos semanas desde la llegada de Trump al
poder, pero la historia rusa se había convertido en una línea divisoria donde cada lado acusaba al otro de inventarse noticias falsas.
La Casa Blanca creía a pies juntillas que la historia era una ficción
con unos hilos narrativos frágiles (o, simplemente, absurdos) y con
una tesis increíble: "¡Arreglamos las elecciones con los rusos! ¡Oh,
Dios mío!". Entre tanto, el mundo anti-Trump y, especialmente,
sus medios —es decir, los medios— creían que había grandes, si

no abrumadoras, posibilidades de que hubiera algo significativo en ello, y también de que eso fuera determinante.

En su mojigatería, los medios creían haber visto el santo grial y la bala de plata que destruiría a Trump, mientras la Casa Blanca de Trump veía ésto —con bastante autocompasión— como un esfuerzo desesperado por inventar un escándalo. Pero, entre los dos bandos, aún había espacio para el beneficio.

Los demócratas del Congreso tenían mucho que ganar con la insistencia al estilo Bengasi de que donde había humo, había fuego (aunque fueran ellos los que le daban desesperadamente al fuelle), y también con la posibilidad de usar las investigaciones como foro para promover sus opiniones minoritarias (y, por extensión, para promoverse a sí mismos).

Para los republicanos del Congreso, las investigaciones eran una carta a jugar contra el carácter vengativo e imprevisible de Trump. Defenderlo —o algo menos que defenderlo, sin contemplar la opción de perseguirlo— les ofrecía una ventaja en sus tratos con él.

La comunidad de los servicios secretos, con su multitud de feudos separados —que sospechaban tanto de Trump como de cualquier otro presidente novato—, podría tener y usar a voluntad un goteo de filtraciones destinadas a proteger sus propios intereses.

El FBI y el Departamento de Justicia valorarían las pruebas —y la oportunidad— a través de su propio lente de arribismo y superioridad moral. ("El Departamento de Justicia está lleno de mujeres como Yates que lo odian", dijo un ayudante de Trump con una visión curiosamente sexista del desafío al que se enfrentaban).

Si toda política es una prueba de la fuerza, la perspicacia y la paciencia de tu oponente, entonces aquella era una prueba inteligente —dejando a un lado los datos empíricos—, llena de trampas en las que podían caer muchas personas. De hecho, y en muchos sentidos, el asunto central no era Rusia, sino la fuerza, la perspicacia y la paciencia, justo las virtudes de las que, aparentemente, Trump carecía.

Aunque no se hubiera cometido ningún delito —nadie se había referido todavía a ninguna colusión criminal concreta ni, a decir verdad, a ninguna violación clara de la ley—, el bombardeo constante sobre un posible delito podía forzar un encubrimiento que se podía convertir en un delito. O convertirse en una tormenta perfecta de estupidez y codicia.

"Toman todo lo que digo y lo exageran —dijo el presidente en su primera semana de gobierno, durante una llamada telefónica nocturna—. Todo es una exageración. Exageran mis exageraciones".

* * *

Franklin Foer, exdirector del *New Republic*, abrió el caso de la conspiración Trump-Putin el 4 de julio del 2006, en la revista *Slate*. Su artículo reflejaba la incredulidad repentina de la intelectualidad mediática y política: por incomprensible que fuera, Trump, el candidato poco serio, se había convertido en una persona más o menos seria. Y, de algún modo —inexplicable, a tenor de su falta de seriedad anterior y su naturaleza de "lo que ves es lo que soy"—, el empresario fanfarrón, con sus quiebras, sus casinos y sus desfiles de moda, se había librado de una investigación muy grave.

Para los estudiosos de Trump —y muchos periodistas, tras haber pasado Trump treinta años intentando llamar la atención, lo eran—, todo lo suyo estaba sucio: los negocios inmobiliarios en Nueva York, los negocios de Atlantic City, su aerolínea, Mar-a-Lago, los campos de golf y los hoteles. Ningún candidato razonable habría sobrevivido a un análisis de uno solo de esos negocios. E imaginaron que su candidatura ocultaba, de algún modo, una cantidad asombrosa de corrupción, puesto que a fin de cuentas su candidatura era el programa que dirigía en ese momento. "Haré por ti lo que cualquier empresario firme haría por sí mismo".

Quien quisiera ver realmente su corrupción, tenía que imaginar un escenario más grande. Y el que Foer sugería era fabuloso.

Trazando un mapa detallado de un escándalo que aún no existía, y sin nada parecido a pruebas reales o pistolas humeantes, Foer reunió en julio prácticamente la totalidad de los hilos circunstanciales y temáticos que se desarrollarían durante los dieciocho meses siguientes, así como a muchos de los múltiples personajes que saldrían a colación (para entonces, y sin que el público ni la mayoría de los medios y los especialistas políticos lo supieran, Fusion GPS había contratado al exespía inglés Christopher Steele para que investigara la posible conexión entre Trump y el gobierno ruso).

Putin buscaba un resurgimiento del poder ruso, además de intentar detener las intromisiones de la Unión Europea y la OTAN. La negativa de Trump a tratar a Putin como si fuera un forajido —por no mencionar que, a veces, parecía que estuviera enamorado de él— se tradujo *ipso facto* en que el primero era un defensor a ultranza del resurgir ruso, y, quizá, hasta un promotor del mismo.

¿Por qué? ¿Qué podía llevar a un político estadounidense a abrazar públicamente —a abrazar servilmente— a Vladímir Putin y a alentar lo que occidente veía como aventurerismo ruso?

Teoría 1: Trump se sentía atraído por los hombres autoritarios. Foer recordó que Trump siempre había estado fascinado con Rusia, hasta el extremo de que se dejó engañar por un tipo parecido a Gorbachov que visitó la Torre Trump en los ochenta, y también recordó sus múltiples, exageradas e innecesarias "odas a Putin". Aquello sugería una vulnerabilidad estilo "el que con perro se acuesta, con pulgas amanece": juntarse con políticos cuyo poder descansa parcialmente en su tolerancia hacia la corrupción, o mirarlos de forma favorable, te acerca a la corrupción. Asímismo, Putin se sentía atraído por populistas fuertes como él, lo cual llevó a Foer a formularse la siguiente pregunta: "¿Por qué no le iban a ofrecer los rusos el mismo tipo de ayuda subrepticia con la que han premiado copiosamente a Le Pen, Berlusconi y el resto?".

Teoría 2: Trump formaba parte de una estructura de negocios internacionales que no eran de primera fila (ni mucho menos), una estructura que se alimentaba de ríos de riqueza de origen dudoso —procedentes, en muchos casos, de Rusia y China— que intentaban escapar del control político. Ese dinero, o los rumores de ese dinero, se convirtieron en una explicación —aún circunstancial— de todos los negocios de Trump que permanecían ocultos. (Aquí hay dos teorías contradictorias: por un lado, que ocultó esos negocios porque no quería admitir que eran ruinosos; por el otro, que los ocultó porque eran moralmente indignos). Como Trump no es precisamente solvente, Foer se contaba entre las muchas personas que llegaron a la conclusión de que no había tenido más remedio que buscar otras fuentes de ingresos; dinero más o menos sucio, o dinero con otro tipo de esclavitudes. (Esta es, a *grosso modo*, una de las formas posibles: un oligarca invierte en un fondo de inversiones más o menos legítimo de un tercero que, *quid pro quo*, invierte en Trump). Y aunque Trump negara categóricamente que tuviera ningún tipo de préstamo o inversión procedente de Rusia, sobra decir que no habría huella alguna de dinero sucio en sus libros contables.

En una línea colateral a esa teoría, Trump —que nunca investigaba demasiado a su gente— se habría rodeado de una serie de estafadores que trabajaban para sí mismos y que, probablemente, habrían facilitado los negocios de Trump. Foer mencionó a los siguientes personajes en relación con una posible conspiración rusa:

- Tevfik Arif, exfuncionario ruso que dirigía el Bayrock Group, una intermediaria financiera de Trump con despacho en la Torre Trump.

- Felix Sater (a veces, apellidado Satter), un ruso emigrado a Brighton Beach (Brooklyn) que había estado en la cárcel por su relación con un fraude en una correduría dirigida por la mafia, que había trabajado para Bayrock y que tenía una tarjeta que lo identificaba como asesor de Donald Trump (cuando su apellido empezó a sonar insistentemente, Trump aseguró a Bannon que no conocía a ningún Sater).

- Carter Page, un banquero con una cartera de valores incierta que estuvo una temporada en Rusia, que se presentaba como exasesor de la compañía estatal rusa Gazprom, que apareció en una lista apresuradamente ensamblada de asesores extranjeros de Trump y que resultó estar bajo vigilancia del FBI porque, supuestamente, la inteligencia rusa intentaba captarlo. (Trump declaró más tarde que no conocía a Page, y el FBI afirmó que creía que la inteligencia rusa se había fijado en Page para intentar captarlo).

- Michael Flynn, exdirector de la Agencia de Inteligencia de la Defensa —Obama lo despidió por razones poco claras— que aún no había llegado a ser consejero clave de Trump en materia de política extranjera, pero que terminaría siendo asesor de Seguridad Nacional, que lo acompañaba en muchos viajes de la campaña electoral y que, a principios de ese año, había cobrado 45,000 dólares por una charla que había dado en Moscú, donde había cenado con Putin, acto del que se tenían fotografías.

- Paul Manafort, quien, además de ser director de la campaña de Trump, había ganado una suma importante de dinero por aconsejar —según Foer— a Víktor Yanukóvich, el político apoyado por el Kremlin que ganó las elecciones presidenciales ucranianas del año 2010, fue depuesto en el año 2014, y hacía negocios con Oleg Deripaska, oligarca ruso y amigo de Putin.

Más de un año después, todos esos hombres formaban parte del ciclo casi diario de noticias sobre Rusia y Trump.

Teoría 3: La proposición "Santo Grial", consistente en que Trump y los rusos —quizá, hasta Putin en persona— habían trabajado juntos para piratear el Comité Nacional Demócrata.

Teoría 4: La preferida por los que decían conocerlo bien, y a la que se aferrarían muchos trumpistas. A Trump le gustaba codearse con famosos. Se llevó su desfile de modelos a Rusia porque pensó que Putin iba a ser amigo suyo; pero Putin no estaba por la causa y, al final, Trump se encontró sentado en la gala prometida entre un tipo que no parecía haber utilizado cubiertos en su vida y un Jabba el Hutt con camisa de golf. En otras palabras: por estúpida que hubiera sido su metedura de pata y por sospechosa que pudiera parecer, Trump solo buscaba un poco de respeto.

Teoría 5: Los rusos tenían información perjudicial para Trump y lo estaban extorsionando. Trump era el "*Manchurian candidate*".

* * *

El 6 de enero de 2017, casi seis meses después de que se publicara el artículo de Foer, la CIA, el FBI y la NSA anunciaron una conclusión conjunta: "Vladímir Putin había ordenado influir en la campaña presidencial estadounidense del año 2016". Ahora había un consenso firme, surgido a raíz del dossier Steele, de las continuas filtraciones de los servicios secretos de EE. UU. y de los testimonios y declaraciones de cabecillas de agencias de inteligencia. Se trataba de una conexión perversa entre el Gobierno ruso y Trump y su campaña; una conexión que quizá aún seguía activa.

Sin embargo, cabía la posibilidad de que esa tesis fuera una simple ilusión de los opositores a Trump. "La premisa subyacente del caso es que los espías dicen la verdad —observó Edward Jay Epstein, el veterano periodista especializado en servicios secretos—. Pero, ¿quién sabe?". Y, a decir verdad, la Casa Blanca no estaba preocupada por una posible colusión —que parecía inverosímil, si no ridícula—, sino por el peligro de que, si el asunto seguía adelante, se descubrieran los turbios negocios de Trump (y de Kushner). Sobre este tema, todos los altos cargos se encogían de hombros y se tapaban los ojos, los oídos y la boca.

Ese era el peculiar e inquietante consenso: no que Trump fuera culpable de todo aquello de lo que había sido acusado, sino que era culpable de mucho más. Había demasiadas posibilidades de que lo difícilmente verosímil llevara a lo totalmente creíble.

* * *

El 13 de febrero, tras veinticuatro días del nuevo gobierno, el asesor de Seguridad Nacional Michael Flynn se convirtió en el primer contacto real entre Rusia y la Casa Blanca.

Flynn contaba con un único apoyo verdadero en el gobierno de Trump: el del propio presidente. Ambos se habían hecho grandes amigos durante la campaña. Aquella amistad se tradujo, después de la toma de posesión, en una relación de acceso directo. Por parte de Flynn, esto llevó a dos malentendidos habituales en el círculo del presidente: el primero, que el apoyo personal de Trump indicaba el estatus que uno tuviera en la Casa Blanca; el segundo, que si Trump te halagaba mucho, eso significaba que habías establecido un nexo irrompible con él y que, a sus ojos (y, por extensión, también a los de la Casa Blanca), eras prácticamente omnipotente. Con su amor por los generales, Trump hasta había llegado a considerar la posibilidad de hacer vicepresidente a Michael Flynn.

Intoxicado por los halagos de Trump durante la campaña, Flynn —un general de baja categoría, y no muy bueno— se convirtió en algo así como su monito. Cuando los exgenerales se alían con candidatos políticos, suelen ocupar una posición de hombres expertos y con una madurez especial; pero Flynn, por el contrario, pasó a ser una especie de partisano maníaco que formaba parte del espectáculo rodante de Trump, y era uno de los protestones enardecidos que abrían sus mítines. Su entusiasmo y su lealtad lo habían ayudado a ganarse la confianza de Trump, quien prestaba atención a sus teorías anti servicios secretos.

Durante la primera fase de la transición, cuando Bannon y Kushner parecían uña y carne, aquello había formado parte de su vínculo: un esfuerzo por quitarse de encima a Flynn y eliminar su mensaje, frecuentemente problemático. En la valoración que la Casa Blanca hacía de Flynn había un subtexto, astutamente insinuado por Bannon, que venía a decir lo siguiente: Mattis, el secretario de Defensa, era un general de cuatro estrellas, mientras que Flynn, solo lo era de tres.

"Flynn me cae bien. Me recuerda a mis tíos —dijo Bannon—. Pero ese es precisamente el problema, que me recuerda a mis tíos".

Bannon aprovechó el hedor general que todos percibían cada vez más asociado a Flynn —menos el presidente— para asegurarse un puesto en el Consejo de Seguridad Nacional. Para muchos en la comunidad de seguridad nacional ese momento indicaba el pistoletazo de salida de la derecha nacionalista para hacerse con el poder. Pero también querían que Bannon estuviera en el Consejo para parar los pies al impetuoso Flynn, siempre propenso a enfrentarse a casi todos (un alto cargo del servicio de inteligencia dijo que Flynn era "un coronel con uniforme de general").

Como todos los que rodeaban a Trump, Flynn estaba enamorado de la mística oportunidad de estar en la Casa Blanca contra todo pronóstico; e inevitablemente, se volvió más ambicioso.

Flynn había trabajado para el gobierno hasta el año 2014, cuando lo echaron de mala manera, de lo que culpaba a sus muchos enemigos de la CIA; pero se había establecido firmemente en el sector empresarial, sumándose a las filas de excargos gubernamentales que ganaban dinero con las siempre crecientes redes globales de las grandes empresas y la financiación pública.

Luego, tras coquetear con otros candidatos republicanos, se sumó a Trump. Flynn y Trump eran contrarios a la globalización; o, por lo menos, creían que Estados Unidos estaba saliendo mal parado de las transacciones globales. Sin embargo, el dinero es el dinero; y Flynn, que se había jubilado y solo recibía unos cuantos cientos de miles de dólares al año en calidad de pensión, no lo iba a rechazar. Varios amigos y consejeros —incluido Michael Ledeen, viejo compinche anti-Irán y anti-CIA y coautor del libro de Flynn, cuya hija trabajaba ahora para Flynn— le recomendaron que no aceptara honorarios procedentes de Rusia ni de las grandes agencias de "asesoría" que operaban en Turquía.

De hecho, ese era el tipo de error del que eran culpables casi todas las personas del mundo de Trump, incluidos el presidente y su familia. Vivían en realidades paralelas, y, mientras hacían campaña electoral, también tenían que vivir en un mundo bastante más posible, uno en el que Donald Trump no llegaría a ser presidente. Es decir, no podían descuidar sus negocios.

A principios de febrero, un amigo de Sally Yates que había sido abogado del gobierno de Obama comentó, con deleite y considerable exactitud: "Ciertamente, es raro que vivas tu vida pensando que no te van a elegir y que, al final, te elijan. Es raro, y también una buena oportunidad para tus enemigos".

En este caso, no importaba tanto la nube rusa que pendía sobre el gobierno como el hecho de que los servicios de inteligencia desconfiaran tanto de Flynn y descargaran tanto en él su odio hacia Trump que Flynn se había convertido en su objetivo. En la Casa Blanca tenían la impresión de que, implícitamente, les estaban ofreciendo un trato: la cabeza de Flynn a cambio de su apoyo.

Al mismo tiempo, y en lo que parecía un resultado directo de la indignación del presidente con las insinuaciones sobre Rusia —en particular, la insinuación sobre la lluvia dorada—, el presidente estrechó aún más sus lazos con Flynn, apoyó a su asesor de Seguridad Nacional y afirmó una y otra vez que las acusaciones eran "basura", tanto en lo relativo a Flynn como en lo concerniente a él mismo. Cuando por fin lo despidieron, ofrecieron una declaración a la prensa en la que se mencionaba que Trump desconfiaba de él desde hacía tiempo; pero en realidad había sido al revés: cuantas más dudas despertaba Flynn, más seguro estaba el presidente de que el primero era un aliado fundamental.

*　*　*

Es posible que la filtración definitiva (o, al menos, la más dañina de las que se produjeron durante el breve ejercicio de Michael Flynn) procediera de sus enemigos del Consejo de Seguridad Nacional; y es igualmente posible que procediera del Departamento de Justicia.

El miércoles 8 de febrero, Karen DeYoung (del *Washington Post*) fue a ver a Flynn para lo que, en principio, iba ser una entrevista extraoficial. No se encontraron en su despacho, sino en una sala más florida del edificio de la Oficina Ejecutiva Eisenhower, la misma sala donde los diplomáticos japoneses esperaron a Cordell Hull, entonces secretario de Estado, cuando supo del ataque a Pearl Harbour.

Teóricamente, se trataba de una entrevista sin importancia, de contexto general; y DeYoung, que aparentaba cierto distanciamiento como el detective Colombo, no despertó sospechas cuando sacó a colación la pregunta de rigor: "Mis colegas me han pedido que le pregunte lo siguiente: ¿habló con los rusos sobre las sanciones?".

Flynn contestó que no había mantenido ninguna conversación al respecto, ninguna en absoluto, y la entrevista, a la que asistió el portavoz y miembro del Consejo de Seguridad Nacional Michael Anton, terminó poco después. Pero aquel mismo día, DeYoung llamó a Anton y le preguntó si podía usar la negativa de Flynn, que había grabado. Anton dijo que no había problema —a fin de cuentas, la Casa Blanca quería enfatizar la negativa de Flynn—, y se lo notificó al propio Flynn.

Horas después, Flynn devolvió la llamada a Anton para hacerle partícipe de su inquietud al respecto. Anton le hizo una pregunta de examen: "Si supiera que la conversación se grabó y que podría salir a la luz, ¿seguiría estando seguro al cien por cien?". Flynn erró en la respuesta y Anton, súbitamente preocupado, le dijo que, si no estaba seguro, tendrían que "desdecirse".

La historia del *Post*, que apareció al día siguiente firmada por otros tres periodistas —lo cual indicaba que la entrevista de DeYoung no era el objetivo principal de la historia—, contenía nuevos detalles sobre la conversación con Kisliak, en la que el *Post* aseguraba ahora que sí se había tratado el asunto de las sanciones. El texto también incluía la negativa de Flynn ("dijo dos veces *no*") y su retractación: "El martes, Flynn se retractó de lo dicho a través de su portavoz, quien afirmó que, 'aunque no recordaba haber hablado de las sanciones, no estaba seguro de que no hubieran mencionado el tema'".

Tras la historia del *Post*, Priebus y Bannon volvieron a interrogar a Flynn. Flynn declaró no recordar lo que había dicho, aunque estaba seguro de que, si había surgido el asunto de las sanciones, lo habían tratado por encima. Curiosamente, nadie parecía haber oído la conversación con Kisliak ni leído una transcripción de la misma.

Mientras tanto, el equipo del vicepresidente, al que no habían informado de la súbita controversia, se sintió agraviado, no tanto por las posibles distorsiones de Flynn como por el hecho de que los hubieran dejado al margen; pero el presidente se mantuvo impasible —o, según una versión, "agresivamente defensivo"—, y, ante la desconfianza de los cargos de la Casa Blanca, se llevó a Flynn a Mar-a-Lago para pasar el fin de semana que había planeado compartir con el primer ministro japonés, Shinzo Abe.

El sábado por la noche, en un espectáculo estrambótico, la terraza del Mar-a-Lago se convirtió en un salón público de estrategia donde el presidente Trump y el primer ministro Abe conversaron sobre la respuesta al lanzamiento norcoreano de un misil que había recorrido doscientos kilómetros antes de caer al Mar del Japón. Michael Flynn se mantuvo justo detrás del presidente. Bannon, Priebus y Kushner creyeron que Flynn colgaba de un hilo, pero el presidente no era de la misma opinión.

Para los altos cargos de la Casa Blanca el problema de librarse de Flynn no era tan grave como la relación de Trump con él, al que consideraban poco menos que un espía con uniforme de soldado. "¿En qué lío había metido al presidente? ¿En qué lío los había metido a todos?".

El lunes por la mañana, Kellyanne Conway apareció en la MSNBC para hacer una defensa férrea del asesor de Seguridad Nacional. "Sí —dijo—, el general Flynn cuenta con toda la confianza del presidente". Muchos lo interpretaron como una demostración de que Conway no estaba bien informada, pero es más probable que sus declaraciones tuvieran su origen en alguna conversación directa con el presidente.

Aquella mañana hubo una reunión en la Casa Blanca, pero no sirvió para convencer a Trump de que despidiera a Flynn. El presidente estaba preocupado por las consecuencias que podría conllevar el despido de su asesor de Seguridad Nacional veinticuatro días después de haberlo nombrado, y no quería que lo criticaran por haber hablado con los rusos, aunque fuera sobre sanciones. Desde su punto de vista, condenar a su asesor significaría asociarlo a un complot que ni siquiera existía. No dirigió su furia hacia Flynn, sino hacia el pinchazo telefónico "fortuito" que le habían hecho. Dejó claro que confiaba en su asesor, e insistió en que Flynn asistiría a la comida de ese mismo día con Justin Trudeau, primer ministro de Canadá.

Tras el almuerzo, hubo otra reunión. Habían salido a la luz nuevos detalles de la conversación telefónica, y se empezaba a desglosar el dinero que Flynn había recibido de varias entidades rusas; además, la teoría de que las filtraciones de los servicios de inteligencia —es decir, todo el lío ruso— iban dirigidas contra Flynn estaba cada vez más asentada. Al final, surgieron nuevas razones por las que Flynn debía ser despedido, y no por sus contactos rusos, sino por haber mentido al respecto al vicepresidente. Fue una interpretación tan forzada como conveniente del concepto de cadena de mando, porque Flynn no respondía ante el vicepresidente Pence, además de que el primero, indiscutiblemente, tenía mucho más poder que el segundo.

El razonamiento convenció a Trump, que al final se mostró de acuerdo con que Flynn se tenía que ir. Sin embargo, el presidente no dejó de creer en él; al contrario, los enemigos de Flynn eran también sus enemigos. Y Rusia era una pistola que apuntaba a su cabeza. Aunque fuera a regañadientes, no tenía más remedio que despedirlo; pero Flynn seguía siendo uno de los suyos.

Flynn, expulsado de la Casa Blanca, se convirtió en el primer contacto oficial directo entre Trump y Rusia. Y, en función de lo que pudiera decir y de a quién pudiera decírselo, también era, potencialmente, la persona más poderosa de Washington.

8

ORGANIGRAMA

Steve Bannon, exoficial de la marina, descubrió al cabo de unas semanas que la Casa Blanca era en realidad una base militar, una oficina gubernamental con fachada de mansión y unas cuantas salas para ceremonias, que descansaba sobre una instalación de seguridad bajo mando militar. La yuxtaposición sorprendía: mientras en el trasfondo reinaban el orden y la jerarquía militar, en un primer plano se apreciaba el caos de sus ocupantes civiles temporales.

Sería difícil dar con una entidad más contraria a la disciplina militar que la organización Trump. Carecía de estructura vertical: se trataba, simplemente, de una figura en la cima y, debajo, el resto de las personas peleándose por su atención. El trabajo no se organizaba por tareas, sino que parecía depender de las reacciones: aquello que captaba la atención del jefe era lo que centraba la atención de los demás. Así era en la Torre Trump y continuaba siéndolo en la Casa Blanca de Trump.

Otros ocupantes anteriores habían utilizado el Despacho Oval como símbolo definitivo del poder, como clímax ceremonial; pero tan pronto como Trump se instaló en la Casa Blanca, hizo llevar al despacho una colección de banderas militares que flanqueaban el escritorio al que se sentaba, y el Despacho Oval se convirtió de inmediato en el escenario de auténticos desastres diarios protagonizadas por él. Es muy probable que hubiera más gente con acceso directo a este presidente que a cualquier otro de los que lo preceden, y casi todas las reuniones que Trump celebraba en el Despacho Oval incluían, sin falta, una larga lista de lacayos que entorpecían su curso; evidentemente, todo el mundo se esforzaba por asistir a todas las reuniones. Varias figuras merodeaban por la sala de manera furtiva y sin un propósito claro: Bannon siempre encontraba algún motivo para estudiar algunos documentos en un rincón y entrometerse en el último momento; Priebus vigilaba a Bannon; Kushner estaba al tanto del paradero de los otros dos. A Trump le gustaba contar con la presencia constante de Hicks, de Conway y, muy a menudo, también de su compañera y participante en *The Apprentice* Omarosa Manigault, que ahora ostentaba un título de la Casa Blanca, por desconcertante que pareciera. Como de costumbre, Trump quería rodearse de un público entusiasta y fomentaba que el mayor número posible de personas hiciera cuanto fuera posible por acercarse a él lo máximo posible. No obstante, con el tiempo acabaría mirando con desdén a aquellos que menos disimulaban sus ansias por ganarse su simpatía.

La buena gestión reduce los egos. Sin embargo, en la Casa Blanca de Trump, a menudo daba la impresión de no estar ocurriendo nada a menos que ocurriera en presencia de Trump. De que la realidad no existía si no era en su presencia. Eso tenía cierto sentido vuelto del revés: si sucedía algo de lo que él no había sido testigo, el suceso no le importaba y a duras penas reconocía su existencia. En esos casos, su única reacción era una mirada inexpresiva, cosa que apoyaba una de las teorías sobre por qué estaba costando tanto tiempo contratar al personal del Ala Oeste y de la Oficina Ejecutiva: la enorme cantidad de burocracia que requería no tenía cabida en su visión y, por lo tanto, el asunto no le impor-

taba en absoluto. Mientras tanto, la falta de personal del Ala Oeste
ofuscaba a los visitantes que tenían cita en el edificio y que, tras
ser recibidos por el "marine" de uniforme de gala con un perfecto
saludo militar, descubrían que el Ala Oeste no contaba aún con
un recepcionista nominado políticamente y que los invitados
debían recorrer solos la madriguera que era la cumbre del poder
del mundo occidental.

Trump, que había sido cadete en una academia militar —aunque
no muy entusiasta—, había fomentado un retorno a los valores y el
saber hacer militares. En realidad, ante todo buscaba conservar su
derecho personal a desacatar o desafiar a su propia organización,
cosa que también tenía sentido, dado que carecer de una organización al uso era la manera más eficaz de dominar y eludir a sus
miembros. Se trataba de una de las ironías que resultaron de su
cortejo a algunas figuras militares admiradas como James Mattis,
H. R. McMaster y John Kelly: los tres terminaron trabajando en un
gobierno hostil en todos los sentidos hacia los principios básicos
del orden y del mando.

* * *

Casi desde el principio, el día a día del Ala Oeste transcurría con el
rumor constante de que la persona a cargo de su gestión, el jefe del
gabinete Reince Priebus, estaba al borde del despido. O que, si aún
conservaba el puesto, era tan solo porque no llevaba en el cargo
el tiempo suficiente para que lo echasen. A su vez, en el círculo
íntimo de Trump, nadie dudaba de que Priebus sería destituido
tan pronto como pudiera hacerse sin humillar demasiado al presidente. La conclusión fue que no era necesario prestarle atención.
Durante la transición, el propio Priebus dudaba de que fuese a llegar a la inauguración y, una vez en el cargo, se preguntó si sería
capaz de soportar la tortura por un periodo mínimamente respetable de un año, aunque pronto redujo el objetivo a seis meses.

El presidente, en ausencia de todo rigor organizativo, a menudo actuaba como su propio jefe de gabinete o, hasta cierto punto, había elevado el puesto de secretario de prensa al nivel del jefe de gabinete para hacer él mismo las veces de secretario. Revisaba comunicados de prensa, dictaba citas y hablaba con los periodistas por teléfono, lo que relegaba al verdadero secretario de prensa a un papel de lacayo y de cabeza de turco. Por otro lado, sus familiares actuaban como directores generales *ad hoc* de cualquier área que se les antojase. Por último, Bannon dirigía una especie de operación en un universo alternativo y con frecuencia emprendía tareas de gran alcance de las que nadie más sabía nada. Por todos esos motivos y hallándose en el centro de una operación sin centro, Priebus no tardó en llegar a la conclusión de que no tenía motivos para estar allí.

Al mismo tiempo, el presidente parecía apreciar cada vez más a Priebus, precisamente porque parecía del todo prescindible. Se tomaba las agresiones verbales de Trump sobre su estatura y su estatus con afabilidad o estoicismo y, cuando las cosas salían mal, era un saco de arena muy cómodo que no devolvía los golpes, cosa que agradaba e indignaba al presidente por igual.

"Me encanta Reince —decía el presidente con el menor tono de elogio posible—: ¿Qué otra persona haría su trabajo?".

El desprecio mutuo era lo único que impedía que Priebus, Bannon y Kushner —los tres hombres que a, efectos prácticos, compartían rango en el Ala Oeste— se confabulasen.

Durante los inicios de la presidencia de Trump, todos veían la situación con claridad: tres hombres se disputaban la gestión de la Casa Blanca, ser el verdadero jefe de gabinete y el poder en la sombra del trono de Trump. Aunque, naturalmente, había que contar con Trump, que se negaba a ceder el poder.

En medio de todo eso, estaba la joven de treinta y dos años Katie Walsh.

* * *

Walsh, vicejefa de gabinete de la Casa Blanca, representaba, al menos para sí misma, un ideal republicano: limpia, decidida, metódica, eficiente. Burócrata honrada, guapa pero de permanente expresión adusta, Walsh era un buen ejemplo de los muchos profesionales de la política para quienes sus aptitudes y capacidades organizativas trascienden a su ideología. (A saber: "Prefiero formar parte de una organización con una cadena de mando clara, aunque no esté de acuerdo con ella, que formar parte de otra que se corresponda con mis opiniones, pero esté sumida en el caos"). Walsh era un animal político, una criatura del pantano. Era experta en priorizar los objetivos del gobierno federal, coordinar el personal del gobierno federal y aprovechar los recursos del gobierno federal. Se veía como el tipo de persona capaz de concentrarse en conseguir sus objetivos. Sin tonterías.

"Siempre que alguien se reúne con el presidente, antes tienen que pasar al menos sesenta y cinco cosas distintas —enumeró en una ocasión—. Hay que saber a qué secretario de gabinete hay que avisar dependiendo de quién sea el visitante; a qué personas del Congreso hay que consultar; quién se ocupa de informar y preparar al presidente y a los miembros relevantes del gabinete; y, por supuesto, hay que investigar y validar al visitante. Luego hay que pasárselo todo a los de comunicación y decidir si se trata de una noticia de ámbito local o nacional, si requiere un *op-ed* o una aparición en la televisión nacional. Eso antes de entrar en asuntos políticos y en relaciones públicas. Y por cada persona que se reúne con el presidente, hay que explicar por qué motivo no se reúne con otras personas. De lo contrario, estas saldrán públicamente a cagarse en la última persona que estuvo en el despacho...".

Walsh era lo que la política debería ser, o lo que ha sido: un negocio atendido, sustentado y, ni que decir tiene, ennoblecido por una clase política profesional. La política, tal como demuestra la uniformidad y la sobriedad de la vestimenta de Washington y su proclama anti-modas, es procedimiento y temperamento. Lo ostentoso pasa. Lo ostentoso no dura mucho en este mundo.

Antigua alumna de una institución católica para chicas de Saint Louis (aún lleva una cruz de diamantes al cuello) y voluntaria de campañas políticas locales, Walsh asistió a la Universidad George Washington. Las facultades del Distrito de Columbia se encuentran entre los proveedores fiables de talento del pantano, y el gobierno no es una profesión propia de las Ivy League. Para bien o para mal, la mayoría de las organizaciones políticas y gubernamentales no están dirigidas por másteres en dirección de empresas, sino por jóvenes que se distinguen solo por su ambición, su seriedad y el idealismo con el que ven al sector público. (Es una anomalía propia de la política republicana que los jóvenes con motivación para trabajar en el sector público acaben trabajando con la meta de limitar el sector público). Las trayectorias profesionales dependen de lo bien que cada uno aprenda en el puesto y sobre la marcha, de lo bien que se lleve con el resto de habitantes del pantano y de lo bien que sepa jugar sus cartas.

En 2008, Walsh se convirtió en la directora financiera de la región del medio oeste de la campaña de McCain: en la George Washington se había especializado en *marketing* y finanzas, y le confiaron las cuentas. Después pasó a ser vicedirectora de finanzas del Comité Nacional del Senado Republicano, vicedirectora y directora de finanzas del Comité Nacional Republicano y, por último, antes de entrar en la Casa Blanca, jefe de gabinete del Comité Nacional Republicano (CNR) y de su presidente, Reince Priebus.

Visto con algo de perspectiva, el momento crucial para salvar la campaña de Trump quizá no fuese la toma de control que los Mercer llevaron a cabo a mediados de agosto y la consiguiente imposición de Bannon y Conway, sino el hecho de aceptar que lo que entonces era una organización minúscula compuesta por un solo hombre tendría que depender de la generosidad del Comité Nacional Republicano. El CNR contaba con los datos y la infraestructura necesarios para hacer una campaña puerta a puerta y, mientras otras campañas normalmente no confiarían en el comité nacional y su numerosos traidores, la de Trump había escogido no crear este tipo de organización ni invertir en ella. A finales de agosto, Bannon y Conway, con el consentimiento de Kushner, hicieron un trato con el CNR a pesar de la insistencia reiterada de Trump de que si habían llegado hasta allí sin ellos, no necesitaban arrastrarse a sus pies.

Casi desde el principio, Walsh demostró ser una de las figuras más importantes de la campaña, una persona con dedicación que centralizaba el poder y hacía que las cosas funcionasen como y cuando era debido; una figura sin la cual pocas organizaciones pueden existir. A caballo entre la sede central del CNR en Washington y la Torre Trump, ella era quien ponía los recursos políticos de la nación a disposición de la campaña.

Si durante los últimos meses de la campaña y a lo largo de la transición Trump a menudo suponía un trastorno, el equipo que lo rodeaba, en parte porque no le quedaba otra opción que integrarse sin contratiempos con el CNR, era una organización mucho más receptiva y unificada que, digamos, la de Hillary Clinton con su significativa superioridad de recursos. Al enfrentarse a la catástrofe y a una humillación que parecía segura, la campaña de Trump cerró filas y Priebus, Bannon y Kushner se convirtieron en protagonistas de una película de amigotes.

Una vez en el Ala Oeste, la camaradería sobrevivió apenas unos días.

* * *

Katie Walsh tuvo claro casi de inmediato que la determinación que todos compartían durante la campaña y la urgencia de la transición se perdieron en cuanto el equipo de Trump pisó la Casa Blanca. Sus miembros habían pasado de gestionar a Donald Trump a un panorama en el que ellos serían dirigidos por él, o al menos a través de él y casi en exclusiva en su beneficio. Por otro lado, a pesar de proponer el cambio de la normativa política y de gobierno más radical que se había dado en varias generaciones, el presidente no solo contaba con muy pocas ideas específicas de cómo transformar esos temas y su virulencia en políticas, sino que carecía de un equipo que pudiera respaldarlo como era necesario.

En la Casa Blanca, la política y las acciones acostumbran a fluir de arriba abajo: el presidente expresa sus deseos (o el jefe de gabinete transmite lo que se supone que quiere el presidente) y un equipo de personas intenta llevarlos a cabo. En cambio, en la Casa Blanca de Trump, el diseño de políticas funcionó en dirección ascendente ya desde la primera orden ejecutiva de inmigración de Bannon. El proceso constaba de sugerencias ofrecidas casi al azar con la esperanza de que una de ellas fuera lo que el presidente quería, para después hacerlo pensar que la idea era suya (resultado que a menudo se forzaba insinuándole que, de hecho, se le había ocurrido a él).

Walsh había advertido que Trump tenía una serie de opiniones e impulsos, muchos de los cuales llevaban años gestándose en su cabeza, algunos bastante contradictorios y solo unos pocos que encajaran en convenciones y formas legislativas y políticas. Así pues, tanto ella como el resto del equipo tuvieron que transformar un conjunto de deseos y afanes en un programa político, y el proceso requería muchas conjeturas y suposiciones. En palabras de Walsh, era "como intentar averiguar lo que quiere un niño".

Lo cierto es que hacer esas sugerencias era extremadamente complicado. Se enfrentaban al que podría ser el principal problema de la presidencia, una dificultad que permea todos los aspectos de la política y del liderazgo de Trump: no procesaba la información en el sentido convencional. Ni en ningún otro sentido. No la procesaba en absoluto.

Trump no leía. Ni siquiera en diagonal. Si la información estaba impresa en papel, era como si no existiese; algunos creían que, a efectos prácticos, era semianalfabeto. (Hubo cierta discusión al respecto, porque era capaz de leer titulares y artículos sobre sí mismo, o al menos los titulares de los artículos que hablaban de él, además de las columnas satíricas y de chismes del *New York Post*). Algunos creían que era disléxico, y no cabe duda de que su capacidad de comprensión era limitada. Otros concluyeron que no leía porque no le hacía falta y que, de hecho, este era uno de sus principales atributos populistas. Vivía al margen de la alfabetización, valiéndose solo de la televisión.

Pero no solo no leía, sino que tampoco escuchaba. Prefería ser el que hablara y confiaba más en sus propios conocimientos —por míseros o irrelevantes que fuesen— que en los de cualquier otra persona. Aún más, su capacidad de concentración era mínima incluso con las cosas que consideraba dignas de su atención.

Por consiguiente, la organización precisaba una serie de reglas internas que permitiesen confiar en un hombre que, aun sabiendo muy poco, confiaba de pleno en sus propios instintos y en sus opiniones, por cambiantes que fuesen.

Este era uno de los fundamentos de la Casa Blanca de Trump: la experiencia, esa virtud liberal, estaba sobrevalorada. De hecho, muy a menudo la gente que se ha esforzado en aprender lo que sabe acaba tomando las decisiones equivocadas. Si había que llegar al *quid* de la cuestión, quizá el instinto valiese tanto o más que los retorcidos árboles de datos que tantas veces impedían ver el bosque y que socavaban la formulación de políticas del país. Tal vez sí. *Ojalá.*

Por supuesto, nadie realmente creía esto, a excepción del presidente.

Pero por encima de todo estaba la creencia esencial, que pasaba por encima de su impetuosidad, sus excentricidades y su limitado conocimiento: nadie llegaba a ser presidente de los Estados Unidos —un logro como de "camello por el ojo de una aguja"— sin poseer una astucia e ingenio excepcionales. ¿*Verdad?* Durante los primeros días en la Casa Blanca, esta era la hipótesis básica que compartía el personal sénior junto con Walsh y los demás: Trump debía de saber lo que hacía, su intuición debía de ser enorme.

No obstante, existía otro aspecto de su supuesta perspicacia y percepción supremas que era difícil de ignorar: a menudo se mostraba seguro de sí mismo, pero con la misma frecuencia se paralizaba y se revelaba no como sabio, sino como una figura farfullante cargada de inseguridades peligrosas que tendía a reaccionar atacando a los que lo rodeaban y a comportarse como si su instinto, aunque silencioso y confundido, le dictase qué hacer de manera clara y contundente.

Durante la campaña, se convirtió en una especie de elogiada figura de superhéroe. Se maravillaban por su disposición a seguir siempre avanzando, a subir al avión y bajar y volver a subir, y a hacer actos de campaña sin parar, orgulloso de participar en más eventos que los demás —¡el doble que Hillary!— y sin dejar de ridiculizar el paso lento de su oponente. Estaba *rindiendo*. "Este hombre no se cansa nunca de ser Donald Trump", apuntó Bannon unas semanas después de unirse a la campaña a tiempo completo con un tono ambiguo difícil de interpretar.

Las primeras alarmas saltaron durante las reuniones de inteligencia que se celebraron con Trump poco después de conseguir la nominación. No parecía capaz de asimilar información de terceros. O quizá no le interesase. En cualquier caso, parecía tener auténtica fobia a que alguien requiriese su atención de manera formal. Usaba tácticas obstruccionistas con cada página escrita que le presentaban y se mostraba reacio a las explicaciones. "De niño odiaba la escuela con todas sus fuerzas —comentó Bannon—. Y no va a empezar a gustarle ahora".

Por muy alarmante que resultase, la manera de hacer las cosas de Trump también presentaba una oportunidad para quienes estaban más cerca de él: si conseguían comprenderlo y observaban la clase de hábitos y respuestas automáticas que sus adversarios en los negocios habían aprendido a aprovechar, tal vez podrían elaborar una estrategia. De todos modos, por mucho que consiguieran manipularlo en ese momento, nadie subestimaba la enorme complejidad de hacer que continuara actuando de la misma forma en un futuro.

* * *

Una de las maneras de determinar lo que Trump quería, cuál era su postura sobre un tema y cuáles las intenciones subyacentes en cuanto a posibles políticas —o, como mínimo, las intenciones que podían hacerle creer que eran suyas— era llevar a cabo un meticuloso análisis textual de sus discursos, generalmente improvisados, de los comentarios que hacía al azar y de las reflexiones que hacía en Twitter durante la campaña.

Bannon estudió la obra de Trump con obstinación y señaló todo aquello que podía constituir ideología o convertirse en políticas. Parte de la autoridad que ejercía en la nueva Casa Blanca era como guardián de las promesas de Trump, que registraba de forma meticulosa en la pizarra blanca de su despacho. Trump recordaba con entusiasmo haber hecho algunas de esas promesas y de otras no conservaba recuerdo alguno, aunque aceptaba de buen grado haberlas pronunciado. Bannon actuaba como discípulo y elevó a Trump a la categoría de gurú, o de dios inescrutable.

Todo esto degeneró en otra justificación o verdad sobre Trump:

"El presidente tenía muy claro lo que quería ofrecer al público estadounidense —dijo Walsh—. Lo comunicaba de manera exquisita".
Al mismo tiempo, Walsh reconocía que no quedaba claro en absoluto qué quería. De aquí la siguiente justificación: Trump era "inspirador, no operativo".

Kushner comprendía que la pizarra blanca de Bannon representaba mejor sus propios intereses que los del presidente, por eso
se planteó si Bannon estaba manipulando los textos originales. En
varias ocasiones Kushner se dispuso a rebuscar él mismo entre las
declaraciones de su suegro, pero encontró a la tarea extremadamente frustrante y la abandonó.

Mick Mulvaney, exmiembro del Congreso por Carolina del
Sur, actual director de la Oficina de Administración y Presupuesto
y encargado de crear el presupuesto que representaría los cimientos del programa de la Casa Blanca de Trump, también recurría a
lo que Trump había dicho y escrito. *The Agenda*, libro publicado en
1994 por el periodista Bob Woodward, es un relato muy detallado
de los primeros dieciocho meses de Clinton en la Casa Blanca.
Gran parte del libro se centra en la creación del presupuesto, y el
bloque más extenso de los dedicados al presidente se centra en
una intensa reflexión y en las discusiones sobre cómo repartir los
recursos. En el caso de Trump, esa clase de continuo tira y afloja
era inconcebible: el presupuesto era algo trivial para él.

"Las dos primeras veces que fui a la Casa Blanca, alguien tuvo
que anunciar: 'Este es Mick Mulvaney, director de presupuesto'",
explicó Mulvaney. Según contó, Trump era demasiado disperso
como para aportar algo, ya que acostumbraba a interrumpir la
planificación con preguntas aleatorias que más bien parecían ser
el resultado de algún lobismo reciente o fruto de la asociación
libre. Si a Trump le interesaba algún tema, lo habitual era que ya
tuviera una opinión firme basada en información limitada. Pero si
no le interesaba, carecía tanto de opinión como de la información

relevante. Por consiguiente, el equipo presupuestario de Trump
también se vio obligado a recurrir a los discursos de Trump en
busca de políticas generales que pudieran meter con calzador en
un presupuesto.

* * *

Walsh, desde cuyo escritorio se veía el Despacho Oval, estaba
situada en una especie de hipocentro del flujo de información
entre Trump y su equipo. Como principal gestora del calendario
del presidente, su trabajo consistía en racionar su tiempo y organizar el flujo de información de acuerdo con las prioridades estable-
cidas por la Casa Blanca. Así, Walsh se reveló como una eficiente
intermediaria entre tres hombres que se esforzaban por dirigir al
presidente: Bannon, Kushner y Priebus.

Cada uno de ellos veía al presidente como una especie de
página en blanco, o una página llena de garabatos. Por su parte,
Walsh acabó por darse cuenta con creciente incredulidad de que
los tres tenían ideas radicalmente diferentes sobre cómo rellenar o
reescribir esa página. Bannon era el militante de la derecha alternativa o Alt-Right, Kushner era el demócrata de Nueva York, y
Priebus, el republicano del *establishment*. "Steve quiere echar a un
millón de personas del país por la fuerza, revocar la ley nacional
de salud e imponer una serie de aranceles que diezmarán nuestro
comercio; Jared quiere ocuparse del tráfico de personas y proteger
el programa de planificación familiar". Por otro lado, Priebus quería que Donald Trump fuera una clase muy distinta de republicano.

Según el punto de vista de Walsh, Steve Bannon estaba al
mando de su propia Casa Blanca; Jared Kushner estaba al mando
de la de Michael Bloomberg, y Reince Priebus, de la de Paul Ryan.
Era un videojuego de 1970 en el que una bola blanca iba rebotando
contra los lados de un triángulo negro.

Aunque se suponía que Priebus era el eslabón más débil y que eso había favorecido que tanto Bannon como Kushner actuasen como jefes oficiosos de gabinete, estaba resultando ser un perro pequeño, pero ladrador. En el mundo de Bannon y en el de Kushner, el trumpismo representaba una serie de políticas desconectadas de la corriente dominante republicana; Bannon vilipendiaba a esa corriente dominante, y Kushner operaba como demócrata. Mientras tanto, Priebus era el terrier de turno de las mayorías.

Así pues, al descubrir que alguien con tan poca autoridad como Priebus tenía sus propios intereses, Bannon y Kushner se molestaron bastante. Esos intereses significaban escuchar la opinión del líder de la mayoría del Senado Mitch McConnell de que "este presidente firma cualquier cosa que le pongas delante", mientras aprovechaba la falta de experiencia política y legislativa de la Casa Blanca y externalizaba todas las políticas posibles a Capitol Hill.

Durante las primeras semanas del gobierno de Trump, Priebus organizó la visita del presidente de la Cámara de Representantes Paul Ryan —aunque este había sido una bestia negra del trumpismo durante gran parte de la campaña— junto con un grupo de altos cargos de las comisiones. En la reunión, el presidente anunció alegremente que nunca había tenido mucha paciencia para comités y que se alegraba de que hubiera otros que sí. De ahí en adelante, Ryan se convirtió en otra de las figuras con acceso sin restricciones al presidente, y a quien el presidente, en su falta absoluta de interés por los procedimientos y por la estrategia legislativa, prácticamente otorgó carta blanca.

Paul Ryan representaba mejor que nadie aquello a lo que Bannon se oponía. La esencia del bannonismo (y del mercerismo) era un aislacionismo radical, un proteccionismo proteico y un "Keynesianismo" decidido. Bannon atribuía todos estos principios al trumpismo, y eran diametralmente contrarios al republicanismo. Además, Bannon opinaba que Ryan, que en teoría era el genio de las políticas de la Cámara de Representantes, era corto de entendimiento, o directamente incompetente, y lo había convertido en blanco constante de burlas que profería entre dientes. Aun así, el presidente había aceptado el tándem Priebus-Ryan de forma inexplicable y tampoco podía prescindir de Bannon.

El talento único de Bannon —adquirido en parte porque conocía las palabras del presidente mejor que el propio presidente y también por la astuta modestia que practicaba (y que arruinaba con el elogio desmesurado que en ocasiones hacía de sí mismo)— era convencer a Trump de que las propias opiniones de Bannon derivaban completamente de las del presidente. Bannon no promovía el debate interno, no contribuía a las políticas ni hacía presentaciones con PowerPoint, sino que era el equivalente de un programa de radio personal de Trump. El presidente podía sintonizar el programa a cualquier hora y complacerse de que los pronunciamientos y opiniones de Bannon estuvieran siempre desarrollados y a su disposición a modo de narrativa unificada y vigorizante. Del mismo modo, podía apagar el programa y Bannon guardaría silencio táctico hasta que se lo requiriese de nuevo.

Kushner no contaba con la imaginación de Bannon para las políticas ni con los vínculos institucionales de Priebus, pero sí con un estatus familiar que le proporcionaba gran autoridad. Además, era millonario. Había cultivado un amplio círculo de gente de dinero de Nueva York y de todo el mundo, conocidos y amigotes de Trump a los que el presidente en ocasiones hubiera querido caer mejor. Con esto, Kushner se convirtió en el representante del *status quo* liberal en la Casa Blanca. Algo parecido a lo que solía llamarse un "Rockefeller republicano" y que ahora sería más bien un "Goldman Sachs demócrata". Kushner y, tal vez más, Ivanka estaban en el polo opuesto de Priebus, el republicano evangelista de la derecha más robusta con preferencia por los estados sureños, y de Bannon, el populista de la derecha alternativa que estaba desbaratando el partido.

Desde sus respetivos rincones, cada uno de estos hombres había adoptado una estrategia distinta. Bannon hacía todo lo que podía por arrollar a Priebus y a Kushner con la intención de llevar la guerra por el trumpismo/bannonismo a su fin lo antes posible. Priebus, que ya se quejaba de "los políticos neófitos y los familiares del jefe", había subcontratado sus objetivos a Ryan y al Congreso de Capitol Hill. Por su parte, Kushner protagonizaba una de las curvas de aprendizaje más pronunciadas de la historia de la política —no es que los demás miembros de la Casa Blanca no estuvieran aprendiendo a toda prisa, sino que Kushner lo tenía quizá más difícil— al tiempo que demostraba una ingenuidad lastimosa por sus aspiraciones a ser uno de los estrategas más hábiles del mundo. Su postura era no hacer nada apresuradamente y todo con moderación. Cada uno de ellos tenía el apoyo de círculos enfrentados: los bannonitas tenían como objetivo destrozarlo todo lo antes posible, mientras que la sección de Priebus del Comité Nacional Republicano se centraba en las oportunidades para el programa republicano, y Kushner y su esposa hacían lo posible por conseguir que su pariente impredecible pareciera comedido y racional.

En medio de todo eso, estaba Trump.

* * *

"Los tres caballeros que mueven los hilos", como los calificó Walsh con frialdad, servían a Trump de maneras diferentes. Walsh comprendía que Bannon le proporcionaba al presidente inspiración y determinación, mientras que la conexión Priebus-Ryan prometía ocuparse de lo que a Trump le parecía el trabajo especializado del gobierno. Por su parte, Kushner coordinaba a la perfección a los ricos que hablaban con el presidente por las noches y a menudo los instaba a prevenirlo en contra de Bannon y de Priebus.

Al final de la segunda semana tras la debacle de la orden ejecutiva de inmigración y la prohibición a la entrada a ciudadanos de

ciertos países, los tres asesores estaban enfrentados. La rivalidad
interna derivaba de sus diferencias de temperamento, filosofía y
estilo, pero lo que más provocaba su conflicto era la falta de un
organigrama racional o una cadena de mando establecida. Todos
los días, Walsh debía gestionar una tarea imposible: tan pronto
como recibía instrucciones de uno de los tres, uno de los otros dos
ordenaba lo contrario.

"Yo tomo nota de lo que se ha dicho en una conversación y
actúo en consecuencia —dijo Walsh en su defensa—. Introduzco
lo que se ha decidido en el programa y, a partir de ahí, involucro
a los de prensa, construyo el plan de prensa y aviso a los de asuntos políticos y a los de relaciones públicas. Y entonces Jared dice:
"¿Por qué has hecho eso?", y yo contesto: "Porque hace tres días
hubo una reunión en la que estaban tú, Reince y Steve, y acordaron
hacer esto". Y él dice: "Pero eso no significa que yo quisiera que lo
metieses en el programa. Yo no estaba en la conversación para eso".
Da igual lo que la gente diga: Jared dará su consentimiento y más
tarde alguien lo saboteará, y Jared irá al presidente y le dirá que ha
sido idea de Reince o de Steve".

Bannon se concentró en una sucesión de órdenes ejecutivas
que harían avanzar al nuevo gobierno sin tener que empantanarse
en el congreso. Pero Priebus minó ese objetivo. Estaba cultivando
el romance entre Trump y Ryan y los intereses republicanos que, a
su vez, Kushner intentaba socavar, concentrado en la cordialidad
presidencial y en las mesas redondas de directores ejecutivos, entre
otros motivos no menos importantes, porque sabía que al presidente le gustaban mucho (y, tal como Bannon había apuntado, al
propio Kushner le gustaban). En lugar de tratar de solucionar los
conflictos inherentes a cada una de las estrategias, los tres admitie-
ron que los conflictos eran irresolubles y evitaron enfrentarse a ese
hecho esquivándose unos a otros.

Gracias a su astucia, los tres habían encontrado el modo de

congraciarse con el presidente y de comunicarse con él. Bannon ofrecía una insolente demostración de fuerza; Priebus, la adulación y los halagos del líder de la mayoría; Kushner, la aprobación de los empresarios y los negocios más estables. Esos tres valores eran tan atractivos en sí mismos que el presidente generalmente prefería no distinguir entre ellos. Eran justo lo que él quería de la presidencia y no comprendía por qué no podía contar con los tres. Quería romper cosas, quería que el congreso republicano le diese proyectos de ley que firmar y quería el amor y el respeto de los peces gordos y de los famosos de Nueva York. Dentro de la Casa Blanca, alguien se percató de que las órdenes ejecutivas de Bannon pretendían ser un remedio contra el cortejo que Priebus le hacía al partido y de que a los directores ejecutivos de Kushner los consternaban las órdenes ejecutivas de Bannon y eran reacios a gran parte del programa republicano. Si el presidente era consciente de ello, no parecía causarle ningún problema.

* * *

Tras haber logrado una especie de parálisis ejecutiva al término del primer mes del nuevo gobierno —cada uno de los tres caballeros ejercía un efecto igual de fuerte sobre el presidente, aunque en ocasiones también le resultasen igual de irritantes—, Bannon, Priebus y Kushner construyeron sus propios mecanismos para influenciar al presidente y debilitar los esfuerzos de los otros dos.

Los análisis, las discusiones y las presentaciones de PowerPoint no funcionaban. Sin embargo, calibrar quién le decía qué y cuándo al presidente sí surtía efecto. Si Rebekah Mercer llamaba a Trump a instancias de Bannon, la llamada resultaba. Priebus contaba con el peso de Paul Ryan. Cuando Kushner se las arreglaba para que Murdoch se pusiera al teléfono, el mensaje le llegaba. Al mismo tiempo, cada conversación telefónica anulaba la anterior.

Esta parálisis llevó a los tres asesores a recurrir a la otra manera efectiva que tenían de hacer reaccionar al presidente: utilizar los medios. De ahí que entre los tres se arraigara y refinara la costumbre de filtrar datos. Tanto Bannon como Kushner se cuidaban mucho de aparecer en la prensa; es decir, dos de las personas con más poder del gobierno guardaban un silencio casi total y evitaban, no solo casi todas las entrevistas, sino también participar en las tradicionales conversaciones políticas de la programación televisiva de los domingos por la mañana. No obstante, resulta curioso que ambos acabasen siendo las voces de fondo de casi toda la cobertura de la Casa Blanca. Ya desde el principio, antes de empezar a atacarse, a Bannon y a Kushner los unían sus respectivas ofensivas contra Priebus. El medio preferido de Kushner era *Morning Joe*, el programa de Joe Scarborough y Mika Brzezinski y, sin duda, uno de los programas matinales del presidente. La primera parada de Bannon eran los medios de la derecha alternativa (o "las artimañas de Bannon en Breitbart", como lo llamó Walsh). Al cabo del primer mes en la Casa Blanca, Bannon y Kushner habían creado una red de medios primarios, además de otros secundarios para disimular la obviedad de los primarios, cuyo resultado era una Casa Blanca que demostraba al mismo tiempo una adversión extrema hacia la prensa y una gran disposición a filtrar información. Al menos en ese campo, el gobierno de Trump estaba logrando una transparencia sin precedentes.

A menudo se culpaba de las constantes filtraciones a empleados de categoría inferior y al personal ejecutivo permanente, lo que culminó con una reunión de todo el personal convocada por Sean Spicer a finales de febrero. Los teléfonos móviles se quedaron fuera de la sala y el secretario de prensa amenazó con hacer comprobaciones aleatorias y prohibió el uso de aplicaciones de mensajería encriptada. Todo el mundo era capaz de haber filtrado información y todos acusaban a los demás de haber filtrado algo.

Todo el mundo *filtraba* información.

Un día, después de que Kushner acusara a Walsh de filtrar algo sobre él, ella lo desafió: "Veamos el registro de mis llamadas y el de las tuyas; mi correo electrónico y el tuyo".

No obstante, la mayoría de la información filtrada, al menos la más apetitosa, venía de arriba, por no mencionar a la persona que ocupaba el escalafón más alto.

El presidente no podía parar de hablar. Era quejumbroso y autocompasivo, y a su alrededor todos tenían claro que si se guiaba por algún principio, era el de gustar a los demás. No comprendía por qué motivo no le caía bien a todo el mundo o por qué costaba tanto conseguir caerles bien a todos. Podía pasar el día feliz mientras un desfile de trabajadores de la industria metalúrgica o de directores generales pasaba por la Casa Blanca, halagando a sus visitantes y viceversa. Pero por las noches, después de pasar varias horas viendo canales de cable, el buen humor se le agriaba. Entonces llamaba a amigos y conocidos y, en el transcurso de conversaciones que solían durar treinta o cuarenta minutos, pero podían extenderse mucho más, daba rienda suelta a sus frustraciones y se quejaba de los medios de comunicación y del personal. En palabras de uno de los autoproclamados expertos en Trump de su entorno —y todo el mundo lo era— parecía resuelto a "envenenar el agua del pozo", con lo que creó un círculo de sospechas, descontento y reparto indiscriminado de culpas.

Cuando el presidente se ponía al teléfono después de cenar, a menudo se sucedían una serie de divagaciones. Con auténtico sadismo y paranoia, especulaba sobre los defectos y las debilidades de sus empleados. Bannon era desleal (por no mencionar que siempre tenía un aspecto desastroso). Kushner era un lameculos. Spicer era estúpido (y también tenía muy mal aspecto). Conway era una llorona. Jared e Ivanka no deberían haberse mudado a Washington.

Las personas con las que hablaba —o bien porque la conversación les resultaba peculiar, o alarmante, o del todo contraria a la razón y al sentido común—, a menudo dejaban de lado la supuesta naturaleza confidencial de las llamadas y compartían la información con otra persona. Así, las novedades del funcionamiento interno de la Casa Blanca pasaban a ser de dominio público. Solo que no se trataba tanto del funcionamiento interno de la Casa Blanca —aunque a menudo lo llamasen así—, como de las deambulaciones de la mente del presidente, cuyas ideas cambiaban de dirección casi con la misma rapidez con la que él podía expresarlas. En cualquier caso, su discurso contaba con una serie de constantes: Bannon estaba a punto de ser despedido, Priebus también, y Kushner necesitaba que lo protegiese de los otros dos abusones.

La guerra que Bannon, Priebus y Kushner libraban a diario se vio exacerbada hasta límites extraordinarios por una campaña de desinformación sobre ellos capitaneada por el propio presidente que, con su negativismo crónico, veía a los miembros de su círculo más próximo como niños problemáticos cuyo futuro tenía en las manos. Uno de los pareceres al respecto era: "Somos pecadores y él es Dios"; otro: "Servimos a disgusto del presidente".

* * *

El Ala Oeste de todas las administraciones, al menos desde la de Clinton y Gore, ha sido siempre la sede de un poder que el vicepresidente ejerce con cierta independencia dentro de la organización. Pero en este caso, el vicepresidente Mike Pence —el hombre de repuesto en un gobierno cuya duración estaba siendo objeto de una especie de apuesta a nivel nacional— era una incógnita, una presencia sonriente que, o se resistía al poder que tenía a su disposición, o era incapaz de apropiarse de él.

"Yo me encargo de los funerales y de las inauguraciones", le dijo a un antiguo compañero republicano del Congreso. Con eso, algunos pensaban que estaba fingiendo ser un vicepresidente despreocupado, estándar y a la antigua, para no molestar a su jefe o que, por el contrario, admitía con total honestidad cuál era su verdadero papel.

En medio de todo ese caos, Katie Walsh veía el despacho del vicepresidente como un lugar de calma dentro de la tormenta. El equipo de Pence no solo era conocido fuera de la Casa Blanca por la prontitud con la que devolvía las llamadas y la facilidad con la que parecía llevar a cabo las tareas del Ala Oeste, sino que también parecía estar compuesto por gente que tenía buena relación y que perseguía un objetivo común: evitar en la medida de lo posible que hubiera fricción en torno al vicepresidente.

Pence empezaba casi todos sus discursos diciendo: "Les transmito el saludo del cuadragésimo quinto presidente de los Estados Unidos, Donald J. Trump", un saludo que, más que al público, iba dirigido al presidente.

Proyectaba una imagen insulsa y poco interesante que, a veces, apenas parecía existir a la sombra de Donald Trump. No se filtró prácticamente información desde su equipo. Los que trabajaban para él eran iguales a él: personas de pocas palabras.

Hasta cierto punto, Pence había resuelto el dilema de cómo hacer de segundo ante un presidente que no toleraba comparaciones de ningún tipo: modestia extrema.

"Pence —según dijo Walsh de él— no es tonto".

En cambio, muchos en el Ala Oeste pensaban que carecía de inteligencia y que, como no era muy listo, no podía proporcionar un contrapeso al liderazgo.

En cuanto a Jarvanka, Pence proporcionaba una diversión muy agradecida. Se alegraba hasta límites casi absurdos de ser el vicepresidente de Donald Trump y de hacer el papel de la clase de vicepresidente que no lo irritaba. Jarvanka le concedió a la esposa de él, Karen, el mérito de una mansedumbre tan oportuna. De hecho, Pence había adoptado su papel con tanto entusiasmo que, más adelante, algunos consideraron que su actitud extremadamente sumisa era sospechosa.

El bando de Priebus, donde Walsh se hallaba, pensaba de Pence que era una de las pocas figuras sénior del Ala Oeste que trataba a Priebus como si realmente fuera el jefe de gabinete. A menudo Pence no parecía más que un empleado cualquiera, el típico que hacía las minutas de las reuniones.

Del bando de Bannon, Pence solo cosechaba desprecio. "Pence es como el marido de *Ozzie and Harriet*: un fiasco", dijo un bannonita.

A pesar de que muchos sabían que, en calidad de vicepresidente, algún día podría asumir la presidencia, también lo veían como el vicepresidente más débil que se había nombrado en varias décadas y, en cuestiones organizativas, como un inútil incapaz de contribuir al intento de dominar al presidente y estabilizar el Ala Oeste.

* * *

A lo largo de ese primer mes y movida por la incredulidad y el miedo por lo que estaba ocurriendo en la Casa Blanca, Walsh se planteó dejar el puesto. Después de eso, todos los días se convirtieron en una cuenta regresiva hacia el momento en el que le quedase claro que no podía aguantar más. Ese momento llegó a finales de marzo. Para Walsh, la orgullosa profesional de la política, el caos, las rivalidades y la falta de atención e interés del presidente eran simplemente incomprensibles.

A principios de marzo, Walsh se había enfrentado a Kushner y le había exigido: "Dime en qué tres cosas quiere centrarse el presidente. ¿Cuáles son las tres prioridades de la Casa Blanca?". "Sí —había contestado Kushner, que carecía de respuesta—, supongo que deberíamos hablar de eso".

9

CPAC

El 23 de febrero, en Washington hacía una temperatura de setenta y cinco grados Farenheit y el presidente se levantó quejándose de que en la Casa Blanca hacía demasiado calor. Sin embargo, por una vez, las quejas del presidente no eran prioritarias. En el Ala Oeste, todos estaban entusiasmados organizando el transporte compartido para asistir a la Conferencia de Acción Política Conservadora, también conocida como CPAC por sus siglas en inglés (Conservative Political Action Conference). Era la reunión anual de los activistas conservadores, cuya dimensión ya superaba la capacidad de las salas de actos de los hoteles de Washington y se había trasladado al Gaylord Resort, en National Harbor, Maryland. La CPAC, firmemente plantada a la derecha de la centroderecha y ambivalente respecto de los vectores conservadores que divergían desde ese punto, tenía desde hacía tiempo una relación incómoda con Trump, pues como conservador les parecía dudoso, o directamente un charlatán. La CPAC también consideraba que Bannon y Breitbart constituían un conservadurismo extravagante. Durante varios años, Breitbart había contraprogramado con una conferencia en un lugar cercano que habían titulado "Los que no están invitados".

Ese año, la Casa Blanca de Trump iba a dominar o incluso absorber la conferencia, y todo el mundo quería estar presente en un momento tan dulce como aquel. El presidente, cuyo discurso estaba programado para el segundo día, se dirigiría a la conferencia durante su primer año de mandato tal como había hecho Ronald Reagan, mientras que Bush padre e hijo, recelosos de los activistas conservadores y de la CPAC, habían tratado a la conferencia con desdén.

Kellyanne Conway, que ese año era la conferenciante inaugural, había acudido acompañada de su ayudante, sus dos hijas y una niñera. Para Bannon era la primera aparición oficial que hacía durante la presidencia de Trump, y en su comitiva estaban Rebekah Mercer —la donante más importante de Trump y fundadora de Breitbart—, su hija pequeña, y Allie Hanley, una aristócrata de Palm Beach, donante de la causa conservadora y amiga de Mercer. (La imperiosa Hanley, que aún no había conocido a Bannon, dijo de él que su aspecto era "sucio").

Bannon tenía que entrevistarse en la sesión de tarde con el presidente de la CPAC, Matt Schlapp, una figura de afabilidad tensa que parecía dispuesto a aceptar que Trump se hubiera hecho con su conferencia. Unos días antes, Bannon había decidido incluir a Priebus en la entrevista como gesto personal de buena voluntad y como demostración pública de unidad: el germen de una alianza contra Kushner.

Cerca de allí, en Alexandria, Virginia, Richard Spencer, el presidente del Instituto de Política Nacional —un organismo descrito en ocasiones como un "gabinete estratégico supremacista blanco"— que había abrazado a la presidencia de Trump como una victoria personal a pesar de las reticencias de la Casa Blanca, organizaba su viaje a la CPAC y la consideraba una marcha triunfal tanto para él como para el equipo de Trump. El mismo Spencer que en 2016 había declarado "Celebremos como si fuera 1933", año en que Hitler ascendió al poder, había provocado una gran protesta después de las elecciones con el famoso saludo "Hail Trump", para acabar consiguiendo el estatus de mártir cuando un protestante le asestó un puñetazo durante la toma de posesión y todo quedó inmortalizado en YouTube.

La CPAC, organizada por los vestigios del movimiento conservador tras la derrota apocalíptica de Barry Goldwater en 1964, había hecho gala de su incansable estoicismo y se había convertido en la columna vertebral de la supervivencia y del triunfo conservador. Había purgado a John Birchers y a la derecha racista y abrazado los principios filosóficos conservadores de Russel Kirk y de William F. Buckley. Con el tiempo, refrendó el gobierno reducido de la era Reagan y la reforma antirregulatoria, y añadió los aspectos de las guerras culturales —antiabortismo, anti matrimonio gay y cierta inclinación evangelista— y se casó con los medios conservadores: primero con la radio de la derecha y, más tarde, con Fox News. Partiendo de esta aglomeración, desarrolló una tesis artificiosa de pureza conservadora, sincronía y peso intelectual que lo abarcaba todo. Parte de la diversión de asistir a un encuentro de CPAC, que atraía a un amplio surtido de jóvenes conservadores (a quienes las crecientes filas de la prensa liberal que cubrían el acontecimiento denominaban en tono de mofa "la gente de Alex P. Keaton"), era aprender el catecismo conservador.

Sin embargo, tras el gran auge de Clinton en los años noventa, la CPAC empezó a escindirse durante los mandatos de George W. Bush. Fox News se convirtió en el centro emocional del conservadurismo norteamericano. Los libertarios y otras facciones disidentes (entre ellos los paleoconservadores) rechazaban cada vez más a los neoconservadores de Bush y la guerra de Irak. Mientras tanto, la derecha de los valores familiares estaba en el punto de mira de los conservadores más jóvenes. Durante los años de Obama, el movimiento conservador se sentía cada vez más perplejo por el negacionismo del Tea Party y los nuevos medios iconoclastas de la derecha, ejemplo de los cuales era Breitbart News, que fue excluido de la CPAC de manera harto significativa.

En 2011, profesando lealtad al conservadurismo, Trump presionó al grupo para conseguir espacio en el programa para un discurso. Gracias a una contribución generosa de dinero, se hizo con un hueco de quince minutos. Aunque se suponía que el propósito de la CPAC era afinar ciertas corrientes del partido conservador, la conferencia también prestaba atención a una gran variedad de famosos conservadores que a lo largo de los años habían contado entre sus filas a Rush Limbaugh, Ann Coulter y varias estrellas de Fox News. El año anterior a la reelección de Obama, Trump encajaba en esta categoría. En cambio, cuatro años más tarde, la opinión era muy diferente. En invierno de 2016, la carrera por las primarias republicanas aún estaba muy competida, y Trump, a quien se veía tanto como a un apóstata republicano como al republicano de las multitudes, decidió renunciar a la CPAC y al frío recibimiento que le habrían ofrecido.

En 2017, en honor a la nueva alineación con la Casa Blanca de Trump y Bannon, se había anunciado que la estrella de la conferencia sería la figura de la derecha alternativa Milo Yiannopoulos, un provocador británico, homosexual y de derecha que trabajaba para Breitbart News. Yiannopoulos —cuya postura era más afín a un provocador de izquierda del sesenta y ocho que a alguien de la derecha y parecía fundamentarse en un desacato a la corrección política y a las convenciones sociales, que suscitaba la histeria y las protestas de la izquierda—, era la figura conservadora más desconcertante que se puediera imaginar. Se había insinuado de forma sutil que la CPAC había escogido a Yiannopoulos precisamente para poner en evidencia a Bannon y a la Casa Blanca debido a su conexión implícita con el periodista, pues el joven había sido una especie de protegido del asesor del presidente. Pero dos días antes de la inauguración de la CPAC, un bloguero conservador descubrió un video de Yiannopoulos en un extraño jolgorio y en el que parecía justificar la pedofilia, y la Casa Blanca dejó claro que tenían que prescindir de él.

Aun así, la presencia de la Casa Blanca en la CPAC —además del presidente, estaban Bannon, Conway, la secretaria de educación Betsy DeVos y el excéntrico asesor de política exterior y antiguo colaborador de Breitbart, Sebastian Gorka— desvió la atención del fiasco de Yiannopoulos. La CPAC siempre buscaba aligerar la carga de políticos aburridos con estrellas y, ese año, Trump y cualquiera que estuviese vinculado a él se convirtieron en las estrellas más relucientes. Mercedes Schlapp, esposa de Matt Schlapp —la CPAC era un asunto familiar— y columnista del *Washington Times* que más tarde se uniría al equipo de comunicaciones de la Casa Blanca, entrevistó a Conway con toda su familia ante un auditorio lleno al más puro estilo Oprah. Fue un retrato íntimo e inspirador de una mujer que había conseguido grandes logros, el tipo de entrevista que Conway consideraba que le habrían ofrecido las grandes cadenas de no haber sido una republicana partidaria de Trump; un tratamiento que, como ella misma apuntaría, sí le habían dado a predecesoras demócratas como Valerie Garrett.

Más o menos cuando Conway explicaba su corriente particular de feminismo antifeminsta, Richard Spencer llegaba al centro de convenciones con intención de asistir al taller "La derecha alternativa no va por buen camino", un intento modesto de reafirmar los valores tradicionales de la CPAC. Spencer, que desde la victoria de Trump se había dedicado de lleno al activismo y a aprovechar las oportunidades de salir en los medios, tenía planeado situarse en el auditorio de modo que le concediesen la primera pregunta. Sin embargo, nada más llegar y pagar los ciento cincuenta dólares de la inscripción, había atraído la atención de un reportero y después de otro, hasta rodearse de un pequeño círculo, una aglomeración espontánea de periodistas, a lo que reaccionó ofreciendo una rueda de prensa improvisada. Igual que Yiannopoulos y, en muchos sentidos igual que Trump y Bannon, Spencer ayudaba a señalar las paradojas del movimiento conservador moderno. Era racista, pero no precisamente conservador pues era, por ejemplo, un defensor obstinado de la salud pública. Y la atención que le prestaban tenía menos que ver con el conservadurismo que con los esfuerzos que hacían los medios liberales por desprestigiar el movimiento. Por ese motivo, cuando el grupo de periodistas rozaba la treintena, hizo su aparición la irónica policía de la CPAC.

—No es bien recibido en estas instalaciones —le anunció un vigilante de seguridad—. Es necesario que las abandone. Que deje lo que está haciendo. Que se marche.

—Vaya —contestó Spencer—. ¿Pueden pedirme eso?

—Se acabó el debate —dijo el vigilante—. Esta es una propiedad privada y la CPAC quiere que la abandone.

Le retiraron la acreditación y lo acompañaron hasta la parte del hotel que no ocupaba la conferencia, donde, con el orgullo intacto y arropado por la comodidad del vestíbulo, se puso a enviar mensajes de texto y correos electrónicos a los periodistas que tenía en la agenda.

Lo que Spencer quería señalar era que su presencia en la conferencia no era tan negativa ni paradójica como la de Bannon o, quizá, la de Trump. Podían echarlo a él, pero a escala histórica, eran los conservadores los que estaban siendo expulsados de su propio movimiento por el nuevo grupo —Trump y Bannon incluidos— que Spencer llamaba los identitarios, defensores de "los intereses, valores, costumbres y cultura de los blancos".

Spencer se veía como el verdadero seguidor de Trump, y al resto de la CPAC como los elementos discordantes.

* * *

En la sala de espera, cuando Bannon, Priebus y sus respectivas comitivas ya habían llegado, Bannon, que llevaba camisa y chaqueta oscuras y pantalón blanco, estaba apartado, hablando con su lugarteniente Alexandra Preate. Priebus estaba sentado en la silla de maquillaje, esperando con paciencia mientras le aplicaban sucesivas capas de base, polvos y brillo de labios.

—Steve —dijo Priebus señalando la silla al levantarse.

—No, está bien —respondió Bannon.

Alzó la mano, otro de los pequeños gestos que repetía a menudo y que, de manera significativa, debían definirlo como algo alejado de los falsos que poblaban el pantano de la política y también de Reince Priebus y su maquillaje.

La importancia de la primera aparición pública de Bannon después de días de aparente agitación en el Ala Oeste, de salir en la portada de la revista *Time*, de la interminable especulación sobre su poder y sus verdaderas intenciones y su ascenso (al menos en los medios) a principal misterio de la Casa Blanca de Trump, no se podía subestimar. En su mente, aquel era un momento que había coreografiado con cuidado. Su desfile victorioso. Según creía, había triunfado en el Ala Oeste; había demostrado su superioridad respecto de Priebus y el yerno idiota. Y ahora iba a controlar la CPAC. Pero, de momento, demostraba confianza a pesar de que, al mismo tiempo, era él quien debería estar acicalándose. Su reticencia a que lo maquillasen no era solo una manera de denigrar a Priebus, sino su forma de decir que, como buen soldado, se dirigía al frente sin protección alguna.

"Sabes lo que piensa incluso cuando no lo sabes —explicó Alexandra Preate—. Es como el niño bueno que todo el mundo sabe que en realidad es malo".

Cuando los dos hombres salieron al escenario y aparecieron en las pantallas gigantes, el contraste entre ambos no podría haber sido mayor. El polvo de maquillaje de Priebus le daba aspecto de maniquí y su traje con el pin en la solapa parecía infantil. Bannon, el hombre que supuestamente no quería publicidad, estaba comiéndose la cámara. Era una estrella del country, Johnny Cash. Le estrechó la mano a Priebus con autoridad, se sentó y adoptó una postura relajada, mientras que Priebus se inclinaba hacia delante, ansioso.

Priebus empezó con las típicas frases trilladas. Bannon, cuando le llegó el turno, lanzó uncomentario irónico:

—Quiero darles las gracias por invitarme por fin a la CPAC.

—Hemos decidido que todo el mundo forma parte de nuestra familia conservadora —le contestó Matt Schlapp con resignación.

A continuación, le dio la bienvenida "al fondo de la sala", donde se habían situado los cientos de reporteros que cubrían el acontecimiento.

—¿Es ese el partido de la oposición? —preguntó Bannon, y se hizo una visera con la mano.

Schlapp fue directo a las preguntas pactadas.

—Hemos leído mucho sobre ustedes...

—Todo bueno —contestó Priebus, tenso.

—Estoy seguro de que no todo es acertado —dijo Schlapp—. Seguro que hay cosas que se describen mal. Permítanme que les pregunte a los dos cuál es el error más generalizado sobre lo que está ocurriendo en la Casa Blanca de Trump.

Bannon respondió con una sonrisita y no dijo nada, mientras que Priebus rindió tributo a la estrecha relación que mantenía con Bannon.

Bannon, con un brillo en la mirada, tomó el micrófono como si fuera una trompeta y bromeó sobre lo cómodo que era el despacho de Priebus —dos sofás y una chimenea— y lo simple que era el suyo.

Priebus se ciñó al mensaje:

—Es... vaya, es algo que en realidad... algo que todos han ayudado a construir, que es, cuando hay unión, y lo que esta elección ha demostrado, y lo que el presidente Trump ha demostrado, y, no nos engañemos: yo puedo hablar de datos y del trabajo de campo, y Steve puede hablar de grandes ideas, pero lo cierto es que Donald Trump, el presidente Trump, ha vuelto a unir al partido y al movimiento conservador, y les digo que si el partido y el movimiento conservador van de la mano —aquí Priebus hizo chocar sus puños— como Steve y yo, son imparables. Y el presidente Trump es el único, la única persona que, y lo digo después de haber visto a dieciséis personas que se querían matar por ganar la nominación, que Donald Trump es el que ha conseguido unir a este país, a este partido y a este movimiento. Y Steve y yo lo sabemos y lo vivimos a diario, y nuestro trabajo es llevar el programa del presidente Trump ahí fuera, por escrito.

Mientras Priebus recuperaba el aliento, Bannon se hizo con el testigo.

—Creo que si se fijan en el partido de la oposición —dijo, y señaló el fondo de la sala— y en cómo han informado sobre la campaña y sobre la transición, y en las cosas que dicen del gobierno, verán que nunca aciertan. El día que Kellyanne y yo empezamos, nos dirigimos a Reince, a Sean Spicer, a Katie... Es el mismo equipo. El mismo que estaba al pie del cañón durante la campaña, el mismo equipo que se encargó de la transición, y, si lo recuerdan, la campaña electoral fue lo más caótico. Tal como lo describían los medios, fue muy caótica, muy desorganizada, muy poco profesional, y no tenían ni idea de lo que hacían, pero luego los vieron a todos llorando la noche del 8 de noviembre.

En la Casa Blanca, Jared Kushner, que al principio miraba el acto sin prestar demasiada atención, luego se concentró y de pronto se enfadó. Hombre de piel fina, siempre a la defensiva y en guardia, percibió el discurso de Bannon como un mensaje dirigido a él. Bannon acababa de otorgar el mérito de la victoria de Trump a todos los demás. Kushner estaba seguro de que se trataba de una provocación.

Cuando Schlapp les pidió a ambos que enumerasen los logros de los treinta días anteriores, Priebus se quedó sin saber qué decir, hasta que se aferró al juez Gorsuch y a las órdenes ejecutivas de desregulación, todo cosas, dijo Priebus "con las que —y aquí tuvo problemas para seguir— está de acuerdo el ochenta por ciento de los norteamericanos".

Tras una pausa breve, como si esperase que se despejara el ambiente, Bannon levantó el micrófono:

—Yo lo clasifico en tres verticales, tres áreas. La primera es la de seguridad y la soberanía nacional; es decir, la inteligencia, el departamento de defensa y el de seguridad nacional. La segunda área de trabajo es lo que yo llamo nacionalismo económico, y eso es Wilbur Ross como secretario de Comercio; Steve Mnuchin en la tesorería; [Robert] Lighthizer como representante de Comercio; Peter Navarro [y] Stephen Miller, que están replanteándose cómo reconstruir los tratados de comercio que tenemos por todo el mundo. La tercera área de trabajo, a grandes rasgos, es la deconstrucción del estado administrativo. —Aquí Bannon calló un momento. La frase, que jamás se había pronunciado en la política estadounidense, suscitó grandes aplausos—. La manera en que funciona la izquierda liberal es la siguiente: si no consiguen aprobar una ley, crean algún tipo de normativa en alguna de las agencias. Todo eso lo vamos a deconstruir.

Schlapp hizo otra de las preguntas preparadas, en este caso sobre los medios.

Priebus aprovechó la oportunidad, divagó con vacilación un rato y, sin saber bien cómo, acabó con un comentario positivo: "Todos trabajaremos juntos".

Una vez más, Bannon tomó el micrófono cual Josué, hizo una floritura con la mano y proclamó:

—No solo no va a mejorar, sino que va a ser cada día peor —que era su cantinela apocalíptica característica—, y les diré el motivo. Y, por cierto, la lógica interna tiene sentido, los medios corporativos y globalistas que se oponen categóricamente, categóricamente se oponen a un programa de nacionalismo económico como el de Donald Trump. Y va a empeorar por lo siguiente: porque él continuará con su programa. Y a medida que las condiciones económicas mejoren, a medida que el empleo mejore, ellos continuarán luchando. Por eso estoy tan orgulloso de Donald Trump. Todas las oportunidades que tuvo de abandonar esta parte del proyecto, la cantidad de gente que le decía: "Tienes que moderarte", —Eso sí era una pulla para Kushner—. Todos los días, en el Despacho Oval, nos dice a Reince y a mí: "Yo le prometí esto a la gente de los Estados Unidos. Se lo prometí en campaña. Y voy a cumplirlo".

Y, por fin, la última pregunta preacordada:

—¿Puede combinarse el movimiento de Trump con lo que está ocurriendo en la CPAC y con los últimos cincuenta años del movimiento conservador? ¿Podemos unirnos todos? ¿Salvará eso al país?

—Bueno, como equipo, tenemos que estar unidos —dijo Priebus—. Para conseguirlo, necesitamos trabajar todos juntos.

Bannon empezó a hablar despacio, mirando a su público cautivo, que estaba fascinado:

—Yo he dicho que de aquí está saliendo un nuevo orden político que aún está formándose. Si miramos la variedad de opiniones que hay en esta sala, tanto si eres populista, como si eres un conservador que cree en el gobierno limitado, o un libertario o un nacionalista económico, tenemos opiniones muy variadas y, a veces, divergentes, pero yo creo que el núcleo de nuestra ideología es que somos una nación con una economía, no una economía situada en un mercado global sin fronteras, sino que somos una nación con cultura, con una razón de ser. Creo que eso es lo que

nos une. Y eso es lo que unirá a este movimiento para que avance-
mos todos juntos.

Bannon bajó el micrófono tras un segundo que podría inter-
pretarse como una leve vacilación, y el público rompió en un
aplauso repentino y atronador.

Viéndolo desde la Casa Blanca, Kushner, que había llegado a
creer que cuando Bannon usaba las palabras "frontera", "global",
"cultura" y "unir" era con fines insidiosos, y que cada vez estaba
más convencido de que los comentarios iban dirigidos a él, montó
en cólera.

* * *

Kellyanne Conway estaba cada vez más preocupada porque el
presidente, que tenía setenta años, sufría de insomnio y parecía
cansado. Tal y como ella lo veía, lo que empujaba al equipo era la
actitud infatigable del presidente, aunque en realidad se trataba de
una agitación constante. Durante la campaña, siempre añadía paradas y discursos. Duplicó su propio período de campaña; mientras
Hillary hacía media jornada, él hacía jornada doble. Absorbía la
energía del público. Pero ahora que vivía solo en la Casa Blanca,
parecía estar perdiendo el paso.

No obstante, ese día volvía a ser él mismo. Había hecho una
sesión de rayos ultravioletas y se había aclarado el pelo y, al desper-
tarse esa mañana de inverno de 77 grados Farenheit, en la segunda
jornada de la CPAC, el presidente que negaba el calentamiento global parecía otra persona. O, al menos, una visiblemente más joven.
A la hora acordada se dirigió al salón de baile del Gaylord Resort.
El aforo estaba completo con todas las corrientes de los creyentes
conservadores —Rebekah Mercer y su hija, en primera fila— y con
cientos de medios en una galería sin asientos. El presidente salió al
escenario no al trote al estilo televisivo, sino con paso lento y arrogante, al son de las estrofas de *"I'm Proud to Be an American"*. Lle-

gaba al escenario como un hombre fuerte de la política, un hombre que ocupaba su momento y, a medida que se acercaba despacio al atril, volvió a su papel de *showman*, empezó a aplaudir y a dar las gracias moviendo solo los labios, con la punta de la corbata carmesí asomando por encima del cinturón.

Aquel sería su quinto discurso en la CPAC. Por mucho que a Steve Bannon le gustara considerarse el artífice de Donald Trump, también parecía pensar que el hecho de que Trump llevase desde el 2011 asistiendo a la conferencia con el mismo mensaje era señal de mayor legitimidad y algo asombroso en sí mismo. No era un enigma, sino un mensajero. El país estaba sumido en el desastre, una palabra que había resistido al paso del tiempo según Trump. Los líderes del país eran débiles, y este había perdido su grandeza. La única diferencia era que en el 2011, él todavía leía sus discursos y solo improvisaba de forma ocasional, mientras que ahora lo improvisaba todo.

"Mi primer gran discurso fue en la CPAC —empezó a decir el presidente—, supongo que hace cinco o seis años. Fue mi primer gran discurso político. Ustedes estaban presentes. Me encantó. Me encantó la gente. Me encantó el alboroto. Hicieron unas encuestas y mis resultados fueron los mejores. Y ni siquiera era candidato, ¿verdad? Pero, ¡me dio la idea! Y ver lo que ocurría en el país me preocupó un poco, así que dije: "Hagámoslo". Fue emocionante. Salí al escenario de la CPAC. Tenía muy pocas notas y estaba aún menos preparado. —De hecho, el discurso del 2011 lo leyó entero—. Cuando casi no tienes notas y no te has preparado, y te vas y todo el mundo está entusiasmado, pensé: 'Creo que esto me gusta'".

Ese primer preámbulo dio paso al siguiente preámbulo.

"Quiero que todos sepan que estamos luchando contra las noticias falsas. Es todo mentira. Falso. Hace unos días, dije que las noticias falsas eran el enemigo del pueblo. Porque no tienen fuentes. Se las inventan cuando no hay nada. Hace poco vi un artículo que decía "nueve personas lo han confirmado". Esas nueve personas no existen. No creo que hubiera ni una ni dos personas. Nueve personas. Y dije: "Por favor...". Conozco a esa gente. Sé con quién hablan. No hubo nueve personas. Pero ellos dicen que nueve...".

Cuando apenas habían transcurrido unos pocos minutos de los cuarenta y ocho que duró, el discurso ya había descarrilado y el presidente había empezado a repetirse a sí mismo.

"Puede que se les dé mal hacer encuestas. O a lo mejor no son de fiar. Es una cosa o la otra. Son muy listos. Son muy astutos. Y son muy deshonestos... Para concluir —dijo, aunque continuaría hablando durante cuarenta y siete minutos más—, este es un tema muy delicado y cada vez que desenmascaramos una de sus historias falsas, ellos se enfadan. Dicen que la Primera Enmienda dice que no podemos criticar la cobertura deshonesta que hacen. Ya saben que siempre salen con lo de la 'Primera Enmienda' —dijo con voz de falsete—. A mí me gusta mucho la Primera Enmienda. A nadie le gusta más que a mí. A nadie".

Todos los miembros de la comitiva Trump se esforzaban por poner cara de póquer. Si relajaban la expresión era con algo de retraso, como si esperasen a tener permiso de las risas o los vítores del público. De no ser por eso, no parecían darse cuenta de si el presidente estaba teniendo éxito con sus peculiares divagaciones.

"Por cierto, ustedes, los que están aquí, este sitio está a reventar. Hay colas que ocupan seis manzanas —dijo, aunque fuera del vestíbulo atestado no había ninguna cola—. Se los digo porque no lo leerán en ninguna parte. Pero hay colas de seis manzanas.

"Estamos todos unidos por una lealtad, nuestra lealtad a los Estados Unidos. Estados Unidos... Todos saludamos con orgullo la misma bandera de los Estados Unidos, y todos somos iguales, iguales a los ojos de Dios todopoderoso. Somos iguales. Y, por cierto, quiero darle las gracias a la comunidad evangelista, a la comunidad cristiana, a las comunidades de fe, a los rabinos y a los curas y a los pastores y ministros, porque para mí su apoyo, como ya saben, fue un récord, no solo la cantidad de personas, sino los porcentajes de los que votaron a Trump. Una asombrosa marea de votos, y yo no los decepcionaré. Mientras tengamos fe los unos en los otros y confiemos en Dios, ningún objetivo estará fuera de nuestro alcance... ningún sueño será demasiado grande... ninguna tarea demasiado difícil. Somos americanos y el futuro nos pertenece. América ruge. Va a crecer y ser mejor y más fuerte que nunca...".

En el Ala Oeste, alguien había especulado, no demasiado en serio, sobre cuánto tiempo podría hablar Trump si tuviera control del tiempo, no solo de lo que decía. El consenso parecía ser que para siempre. El sonido de su propia voz, su desinhibición, el hecho de que el pensamiento y la narración lineales no fueran necesarios, el asombro que suscitaba su falta de orden y una provisión inagotable de asociaciones libres, todo eso indicaba que su único límite eran los compromisos y la capacidad de atención de los demás.

Los momentos de improvisación de Trump siempre habían sido existenciales, pero más para sus asistentes que para él, que hablaba feliz y ajeno a lo que lo rodeaba, convencido de ser un gran narrador y orador público, mientras que su equipo aguantaba la respiración. Si en una de las frecuentes ocasiones en las que sus discursos daban tumbos sin dirección clara se sucedía un momento de auténtica locura, a su equipo no le quedaba más remedio que responder como si fueran adeptos actores de método. Hacía falta una disciplina total para no reaccionar ante lo que estaba a la vista de todos.

* * *

Cuando el presidente estaba concluyendo su discurso, Richard Spencer, que antes de que pasasen cuatro meses desde la victoria de Trump iba camino de convertirse en el neonazi más famoso de los Estados Unidos desde George Lincoln Rockwell, había regresado a un asiento del vestíbulo del Gaylord Resort para argumentar su afinidad con Donald Trump y, según creía él, viceversa.

Es curioso que Spencer fuera una de las pocas personas que intentaban atribuirle una doctrina intelectual al trumpismo. Situado entre los que se tomaban a Trump en sentido literal pero no en serio, y los que se lo tomaban en serio pero no en sentido literal, estaba Richard Spencer. En la práctica, él hacía ambas cosas y argumentaba que si Trump y Bannon eran los peces piloto de un nuevo movimiento conservador, Spencer, que era propietario del dominio de derecha alternativa altright.com y se creía el más puro representante del movimiento, era el pez piloto de ellos dos (aunque ellos no lo supieran).

Spencer era lo más cercano a un nazi auténtico que la mayoría de los reporteros había visto, una especie de imán para la prensa liberal que se había aglomerado en la CPAC. Y podría afirmarse que su explicación de la política anómala de Trump era válida.

Spencer había progresado a base de escribir artículos en publicaciones conservadoras, pero él no se identificaba con ninguno de los principios republicanos o conservadores. Era un provocador posderecha, pero carecía de la mordacidad y de las cualidades de la clase privilegiada estadounidense que ostentaban Anne Coulter o Milo Yiannopoulos. Ellos eran reaccionarios efectistas, pero Spencer lo era de verdad: un racista auténtico con una buena educación. En su caso, de la Universidad de Virginia, la Universidad de Chicago y Duke.

Fue Bannon el que dio alas a Spencer al calificar a Breitbart de "plataforma para la derecha alternativa", el movimiento que Spencer afirmaba haber fundado, o al menos el dominio del que era propietario.

"No creo que Bannon ni Trump sean identitarios ni de la derecha alternativa", explicó Spencer apostado en su campamento del

Gaylord, justo al otro lado de la frontera de la CPAC. A diferencia de él, no eran racistas filosóficos (que no era lo mismo que el racismo instintivo y visceral), "pero están abiertos a ideas como esta. Y a las personas que están abiertas a estas ideas. Somos la guinda del pastel".

Spencer tenía razón. Trump y Bannon, junto con Sessions, eran los políticos nacionales que más se habían acercado a tolerar una opinión política racista desde el movimiento por los Derechos Civiles.

"Trump ha dicho cosas que a los conservadores no se les habrían ocurrido... Las críticas a la guerra de Irak, el vapuleo a la familia Bush... No me podía creer que hubiera hecho algo así, pero lo hizo. Que se jodan. Al fin y al cabo, si una familia blanca, anglosajona y protestante produce a un par como Jeb y W., es una señal indiscutible de degeneración. Y ahora se casan con mexicanos. La mujer de Jeb... se casó con su empleada doméstica o algo así.

"En el discurso que Trump pronunció en la CPAC de 2011, exigió de manera específica que no se limitase tanto la inmigración de ciudadanos europeos. Dijo que deberíamos recrear una América que fuera mucho más estable y hermosa. Ningún otro político conservador diría cosas así. Pero, por otra parte, todo el mundo lo pensaba. Así que decirlo es algo muy potente. Es evidente que estamos en proceso de normalización.

"Somos la vanguardia de Trump. La izquierda dirá que Trump es un nacionalista y casi racista o un racista tácito. Los conservadores, como son todos tan tontos, dicen: 'No, claro que no. Es constitucionalista' o lo que sea. Pero nosotros, desde la derecha alternativa, diremos que es nacionalista y racista. Su movimiento es un movimiento blanco. Es evidente".

Spencer hizo una pausa con cara de suma satisfacción antes de continuar: "Le damos una especie de permiso".

* * *

Cerca de él, en el mismo vestíbulo, Rebekah Mercer estaba tomando una merienda con su hija, quien recibía la educación escolar en casa, y con su amiga Allie Hanley que, como ella, era donante de la causa conservadora. Las dos mujeres estaban de acuerdo en que el discurso del presidente había sacado a relucir todo su refinamiento y su encanto.

10

GOLDMAN

La facción Jarvanka de la Casa Blanca tenía la sensación cada vez más mayor de que los rumores que filtraban Bannon y sus aliados los debilitaban. Esos ataques encubiertos herían personalmente a Jared y a Ivanka, que buscaban mejorar su estatus de adultos de guardia. De hecho, Kushner creía que Bannon estaba dispuesto a hacer cualquier cosa con tal de destruirlos. Era un asunto personal. Después de haberlo defendido de las insinuaciones de los medios liberales durante meses, Kushner había llegado a la conclusión de que Bannon era antisemita. Ese era el principal problema. Se trataba de un asunto complicado y frustrante —y muy difícil de comunicar a su suegro—, porque una de las cosas de las que Bannon acusaba a Kushner, portavoz del gobierno en Oriente Medio, era que no defendía a Israel con la suficiente dureza.

Tras las elecciones, el presentador de Fox News Tucker Carlson le comentó al presidente con astucia, y en tono jocoso, que no le había hecho ningún favor a Kushner —quien, según Trump conseguiría la paz en Oriente Medio— al entregarle tan a la ligera la cartera de Israel.

"Ya lo sé", contestó Trump, a quien le hizo gracia la broma.

Israel y los judíos constituían un subtexto curioso en la vida de
Trump. Su padre, un hombre cruel, expresaba su antisemitismo a
menudo. En cuanto a la división de la propiedad de judíos y gentiles neoyorkinos, los Trump salían perdiendo. Los judíos tenían
negocios longevos y de éxito y a Donald Trump lo consideraban
aún más vulgar que a su padre. Al fin y al cabo, le ponía su nombre a sus edificios, un gesto sin categoría. (Resulta paradójico que
esto supusiera un gran avance en el *marketing* inmobiliario y quizá
uno de los mayores logros de Trump como promotor: el *branding*
de edificios). Pero Trump había crecido y hecho fortuna en Nueva
York, la ciudad judía más grande del mundo. Se había labrado la
reputación en los medios de comunicación, la industria más judía
de todas, gracias a su buen conocimiento de la dinámica tribal
de los medios. Su mentor Roy Cohn era un tipo duro judío que
se movía por los márgenes del mundo respetable y les hacía la
corte a otros que también consideraba tipos duros judíos (uno de
los elogios que extendía): Carl Icahn, el millonario inversor de alto
riesgo; Ike Perlmutter, el inversor millonario que había comprado y
vendido Marvel Comics; Ronald Perelman, el presidente millonario de Revlon; Steven Roth, el magnate inmobiliario millonario de
Nueva York; y Sheldon Adelson, el millonario magnate de los casinos. Trump había adoptado cierta forma de hablar de tipo judío de
los años cincuenta (de los duros) salpicada de expresiones en yidis
que dotaban a un hombre con dificultades para expresarse de una
expresividad inaudita. Ahora su hija, primera dama *de facto*, era la
primera judía de la Casa Blanca en virtud de su conversión.

La campaña y la presidencia de Trump producían una serie
constante de comentarios desatinados sobre los judíos, desde su
opinión ambigua de David Duke al deseo aparente de reajustar la
historia del holocausto (o, al menos, una tendencia a tropezar con
él). En los inicios de la campaña, Kushner escribió una defensa
apasionada de Trump a fin de demostrar que este no era antise-

mita, y lo hizo cuestionado por sus empleados del *New York Obser-ver*, con su propia buena fe en tela de juicio y con afán de apoyar a su suegro. Sus esfuerzos fueron recompensados con una repri-menda por parte de varios miembros de su familia, que parecían preocupados por la dirección que tomaba el trumpismo y por el oportunismo de Jared.

Además, Trump coqueteaba con el populismo Europeo. Daba la impresión de que siempre que le era posible, apoyaba y alimen-taba el auge de la derecha en Europa y sus vínculos antisemitas, lo que hacía aumentar las malas vibraciones y los malos augurios. Y después estaba Bannon, que se había permitido convertirse, mediante la orquestación en los medios de temas de la derecha y avivando la rabia liberal, en una sonriente insinuación de antise-mitismo. No cabía duda de que ofender a los judíos liberales era buen negocio para la derecha.

Por su parte, Kushner era un arribista de buena familia que se había negado a colaborar con las peticiones de apoyo de las organi-zaciones tradicionales judías. Cuando se lo habían pedido, el vás-tago millonario se había negado a ayudar. Por lo tanto, el ascenso repentino de Jared Kushner al puesto de gran protector de Israel no dejó a nadie tan perplejo como a las organizaciones judías de los Estados Unidos. Ahora, los judíos grandes y los buenos, los venerados y los sufridos, los mandarines y los mirmidones, tenían que hacerle la corte a Jared Kushner, que hasta hacía unos minutos no era nadie.

Para Trump, darle Israel a Kushner no era una prueba sin más: era una prueba de judaísmo. El presidente lo había elegido por ser judío, lo premiaba por ser judío, le había cargado una responsabili-dad terrible por ser judío, y había cedido a la creencia estereotípica en los poderes de negociación de los judíos. "Henry Kissinger dice que Jared va a ser el nuevo Henry Kissinger", dijo Trump más de una vez: una combinación de halago y de ofensa.

Mientras tanto, Bannon no dudaba en criticar a Kushner por el tema de Israel, la peculiar prueba de tornasol de la derecha. Bannon podía provocar a los judíos —judíos globalistas, cosmopolitas, liberales y Davoscéntricos como Kushner— porque cuanto más a la derecha, más correcta era la posición con el tema de Israel. Netanyahu era un viejo amigo de la familia Kushner, pero cuando en otoño el primer ministro israelí acudió a una reunión con Trump y con su yerno en Nueva York, pidió hablar con Steve Bannon.

En el asunto de Israel, Bannon se había asociado con Sheldon Adelson, el titán de Las Vegas y un contribuyente a la causa que extendía cheques de sumas muy elevadas. En la mente del presidente, era el judío más duro (es decir, el más rico), pero Adelson menospreciaba de forma habitual los motivos y capacidades de Kushner. Y mientras trabajaba en la estrategia israelí, el presidente le repetía que consultase a Sheldon y, por extensión a Bannon, cosa que satisfacía enormemente al asesor.

Los esfuerzos de Bannon por hacerse con la etiqueta del que más defendía a Israel resultaban desconcertantes en extremo para Kushner, que había crecido como judío ortodoxo. Sus tenientes más cercanos en la Casa Blanca, Avi Berkowitz y Josh Raffel, eran judíos ortodoxos. Los viernes por la tarde, toda la actividad que involucraba a Kushner cesaba antes de la puesta de sol en cumplimiento del *sabbat*.

Según él, la defensa de Israel que hacía Bannon desde la derecha y que Trump abrazaba, era un golpe de *jiu-jitsu* antisemita dirigido directamente a él. Bannon parecía decidido a conseguir que Kushner pareciera débil e inadecuado o, en el lenguaje de la derecha alternativa, un *cuckservative*, término peyorativo que señala a un conservador vendido.

Así que Kushner tuvo que contraatacar llevando a la Casa Blanca a sus propios tipos duros judíos: los judíos de Goldman.

* * *

Kushner había apoyado la candidatura de Gary Cohn, que en ese momento era presidente de Goldman Sachs, para dirigir el Consejo Económico Nacional y ser el principal asesor económico del presidente. El candidato de Bannon era Larry Kudlow, presentador y comentarista conservador de la CNBC. Para Trump, el caché de Goldman superaba incluso a una figura televisiva.

La situación parecía sacada de la película *Ricky Ricón* (*Richie Rich*). Kushner había sido becario de Goldman Sachs durante un verano, cuando Cohn era el jefe de comercio de materias primas. En 2006, Cohn fue ascendido a presidente de Goldman. En cuanto se unió al equipo de Trump, Kushner aprovechaba cualquier ocasión para mencionar que el presidente de Goldman Sachs trabajaba para él. Pero Bannon, dependiendo de a quién quería humillar, o bien llamaba a Kushner el becario de Cohn, o señalaba que Cohn ahora trabajaba para un antiguo becario suyo. Por su parte, el presidente convocaba a Cohn a multitud de reuniones, sobre todo con líderes internacionales, con el único fin de presentarlo como expresidente de Goldman Sachs.

Bannon se había anunciado como el cerebro de Trump, una fanfarronería que irritaba mucho al presidente. Pero Kushner veía a Cohn como un cerebro más apto para la Casa Blanca. No solo era mucho más diplomático que Cohn fuera el cerebro de Kushner y no el de Trump, sino que instalar a Cohn en la Casa Blanca era la contramaniobra perfecta contra la filosofía de gestión del caos de Bannon. Cohn era la única persona del Ala Oeste con experiencia en la gestión de una organización de grandes dimensiones (Goldman Sachs tiene treinta y cinco mil empleados) y, a decir verdad, Bannon había salido de la misma empresa sin haber pasado de un puesto de nivel medio, mientras que Cohn, contemporáneo suyo, había alcanzado el escalafón más alto y por el camino había ganado cientos de millones de dólares. Cohn, un demócrata globalista y cosmopolita oriundo de Manhattan que había votado a Hillary Clinton y que todavía hablaba con frecuencia con el exdirector ejecutivo de Goldman Sachs y exsenador y gobernador demócrata del estado de Nueva Jersey, Jon Corzine, se convirtió de inmediato en la antítesis de Bannon.

Para Bannon el ideólogo, Cohn era justo lo contrario: un operador del mercado de materias primas que hacía lo propio de su gremio. Es decir, interpretar el humor general y averiguar cómo sopla el viento. "Conseguir que Gary adopte una postura sobre cualquier tema es como clavar mariposas en la pared", comentó Katie Walsh.

Cohn empezó a describir una Casa Blanca que en un futuro próximo tendría un enfoque empresarial y se comprometería con el avance de la centroderecha hacia posturas moderadas. En esa nueva configuración, Bannon quedaría al margen y Cohn, que despreciaba a Priebus, esperaría su turno para ascender a jefe de gabinete. A Cohn le parecía un trayecto fácil y confiaba en que todo saldría a su manera: Priebus tenía muy poco peso y Bannon era un vago incapaz de gestionar nada.

Tan solo unas semanas después de la llegada de Cohn al equipo de la transición, Bannon rechazó su plan de ampliar el Consejo Económico Nacional con hasta treinta nombramientos más. (Kushner, no hay que negarlo, frustró el plan de Bannon de poner a David Bossie a cargo de formar y liderar su equipo). Bannon también extendió el rumor, probablemente cierto (como mínimo, era una opinión popular en Goldman Sachs), de que Cohn, cuando ya había sido propuesto para el cargo de director ejecutivo de Goldman Sachs, fue apartado por intentar hacerse con el poder de manera indecorosa cuando el director ejecutivo de Goldman Sachs, Lloyd Blankfein, se sometió a tratamiento por un cáncer (en una situación muy similar a cuando, en 1981, el secretario de Estado Alexander Haig había insistido en retener el poder tras el atentado que sufrió Ronald Reagan). Según la versión que contaba Bannon, Kushner había comprado un artículo defectuoso. Era evidente que la Casa Blanca era el salvavidas profesional de Cohn; ¿por qué otro motivo habría aceptado participar en el gobierno de Trump? (Gran parte de esta información la había difundido a la prensa Sam Nunberg, antigua persona de confianza de Trump que ahora servía a Bannon. Nunberg hablaba con sinceridad de sus tácticas: "Siempre que puedo, le doy una buena paliza a Gary").

Sirva como prueba de la magnitud del poder de la familia (por consanguinidad o matrimonio) y, por qué no, del poder de Goldman Sachs, el hecho de que en medio de un Washington republicano y en un Ala Oeste de virulento derechismo, si bien no antisemita (al menos en cuanto a judíos liberales), los demócratas Kushner y Cohn parecían estar en alza. Parte del mérito era de Kushner, que demostró una tenacidad inesperada. En virtud de su aversión por los conflictos —en la familia Kushner, el padre monopolizaba todas las disputas, lo que obligaba a los demás miembros de la familia a adoptar el papel de pacificadores— Kushner no se enfrentaba a Bannon ni a su suegro y empezó a verse a sí mismo desde un punto de vista muy estoico: era el último moderado, la verdadera figura de la modestia, el lastre que necesitaba el barco. Todo esto quedaría de manifiesto con un logro espectacular. Pensaba cumplir la onerosa misión que le había encargado su suegro, misión que cada vez más veía como su destino: conseguiría la paz en Oriente Medio.

"Él *conseguirá* la paz en Oriente Medio", decía Bannon a menudo, con tono reverente y cara de póquer, lo que desataba la hilaridad entre los bannonitas.

En cierto modo, Kushner era una figura de creciente necedad y ridiculez. Por otro lado, era un hombre que, con el apoyo de su esposa y de Cohn, se veía como ejecutor de una misión única y de ámbito mundial.

Aún había otra batalla que perder o ganar. Bannon opinaba que Kushner y Cohn (e Ivanka) vivían en una realidad alternativa que tenía muy poco que ver con la verdadera revolución de Trump. Kushner y Cohn veían a Bannon no solo como una persona destructiva, sino autodestructiva, y no dudaban de que acabaría consigo mismo antes que con ellos.

En palabras de Henry Kissinger, la Casa Blanca de Trump "es una guerra entre judíos y gentiles".

* * *

Para Dina Powell, la otra empleada de Goldman Sachs del Ala Oeste, el principal factor a tener en cuenta cuando Ivanka le propuso trabajar en la Casa Blanca era el inconveniente de que la asociasen con la presidencia de Trump. Powell dirigía la sección filantrópica de Goldman Sachs, una iniciativa de relaciones públicas que buscaba el apoyo de las reservas cada vez más poderosas de dinero para la filantropía. Mientras representaba a Goldman Sachs, en Davos se había convertido en una especie de leyenda, pues era una suprema tejedora de redes de contactos entre los mejores tejedores de contactos del planeta. En un mundo en el que las fortunas privadas y las marcas personales tenían cada vez mayor influencia, ella se había situado en la intersección entre la imagen y la riqueza.

Que venciese a sus dudas y se embarcase en el proyecto era resultado tanto de su ambición, como del talento comercial que Ivanka Trump había demostrado en las breves reuniones con Powell celebradas en Nueva York y en Washington. Eso y una apuesta política muy arriesgada pero muy rentable: que ella, en liga con Jared e Ivanka y en colaboración estrecha con Cohn, su amigo y aliado de Goldman Sachs, podía hacerse con el control de la Casa

Blanca. Ese era el plan implícito: ni más ni menos. En concreto, la idea era que Cohn o Powell —y, en el transcurso de los siguientes cuatro u ocho años, puede que incluso los dos— obtuvieran el puesto de jefe de gabinete a medida que cayesen Bannon y Priebus. Ivanka era consciente de que el presidente se quejaba constantemente de sus dos asesores, y eso no hacía más que fomentar dicho panorama de futuro.

No se trataba de una pequeñez: una de las motivaciones que impulsaron a Powell a dar el paso era la fe que tenían Jared e Ivanka (una fe que a Cohn y a Powell les resultaba convincente) en que la Casa Blanca estaba a su disposición. Para Cohn y Powell, la oferta de formar parte del gobierno de Trump había cambiado de una oportunidad a un deber. Su labor consistiría en trabajar con Jared e Ivanka para ayudar a dirigir y a dar forma a una Casa Blanca que, de otro modo, podría convertirse en lo opuesto a la razón y moderación que ellos aportaban. Podían colaborar de forma decisiva a la salvación de la organización a la vez que daban un salto personal espectacular.

Lo más inmediato para Ivanka, que se centraba en las preocupaciones sobre la cuota de mujeres en la Casa Blanca, era que Powell corregía la imagen de Kellyanne Conway, a quien Ivanka y Jared desdeñaban independientemente de su guerra personal contra Bannon. Mientras continuaba contando con el apoyo del presidente y siendo su defensora favorita en los programas de actualidad de los canales de cable, se había autoproclamado en público como el rostro de la administración; un rostro que para Ivanka y Jared era horrible, pues no parecía ejercer de filtro de los peores impulsos del presidente, sino que agravaba la rabia, la impulsividad y los errores de Trump. En tanto que los asesores presidenciales deben amortiguar e interpretar las decisiones instintivas, Conway les daba voz, se empeñaba en realizarlas y las convertía en una ópera. Trump había exigido lealtad, y ella se lo había tomado al pie de la letra. Tal como lo veían Ivanka y Jared, Conway era una persona dramática, difícil y hostil, y esperaban que, cuando la invitasen a los programas matinales, Powell se comportase como una adulta reflexiva y cauta.

A finales de febrero, tras un primer mes caótico en el Ala Oeste, la campaña que habían iniciado Jared e Ivanka para debilitar a Bannon parecía dar frutos. La pareja había creado un circuito para obtener información que incluía a Scarborough y a Murdock, y confirmaba lo irritado y frustrado que estaba el presidente por la supuesta importancia que tenía Bannon en la Casa Blanca. Semanas después de que Bannon saliera en la portada de la revista *Time*, el presidente aún aprovechaba cualquier oportunidad para mencionar el artículo con resentimiento. ("Las portadas de *Time* le parecen una suma cero —explicó Roger Ailes—. Cada vez que alguien más sale en ella, significa que él no sale"). Scarborough, con cierta dosis de crueldad, no paraba de hablar del presidente Bannon, mientras que Murdoch sermoneaba al presidente Trump con vehemencia sobre la extrañeza y el extremismo del bannonismo, vinculándolo con Ailes: "Están los dos locos", le dijo a Trump.

Kushner también le insistió al presidente que le tenía más miedo que nunca a la debilidad propia de la edad madura, que a sus sesenta y tres años de edad Bannon no aguantaría la presión de trabajar en la Casa Blanca. A decir verdad, Bannon hacía jornadas de dieciséis y dieciocho horas siete días a la semana y, por miedo a no estar presente cuando lo requiriese el presidente, hacía guardia prácticamente toda la noche. A medida que pasaban las semanas, Bannon sufrió un deterioro físico del que todos fueron testigos: se le hincharon la cara y las piernas, tenía los ojos rojos, dormía con la ropa puesta y estaba cada vez más distraído.

* * *

Cuando empezó el segundo mes del mandato de Trump, el bando de Jared, Ivanka, Gary y Dina se centró en el discurso que daría el presidente el 28 de febrero ante las dos cámaras del Congreso.

"Un reseteo —declaró Kushner—. Volvemos al principio".

La ocasión era una oportunidad ideal. Trump tendría que pronunciar el discurso que le pusieran delante. No solo aparecía en el teleprónter, sino que se lo habían repartido a todos de antemano. Además, se trataba de un público educado que no lo azuzaría. El presidente estaba bajo control y, por una vez, Jared, Ivanka, Gary y Dina estaban al mando.

"Si incluyes aunque sea una sola palabra de Steve en el discurso, él querrá llevarse todo el mérito", le dijo Ivanka a su padre. Sabía bien que Trump reaccionaba con mayor intensidad a la atribución del mérito que al contenido del discurso en sí, y con ese comentario se aseguró de que este no recayese en Bannon.

Bannon lo llamaba "el discurso Goldman".

El discurso inaugural, que habían escrito casi por completo entre Bannon y Stephen Miller, había sido un *shock* para Jared e Ivanka. Pero una peculiaridad de la Casa Blanca, que empeoraba sus problemas de comunicación, era la falta de un equipo dedicado a la redacción de discursos. Tenían a Bannon, un hombre instruido y muy expresivo pero que no escribía. Por otro lado, estaba Stephen Miller, que producía poco más que esquemas. Más allá de eso, se trataba de un sálvese quien pueda. La falta de un mensaje coherente se debía a que carecían de personas que lo escribiesen: un ejemplo más del desprecio por el oficio político.

Ivanka se hizo con el control del borrador para la sesión conjunta y enseguida introdujo las contribuciones del equipo Jarvanka. Durante el discurso, el presidente se comportó tal como lo esperaban. El público vio a un Trump alegre, un vendedor, un Trump al que no había que temer, un guerrero feliz. Para Jared,

Ivanka y sus aliados fue una noche magnífica, y todos estaban de acuerdo en que, rodeado de pompa y esplendor —"Con ustedes, el presidente de los Estados Unidos"—, el presidente por fin tenía un aura presidencial. Por una vez, los medios les dieron la razón.

Las horas posteriores a ese discurso fueron el mejor período de Trump en la Casa Blanca. Durante al menos un ciclo noticioso, la presidencia fue otra. Por un momento, se produjo incluso una especie de crisis de conciencia en algunos sectores de los medios: ¿Era posible que hubieran malinterpretado al presidente? ¿Era posible que la parcialidad de los medios de comunicación hubiera pasado por alto sus buenas intenciones? ¿Les mostraba por fin su mejor faceta? El presidente pasó los dos días siguientes revisando su buena prensa. Por fin había llegado a una orilla tranquila donde lo esperaban nativos agradecidos. Además, el éxito del discurso confirmaba la estrategia de Jared y de Ivanka: había que buscar terreno común. También confirmaba lo que Ivanka pensaba de su padre —que quería el amor de los demás— y los miedos de Bannon: que en el fondo, Trump era un blando.

El Trump de la sesión conjunta no era solo un nuevo Trump, sino la confirmación de una nueva coalición de cerebros en el Ala Oeste (a la que Ivanka planeaba unirse al cabo de unas semanas). Jared e Ivanka, con la ayuda de sus asesores de Goldman Sachs, estaban modificando el mensaje, el estilo y la temática de la Casa Blanca. El nuevo lema era tender lazos.

Bannon adoptó el papel de Casandra ante cualquiera que escuchase, cosa que no ayudaba a su causa. Insistía en que tratar de apaciguar a los enemigos mortales solo provocaría desastres. Según él, había que seguir luchando contra ellos, pues era de necios creer que había un arreglo de mutuo acuerdo. La virtud de Donald Trump, al menos a ojos de Steve Bannon, era que la élite cosmopolita jamás aceptaría a alguien como él. Al fin y al cabo, se trataba de Donald Trump.

11

TELÉFONOS PINCHADOS

Con los tres televisores de su dormitorio, el presidente seleccionaba el mejor contenido de las cadenas de televisión por cable, pero en cuestiones de prensa dependía de Hope Hicks. Hicks había sido su asistente júnior durante gran parte de la campaña, además de su portavoz (aunque, según Trump, a esa función la cumpliese él), y al llegar al Ala Oeste muchos pensaron que había sido arrinconada por los bannonitas, por el ala Goldman y la dupla de Priebus y los profesionales del Comité Nacional Republicano. El personal sénior no solo la veía demasiado joven e inexperta —entre los reporteros de la campaña era conocida por sus minifaldas que le dificultaban el movimiento—, sino como una mujer demasiado complaciente, entusiasta y temerosa de cometer un error. Una joven que dudaba de sí misma y buscaba la aprobación de Trump. Pero el presidente siempre la rescataba del olvido al que los demás querían relegarla con sus "¿Dónde está Hope?". Por muy desconcertante que les pareciera a los demás, Hicks continuó siendo la asistente en quien él más confiaba, la que tenía el trabajo más importante de toda la Casa Blanca: interpretarle la información de los medios de la manera más positiva y amortiguar los efectos cuando eso no era posible.

El día después del discurso de "reseteo" ante las dos cámaras del Congreso le supuso a Hicks una paradoja. Eran las primeras buenas noticias de la presidencia, pero en las ediciones de ese día del *Washington Post*, del *New York Times* y del *New Yorker* se publicó una serie de muy malas noticias. Por suerte, ninguna de las tres historias habían aparecido en los canales de cable, así que aún había algo de tiempo. Durante gran parte del 1 de marzo, la propia Hicks no parecía comprender la magnitud de esas malas noticias.

El artículo del *Washington Post* se basaba en una filtración de alguien del Departamento de Justicia (al que describieron como "un exfuncionario de alto rango" y que probablemente era alguien de la Casa Blanca de Obama) y decía que el nuevo ministro de Justicia Jeff Sessions se había reunido en dos ocasiones con el embajador ruso Sergey Kislyak.

Cuando le enseñaron la noticia al presidente, él no le vio importancia. "¿Y qué?", respondió.

Le explicaron al presidente que durante la verificación, Sessions lo había negado.

En la sesión del 10 de enero, Al Franken, excómico y senador demócrata de Minnesota, daba palos de ciego en su búsqueda de una pregunta. Le habían pasado una pregunta basada en el dossier Steele que acababa de salir a la luz y, hablando con sintaxis embrollada y a trompicones, dijo:

> Estos documentos supuestamente dicen que, y cito: "Durante la campaña, había un intercambio continuo de información entre los sustitutos de Trump y los intermediarios del gobierno ruso".
>
> De nuevo, se lo digo ahora que se ha hecho público, para que lo sepa. Pero si es cierto, es evidente que se trata de un hecho de extrema gravedad y, si hay pruebas de que alguien afiliado a la campaña de Trump se comunicó con el gobierno ruso durante la campaña, ¿qué harán?

En lugar de responder la tortuosa pregunta —"¿Qué harán?"— con un sencillo "Naturalmente, investigaremos y denunciaremos cualquier actividad ilegal", un Sessions muy confuso había contestado a una pregunta que no le habían hecho.

> Senador Franken, no tengo constancia de ninguna de esas actividades. Durante la campaña yo mismo he actuado como sustituto una o dos veces y no tuve, no tuve ningún tipo de comunicación con los rusos y, por lo tanto, no puedo ofrecer ningún comentario.

El presidente se centró de inmediato en una cuestión: ¿Por qué creían que comunicarse con los rusos era malo? Trump insistía en que no suponía ningún problema. Como en otras ocasiones, fue difícil conseguir que prestase atención al verdadero asunto que tenían entre manos: una posible mentira al Congreso. El artículo del *Post*, si es que lo había digerido, no lo preocupaba. Lo veía como un intento muy vago de inculpar a Sessions de algo, y Hicks estaba de acuerdo con él. En cualquier caso, Sessions había dicho que no se había reunido con los rusos mientras hacía de sustituto en la campaña. Así que no lo había hecho. Caso cerrado.

"Noticias falsas", dijo el presidente. Se había convertido en su réplica para todo.

En cuanto a las malas noticias del *Times*, de la manera en que Hicks se lo contó, al presidente le pareció algo positivo. Gracias a una fuente anónima de la administración de Obama (más fuentes anónimas de Obama), el artículo revelaba una nueva magnitud de la supuesta conexión entre la campaña de Trump y las injerencias rusas en las elecciones de los Estados Unidos:

> Varios aliados de los Estados Unidos, incluyendo a los británicos y los holandeses, han proporcionado información sobre reuniones en ciudades europeas entre funcionarios rusos —y personas

próximas al presidente ruso Vladimir V. Putin— y socios del presidente electo Trump, según tres exfuncionarios estadounidenses que, al hablar de información clasificada, solicitaron permanecer en el anonimato.

Y:

Por su parte, las agencias de inteligencia de los Estados Unidos habían interceptado comunicaciones de varios funcionarios rusos, algunas de ellas con el Kremlin, en las que se hablaba del contacto con socios de Trump.

El artículo continuaba así:

El señor Trump niega que el equipo de su campaña mantuviera contacto con funcionarios rusos y ha llegado a insinuar abiertamente que las agencias de espionaje estadounidenses habían fabricado datos que indicaban que el gobierno ruso había intentado influir en las elecciones presidenciales. El señor Trump ha acusado a la administración de Obama de dar publicidad al asunto a fin de desacreditar el nuevo gobierno.

Y al final llegaba lo importante:

En la Casa Blanca de Obama, las declaraciones de Trump hicieron aflorar el miedo de que, cuando el poder cambiase de manos, los informes de inteligencia podrían ser destruidos o las fuentes reveladas. A continuación hubo una campaña para conservar la información relevante que puso de relieve el nivel de ansiedad que la amenaza de Moscú causa en la Casa Blanca y en las agencias de inteligencia.

Esto confirmaba aún más la tesis central de Trump: con su candidata derrotada, la administración anterior no solo no honraba la costumbre democrática de allanarle el camino al ganador de las elecciones, sino que, según como lo veía la Casa Blanca de Trump, la gente de Obama había conspirado con las agencias de inteligencia para debilitar a la nueva administración. Según insinuaba el artículo, la información secreta se había distribuido por todas las agencias de inteligencia para facilitar las filtraciones y, al mismo tiempo, proteger a los filtradores. Se rumoreaba que la información consistía en unas hojas de cálculo de Susan Rice donde había una lista de los contactos rusos del equipo de Trump y que, siguiendo las tácticas de WikiLeaks, los documentos estaban ocultos en una docena de servidores de distintos lugares. Antes de su amplia distribución, cuando la información estaba a buen recaudo, habría sido fácil identificar a un grupo pequeño de personas responsables de la filtración, pero la administración de Obama había ampliado ese grupo de manera considerable.

Entonces, eran buenas noticias, ¿verdad? El presidente preguntó si aquello no era prueba de que Obama y los suyos iban por él. El artículo del *Times* era una filtración sobre un plan para filtrar información y constituía una prueba clara del *deep state* o estado profundo.

Como siempre, Hope Hicks apoyó al presidente. El crimen era haber filtrado información, y los culpables, la administración de Obama. El presidente confiaba en que el Departamento de Justicia investigaría al expresidente y a su gente. Por fin.

* * *

Hope Hicks también le había enseñado al presidente un artículo largo del *New Yorker*. La revista acababa de publicar un artículo firmado por tres autores —Evan Osnos, David Remnick y Joshua

Yaffa—, que atribuían la agresividad rusa a una nueva guerra fría.
Desde que Trump había ganado las elecciones, Remnick, el editor
del *New Yorker*, había presentado una visión sin fisuras de que la
victoria de Trump ponía en peligro las normas democráticas.

Se trataba de un artículo de trece mil quinientas palabras que,
uniendo los puntos de la vergüenza geopolítica de Rusia, la ambición de Putin, el talento cibernético del país y las sospechas de los
servicios de inteligencia estadounidenses sobre Putin y Rusia, sentaba las bases de una nueva narrativa tan coherente y apocalíptica
como la de la Guerra Fría. La diferencia entre las narrativas era
que en esta, el resultado final era Donald Trump: él era la bomba
atómica. Una de las fuentes que se citaba con frecuencia era Ben
Rhodes, el asistente de Obama que, según el bando de Trump, era
responsable de las principales filtraciones y, quizá, también el arqui-
tecto de los intentos de la administración de Obama de relacionar
a Trump y a su equipo con Putin y con Rusia. En la Casa Blanca,
muchos creían que Rhodes pertenecía al *deep state*. También creían
que cada vez que alguien atribuía una filtración a exfuncionarios y
funcionarios actuales, Rhodes era el exfuncionario del Estado que
estaba en contacto con los actuales.

A pesar de que el artículo era, sobre todo, una recapitulación
funesta de los miedos en torno a Trump y a Putin, en un paréntesis que dejaba la información importante para el final de la pieza,
situaba a Jared Kushner con Kislyak, el embajador ruso, en una reunión con Michael Flynn en la Torre Trump en el mes de diciembre.

Hicks no se percató del dato y, más tarde, Bannon tuvo que
señalárselo al presidente.

Se habían establecido vínculos directos entre el diplomático
ruso y tres personas de la administración de Trump: el ex consejero nacional de Seguridad, el actual ministro de Justicia y uno de
los principales asesores y yerno del presidente.

Para Kushner y su esposa, no se trataba de un acto inocente.

Sintiéndose cada vez más amenazados, acabarían sospechando que Bannon había filtrado la información sobre la reunión de Kushner con Kislyak.

* * *

Pocos puestos de la administración de Trump parecían tan adecuados y bien escogidos como el nombramiento de Jeff Sessions como principal responsable del cumplimiento de la ley en la nación. Tal como veía el puesto de Ministro de Justicia, era su responsabilidad frenar, limitar y deshacer la interpretación del derecho federal que llevaba tres generaciones socavando la cultura estadounidense y ofendiendo su propio papel en ella. "Es el trabajo de su vida", dijo Steve Bannon.

No cabía duda de que Sessions no pensaba arriesgar su puesto por una tontería como el asunto de Rusia y su colección de figuras bufonescas en torno a Trump. Dios sabía qué tramaban esos personajes, pero todo el mundo daba por sentado que no era nada bueno. Era mejor no tener nada que ver con ellos.

Sin consultárselo al presidente ni, que se sepa, a nadie más de la Casa Blanca, Sessions decidió apartarse del peligro lo antes posible. El 2 de marzo, al día siguiente de que se publicase el artículo en el *Post*, presentó una recusación para no intervenir en ninguna causa relacionada con la investigación sobre Rusia.

La noticia de la recusación del ministro de Justicia estalló como un artefacto explosivo improvisado en la Casa Blanca. Sessions era la protección de Trump contra una investigación demasiado agresiva. El presidente no le veía lógica y se quejó a sus amigos: ¿por qué no quería Sessions protegerlo? ¿Qué ganaba Sessions con eso? ¿Creía que las acusaciones eran reales? ¡Sessions debía hacer su trabajo!

De hecho, Trump ya tenía motivos para preocuparse por el Departamento de Justicia. El presidente tenía una fuente privada

—una de las personas que lo llamaba con frecuencia— que creía
que lo tenía al corriente de lo que ocurría en el ministerio. Según
dijo el presidente, cumplía esa tarea mucho mejor que el propio
Sessions.

A consecuencia de la historia sobre Rusia, el gobierno de Trump
se vio involucrado en un tira y afloja burocrático muy arriesgado
en el que el presidente acudía a fuentes externas para averiguar
qué ocurría en su propio gobierno. Esa fuente, un viejo amigo con
sus propias fuentes dentro del Departamento de Justicia —pues
muchos de los amigos ricos y poderosos del presidente tenían
motivos para vigilar de cerca lo que ocurría en el ministerio—, le
había pintado una imagen muy negra de un Departamento de Justicia y un FBI desesperados por ir a por a él. Al parecer, se había
empleado la palabra "traición".

Según esa misma fuente, el ministerio estaba lleno de mujeres
que lo odiaban. Era un ejército de abogados e investigadores que
recibía instrucciones del gobierno anterior. "Quieren hacer que el
Watergate se parezca al Pissgate", le dijeron. La comparación con-
fundía a Trump; creía que su amigo se refería al dossier de Christopher Steele y el cuento de las lluvias doradas.

Tras la recusación del ministro de Justicia, el presidente, cuya
reacción instintiva a todos los problemas era despedir a alguien,
pensó de inmediato que debía deshacerse de Sessions. Al mismo
tiempo, no tenía ninguna duda sobre lo que estaba ocurriendo.
Sabía de dónde salía todo aquello sobre Rusia y, si la gente de
Obama creía que iba a salirse con la suya, no sabían lo que les esperaba. Pensaba ponerlos en evidencia a todos.

* * *

Uno de los muchos nuevos patrocinadores de Jared Kushner era
Tony Blair, ex primer ministro británico, a quien Kushner había
conocido a orillas del río Jordán en el 2010, durante el bautizo de

Grace y Chloe Murdoch, las hijas pequeñas de Rupert Murdoch y de Wendi, su esposa en ese momento. Jared e Ivanka habían vivido en el mismo edificio Trump de Park Avenue en el que vivía la familia Murdoch (para ellos era un alquiler temporal mientras reformaban el enorme tríplex de la Quinta Avenida, pero las obras duraron cuatro años), y durante ese periodo Ivanka se había convertido en amiga íntima de Wendi Murdock. Más tarde, Murdoch acusaría a Blair, padrino de Grace, de ser el amante de su esposa y de haber provocado la ruptura. Durante el divorcio, Wendi se quedó con los Trump.

No obstante y por paradójico que pareciese, una vez instalados en la Casa Blanca, la hija y el yerno del presidente fueron objeto de un cortejo renovado y entusiasta por parte de ambos Blair y Murdoch. Dado que carecía de un círculo influyente en casi todas las áreas del gobierno en las que ahora estaba involucrado, Kushner se dejaba cultivar la amistad y estaba bastante desesperado por el consejo que sus nuevos amigos tenían que ofrecer. Blair tenía intereses filantrópicos, de negocios y diplomáticos privados en Oriente Medio y estaba especialmente decidido a ayudarlo a sacar adelante algunas de sus iniciativas en esa zona.

En febrero, Blair visitó a Kushner en la Casa Blanca.

Durante el viaje, el diplomático independiente le transmitió un dato muy jugoso a fin de demostrar su valía a la nueva Casa Blanca. Insinuó que cabía la posibilidad de que los británicos hubieran estado vigilando al personal de la campaña de Trump, de que hubieran hecho un seguimiento de las llamadas telefónicas y de otros medios de comunicación, incluyendo tal vez a Trump. Como Kushner podía comprender, se trataba de la teoría del *goy* de *sabbat* aplicada a los servicios secretos: durante el *sabbat,* los judíos practicantes no podían encender la luz ni pedirle a nadie que lo hiciera por ellos. Pero si expresaban la opinión de que ver sería mucho más fácil si las encendieran y, como resultado, un gentil las encendiese, no pasaba nada. Así pues, aunque el gobierno de Obama no le habría pedido a los británicos que espiasen la campaña de Trump, es posible que alguien les hiciera comprender lo mucho que los ayudaría que lo hiciesen.

No estaba claro si la información que acababa de proporcionar Blair era un rumor, una conjetura informada, sus propias especulaciones o un hecho. Pero mientras la mente del presidente le daba vueltas a esa idea, Kushner y Bannon acudieron al cuartel general de la CIA en Langley para reunirse con Mike Pompeo y con su vicedirectora Gina Haspel para indagar en el asunto. Unos días más tarde, la CIA informó de manera poco clara que los datos no eran correctos: había sido un fallo de comunicación.

* * *

Incluso antes de la época Trump, la política parecía haberse convertido en un asunto de vida o muerte. Era una suma cero: cuando un bando se beneficiaba de algo, el otro perdía. La victoria de una parte era la muerte de la otra. La antigua idea de que la política era un juego de intercambios, de que alguien tenía algo que tú querías —un voto, reputación o patrocinio de toda la vida— y que al final lo único que importaba era el costo, había pasado de moda. Ahora se trataba de una lucha entre el bien y el mal.

Resulta curioso que para ser un hombre que había encabezado una corriente basada en la rabia y el castigo, Trump era (o creía ser) un político a la antigua, de los dispuestos a llegar a un acuerdo. Si tú me rascas, yo te rasco a ti. Se veía como un estratega supremo que siempre sabía lo que el otro quería.

Steve Bannon lo había presionado para que invocase a Andrew Jackson como su modelo populista, y él hizo acopio de libros sobre Jackson que se quedaron sin leer. Pero para él, el verdadero modelo era Lyndon Johnson. Lyndon B. Johnson era un hombre corpulento y capaz de discutir, hacer tratos y conseguir que hombres inferiores a él cediesen a su voluntad. Podía negociar de manera que todo el mundo consiguiera algo, y el mejor negociador se llevase un poco más. (Sin embargo, Trump no apreciaba la ironía del lugar adonde Lyndon Johnson había ido a parar: fue uno de los primeros políticos modernos en hallarse en el lado equivocado de la política moral y mortal).

No obstante, en ese momento y con siete semanas de mandato a la espalda, Trump pensó que el aprieto en el que se encontraba era único y abrumador. Sus enemigos iban a por él como no habían ido a por ningún otro presidente anterior (a excepción, tal vez, de Clinton). O, peor aún, el sistema estaba amañado en su contra. El pantano burocrático, las agencias de inteligencia, los tribunales injustos, los medios mentirosos: todos se habían confabulado contra él. Para sus empleados sénior, ese era un tema de conversación que nunca fallaba: el posible martirio de Donald Trump.

Durante las llamadas nocturnas, el presidente no dejaba de repetir lo injusto que era y de hablar de lo que le había dicho Tony Blair (¡y más personas!). Todo cuadraba. Había un complot en su contra.

No cabía duda de que los miembros del personal de la administración más próximos a Trump eran conscientes de su volatilidad y que esta los alarmaba a todos, sin falta. En determinados instantes durante los acontecimientos políticos adversos del día, todo el mundo estaba de acuerdo en que el presidente por momentos actuaba con irracionalidad. Cuando eso ocurría, se encerraba en su indignación y nadie podía acercarse a él. Sus empleados más cercanos se enfrentaban a esos periodos oscuros dándole la razón dijera lo que dijese. Y mientras que alguno de ellos de vez en cuando respondía con evasivas, Hope Hicks no lo hacía jamás. Ella estaba de acuerdo con absolutamente todo.

La noche del 3 de marzo, el presidente vio desde Mar-a-Lago como Bret Baier entrevistaba a Paul Ryan en la cadena Fox. Baier le preguntaba al presidente de la Cámara de Representantes por un informe del sitio web de noticias Circa —propiedad de los conservadores Sinclair Broadcast Group— acerca de la acusación de que la Torre Trump había estado bajo vigilancia durante la campaña.

El 4 de marzo, los tuits de primera hora de la mañana de Trump empezaron así:

> ¡Terrible! Acabo de enterarme de que Obama me "pinchó" los teléfonos en la Torre Trump antes de la victoria. No encontraron nada. ¡Esto es McCarthismo! (04:35 hs.)

> ¿Es legal que un presidente "pinche" los teléfonos en la carrera por la presidencia antes de las elecciones? Los tribunales ya lo habían rechazado. ¡HAN CAÍDO AÚN MÁS BAJO! (04:49 hs.)

> Cuán bajo ha caído el presidente Obama para pincharme el teléfono durante el sagrado proceso de las elecciones. Esto es Nixon/Watergate. ¡Tipo malo (o enfermo)! (05:02 hs.).

A las siete menos veinte de la mañana, llamó a Priebus y lo despertó. "¿Has leído mi tuit? —le preguntó—. Los he pillado con las manos en la masa". Entonces levantó el teléfono para que Priebus oyese el programa de Baier, que sonaba de fondo.

Ni le interesaba ser preciso ni tenía la capacidad de serlo. Aquello era pura exclamación en público, una ventana al dolor y la frustración. Con sus faltas de ortografía y el uso de lenguaje más propio de los setenta —lo de pinchar los teléfonos evocaba imágenes de agentes del FBI agachados dentro de una furgoneta en la Quinta Avenida— resultaba descabellado y ridículo. Desde el punto de vista de los medios, de los servicios secretos y de unos demócratas muy satisfechos, de entre los muchos tuits con los que se había destacado Trump, estos sobre las escuchas lo habían izado aún más alto y lo habían dejado colgando de su propia ignorancia y bochorno.

Según la CNN, "dos ex funcionarios de alto rango rechazaron las acusaciones de Trump de inmediato. "Tonterías", dijo un ex funcionario de inteligencia". Dentro de la Casa Blanca pensaron que la cita de "Tonterías" era de Ben Rhodes y que la habría ofrecido con gran satisfacción.

Por su parte, Ryan le dijo a Priebus que no tenía ni idea de qué le hablaba Baier y que se había pasado la entrevista diciendo sandeces.

Pero si lo de las escuchas no era literal, de pronto hubo que hacer esfuerzos por encontrar algo que sí fuera verdad, y la Casa Blanca, desesperada, ofreció un artículo de Breitbart que enlazaba a una pieza de Louise Mensch, una ex política británica que vivía en Estados Unidos y se había convertido en la Jim Garrison de la conexión entre Trump y Rusia.

Hubo otro intento muy agresivo de acusar al gobierno de Obama de los delitos de recopilación fortuita y desenmascaramiento. Pero, al final, quedó en otro ejemplo —para algunos el ejemplo definitivo— de lo mucho que le costaba al presidente manejarse en un mundo político literal de definiciones y causas y efectos.

Fue un momento crucial. Hasta entonces, el círculo íntimo de Trump había estado casi siempre dispuesto a defenderlo. Pero después de los tuits sobre los teléfonos pinchados, todos a excepción, quizá, de Hope Hicks se sumieron en un estado de vergüenza e inquietud, o incredulidad constante.

Por ejemplo, Sean Spicer no dejaba de repetir un mantra incesante: "Esta mierda no te la puedes inventar".

12

DEROGAR Y REEMPLAZAR

Unos días después de las elecciones, Steve Bannon le dijo al presidente electo que tenían los votos suficientes para sustituir a Paul Ryan en el cargo de presidente de la Cámara por Mark Meadows, líder del Freedom Caucus inspirado en el Tea Party y partidario de Trump desde el inicio de la campaña. (Su esposa se había ganado el respeto del bando de Trump haciendo campaña en el Bible Belt, o cinturón de la Biblia, durante el fin de semana del escándalo de Billy Bush). Con una ceja enarcada, Katie Walsh calificó el gesto de "artimaña Breitbart".

Ganar las elecciones presidenciales y destituir a Ryan —y, de ser posible, humillarlo— era lo que Bannon quería conseguir en última instancia, además de ser la expresión perfecta de la comunión de pensamiento del bannonismo y el trumpismo. Desde el principio, la campaña de Breitbart contra Paul Ryan formaba una parte muy importante de la campaña de apoyo a Donald Trump. Que catorce meses después de empezar la cruzada, se aceptase la participación directa de Trump y de Bannon fue, en parte, porque Trump había echado el sentido común político por la borda y estaba dispuesto a liderar la carga contra Paul y contra los padrinos del *Grand Old Party,* como se conoce al Partido Republicano. Aun así, Breitbart y Trump no veían a Ryan del mismo modo.

En Breitbart se pensaba que el nombramiento de Ryan como presidente de la Cámara había puesto fin a la rebelión y a la transformación que había apartado al anterior presidente John Boehner del puesto y que, sin duda, podría estar pensada para convertir a la Cámara en el centro de un nuevo republicanismo radical. Ryan era el compañero de lista de Mitt Romney y la figura que había fusionado la supuesta incuestionabilidad de la rectitud republicana con una política fiscal conservadora y metódica, pues había sido el presidente de la Comisión de Medios y Arbitrios y de la Comisión de Presupuesto. Además, era oficialmente la mejor y única esperanza del Partido Republicano. (Como era de esperar, Bannon había convertido este hecho en uno de los temas de conversación oficiales de Trump: "A Ryan lo crearon en una placa de Petri, en la Fundación Heritage). Si la rebelión del Tea Party había desplazado al Partido Republicano aún más hacia la derecha, Ryan formaba parte del lastre que impedía que continuase en esa dirección, o que, al menos, conseguía que lo hiciera a un paso mucho más lento. En este sentido, representaba una firmeza adulta de hermano mayor que contrastaba con la inmadurez e hiperactividad del Tea Party, además de una estoica resistencia de mártir contra el movimiento Trump.

Mientras que el *establishment* republicano había promovido la madurez y la sagacidad de Ryan, el ala de Breitbart, Bannon y el Tea Party habían organizado una campaña que pretendía mostrar a un Ryan muy poco comprometido con la causa y que, además, era un estratega inepto y un líder incompetente. Para ellos, no era más que un chiste: el ejemplo definitivo de un político ineficaz que provocaba risa y vergüenza.

La aversión que Trump sentía por Ryan estaba mucho menos estructurada. No se había formado una opinión sobre sus capacidades como político y tampoco había prestado demasiada atención a su posicionamiento. Su criterio era personal: Ryan lo había insultado una y otra vez. Ryan siempre había apostado en su contra. Ryan se había convertido en el símbolo del horror y de la incredulidad con la que el *establishment* republicano veía a Trump. Por si fuera poco, Ryan había alcanzado cierta estatura moral a base de faltarle el respeto (y, como de costumbre, Trump consideraba que cualquier victoria conseguida a su costa era un doble insulto). En la primavera del 2016, Ryan era ya la única alternativa a Trump como candidato, y muchos republicanos opinaban que con una sola palabra, la convención se volcaría en Ryan. Sin embargo, el plan astuto de Ryan era permitir que su contrincante se hiciera con la candidatura y, más tarde, alzarse como clara alternativa a liderar el partido tras la derrota histórica de Trump y la purga inevitable del ala compuesta por el Tea Party, Breitbart y Trump.

No obstante, las elecciones destruyeron a Paul Ryan, al menos a ojos de Steve Bannon. Trump no solo había salvado al Partido Republicano, sino que había conseguido una mayoría muy potente. El sueño de Bannon se había cumplido y el movimiento del Tea Party había obtenido el poder con Trump como sorprendente cabecilla: el poder total. El Partido Republicano estaba en sus manos. El siguiente paso lógico y necesario era rematar a Paul Ryan en público.

Sin embargo, el abismo que había entre el desprecio estructural de Bannon por Paul Ryan y el resentimiento personal de Trump era muy amplio. Mientras Bannon pensaba que Ryan no estaba dispuesto ni capacitado para llevar a cabo el nuevo programa Bannon-Trump, Trump consideraba que el castigo había resultado en un Ryan abyecto, satisfactorio, sumiso y útil. Bannon quería deshacerse del *establishment* republicano por completo, y Trump se conformaba con ver que ahora parecía doblegarse ante él.

"Es un tipo muy listo —dijo Trump después de la conversación que mantuvo con el presidente de la Cámara después de las elecciones—. Un hombre muy serio. Todo el mundo lo respeta".

Según uno de los asistentes sénior del presidente, Ryan "desplegó niveles de adulación tan altos y peliculeros que daba vergüenza ver cómo lo agasajaba", y así consiguió retrasar su ejecución. Mientras Bannon abogaba por Meadows, que era mucho menos flexible que Ryan, Trump tuvo dudas y, al final, decidió que no solo no apoyaría la destitución de Ryan, sino que lo haría su hombre, su socio. Trump acabó respaldando con entusiasmo el programa de Ryan en lugar de a la inversa, claro ejemplo de los efectos extraños e impredecibles que la química personal era capaz de ejercer en Trump, o de lo fácil que era vender al vendedor.

"No nos habíamos planteado que el presidente pudiera darle carta blanca —reflexionó Katie Walsh—. El presidente y Paul pasaron de tener una relación espantosa durante la campaña a mantener tal romance después, que el presidente estaba dispuesto a aceptar cualquier cosa que él propusiera".

A Bannon no acababa de sorprenderle que Trump hubiera cambiado de parecer, porque sabía lo fácil que era embaucar a un embaucador. También era consciente de que el acercamiento de Ryan era una muestra de que el presidente había hecho una valoración de su situación actual. No se trataba solo de que Ryan estuviera dispuesto a ceder ante Trump, sino también de que Trump estaba dispuesto a ceder ante sus propios miedos sobre lo poco que sabía acerca de ser presidente. Si podían contar con que Ryan se ocupase de manejar el Congreso, algo habían ganado.

* * *

A Trump no le interesaba el objetivo principal de los republicanos: revocar el Obamacare. Era un hombre de setenta años con sobrepeso y varias fobias físicas (por ejemplo, mentía sobre su altura para que su índice de masa corporal no indicase obesidad), y consideraba la salud y los tratamientos médicos un tema de conversación de mal gusto. Para él, los particulares de la legislación a impugnar eran demasiado aburridos y se distraía en cuanto empezaba la discusión sobre esa política. Apenas podía enumerar unos puntos de Obamacare —poco más que expresar su regocijo ante la promesa ridícula de Obama de que todos podrían seguir con los mismos doctores— y tampoco era capaz de establecer diferencias positivas ni negativas entre el sistema de salud antes y después de la aprobación del Obamacare.

Es muy posible que antes de conseguir la presidencia no hubiera mantenido ni una sola conversación significativa sobre seguros médicos. "En todo el país, incluso en todo el mundo, nadie ha prestado menos atención a los seguros médicos que Donald", dijo Roger Ailes. En una entrevista con Trump llevada a cabo durante la campaña, le preguntaron por la importancia de la revocación y la reforma del Obamacare. El candidato se mostró, como mínimo, muy inseguro sobre el papel que ese asunto ocupaba en su programa: "Es un tema importante, pero hay muchos temas importantes. Podría estar entre los diez más importantes. Seguramente lo está. Pero hay mucha competencia y es difícil estar seguro. Podría ser el número doce. O el quince. Pero seguro que está entre los veinte más importantes".

Aquel era uno de los puntos de conexión sin sentido que tenía con muchos de sus votantes: Obama y Hillary Clinton parecían querer hablar del sistema de salud, mientras que Trump, como la gran mayoría, se negaba en rotundo.

Dadas las circunstancias, es posible que prefiriese que hubiera más gente con seguro médico que menos. Y, en el fondo, estaba mucho más a favor del Obamacare que de la derogación de la ley. Además, había hecho una serie de promesas precipitadas al estilo de Obama, como que con el futuro plan Trumpcare nadie se quedaría sin seguro médico y que este continuaría cubriendo las enfermedades preexistentes. De hecho, estaba más a favor que cualquier otro republicano de que el gobierno financiase el sistema de salud: "¿Por qué no podría Medicare cubrir a todos?", se había preguntado con impaciencia durante una conversación con sus asistentes en la que todos se habían esforzado para no reaccionar ante semejante herejía. Al final, hubo que disuadirlo por todos los medios de que no empleara el término Trumpcare y sus sabios le dijeron que ese era un ejemplo de las situaciones en las que era mejor no vincular su nombre con un proyecto.

Por su parte, Bannon se mantuvo firme insistiendo con dureza en que el asunto de Obamacare era una de las cosas que definía al republicanismo y que, teniendo la mayoría en el Congreso, no podían dar la cara ante los votantes del partido sin haber cumplido con la derogación, que para entonces ya formaba parte del catecismo republicano. Bannon opinaba que su compromiso era la derogación, y la derogación sería el resultado más satisfactorio y catártico. Además, sería el más fácil de obtener, ya que prácticamente todos los republicanos se habían comprometido públicamente a votar a favor de la derogación. No obstante, Bannon creía que el sistema de salud era el punto débil del atractivo que el bannonismo y el trumpismo tenían para la clase trabajadora y tomó la precaución de adoptar un papel secundario en el debate. Más tarde, apenas se molestó en justificar que se hubiera lavado las manos de ese asunto y dijo: "No participé en el tema de la salud porque no es cosa mía".

Fue Ryan quien enturbió las cosas con su "derogar y reemplazar" y convenció a Trump. La derogación satisfaría al republicanismo, mientras que la sustitución cumpliría con las promesas improvisadas que Trump había hecho por su cuenta. (Tema aparte era la posibilidad de que lo que el presidente entendiese como

derogar y reemplazar fuese muy distinto de lo que entendía Ryan).
"Derogar y reemplazar" era un eslogan muy útil, pues tenía sentido
sin entrañar ningún significado específico ni real.

La semana después de las elecciones, Ryan viajó acompañado
de Tom Price —el ortopedista de Georgia y miembro del Congreso
que se había convertido en su experto de referencia en temas de
salud— hasta la propiedad de Trump en Bedminster, Nueva Jersey
para una sesión sobre la derogación y sustitución. Entre los dos le
resumieron siete años de la filosofía legislativa del partido sobre
Obamacare y sus alternativas republicanas a un presidente que se
despistaba constantemente y trataba de desviar la conversación
hacia el golf. El resultado fue un ejemplo perfecto de una de las
características de Trump: daba su consentimiento a cualquiera que
aparentase saber más que él sobre un tema que no le interesaba
o en cuyos detalles no fuera capaz de centrarse. "¡Genial!", decía.
Puntuaba todas sus afirmaciones con exclamaciones y se esforzaba
por dar brincos en la silla. Accedió con entusiasmo a permitir que
Ryan se ocupara del proyecto de ley de salud y a nombrar a Price
secretario de Salud y Servicios Sociales.

Kushner había guardado silencio durante el debate sobre el sistema de salud y parecía haber aceptado de forma pública que un
gobierno republicano tratase el tema de Obamacare, aunque en privado insinuase que estaba en contra tanto de la derogación como
de la derogación y posterior sustitución. Él y su esposa tenían una
opinión demócrata convencional sobre el programa (era mejor que
las alternativas y los problemas que presentaba se podían arreglar
en un futuro) y estaban convencidos de que, a nivel estratégico, a
la nueva administración le convenía obtener victorias más factibles antes de abocarse a una lucha tan difícil o imposible de ganar.
Además, Josh Kushner, hermano de Jared, llevaba una empresa de
seguros médicos que dependía de Obamacare.

El espectro político de la Casa Blanca quedó dividido, aunque

esa no sería la última vez. Bannon adoptó una postura absolutista,
Priebus se alineó con Ryan y apoyó a la mayoría republicana, y
Kushner mantuvo una visión moderada demócrata que en su opinión no era contradictoria. En cuanto a Trump, lo único que quería era quitarse de encima un tema que apenas le interesaba.

Las habilidades persuasorias de Ryan y de Priebus prometían
quitarle de encima otros asuntos. Según el programa de Ryan, la
reforma de el sistema de salud era una especie de bala mágica.
La reforma que el presidente de la Cámara pensaba aprobar en
el Congreso financiaría la bajada de impuestos que Trump había
garantizado y que, a su vez, posibilitaría la inversión en infraestructuras que el presidente había prometido.

Gracias a ese supuesto efecto dominó que debía llevar a un
Trump triunfal hasta el receso de agosto y convertir a su gobierno
en uno de los más transformadores de la era moderna, Ryan per-
maneció en el cargo de presidente de la Cámara y pasó de ser un
símbolo odiado de la campaña a ser el hombre de la administración en Capitol Hill. El presidente era consciente de su propia inexperiencia y de la de su equipo en cuestiones legislativas (de hecho,
ninguno de sus asesores de mayor rango tenía experiencia) y, a
efectos prácticos, había decidido externalizar el programa al que
había sido su archienemigo hasta ese momento.

Consciente de que durante la transición Ryan le había tomado
la delantera en cuestiones legislativas, Bannon vivió un momento
de realpolitik. Si el presidente estaba dispuesto a ceder grandes
iniciativas, Bannon debía contraatacar con su propia operación
y prepararse para volver a utilizar Breitbart. Por su parte, Kushner desarrolló una actitud zen que consistía en acceder a todos
los caprichos del presidente. En cuanto a este, era evidente que su
estilo de liderazgo no contemplaba escoger entre enfoques contradictorios, sino que esperaba que las decisiones difíciles se tomaran
solas.

* * *

Bannon no se limitaba a despreciar la ideología de Ryan, sino que tampoco respetaba su oficio. Opinaba que lo que la mayoría republicana necesitaba era a un hombre como John McCormick, el presidente demócrata de la Cámara que, durante la adolescencia de Bannon, había guiado la legislación de la Gran Sociedad de Lyndon Johnson. McCormick compartía el panteón de los héroes políticos de Bannon con Tip O'Neill y otros demócratas de los años sesenta. Era un católico irlandés de clase trabajadora, muy distinto a nivel filosófico de la aristocracia y de la alta burguesía, y no aspiraba a ser ninguna de las dos cosas. Bannon veneraba a los políticos de la vieja escuela y él mismo parecía uno: manchas en la piel, papada, hinchazón. Y odiaba a los políticos modernos, que carecían de talento político, de alma y autenticidad. Ryan era un irlandés católico que en lugar de crecer para convertirse en un gánster, en policía, en cura o en un auténtico político, no había pasado de monaguillo.

Lo cierto es que Ryan no contaba los votos. Era un ignorante incapaz de prever situaciones. Estaba entusiasmado con la reforma de los impuestos, pero la única alternativa que veía para conseguir esos cambios era a través del sistema de salud. Pero el tema le interesaba tan poco que, del mismo modo que la Casa Blanca le había encargado a él el tema de salud, externalizó la redacción del proyecto de ley a las compañías de seguros y a los *lobbies* de Washington.

De hecho, Ryan había intentado hacer de McCormick o de O'Neill y había garantizado con rotundidad que dominaba la legislación. Durante una de las múltiples conversaciones telefónicas diarias que mantenía con el presidente, le dijo que era "un hecho consumado". La confianza que Trump depositaba en Ryan aumentó aún más, cosa que para él no hacía sino confirmar que había obtenido el dominio del Congreso. Si antes el presidente se preocupaba, ahora ya no. Un hecho consumado. Kushner aparcó sus reticencias respecto del proyecto de ley en favor del triunfo esperado y presumió de que la Casa Blanca estaba a punto de cosechar una gran victoria sin haber derramado una gota de sudor.

La preocupación de que el resultado podía ser distinto del anticipado llegó, de pronto, a principios de marzo. La alarma la dio Katie Walsh, a quien Kushner ahora describía como "exigente e irascible". Él mismo había invalidado sus intentos por conseguir que el presidente se involucrase en la colecta de votos con una serie de enfrentamientos cada vez más tensos. El desenlace se acercaba.

* * *

Trump todavía se refería con desdén a "lo de Rusia, una tontería enorme". Pero el 20 de marzo, el director del FBI, James Comey, compareció ante la Comisión de Inteligencia de la Cámara y sirvió la historia en bandeja:

> El Departamento de Justicia me ha autorizado a confirmar que el FBI, como parte de su labor de contraespionaje, está investigando los intentos del gobierno ruso por interferir en la elección presidencial del 2016, y que eso incluye investigar la naturaleza de cualquier vínculo entre la campaña de Trump y el gobierno ruso, y si ha habido algún tipo de coordinación entre ambos. Como en cualquier otra investigación de contraespionaje, se evaluará si se ha cometido algún crimen. Dado que se trata de una investigación en curso y confidencial, no puedo hacer más comentarios sobre lo que estamos haciendo ni sobre a quién estamos examinando.

No obstante, ya había dicho mucho. Comey había convertido los rumores, las filtraciones, las teorías, las indirectas y la palabrería de los expertos —y hasta ese momento eso era todo lo que había: la esperanza de un escándalo— en una persecución formal de la Casa Blanca. Habían fallado todos los intentos de reírse del asunto colgándole la etiqueta de noticia falsa y con la defensa germanófoba del presidente contra las acusaciones de la lluvia dorada, el despido altanero de asociados menores y subordinados inútiles, la insistencia real pero quejumbrosa de que no se había cometido ningún crimen y las afirmaciones del presidente de que Obama le había pinchado el teléfono. El mismo Comey desestimó la acusación de las escuchas. La tarde que Comey compareció, a todo el mundo le quedó claro que el argumento de Rusia no solo no se había ido apagando, sino que aún gozaba de perfecta salud.

Kushner no olvidaba el encontronazo que su padre había tenido con el Departamento de Justicia y por eso la atención que Comey le prestaba a la Casa Blanca lo inquietaba tanto que la necesidad de hacer algo respecto del director del FBI se volvió una de sus constantes. "¿Qué hacemos con él?", se convirtió en una pregunta frecuente, una cuestión que no dejaba de mencionarle al presidente.

Pero, como Bannon intentó explicar sin gran éxito a nivel interno, también eso era una cuestión estructural. Era un ataque de la oposición. Podían expresar sorpresa ante lo virulentos, creativos y diabólicos que eran los embates, pero que los enemigos intentasen dañarlos no debería sorprenderlos. Aquello era un jaque, pero distaba mucho de un jaque mate, y había que continuar con la partida sabiendo que se trataría de una partida muy larga. Bannon argumentaba que la única manera de ganar era adoptando una estrategia disciplinada.

Pero al presidente lo presionaba su familia y era una persona obsesiva, no un estratega. En su opinión, no había un problema que solucionar, sino una persona en la que centrarse: Comey. Trump evitó las distracciones y apuntó directamente a su oponente, *ad hominem*. Para él, Comey había sido un rompecabezas complicado. Primero había se rehusado a que el FBI presentase cargos contra Clinton por el asunto de los correos electrónicos y, sin embargo, en octubre le había proporcionado un buen empujón al reabrir la investigación.

Las veces que se habían visto, Trump había concluido que Comey era un aburrido; no bromeaba ni se prestaba a juegos. En cambio, él, que se creía siempre irresistible, estaba convencido de que Comey admiraba sus bromas y sus picardías. Cuando Bannon y los demás lo presionaron para que una de sus primeras actuaciones fuera despedir a Comey —algo a lo que Kushner se oponía y, para Bannon, otra mala recomendación del yerno del presidente para la lista—, Trump respondió: "No te preocupes, yo me ocupo de él". Es decir, se creía capaz de conseguir a base de halagos que el director del FBI se sometiera o incluso pensara bien de él.

Algunos seductores poseen una sensibilidad prodigiosa para las señales de aquellos a quienes pretenden seducir; otros lo intentan de manera indiscriminada y a menudo lo logran por mera estadística (a esta clase de hombres hoy en día se los conoce como acosadores). Así era como Trump trataba con las mujeres: se alegraba cuando tenía éxito y no se preocupaba de los fracasos. Además, a menudo consideraba que había triunfado cuando era evidente que no. Con el director Comey le ocurría lo mismo.

En las diversas reuniones que mantuvieron desde que Trump asumiera el cargo, Trump estaba convencido de que la magia de su seducción había funcionado: el 22 de enero, cuando Comey recibió un abrazo presidencial; la cena del 27 de enero en la que le pidió a Comey que continuase en el cargo de director del FBI; el día de San Valentín, cuando Trump echó a todos de su despacho incluyendo a Sessions, jefe nominal de Comey. El presidente estaba seguro de que Comey comprendería que él le cubría las espaldas (es decir, que lo dejaría seguir en el cargo) y que, a cambio, Comey se las cubriría a él.

Y de pronto hizo aquella declaración. No tenía sentido. Para
Trump, lo que sí cuadraba era que Comey quisiera convertirlo en
un asunto sobre Trump. Estaba sediento de atención mediática,
cosa que Trump comprendía. De acuerdo, pues; él también podía
jugar ese juego.

El sistema de salud parecía un tema desabrido —y a punto de
empeorar, pues cada vez era más evidente que Ryan no cumpliría
sus promesas—, pero palidecía al lado de la claridad de Comey y
la furia, la animosidad y el resentimiento que causaba a Trump y
a sus familiares.

Comey era un problema demasiado grande y la solución evidente era deshacerse de él. Eso se convirtió en la principal misión.

Como si de los policías incompetentes de *Keystone Cops* se
tratase, la Casa Blanca involucró al presidente de la Comisión de
Inteligencia de la Cámara, Devin Nunes, en un intento ridículo
de desacreditar a Comey y respaldar la teoría de las escuchas telefónicas. El plan se derrumbó al cabo de poco tiempo ante las burlas
de todo el mundo.

Bannon, que se había lavado las manos de la cuestión de la
asistencia de salud y de Comey, empezó a señalar a los reporteros
que la verdadera historia no era la salud, sino Rusia. Se trataba de
un consejo críptico, pues no quedaba claro si trataba de desviar la
atención de la debacle sanitaria que se avecinaba o si quería com-
binarla con esta variable nueva y arriesgada a fin de amplificar el
tipo de caos del que normalmente se beneficiaba.

Sin embargo, Bannon era rotundo en cuanto a un punto:
"Según se vaya desarrollando el tema de Rusia —aconsejaba a los
reporteros—, vigilen a Kushner".

* * *

A mediados de marzo, habían reclutado a Gary Cohn para intentar
rescatar un proyecto de ley del sistema de salud que estaba al borde

del colapso. Era lógico pensar que aquello era una novatada, pues Cohn tenía un conocimiento de legislación aún más limitado que la mayoría de los que estaban en la Casa Blanca.

En teoría, el viernes 24 de marzo el Congreso tenía que votar el proyecto de ley republicano de salud. El boletín *Playbook* de Politico denunció que era cuestión de azar que la votación se llevase a cabo. En la reunión del personal sénior de esa mañana, a Cohn le pidieron que hiciera una valoración de la situación, a lo que respondió: "Creo que es una cuestión de azar".

"¿De verdad? —pensó Katie Walsh—. ¿Eso piensas?".

Bannon se contagió del desprecio despiadado que Walsh les tenía a los esfuerzos de la Casa Blanca e hizo una serie de llamadas a la prensa en las que puso a Kushner, Cohn, Priebus, Price y Ryan en el punto de mira. Según él, podían contar con que Kushner y Cohn saldrían corriendo en cuanto se oyese el primer disparo. (De hecho, Kushner había pasado gran parte de la semana de vacaciones en la nieve). Priebus copiaba los temas de debate y las excusas de Ryan. Price, el supuesto gurú de la salud, era un impostor torpe que se levantaba en mitad de las reuniones y farfullaba cosas sin sentido.

Aquellos eran los malos, los que iban a conseguir que el gobierno perdiese el Congreso en el 2018 y, con eso, garantizasen la impugnación del presidente. Era un análisis típico de Bannon: un apocalipsis político inmediato que coexistía con la posibilidad de medio siglo de gobierno trumpista y bannonista.

Convencido de saber en qué dirección debía buscar el éxito, totalmente consciente de que su edad limitaba sus oportunidades y creyéndose, sin motivo aparente, un luchador político de talento, Bannon quiso trazar una línea para separar a los creyentes de los vendidos, la nada de la existencia. Para triunfar, necesitaba aislar las facciones de Ryan, Cohn y Kushner.

La facción de Bannon se mantuvo firme en su postura de forzar

el voto del proyecto de ley de salud aun sabiendo que la derrota
era inevitable. "Quiero que sea un reflejo del papel de Ryan como
presidente de la Cámara", dijo Bannon. Es decir, una valoración
devastadora, un fracaso estrepitoso.

El día de la votación, enviaron a Pence al Congreso para apelar
una última vez al Freedom Caucus de Meadows. (La gente de Ryan
creía que Bannon había instado a Meadows en secreto a oponerse,
a pesar de que unos días antes les había ordenado sin miramientos
que votasen a favor. Un "espectáculo ridículo de Bannon", según
Walsh). A las tres y media, Ryan llamó al presidente para avisar
que le faltaban entre quince y veinte votos y tenía que anular la
votación. Bannon, con el respaldo de Mulvaney, que se había convertido en el agente de la Casa Blanca en el Capitol Hill, continuó
insistiendo en que debían votar de inmediato. Una derrota en el
Congreso significaría una gran derrota para la mayoría republicana. Eso cuadraba con los objetivos de Bannon: quería dejar que
fracasaran.

Sin embargo, el presidente se echó atrás. Al verse ante la singular oportunidad de señalar a la mayoría republicana como responsable del problema, Trump se tambaleó y eso suscitó la rabia
de Bannon. Entonces Ryan filtró que el presidente le había pedido
que cancelase la votación.

Durante el fin de semana, Bannon llamó a una larga lista de
periodistas y les dijo de manera extraoficial: "No creo que Ryan
dure mucho tiempo".

* * *

Después de que ese viernes se retirase el proyecto de ley, Katie
Walsh cedió a su indignación y su rabia y le dijo a Kushner que
quería marcharse. Le hizo un esbozo de la penosa debacle que,
según ella, se había desatado en la Casa Blanca de Trump y habló
con rigurosa franqueza de amargas rivalidades, unidas a una gran

incompetencia y a una misión ambigua. Kushner comprendió que debía desacreditarla de inmediato y filtró que ella había estado filtrando información y que, por lo tanto, debían echarla.

El domingo por la noche, Walsh cenó con Bannon en su reducto de Capitol Hill, la embajada Breitbart, y durante toda la velada él le imploró en vano que se quedase. El lunes, ella lo arregló todo con Priebus: se marchaba para trabajar a media jornada para el Comité Nacional Republicano y media jornada para la organización de bienestar social de Trump, el grupo externo de campaña. El jueves ya se había ido.

En diez semanas de mandato, la Casa Blanca de Trump había perdido, después de a Michael Flynn, el segundo miembro del equipo de mayor rango, a la persona que se encargaba de que se hiciesen las cosas.

13

TRIBULACIONES DE BANNON

Cuando Katie Walsh fue a anunciarle a Bannon que se marchaba, este le dijo que él también se sentía como un prisionero.

En la décima semana de gobierno, Steve Bannon parecía estar perdiendo el control del programa de Trump o, por lo menos, de Trump. Su tortura era de naturaleza católica —la autoflagelación de un hombre que creía habitar un plano moral superior al resto— y esencialmente misantrópica. Era un inadaptado antisocial a caballo entre la madurez y la tercera edad; le costaba un esfuerzo supremo llevarse bien con los demás, y no siempre lo conseguía. Su principal desconsuelo era Donald Trump, cuya crueldad, que ya era grande cuando se trataba de un desprecio fortuito, se volvía insoportable cuando era intencionada.

"Aborrecí la campaña y la transición, y ahora odio a la Casa Blanca", dijo Bannon, sentado en el despacho de Reince Priebus, una noche particularmente calurosa de principios de la primavera. Priebus y él —que ahora disfrutaban de una sólida amistad y alianza, producto de la antipatía que ambos sentían por el dúo Jarvanka— habían sacado una mesa que colocaron bajo la pérgola del patio.

Bannon creía estar allí por un motivo concreto. Estaba convencido de que todos habían llegado ahí gracias a él, pero era incapaz
de callárselo, y la posición de la que gozaba con el presidente peli-
graba de continuo. Lo más importante era que nadie más que él
iba a trabajar todos los días con el compromiso de cambiar el país.
Quería un cambio rápido, radical y verdadero.

En la jerga de los medios de comunicación, la idea de un electorado dividido —de estados rojos y estados azules, de dos corrientes
de valores opuestos, de globalistas y nacionalistas, de un *establishment* y una revuelta populista— significaba angustia cultural y una
época de turbulencia política, pero, en gran medida, también normalidad absoluta. Sin embargo, Bannon creía que la división era
literal. Que Estados Unidos se había convertido en un país con dos
pueblos hostiles entre sí. Uno tenía que ganar, y el otro, perder. O
uno dominaría, y el otro acabaría siendo marginal.

Era una guerra civil moderna: la guerra de Bannon. El país que
se había cimentado sobre la virtud y el carácter y la fuerza del trabajador norteamericano entre los años 1955 y 1965 constituía el
ideal que él pretendía defender y restaurar: acuerdos comerciales
(o guerras comerciales) que apoyaban la industria norteamericana;
políticas de inmigración que protegían a los trabajadores norteamericanos (y, por lo tanto, a la cultura norteamericana, o, como
mínimo, la identidad norteamericana de entre 1955 y 1965); y un
aislamiento internacional que preservaría los recursos del país
y sofocaría la sensibilidad del *establishment* hacia la cumbre de
Davos (y también salvaría vidas de militares de clase trabajadora).
Esto era, a ojos de casi todo el mundo, menos de los de Donald
Trump y la derecha alternativa, un disparate político y económico.
Pero, para Bannon, era una idea revolucionaria y espiritual.

Para la mayoría de los demás de la Casa Blanca, era el sueño
imposible de Bannon. "Steve es... Steve" se convirtió en el tecni-

cismo amable con el que se mostraba tolerancia. "Tiene muchas cosas en la cabeza", dijo el presidente hablando de uno de sus temas favoritos de conversación: echar a Bannon.

La cuestión no era tanto Bannon contra todos los demás, sino el Trump de Bannon contra el Trump anti-Bannon. Aunque Trump, cuando estaba de un humor agresivo, resuelto y aciago, podía representar a Bannon y sus opiniones, también podía no representar nada en absoluto, o representar únicamente su necesidad de satisfacción inmediata. Los detractores de Bannon habían entendido eso sobre Trump. Si el jefe estaba contento, prevalecía el enfoque político normal de incrementos en el que se daban dos pasos adelante y uno atrás. Incluso cabía la posibilidad de que emergiese un nuevo tipo de centrismo tan adverso a Bannon como fuera posible imaginar. En ese caso, los cincuenta años de dominio trumpista que anunciaba Bannon serían sustituidos por el reinado de Jared, Ivanka y Goldman Sachs.

A finales de marzo, ese era el bando que llevaba las de ganar. El intento de Bannon de aprovechar el fracaso estrepitoso de la ley de salud como prueba de que el *establishment* era el enemigo había sido un rotundo chasco. Trump se identificaba como responsable del fracaso del proyecto de ley, pero, como él no fracasaba en nada, no podía considerarse un fiasco y tenía que acabar siendo un éxito. Si no ahora, con el paso del tiempo. Así pues, el problema era Bannon, una Casandra situada al margen.

Trump contradijo su anterior conformidad con Bannon tratándolo con sumo desdén y negando haber sido partidario suyo. Si la Casa Blanca tenía algún problema, el problema era Bannon. Trump se divertía calumniándolo, y cuando hablaba de él sus análisis alcanzaban nuevas alturas: "El problema de Steve Bannon son las relaciones públicas. No las entiende. Todo el mundo lo odia, porque... Bueno, míralo. Su mala prensa es contagiosa".

La verdadera cuestión era cómo podía ser que Bannon, el

populista antisistema, hubiera llegado a creer que podía llevarse bien con Donald Trump, el millonario que exprimía el sistema en beneficio propio. Bannon veía a Trump como un juego al que debía jugar, aunque apenas había movido ficha y ya lo estaba desautorizando. Insistía con desesperación que, cuando él se había unido a la campaña —a pesar de que no había dejado de proclamarla como victoria de Trump—, esta se enfrentaba a un déficit de votos del que ninguna campaña a diez semanas de las elecciones se había recuperado. Según él, Trump sin Bannon era Wendell Willkie.

Bannon comprendía la necesidad de no arrebatarle el protagonismo a Trump, y era consciente de que el presidente llevaba un registro meticuloso de todas las veces que alguien reclamaba el mérito de algo que él consideraba exclusivamente suyo. Tanto él como Kushner, las dos figuras más importantes de la Casa Blanca después del presidente, parecían padecer de mudez profesional. Aun así, daba la sensación de que Bannon estaba en todas partes, y el presidente estaba convencido, con razón, de que eso era el resultado de estar haciendo su propia campaña de prensa. Bannon se refería a sí mismo —demasiado frecuentemente como para pensar que se estaba riendo a su propia costa—, como "el presidente Bannon". Kellyanne Conway, resentida y vilipendiada por su afán de acaparar la atención, confirmó la observación del presidente de que Bannon se metía en todas las fotografías oficiales que podía. (Al parecer, todo el mundo llevaba la cuenta de las veces que los demás se metían en fotos ajenas). Bannon tampoco se molestaba en disimular que un porcentaje alto de las fuentes que citaba eran anónimas, ni se esforzaba en atenuar la difamación pública que hacía de Kushner, Cohn, Powell, Conway, Priebus e, incluso, de la hija del presidente (sobre todo de la hija del presidente).

Es curioso que Bannon todavía no se hubiera expresado nunca con recelo al hablar de Trump, pero quizá la rectitud y sensatez del presidente eran elementos demasiado centrales del constructo que

Bannon se había hecho sobre el trumpismo. Trump era la idea que uno debía apoyar, y, aunque ese concepto no parecía estar lejos de la tradicional consigna de respetar a los altos cargos, en realidad era a la inversa. El hombre era el recipiente: no había Bannon sin Trump. Por mucho que él se apoyase en la contribución única y casi mágica que había hecho a la victoria del presidente, la oportunidad había venido dada exclusivamente por el talento peculiar de Trump. Él no era más que el hombre detrás del hombre, el Thomas Cromwell de Trump, tal como él lo expresaba a pesar de ser muy consciente de cuál había sido el destino de Cromwell.

La lealtad que le profesaba a la idea de Trump no lo protegía de los constantes comentarios negativos del Trump real. El presidente había reunido a un amplio jurado para decidir el futuro de Bannon, y le presentó, al estilo insultante de los monologuistas judíos, una larga lista de sus ofensas: "Parece un indigente", "No se ducha", "Lleva seis días con los mismos pantalones", "Dice que ha hecho fortuna, pero no me lo creo". (Vale la pena señalar que el presidente no solía discrepar con sus opiniones en cuanto a política). El gobierno de Trump apenas tenía dos meses de vida, pero todos los medios pronosticaban ya la defenestración de Bannon.

Un acercamiento al presidente que resultaba particularmente provechoso era aportar críticas nuevas y cada vez más mordaces de su jefe de estrategia, o informes de las de otras personas. Era importante no hacerle a Trump ningún comentario positivo sobre Bannon. Incluso un elogio discreto antes de un "pero" —"Es evidente que Steve es listo, pero..."— podía provocar muecas y caras de pocos amigos si la segunda parte de la frase se retrasaba. (Aunque también es cierto que llamar inteligente a cualquiera siempre provocaba el fastidio del presidente). Kushner reclutó a Scarborough y a Brzezinski para una especie de maratón de insultos en la televisión matinal.

H. R. McMaster, el teniente general que había sustituido a

Michael Flynn en el puesto de consejero de Seguridad Nacional, había conseguido que el presidente le prometiese el permiso para vetar a los miembros del Consejo Nacional de Seguridad. Kushner apoyaba el nombramiento de McMaster, y no tardó en asegurarse de que Dina Powell, una de las figuras principales de la facción Kushner, se incorporase al Consejo y Bannon fuese expulsado.

En voz baja y con cierta pena, los bannonistas se preguntaban unos a otros cómo estaba él y cómo lo llevaba, y la respuesta invariable era que tenía un aspecto terrible, que la tensión le había ahondado las líneas que ya surcaban su rostro estropeado. David Bossie pensaba que Bannon "tenía cara de estar al borde de la muerte".

"Ahora sé cómo sería estar en la corte de los Tudor", reflexionó Bannon. Recordaba a Newt Gingrich durante la gira de la campaña: "Se le ocurrían ideas estúpidas. Cuando ganamos, se convirtió en mi mejor amigo. Todos los días tenía cien ideas. Cuando me entraron dudas —durante la primavera en la Casa Blanca—, cuando atravesaba mi propio "Valle de Sombra y de Muerte," un día me crucé con él en el vestíbulo. Apartó la mirada y farfulló un 'Hola, Steve', y yo le dije '¿Qué haces aquí? Vamos adentro', y él contestó: 'No, no, tranquilo. Estoy esperando a Dina Powell' ".

Después de alcanzar una meta impensable —llevar el etnopopulismo antiliberal de la derecha alternativa al corazón de la Casa Blanca—, Bannon se enfrentó a una situación insostenible: estaba a merced de los demócratas ricos y arrogantes, y teniendo que rendirles cuentas.

* * *

La paradoja de la presidencia de Trump consistía en que era la que más se regía por cuestiones ideológicas y, a la vez, también la que menos componentes ideológicos tenía. Representaba un asalto muy básico a los valores liberales: la deconstrucción de Bannon del estado administrativo estaba pensada para arrastrar consigo a los medios y a las instituciones académicas y benéficas. Pero ya desde el principio quedó claro que la administración de Trump tenía las mismas posibilidades de convertirse en un régimen de club de campo republicano que en un régimen demócrata de Wall Street. O en una campaña constante para mantener contento a Donald Trump. El presidente tenía una serie de temas que eran importantes para él y que habían puesto a prueba en campañas en los medios y en los grandes mítines, pero ninguno parecía tan significativo como la meta ulterior de salir con ganancias personales.

A medida que se intensificaba el redoble que anunciaba la salida de Bannon, los Mercer intervinieron para proteger la inversión que habían hecho en un derrocamiento gubernamental radical y el futuro de Steve Bannon.

Bob y Rebekah Mercer constituían una categoría aparte en una era en la que los candidatos políticos de éxito están rodeados —por no decir a disposición— de ricos de carácter difícil, incluso sociópata, ricos que fuerzan los límites de su propio poder. Y cuanto más ricos, más difíciles, más sociópatas y más ansiosos de poder. La escalada de Trump había sido improbable, pero la de los Mercer lo era aún más.

En un mercado competitivo, el hecho de que el dinero exista obliga a comportarse incluso a los ricos más difíciles, como los hermanos Koch y Sheldon Adelson, en la derecha, y David Geffen y George Soros, en la izquierda. Ser ofensivo tiene límites. En cierto modo, el mundo de los ricos se regula a sí mismo, pues el ascenso social tiene reglas.

Entre los ricos difíciles y creídos, los Mercer casi no socializaban, y se abrían camino entre el recelo y la incredulidad. A diferencia de otros que aportaban grandes sumas a los candidatos políticos, ellos estaban dispuestos a no ganar jamás. Su burbuja era su burbuja.

Así que, cuando ganaron gracias a que las estrellas se habían alineado de manera fortuita para Donald Trump, ellos aún eran puros. Y ahora que habían probado el poder, aunque fuera en las circunstancias más extravagantes, no pensaban renunciar a él solamente porque Steve Bannon tuviera el orgullo herido y no durmiera lo suficiente.

Hacia finales de marzo, los Mercer organizaron una serie de reuniones de urgencia, y al menos una de ellas fue con el presidente. Era justo el tipo de reuniones que Trump acostumbraba a evitar: los problemas de personal no le interesaban, porque el centro de atención eran otras personas. De pronto, se vio obligado a ocuparse de Steve Bannon en lugar de ser al revés. Además, se trataba de un problema que él mismo había contribuido a provocar con sus continuas faltas de respeto, y ahora tenía que comerse sus palabras. A pesar de que decía constantemente que podía y debía despedir a Bannon, era consciente del precio: un contragolpe de la derecha de proporciones impredecibles.

Trump pensaba que los Mercer eran tan raros como decían los demás. No le gustaba que Bob Mercer lo mirase sin pronunciar palabra, y tampoco le gustaba estar en la misma habitación que él o que su hija. En su opinión, se trataba de una alianza demasiado extraña: eran unos chiflados. Y, a pesar de negarse a admitir que la decisión de los Mercer de darle su apoyo al entonces candidato en agosto y la imposición de Bannon en la campaña eran dos ingredientes sin los que probablemente no habría llegado a la Casa Blanca, comprendía que, si los hacía enfadar, los Mercer y Bannon podrían causarle problemas muy grandes.

La complejidad del problema llevó a Trump a consultar a dos figuras contradictorias: Rupert Murdoch y Roger Ailes. Desde el principio debía de saber que la respuesta sería una suma cero.

Murdoch ya había recibido información de Kushner, y le dijo que deshacerse de Bannon era la única manera de solucionar las disfunciones de la Casa Blanca. (Murdoch, naturalmente, daba por sentado que no cabía deshacerse de Kushner). Era un resultado inevitable, así que más valía hacerlo cuanto antes. La respuesta de Murdoch tenía sentido: se había convertido en un militante activo de la alianza de los moderados Kushner-Goldman, y los veía como los que salvarían al mundo de Bannon y, cómo no, también de Trump.

Ailes, tan directo y declarativo como siempre, dijo: "Donald, no puedes hacer eso. Tienes que asumir las consecuencias. No hace falta que lo escuches ni que te lleves bien con él. Pero te has casado con él. Ahora no te conviene el divorcio".

Jared e Ivanka estaban encantados con la posibilidad de la destitución de Bannon. Cuando él se marchase, la organización Trump volvería a estar controlada solo por la familia; la familia y sus funcionarios, sin un rival interno que les disputase el liderazgo y el significado de la marca. Desde el punto de vista de la familia, en teoría eso favorecería a uno de los rediseños de marca menos plausibles de la historia: el de Donald Trump hacia la respetabilidad. El viejo sueño pospuesto del giro de Trump podía ocurrir sin Bannon. Daba igual que el ideal de Kushner —salvar a Trump de sí mismo y proyectarlos a él y a Ivanka hacia el futuro— fuera casi tan irrealizable y extremo como la fantasía de Bannon de una Casa Blanca comprometida con la recuperación de una mitología de un Estados Unidos anterior a 1965.

La posible marcha de Bannon podía provocar la división definitiva de un Partido Republicano ya fracturado. Antes de las elecciones, una teoría indicaba que, en caso de perder, Trump se llevaría su desencantado treinta y cinco por ciento y sacaría tajada de una minoría rencorosa. Pero la teoría que ahora hacía saltar las alarmas era que, mientras Kushner intentaba transformar a su suegro en el Rockefeller de los sueños imposibles de Trump (el Rockefeller Center era una inspiración para su marca inmobiliaria), Bannon podía arrebatarle una parte sustancial de ese treinta y cinco por ciento.

Era la amenaza de Breitbart. La organización Breitbart continuaba bajo el control de los Mercer, pero ellos podían devolvérsela a Bannon en cualquier momento. Con la transformación de Bannon, de la noche a la mañana, en un genio de la política y una persona con muchísima influencia, y tras el triunfo de la derecha alternativa, Breitbart tenía un potencial mucho más poderoso. En cierto sentido, la victoria de Trump le había facilitado a los Mercer el arma con la que destruirlo. A medida que las cosas empeoraban y los medios de comunicación mayoritarios y la burocracia del pantano se organizaban con mayor vehemencia en su contra, era evidente que Trump necesitaba que la derecha alternativa que los Mercer apoyaban saliera en su defensa. Al fin y al cabo, ¿qué era él sin ellos?

La presión fue aumentando, y, aunque hasta ese momento Bannon había mantenido con disciplina la idea de que Donald Trump era el avatar ideal del trumpismo (y del bannonismo) sin salirse del personaje de asesor y partidario de un talento político inconformista, este empezó a derrumbarse. Tal como sabía casi cualquiera que hubiese trabajado para el presidente, y a pesar de las esperanzas personales de cada uno, Trump era Trump, y siempre acababa cansándose de los que lo rodeaban.

No obstante, los Mercer permanecieron firmes en su posición. Creían que, sin Bannon, la presidencia de Trump —la que ellos habían imaginado y ayudado a financiar— se acabaría. Se centraron en mejorarle la vida a Steve. Lo obligaron a prometer que se marcharía del despacho a una hora razonable, sin esperar a ver si Trump necesitaba compañía para la cena. (Jared e Ivanka ya llevaban un tiempo intentando atajar esto). La solución pasaba por encontrarle un Bannon a Bannon: un jefe de estrategia para el jefe de estrategia.

A finales de marzo, los Mercer firmaron una tregua con el presidente: Bannon no sería despedido. Aunque con eso no garantizaban su influencia ni su estatus, Bannon y sus aliados ganaron algo de tiempo. La oportunidad de reagruparse. Un asesor del presidente valía solo lo que su último buen consejo, y Bannon estaba convencido de que la ineptitud de sus rivales Jared e Ivanka decidiría el destino de ambos.

* * *

El presidente accedió a no despedir a Bannon, pero, a cambio, prometió mejorar el papel que desempeñaban Kushner y su hija.

El 27 de marzo se creó la Oficina de Innovación, dirigida por Kushner. La misión era reducir la burocracia federal: es decir, reducirla a base de aumentarla, una comisión para acabar con las comisiones. El nuevo tinglado de Kushner también tenía como objetivo estudiar la tecnología interna del gobierno, centrarse en la creación de empleo, proponer y fomentar políticas sobre programas de aprendizaje, reclutar empresas para trabajar en cooperación con el gobierno y ayudar con la epidemia de opiáceos. Dicho de otro modo, las cosas seguían igual, si bien con renovado entusiasmo por la administración pública.

La verdadera trascendencia del asunto era que Kushner había conseguido un equipo de personal en la Casa Blanca, empleados que no solo trabajaban en proyectos promovidos por él —en su mayoría, la antítesis de los de Bannon—, sino que, tal como él mismo le explicaba a un empleado, se ocupaban de "ampliar mi huella". A Kushner le asignaron su propio responsable de comunicación, un portavoz solo para él, un promotor. Se trataba de una extensión burocrática pensada no solo para realzar a Kushner, sino también para rebajar a Bannon.

Dos días después de que se anunciase la expansión de poder de Kushner, a Ivanka se le otorgó un puesto oficial en la Casa Blanca:

consejera del presidente. Ya desde el principio había sido una consejera fundamental para su marido (y viceversa). De la noche a la mañana, el poder de la familia Trump en la Casa Blanca se había consolidado. Era un golpe burocrático sobresaliente, si bien a costa de Bannon: la familia del presidente había logrado recomponer una Casa Blanca dividida.

El yerno y la hija tenían la esperanza —incluso la confianza— de dirigirse a la mejor versión de Donald J. Trump o, como mínimo, de compensar las necesidades republicanas con racionalidad progresiva, compasión y buenas obras. También podían fomentar el giro hacia la moderación con un desfile por el Despacho Oval de directores ejecutivos de pensamiento similar. Al fin y al cabo, el presidente casi nunca discrepaba con el programa de Jared e Ivanka, y a menudo lo apoyaba con entusiasmo. "Si ellos le dicen que hay que salvar las ballenas, él los apoya", comentó Katie Walsh.

Bannon, que sufría en su exilio interno, seguía convencido de que él representaba lo que Trump pensaba de verdad o, para ser más exactos, lo que Trump sentía. Sabía que el presidente era un hombre principalmente emocional, y estaba seguro de que, en lo más profundo de su ser, estaba enfadado y de un humor fatal. Por mucho que quisiera colmar las aspiraciones de su hija y de su yerno, la pareja y él no tenían la misma visión del mundo. Tal como Walsh lo veía, "Steve cree que es Darth Vader y que puede llevarse a Trump al lado oscuro".

Vale la pena señalar que el empeño con el que Trump intentó negar la influencia de Bannon tal vez fuera inversamente proporcional a la influencia que Bannon ejercía en realidad.

El presidente no escuchaba con atención a nadie. Cuanto más le hablaban, menos caso hacía. "Pero Bannon cuida lo que dice y tiene algo, el timbre de voz o su energía y entusiasmo, que hace que el presidente se concentre y no haga caso de nada más", explicó Walsh.

Mientras Jared e Ivanka daban una vuelta triunfal al ruedo, Trump firmó la orden ejecutiva 13783, un cambio en la política medioambiental guiado con cuidado por Bannon que, para él, destripaba la Ley de Política Ambiental de los Estados Unidos de 1970: los cimientos de la protección medioambiental moderna, que requiere que todas las agencias ejecutivas redacten declaraciones de impacto medioambiental previas a sus acciones. Entre otras repercusiones, la orden ejecutiva 13783 retiraba una directriz anterior destinada a contemplar el cambio climático. La retirada fue el germen de los futuros debates sobre la postura del país en referencia al Acuerdo de París.

El 3 de abril, Kushner hizo una aparición inesperada en Irak, acompañando al general Joseph Dunford, presidente del Estado Mayor Conjunto. Según el gabinete de prensa de la Casa Blanca, Kushner había "viajado en nombre del presidente para expresar su apoyo y su compromiso con el gobierno de Irak y con el personal estadounidense de la campaña". Kushner, que no acostumbraba a hablar ni a relacionarse con los medios, fue objeto de numerosas fotografías durante el viaje.

Bannon lo contempló todo desde uno de los muchos televisores que siempre había encendidos en el Ala Oeste, y alcanzó a ver a Kushner con unos auriculares pilotando un helicóptero sobre Bagdad. "Misión cumplida", entonó sin hablarle a nadie en particular mientras recordaba a un George W. Bush necio e inexperto, ese que proclamó el final de la guerra de Irak ataviado con uniforme de vuelo desde el portaviones *USS Abraham Lincoln*.

Bannon veía, sin dejar de rechinar los dientes, que la Casa Blanca iba en la dirección opuesta del trumpismo-bannonismo. Aun así, estaba seguro de que los verdaderos impulsos de la administración se dirigían a él. Estoico y decidido, Bannon se consideraba el gran guerrero anónimo cuyo destino era salvar la nación.

14

LA SALA DE CRISIS

Justo antes de las siete de la mañana del martes 4 de abril, el septuagésimo cuarto día de la presidencia de Trump, el ejército del gobierno sirio atacó con armas químicas el enclave rebelde de Jan Sheijun, lo que provocó la muerte de decenas de niños. Se trataba de la primera vez que un acontecimiento internacional grave importunaba la presidencia de Trump.

Las crisis externas dan forma a la mayoría de los gobiernos; en su papel más importante, la presidencia tiene un componente fundamental de reacción. Gran parte de las alarmas que despertaba Donald Trump surgían de la convicción general de que no se podía contar con que mantuviese la calma ni fuera resolutivo en caso de crisis. Hasta entonces había tenido suerte: llevaba diez semanas de mandato y no había tenido que enfrentarse a ninguna prueba seria. Tal vez porque las crisis que se generaban dentro de la Casa Blanca hacían sombra a todas las aspirantes externas.

Aún cabía la posibilidad de que un ataque atroz, incluso un ataque a niños en el curso de una guerra muy larga, no fuera ese acontecimiento que todos sabían que tarde o temprano provocaría un giro presidencial. No obstante, se trataba de Bachar el Asad, un reincidente, y del lanzamiento de armas químicas. En cualquier otro gobierno, semejante atrocidad suscitaría una respuesta considerada y, a ser posible, muy hábil. Pero lo cierto era que Obama había sido torpe al proclamar que el uso de armas químicas era una línea roja para, después, permitir que dicha línea fuera cruzada.

En la administración de Trump no había casi nadie dispuesto a predecir la reacción del presidente, o si este reaccionaría o no. ¿Qué opinaba? ¿El ataque era importante o no? Nadie lo sabía.

La Casa Blanca de Trump era la más inquietante de la historia de Estados Unidos, y las opiniones del presidente en cuanto a política exterior y el mundo en general estaban entre los aspectos más aleatorios, caprichosos e infundados. Sus consejeros no sabían si era aislacionista o militarista, o si distinguía entre ambas opciones. Estaba entusiasmado con los generales y convencido de que gente con experiencia en comando militar debía guiar la política exterior, pero no soportaba que le dijeran lo que tenía que hacer. Estaba en contra de la construcción de la nación, pero creía que había pocas situaciones que él mismo no pudiera mejorar. Prácticamente no tenía experiencia en cuestiones de política exterior, pero tampoco respetaba a los expertos.

De pronto, la cuestión de cómo reaccionaría el presidente al ataque de Jan Sheijun se convirtió en una prueba para determinar el grado de normalidad de la Casa Blanca y de aquellos que aspiraban a abanderarla. Se encontraban ante el tipo de yuxtaposición que podría desembocar en una obra de teatro eficaz y realista: gente trabajando en la Casa Blanca de Trump intentando comportarse con normalidad.

* * *

Por sorprendente que parezca, al final hubo bastante gente haciendo eso.

Actuar con normalidad, encarnar la normalidad —es decir, hacer las cosas como las haría una persona racional y luchadora—

era lo que Dina Powell consideraba que era su trabajo en la Casa Blanca. Con cuarenta y tres años, Powell se ganaba la vida en la intersección del mundo empresarial y las políticas públicas. Le iba bien (muy muy bien) haciendo el bien. Había llegado lejos en la Casa Blanca de George W. Bush y, más tarde, en Goldman Sachs; volver a uno de los escalafones en la cima de la Casa Blanca con posibilidades de ascender a uno de los puestos más altos del país —y al que no se accedía mediante elecciones— tendría un valor incalculable a su regreso al mundo empresarial.

Por otro lado, tratándose del mundo Trump era posible que ocurriese justo lo contrario. La reputación que Powell se había labrado con tanto cuidado, su marca (pues ella era de esas personas que reflexionaban sobre la marca personal), era susceptible de acabar asociada a la de Trump de forma inextricable. Pero aún había margen de empeoramiento: podía acabar formando parte de algo que tenía potencial de convertirse en una calamidad histórica. Muchos de los que la conocían —y todos los que eran alguien conocían a Dina Powell—pensaban que aceptar un puesto en la Casa Blanca de Trump indicaba imprudencia o falta de juicio.

"¿Cómo justifica esto?", se preguntaba una vieja amiga. Sus familiares, amigos y vecinos le hacían la misma pregunta, ya fuera en silencio o abiertamente: "¿Sabes lo que haces?", "¿Cómo has podido?", "¿Por qué?".

Ahí estaba la línea que separaba a los que estaban en la Casa Blanca por la lealtad que le profesaban al presidente de los profesionales a los que contrataban por necesidad. Para bien o para mal, Bannon, Conway, Hicks y el surtido de ideólogos más o menos peculiares que se habían acoplado a Trump y, naturalmente, a su familia —personas que antes de relacionarse con el presidente carecían de reputación monetizable— estaban allí por él. (Aunque incluso los trumpistas más entregados aguantaban la respiración de vez en cuando, y no dejaban de estudiar sus opciones). Pero los que estaban situados en el ámbito de influencia de la Casa Blanca, los que tenían cierto estatus o se lo imaginaban, tenían que someterse a un proceso de justificación profesional y personal mucho más complicado y enrevesado.

Muchas veces no se molestaban en disimular sus reparos. Mick Mulvaney, director de la Oficina de Administración y Presupuesto, enfatizaba que él trabajaba en el edificio de oficinas ejecutivas, no en el Ala Oeste. Michael Anton, que tenía el puesto de Ben Rhodes en el Consejo de Seguridad Nacional, había perfeccionado la expresión de incredulidad (a la que se llamaba "cara de Anton"). El rostro de H. R. McMaster era una mueca perpetua, y le salía vapor de la calva. ("¿Qué le pasa?", preguntaba a menudo el presidente).

Naturalmente, había una justificación más importante: la Casa Blanca necesitaba profesionales adultos, normales, cuerdos y capaces de obrar con lógica. En todos los casos, esos profesionales consideraban que aportaban elementos positivos —una mente racional, capacidad analítica, una amplia experiencia profesional— a una situación que los necesitaba con desesperación. Contribuían a normalizar las cosas y, por lo tanto, a la estabilidad. Eran baluartes, o se veían así: baluartes contra el caos, la impulsividad y la estupidez. No eran tanto partidarios de Trump como su antídoto.

"Si las cosas empeoran más todavía, no me cabe duda de que Joe Hagin se hará cargo de la situación y hará lo que es debido", dijo una importante figura republicana de Washington, tratando de tranquilizarse, sobre el antiguo empleado de Bush que ahora trabajaba como vicejefe de gabinete de Operaciones.

Sin embargo, este sentido del deber y de la virtud implicaba que cada uno hiciese un complicado cálculo del efecto positivo que podía tener en la Casa Blanca (frente a las consecuencias negativas para él o ella). En abril, un correo electrónico que, en principio, se había enviado a un grupo de poco más de una docena de personas tuvo un alcance mucho mayor al ser reenviado y copiado. En el

mensaje se afirmaba que su contenido representaba la opinión de
Gary Cohn, y este resumía de forma sucinta el ambiente de consternación de gran parte de la Casa Blanca:

"Es peor de lo que te imaginas. Un idiota rodeado de payasos.
Trump se niega a leer nada, ni siquiera memorandos de una
página ni la información sobre las políticas ni nada. En mitad de
las reuniones con los líderes internacionales, se levanta porque
se aburre. Y su equipo es igual. Kushner es un niño que se cree
que sabe mucho, pero no tiene ni idea. Bannon es un imbécil
arrogante que se cree más listo de lo que es. Trump, más que una
persona, es una serie características horribles. Nadie sobrevivirá
al primer año, solo su familia. Yo odio el trabajo, pero siento que
debo quedarme porque soy la única persona que sabe lo que hace.
El motivo por el que se han ocupado tan pocos puestos es que solo
aceptan a la gente que pasa ridículas pruebas de pureza, incluso
para puestos medios de diseño de políticas en los que los trabajadores ni siquiera ven la luz del día. No salgo de un estado constante de *shock* y horror".

Ese desastre que tanto podía perjudicar a la nación y, por asociación, a tu marca personal, se podía superar cuando se te veía
como alguien cuyas capacidades y comportamiento profesional te
permitían hacerte con el control de la situación.

Powell había llegado a la Casa Blanca como consejera de Ivanka
Trump, y en cuestión de semanas había ascendido a un puesto en
el Consejo Nacional de Seguridad. De pronto, ella y Cohn, su compañero de Goldman Sachs, eran aspirantes a algunos de los puestos
más altos de la administración.

Paralelamente, tanto ella como Cohn pasaban mucho tiempo
con sus consejeros externos *ad hoc*, deliberando las posibles salidas de la Casa Blanca. Powell veía puestos de comunicación con

sueldos de siete cifras en varias compañías de la lista Fortune 500, o un futuro como directiva en alguna empresa de tecnología; no en vano, Sheryl Sandberg, de Facebook, tenía experiencia en el campo de la filantropía empresarial y en el gobierno de Obama. Por su parte, Cohn, cuya fortuna superaba los cien millones, estaba pensando en el Banco Mundial o el de la Reserva Federal.

La situación de Ivanka Trump era distinta; lidiaba con los mismos factores personales y profesionales, pero sin una estrategia de escape viable. Aunque en público era inexpresiva y robótica, con sus amigos era estratégica y dada a la conversación, pero cada vez estaba más a la defensiva en cuanto a su padre y más alarmada por la dirección en que iba la Casa Blanca. Ella y su marido culpaban a Bannon y a su filosofía de dejar a Trump ser Trump (interpretada a menudo como dejar a Trump ser Bannon). La pareja lo consideraba peor que Rasputín. A partir de ahí, se ocuparon de mantener a Bannon y a los ideólogos alejados del presidente: para ellos, en el fondo era una persona sensata (al menos cuando estaba de humor), víctima de los que querían aprovecharse de su falta de atención.

Ivanka confiaba en las estrategias de gestión que Dina le proponía para ayudarla a manejar a su padre y la Casa Blanca, mientras que Dina confiaba en las garantías que Ivanka ofrecía regularmente de que no todos los que se apellidaban Trump estaban locos de atar. Ese vínculo significaba que un sector importante de la población del Ala Oeste pensaba que Powell formaba parte del núcleo familiar. Aunque eso le confería cierto grado de influencia, también la exponía a crueles ataques. "Acabará demostrando que es del todo incompetente", dijo con resentimiento Katie Walsh, que la veía más como otro factor del juego de poder de una familia anormal que como una influencia normalizadora.

Lo cierto es que tanto Powell como Cohn habían llegado a la conclusión de que, por mucho que se aliasen con la hija y el yerno del presidente, el puesto que ambos tenían en mira —el de jefe de gabinete, un cargo de gestión de extrema importancia— sería imposible de desempeñar si Jared e Ivanka eran comandantes *de facto* siempre que querían.

Dina e Ivanka ya capitaneaban una iniciativa que, en otra situación, habría sido una de las principales responsabilidades del jefe de gabinete: controlar el flujo de información del presidente.

* * *

El problema singular que presentaba la situación era encontrar la manera de transmitirle información a alguien que no quería (o no podía) leer y que, en el mejor de los casos, escuchaba solo lo que le interesaba. La otra cara del problema era identificar qué información le gustaba recibir. Tras un año aguzando el instinto a su lado, Hope Hicks era muy sensible al tipo de información —o fragmentos de información— que lo complacían. Bannon, con su voz intensa y confiada, se introducía en la mente del presidente. Kellyanne Conway le traía novedades sobre los últimos agravios contra él. También estaban las llamadas después de la cena, el coro de millonarios. Y, por último, la televisión por cable, programada tanto para llamarle la atención con adulaciones como para hacerlo montar en cólera.

La información que no recibía era la formal. Los datos. Los detalles. Las opciones. Los análisis. No hacía caso de las presentaciones. En cuanto algo olía a clase o a lección, se levantaba y se marchaba: "profesor" era uno de sus insultos, y se enorgullecía de no haber ido nunca a clase, de no haber comprado un libro de texto, de no haber tomado apuntes en toda su vida.

Eso era un problema en varios sentidos. De hecho, para casi todas las funciones obligatorias de un presidente. Pero quizá el mayor problema era la evaluación de opciones de estrategia militar.

Al presidente le gustaban los generales. Cuantas más condecoraciones e insignias, mejor. Le encantaban los elogios que recibía por nombrar generales que inspiraban respeto, como era el caso de Mattis, Kelly y McMaster (a Michael Flynn, ni caso). Lo que al presidente no le gustaba era escuchar a los generales, que, en su mayoría, eran duchos en la nueva jerga militar que incluía Power-Point, volcado de datos y presentaciones al estilo McKinsey. Una de las cualidades que le granjeó a Flynn, conspirador y melodramático, la simpatía del presidente fue su habilidad gráfica para las narraciones.

Cuando se produjo el ataque sirio de Jan Sheijun, McMaster solo llevaba seis semanas en el puesto de consejero de Seguridad Nacional, pero sus esfuerzos por informar al presidente ya eran como intentar enseñar a un alumno obstinado y resentido. Las últimas reuniones habían acabado casi con brusquedad, y el presidente les había dicho a varios de sus amigos que su nuevo consejero de Seguridad era demasiado aburrido y que pensaba despedirlo.

McMaster había sido la opción por defecto, un hecho que Trump se cuestionaba: ¿por qué lo había contratado? Según él, la culpa era de su yerno.

Después de destituir a Flynn en febrero, Trump había pasado dos días entrevistando a posibles sustitutos en Mar-a-Lago, cosa que puso a prueba su paciencia.

John Bolton, exembajador de Estados Unidos en las Naciones Unidas y el candidato preferido de Bannon, soltó un discurso agresivo como si propusiese prender fuego al mundo y enfrascarse en una guerra.

Después, el teniente general Robert L. Caslen Jr., superintendente de la Academia Militar de Estados Unidos en Westpoint, se presentó con decoro militar a la vieja usanza, cosa que Trump vio con buenos ojos. "Sí, señor". "No, señor". "Correcto, señor". "Bueno, creo que sabemos que China tiene algún problema, señor". Enseguida pareció que Trump lo quería para el puesto.

"Ese es el hombre que quiero —dijo Trump—. Da el pego".

Pero Caslen puso objeciones. Nunca había tenido un puesto administrativo. Kushner pensó que tal vez no estaba preparado.

"Sí, pero es el que me ha gustado", insistió Trump.

Entonces llegó McMaster con uniforme y su estrella de plata, y se lanzó de inmediato con una extensa charla sobre estrategia global. Trump no tardó en distraerse sin molestarse en disimularlo, y, a medida que la charla se fue alargando, se enfurruñó.

"Ese tipo me aburre a morir", anunció Trump en cuanto McMaster salió del despacho. Pero Kushner hizo presión para que se reuniese otra vez con él. Al día siguiente, apareció con un traje holgado en lugar de con uniforme.

"Parece un vendedor de cerveza", se quejó Trump, y anunció que le daría el puesto, pero que no quería volver a reunirse con él.

Poco después del nombramiento, McMaster apareció en *Morning Joe*. Trump vio el programa y comentó con admiración: "¡Qué buena prensa tiene!".

El presidente decidió que había hecho bien en escogerlo.

* * *

A media mañana del 4 de abril, se había organizado en la Casa Blanca una sesión informativa para el presidente sobre los ataques químicos. Junto con Ivanka y con Powell, la mayoría de los miembros del círculo de Seguridad Nacional identificaron el bombardeo de Jan Sheijun como una oportunidad clara para expresar una objeción moral rotunda. Las circunstancias eran inequívocas: el gobierno de Bachar el Asad había desafiado, una vez más, las leyes internacionales y había usado armas químicas. Había videos que documentaban el ataque, y existía cierto consenso entre las agencias de inteligencia en torno a la responsabilidad de el Asad. El momento político era el adecuado: Barack Obama no había actuado ante un ataque químico sirio, y, ahora, Trump tenía la oportunidad de hacerlo. Los inconvenientes eran leves; sería una respuesta contenida. Y la ventaja era que parecía que estuviesen plantándole cara a Rusia, aliados efectivos de Siria. Eso les daría puntos.

La capacidad de influencia de Bannon estaba en horas bajas, y muchos continuaban convencidos de que su partida era inminente. Él era el único que estaba en contra de una respuesta militar. Su lógica era la de un purista: mantener a Estados Unidos fuera de problemas insolubles y, por descontado, no aumentar el grado de participación. Estaba luchando contra la facción del "todo sigue igual", porque creía que estaban tomando decisiones basadas en las mismas suposiciones que habían provocado el atolladero de Oriente Medio. Había llegado el momento de interrumpir el patrón de comportamiento de respuesta automática que representaba la alianza de Jarvanka, Powell, Cohn y McMaster. Había que olvidarse de la normalidad; de hecho, para Bannon el problema era, precisamente, la normalidad.

El presidente ya había accedido a la exigencia de McMaster de apartar a Bannon del Consejo Nacional de Seguridad, aunque no anunciaría el cambio hasta el día siguiente. No obstante, a Trump le atraía la visión estratégica de Bannon: ¿por qué hacer algo si no era necesario? O, ¿por qué hacer algo que no te reporta nada? Desde que había asumido el cargo, el presidente había empezado a desarrollar una visión intuitiva de la seguridad nacional: mantén a los déspotas lo más contentos posible, porque, si no, podrían fastidiarte. Se suponía que Trump era un forzudo, pero también era un aplacador nato. En ese caso concreto, ¿de qué servía molestar a los rusos?

Por la tarde, el equipo de Seguridad Nacional empezaba a ser presa del pánico: creían que el presidente no captaba la situación, y Bannon no ayudaba. Era obvio que su enfoque hiperracionalista resultaba atractivo a un presidente que no siempre era racional. Bannon argumentaba que un ataque químico no cambiaba las circunstancias en el país; además, se habían producido ataques mucho peores y con más víctimas que aquel. Si lo que querían eran imágenes de niños destrozados, las había en cualquier parte. ¿Por qué fijarse en esos en concreto?

Al presidente no se le daba bien debatir o, al menos, no en el sentido socrático. Y tampoco tomaba decisiones en el sentido convencional. No cabía duda de que tampoco había estudiado política exterior. No obstante, aquello estaba convirtiéndose en una confrontación filosófica.

Hacía mucho tiempo que los expertos estadounidenses en política exterior consideraban que no hacer nada era una postura débil e inaceptable. El instinto de hacer algo respondía al deseo de demostrar que tenías opciones. No podías desplegar tu fuerza sin hacer nada. Pero el enfoque de Bannon era como el "¡Mala peste a ambas familias!" de Mercucio: aquel no era su problema, y, a juzgar por las pruebas más recientes, no conseguirían nada intentando ayudar a solucionarlo. La intervención costaría vidas sin suponer ninguna recompensa militar. Bannon creía en la necesidad de un cambio radical en política exterior, y proponía una nueva doctrina: que se jodan. Ese aislacionismo implacable resultaba atractivo al instinto de comerciante del presidente: ¿qué ganarían ellos (o él)?

De ahí las prisas para sacar a Bannon del Consejo de Seguridad Nacional. Lo curioso es que, al principio, él parecía mucho más razonable que Michael Flynn, que estaba obsesionado con que Irán era la fuente de todo el mal. Se suponía que Bannon debía cuidar de Flynn para que no hiciese nada, y, sin embargo y para sorpresa de Kushner, Bannon no solo tenía una visión aislacionista del mundo, sino también apocalíptica. Gran parte del mundo iba a arder, y no podían hacer nada al respecto.

La destitución de Bannon del consejo se anunció el día siguiente del ataque. Eso ya fue un logro importante de los moderados. En poco más de dos meses, los líderes radicales —por no decir chiflados— del consejo habían sido sustituidos por gente presuntamente razonable.

Ahora, la tarea en cuestión era introducir al presidente en ese círculo de sensatez.

* * *

A lo largo del día, Ivanka y Powell continuaron apoyándose en su determinación: conseguir que el presidente reaccionase... con normalidad. Como mínimo, querían una condena rotunda al uso de armas químicas o una serie de sanciones, aunque lo ideal era una respuesta militar, si bien modesta. Nada de eso era excepcional, y de eso se trataba: era de vital importancia no reaccionar de manera radical ni desestabilizadora. Y eso incluía no reaccionar con una radical falta de reacción.

A esas horas, Kushner se quejaba a su esposa de que su suegro no entendía nada. Hasta les había costado ponerse de acuerdo para publicar unas declaraciones de firme condena al uso de armas químicas en la reunión de prensa del mediodía. A Kushner y a McMaster les parecía obvio que al presidente le molestaba más el hecho de tener que pensar sobre el ataque que el ataque en sí.

Al final, Ivanka le dijo a Dina que el presidente necesitaba otro tipo de presentación. Hacía tiempo que había encontrado la manera de conseguir que le prestase atención cuando le proponía algo: era necesario apelar a sus intereses. Aunque era un hombre de negocios, los números no le llamaban la atención. No era un loco de las hojas de cálculo; de eso se ocupaban sus contables. A él le gustaban los nombres importantes. Le gustaban las cosas a lo grande. Le gustaba verlas. Le gustaba lo impactante.

En ese sentido, el ejército, los servicios de inteligencia y el equipo de Seguridad Nacional de la Casa Blanca eran anticuados. Su mundo era un mundo de datos, no de imágenes. Pero resulta que había una abundancia pasmosa de pruebas visuales del ataque a Jan Sheijun. Tal vez Bannon tuviera razón al decir que no había sido más mortal que muchísimos otros, pero, cuando se centraron en este y seleccionaron las imágenes, esa atrocidad se hizo singular.

A última hora de la tarde, Ivanka y Dina prepararon una presentación. Bannon, indignado, se quejó de que no se trataba de nada más que fotografías de niños soltando espuma por la boca. Cuando se la enseñaron, el presidente vio la presentación varias veces. Estaba como hipnotizado.

Siendo testigo de la reacción del presidente, Bannon vio cómo el trumpismo se derretía ante sus ojos. A pesar de su resistencia visceral a la política exterior del *establishment*, basada en cubrirse las espaldas, que había arrastrado al país a guerras inútiles, Trump se había convertido en plastilina. Después de ver esas fotografías espantosas, adoptó un punto de vista del todo convencional: le parecía inconcebible que no se pudiera hacer algo al respecto.

Esa noche, el presidente le describió las imágenes a un amigo; la espuma, montones de espuma. "Son solo niños". Normalmente expresaba un desprecio sistemático por cualquier cosa que no fuera una respuesta militar abrumadora, pero ahora expresaba un interés repentino y cándido por todas las opciones militares.

El miércoles 5 de abril, Trump acudió a una reunión informativa en la que le presentaron varias opciones. De nuevo, McMaster lo sepultó con datos y detalles. El presidente se frustró enseguida y se sintió manipulado.

Al día siguiente, el presidente y varios de sus asesores de confianza volaron a Florida para reunirse con el presidente chino Xi Jinping. Kushner había organizado el encuentro con la ayuda de Henry Kissinger. A bordo del Air Force One, Trump celebró una reunión del Consejo de Seguridad Nacional coreografiada al detalle y con conexión con el personal en tierra. A esas alturas, ya se había tomado la decisión sobre cómo responder al ataque químico: el ejército lanzaría un ataque aéreo al campo de aviación de Shayrat con misiles Tomahawk. Tras una última discusión y aún a bordo del avión, el presidente ordenó con aire solemne que el ataque se produjese al día siguiente.

Con la decisión tomada y la reunión acabada, Trump estaba de un humor boyante, y fue a hablar con los periodistas que viajaban con él en el avión, pero, entre bromas, se negó a anunciar qué pensaba hacer con Siria. Una hora más tarde, el Air Force One aterrizó, y lo llevaron de prisa a Mar-a-Lago.

El presidente chino y su esposa llegaron poco después de las cinco para la cena, y los recibió la guardia militar a la entrada de la finca. Bajo la supervisión general de Ivanka, casi todo el personal sénior de la Casa Blanca estaba presente para el acontecimiento.

Mientras cenaban lenguado con habichuelas verdes y zanahorias *baby* —Kushner sentado junto a la pareja presidencial china, y Bannon, a un extremo de la mesa—, se lanzó el ataque al campo de aviación de Shayrat.

Poco antes de las diez, el presidente anunció, leyendo directamente del teleprónter, que se había cumplido la misión. Dina Powell organizó la toma de una foto para la posteridad, en la que aparecían el presidente con sus consejeros y el equipo de Seguridad Nacional en la sala provisional de crisis de Mar-a-Lago; ella era la única mujer presente. Steve Bannon miraba la mesa con rabia, repugnado ante la escenografía y "la maldita falsedad del asunto".

Trump, alegre y aliviado, se relacionó con sus invitados entre las palmeras y los manglares. "Ha sido algo grande", le confesó a un amigo. Los miembros de su equipo de Seguridad Nacional estaban aún más aliviados. El presidente impredecible parecía casi predecible. El presidente rebelde, dócil.

15

LOS MEDIOS

El 19 de abril, la familia Murdoch expulsó a Bill O'Reilly, presentador de la Fox y principal estrella de la televisión por cable, por una acusación de acoso sexual. Se trataba de la continuación de una purga de la cadena que había comenzado nueve meses antes con el despido del director ejecutivo Roger Ailes. Con la victoria electoral de Donald Trump, la Fox había alcanzado su máxima influencia política; sin embargo, el futuro de la cadena parecía estar en una especie de limbo de la familia Murdoch, entre el padre conservador y los hijos liberales.

Unas horas después de que se anunciase la expulsión de O'Reilly, Ailes, desde su casa de playa en Palm Beach, envió a un emisario al Ala Oeste con una pregunta para Steve Bannon. (El acuerdo de separación que había firmado con la Fox le impedía competir con la cadena durante dieciocho meses). La pregunta era: "O'Reilly y Hannity se apuntan. ¿Y tú?". Ailes había estado conspirando en secreto para volver a escena con un nuevo canal conservador, y Bannon, que estaba exiliado dentro de la Casa Blanca, era todo oídos. "El próximo Ailes", se decía.

No se trataba solo de un complot de hombres ambiciosos que buscaban una buena oportunidad y venganza; la idea de crear un canal nuevo venía impulsada por la apremiante sensación de que uno de los aspectos más fundamentales del fenómeno Trump eran los medios derechistas. La Fox llevaba veinte años mejorando su mensaje populista: los liberales estaban robando el país y estropeándolo. Entonces, justo cuando muchos liberales —incluyendo a los hijos de Rupert Murdoch, que cada vez tenían un control más firme de la empresa de su padre— habían empezado a creer que el público de la Fox —con un mensaje social contrario al matrimonio homosexual, al aborto y a la inmigración que a los jóvenes republicanos les parecía antediluviano— estaba empezando a envejecer, apareció Breitbart News. Breitbart no solo se dirigía a un público derechista mucho más joven —Bannon sentía que él estaba tan en sintonía con su público como Ailes con el suyo—, sino que además había convertido a esa audiencia en un ejército enorme de activistas digitales (o de troles de las redes sociales).

Del mismo modo que los medios de la derecha habían hecho una defensa feroz de Trump, dispuestos a perdonar todas sus contradicciones de los valores tradicionales conservadores, los medios mayoritarios se habían aunado en una resistencia igual de implacable. El país estaba tan dividido a nivel de medios de comunicación como lo estaba en cuestiones políticas. Los medios se habían convertido en la encarnación de la política, y Ailes estaba marginado y deseoso de volver al ruedo. Aquel era su ámbito natural: *1)* la victoria de Trump demostraba el poder que tenía una base electoral reducida pero más comprometida, igual que en el caso de la televisión por cable, en la que una audiencia reducida y entusiasta era más valiosa que una más amplia y menos implicada; *2)* eso significaba una dedicación inversa de un círculo igual de reducido de enemigos declarados; *3)* por consiguiente, correría la sangre.

Si Bannon estaba tan acabado como parecía en la Casa Blanca, aquella también era su oportunidad. El problema con Breitbart News, una plataforma de internet de 1.5 millones de dólares anuales, era que no generaba beneficios ni se podía ampliar, pero, con O'Reilly y con Hannity en el proyecto, había potencial para ganar una fortuna televisiva, alimentada, en un futuro inmediato, por una era de pasión y hegemonía derechista inspirada por Trump.

El mensaje de Ailes a su aspirante a protegido era sencillo: el auge de Trump y la caída de la Fox podían señalar el momento de Bannon.

Bannon le comunicó a Ailes que, de momento, intentaría conservar el puesto en la Casa Blanca. Pero sí, la oportunidad era evidente.

* * *

Mientras los Murdoch deliberaban sobre el futuro de O'Reilly, Trump, que era consciente del poder de O'Reilly y sabía que entre el público del presentador y la base electoral del presidente había un gran solape, expresó su apoyo y aprobación. "No creo que Bill haya hecho nada mal... Es buena persona", le dijo al *New York Times*.

Sin embargo, el propio Trump era una paradoja de la fuerza de los medios conservadores. Durante la campaña, había arremetido contra la Fox siempre que le había convenido. Si tenía la oportunidad de aparecer en otros medios de comunicación, las aprovechaba. (En los años anteriores, los republicanos, sobre todo en época de primarias, rendían tributo a la Fox por encima de otras cadenas y medios). Trump insistía en que él era demasiado grande para ceñirse a los medios conservadores.

Durante el último mes, Ailes había dejado de hablar con el presidente, a pesar de haber sido uno de sus frecuentes consejeros en las llamadas telefónicas nocturnas. Estaba despechado porque había oído en repetidas ocasiones que Trump hablaba mal de él y elogiaba a Murdoch, que ahora le prestaba mucha atención, aunque antes de las elecciones solo se había burlado del candidato.

"Los hombres que más lealtad exigen tienden a ser los cabrones menos leales", observó Ailes con sarcasmo (pese a que él exigía grandes dosis de lealtad).

El problema era que los medios conservadores veían a Trump como algo suyo, mientras que Trump se creía una estrella, un producto de todos los medios, digno de admiración, de camino a lo más alto. En ese culto a la personalidad, la figura era él. Era el hombre más famoso del mundo. Todo el mundo lo quería, o debería quererlo.

En el caso de Trump, se podría decir que esto respondía a que no comprendía en absoluto la naturaleza de los medios conservadores. Era evidente que no se había dado cuenta de que todo aquello que los medios conservadores encumbraban, los liberales lo derribaban. Instigado por Bannon, continuaría haciendo las cosas que deleitaban a los medios conservadores y provocando la ira de los liberales: ese era el programa. Cuando más te querían tus seguidores, más te odiaban tus oponentes. Así era como debía funcionar. Y así era en la práctica.

No obstante, Trump se sentía muy herido por cómo lo trataban los medios mayoritarios. Se obsesionaba con cada ofensa, hasta que llegaba la siguiente. Identificaba cada ultraje y se le agriaba el humor a medida que repetía los fragmentos de video (lo tenía todo en el grabador de video digital). Gran parte de la conversación que ofrecía el presidente era un resumen repetitivo de lo que los presentadores habían dicho sobre él. Y no solo le molestaba que lo atacasen a él, sino también que se metieran con los de su entorno. Sin embargo, no les reconocía su lealtad ni se culpaba a sí mismo ni a la naturaleza de los medios liberales por las humillaciones a las que sometían a su equipo; los culpaba a ellos por ser incapaces de obtener buena prensa.

La superioridad moral de los medios mayoritarios y su desprecio por Trump ayudaron a generar un tsunami de clics para los medios de la derecha. Pero el presidente que tan a menudo se mostraba atormentado, autocompasivo y furioso no había recibido el memorando, o no lo había comprendido. Él buscaba el amor de los medios, sin distinciones. En este sentido, parecía completamente incapaz de distinguir entre lo que le convenía a nivel político y sus necesidades personales: no pensaba en estrategias, sino que se dejaba llevar por las emociones.

A su modo de ver, lo más valioso de ser el presidente de Estados Unidos era que eso implica ser el hombre más famoso del mundo, y los medios adoran y veneran la fama, ¿verdad? La paradoja era que, en gran medida, Trump había llegado a la presidencia gracias al gran talento, consciente o inconsciente, que tenía para alejar a los medios, cosa que lo convertía en una figura vilipendiada. Un espacio dialéctico muy incómodo para un hombre inseguro.

"Para Trump —comentó Ailes—, los medios representaban el poder mucho más que la política en sí, y quería la atención y el respeto de los hombres más poderosos de los medios. Donald y yo hemos sido muy buenos amigos durante más de veinticinco años, pero él habría preferido ser amigo de Murdoch, que pensaba que era un idiota; al menos hasta que lo eligieron presidente".

* * *

La cena de los corresponsales de la Casa Blanca estaba programada para el 29 de abril, el centésimo día del gobierno de Trump. La cena anual, que tiempo atrás era un acontecimiento interno, se había convertido en una oportunidad para las organizaciones de comunicación de promocionarse reclutando a famosos para que se sentasen a su mesa, aunque la mayoría no tuviera nada que ver con el periodismo ni con la política. La cena del 2011 había resultado en una notable humillación para Trump, cuando Barack Obama lo escogió como blanco de sus burlas. Según la hagiografía de Trump, ese fue el insulto que lo impulsó a presentarse en el 2016.

Poco después de que su equipo se instalase en la Casa Blanca, la cena de corresponsales empezó a causar preocupación. Una tarde de invierno, en el despacho de Kellyanne Conway en la primera planta del Ala Oeste, ella y Hope Hicks se enfrascaron en una conversación afligida sobre lo que había que hacer.

El principal inconveniente era que el presidente no estaba predispuesto a reírse de sí mismo, y tampoco era muy gracioso; al menos, tal como lo expresó Conway, "no es gracioso en plan humorístico".

Era de sobras conocido que George W. Bush se había resistido a celebrar esa cena, y que había sufrido muchísimo en el transcurso, pero se había preparado a conciencia y todos los años conseguía una actuación aceptable. Pero, mientras compartían sus preocupaciones con un periodista comprensivo alrededor de la mesita de café del despacho de Conway, ninguna de las dos pensaba que Trump tuviera posibilidades reales de conseguir que la cena fuera un éxito.

"El humor cruel le parece mal", dijo Conway. "Su estilo es más anticuado", añadió Hicks.

Ambas tenían claro que la cena de corresponsales era un problema irresoluble, y calificaban el acontecimiento de injusto. En general, eso era lo que pensaban del tratamiento que hacían los medios de Trump. "Lo representan de manera injusta", "No le dan el beneficio de la duda", "No lo tratan como a otros presidentes".

La cuestión era que Conway y Hicks comprendían que el presidente no se daba cuenta de que la desconsideración con la que lo trataban los medios formaba parte de una división política, y que él estaba en uno de los dos bandos. Él lo percibía como un ataque personal y cruel: por motivos injustos, motivos *ad hominem*, los medios no le tenían estima. Lo ridiculizaban. Y con crueldad. ¿Por qué?

Con ánimo de consolarlas, el periodista les dijo que corría el rumor de que Graydon Carter —editor de *Vanity Fair*, anfitrión de una de las fiestas más importantes del fin de semana de la cena de corresponsales y, durante décadas, uno de los principales tortura-dores de Trump en los medios— estaba a punto de ser despedido de la revista.

"¿De verdad? —preguntó Hicks, y se levantó de un brinco—. Dios mío, ¿puedo decírselo? ¿Pasa algo si se lo digo? Seguro que le interesa". No perdió ni un instante en bajar al Despacho Oval.

* * *

Es curioso que Hicks y Conway representasen caras distintas del problema que tenía el presidente con su *alter ego* de los medios. Conway era la opositora acérrima, una mensajera que, en los medios, siempre provocaba ataques de ira contra el presidente. Hicks era la confidente que intentaba facilitarle las cosas a Trump, así como que escribieran bien sobre él en el único medio de comunicación que le interesaba: el que más lo odiaba. Pero, por muy diferente que fuesen sus temperamentos y sus funciones en relación a los medios, las dos mujeres habían conseguido mucha influencia en la administración al ser las lugartenientes respon-sables de lidiar con la principal preocupación del presidente: su reputación mediática.

A pesar de que, en muchos sentidos, Trump era un misógino convencional, en el trabajo tenía una relación mucho más estre-cha con las mujeres que con los hombres. En ellas confiaba, y con ellos mantenía las distancias. Disfrutaba teniendo (y necesitaba tener) "esposas", a las que les confiaba sus problemas personales más importantes. Según él, las mujeres eran más leales y de fiar que los hombres. Los hombres podían ser más contundentes y com-petentes, pero también era más probable que persiguiesen intereses propios. La naturaleza de las mujeres, o la versión que Trump imaginaba, las hacía más proclives a centrar sus intereses en un hombre. Un hombre como Trump.

No era casualidad —ni por razones de igualdad de género— que su compañera en *The Apprentice* fuese una mujer, ni que su hija Ivanka se hubiera convertido en una de sus principales confidentes. Sentía que las mujeres lo entendían. O que las mujeres que a él le gustaban, mujeres con un punto de vista positivo, dinámicas, leales y atractivas, lo entendían. Toda persona a la que le iba bien trabajando para él sabía que siempre había un subtexto relativo a sus necesidades y tics personales al que había que prestar una atención escrupulosa; en ese sentido, no era distinto de otras figuras de gran éxito, sino solo más exagerado. Costaría imaginar a alguien que esperase un cuidado más atento de sus caprichos, ritmos, prejuicios y deseos incipientes que él. Necesitaba un trato especial. Muy especial. Según le explicaba a un amigo en una especie de arranque de autoconsciencia, las mujeres entendían eso mucho mejor. Al menos las mujeres que sabían tolerar o les hacía gracia o no hacían caso o estaban acostumbradas a su despreocupada misoginia y a su eterno subtexto sexual que, por discordante e incongruente que parezca, Trump a menudo emparejaba con ciertas dosis de paternalismo.

* * *

Kellyanne Conway conoció a Donald Trump en una reunión del Consejo de Administración del Trump International Hotel, que estaba justo delante de las Naciones Unidas y era, a principios de la década del 2000, el lugar donde ella vivía con su marido y sus hijos. El marido, George, graduado de Harvard College y de la Yale Law School, era socio de la importantísima empresa de fusiones y adquisiciones Wachtell, Lipton, Rosen & Katz. (Aunque la empresa era de tendencia democrática, George había desempeñado un papel secundario en el equipo que representaba a Paula Jones en el juicio contra Bill Clinton). La familia Conway había alcanzado el equilibrio doméstico y profesional organizándose en torno a la carrera de George. La de Kellyanne era un dato sin importancia.

Durante la campaña de Trump, Kellyanne supo sacar miga a su biografía de clase trabajadora. Creció en el centro de Nueva Jersey; era hija de un camionero, pero la crió su madre sola (y, cuando ella lo contaba, también su abuela y sus dos tías solteras). Estudió en la facultad de Derecho de la Universidad George Washington, y después hizo las prácticas con Richard Wirthlin, especialista en encuestas de Reagan. Más adelante, fue ayudante de Frank Luntz, una figura curiosa del Partido Republicano, conocido tanto por sus contratos televisivos y por su peluquín como por su perspicacia con los sondeos de opinión. Cuando trabajaba para él, Conway empezó a hacer sus primeras apariciones en canales de televisión por cable.

Una virtud del negocio de estudios y sondeos que Kellyanne fundó en 1995 era que le permitía adaptarse a la carrera profesional de su marido. Pero su presencia en los círculos políticos republicanos no pasó del rango medio, y en la televisión por cable tampoco llegó a ser más que una aspirante al éxito de Ann Coulter y Laura Ingraham. Precisamente en televisión fue donde la vio Trump, y por eso la abordó en la reunión del Consejo de Administración del hotel.

Lo cierto es que lo que le dio ventaja no fue conocer a Trump, sino a la acogida de los Mercer, que la contrataron en el 2015 para trabajar en la campaña de Cruz, cuando Trump aún estaba lejos del ideal conservador. En agosto del 2016, la colocaron en la campaña de Trump.

Tenía claro cuál era su papel. "Solo lo llamaré señor Trump", le dijo al candidato con solemnidad perfecta cuando él la entrevistó para el puesto. Era un detalle que Conway repetiría entrevista tras entrevista; Kellyanne era un catálogo de frases aprendidas, y ese mensaje lo recalcaba tanto para Trump como para los demás.

Ostentaba el título de directora de campaña, pero se trataba de una inexactitud. El verdadero director era Bannon, y ella, la especialista en sondeos. Poco después, Bannon la sustituyó también en esa tarea, y a Conway la relegaron a un papel que Trump entendía como algo muchísimo más importante: su portavoz en los canales de televisión por cable.

Conway parecía tener un interruptor de encendido y apagado que resultaba muy práctico. En privado (la posición de "apagado"), parecía opinar que Trump era una figura cuyas exageraciones y absurdidad eran agotadoras. Como mínimo, si ese era el punto de vista de su interlocutor, ella daba a entender que lo compartía. Ilustraba la opinión que le merecía su jefe con una serie de expresiones faciales: entornando los ojos, quedándose boquiabierta, dejando caer la cabeza hacia atrás. Pero, cuando el interruptor estaba en la posición de "encendido", sufría una metamorfosis que la convertía en creyente, protectora, defensora y domadora. Conway es antifeminista (por decirlo de otro modo: una especie de salto mortal ideológico le hace pensar que el feminismo es antifeminista), y atribuye sus métodos y su temperamento al hecho de ser esposa y madre. Es instintiva y reactiva, de ahí que su papel fuera el de defensora primordial de Trump: metafóricamente hablando, se interponía entre Trump y cualquier bala que fuese dirigida hacia él.

A Trump le encantaba el numerito en el que ella lo defendía a toda costa, y siempre veía sus apariciones televisivas en directo. La del presidente solía ser la primera llamada que Conway recibía al terminar de grabar. Ella canalizaba a Trump: decía justo la clase de cosas que diría él y que, si no fuera por eso, la llevaban a llevarse el dedo a la cabeza como si se pegara un tiro.

Tras las elecciones, la victoria de Trump obligó a hacer cambios en casa de los Conway, y hubo prisa por encontrarle a George un

trabajo en su administración. Trump daba por sentado que ella
sería su secretaria de prensa. "Mi madre y él —explicó Conway—,
como los dos ven mucha televisión, pensaron que este era uno de
los trabajos más importantes". Según lo cuenta ella, puso objeciones o rechazó la oferta. Pero siguió haciendo propuestas alternativas en las que ella continuaría siendo la principal portavoz, además
de otras cosas. Lo cierto es que casi todos los demás estaban intentando manipular a Trump para que no la nombrase a ella.

El atributo que Trump más valoraba era la lealtad, y, desde el
punto de vista de Conway, con la defensa kamikaze que ella hacía
del presidente en los medios, se había ganado un puesto de suma
primacía en la Casa Blanca. Pero había forzado tanto los límites de
la lealtad que eso afectó a su imagen pública; era tan hiperbólica
que hasta a los fieles a Trump les resultaba extrema y repelente.
Y no había nadie más desencantado que Jared e Ivanka: conster-
nados por sus apariciones vergonzosas en televisión, criticaban la
vulgaridad de Conway. Cuando hablaban de ella, les gustaba lla-
marla "uñas", por las extensas manicuras a las que se sometía, à la
Cruella de Vil.

A mediados de febrero ya era objeto de filtraciones, muchas
de las cuales provenían de Jared e Ivanka, sobre cómo la habían
apartado. Conway se defendía con vehemencia y con una lista de
las apariciones televisivas que aún tenía programadas, si bien eran
de menor importancia. También protagonizó una escena de llanto
en el Despacho Oval, en la que se ofrecía a renunciar a su puesto
si el presidente ya no confiaba en ella. Como de costumbre cuando
tenía que enfrentarse a la abnegación de los demás, Trump la tran-
quilizó con creces. "Siempre tendrás un puesto en mi gobierno —le
dijo—. Vas a estar aquí ocho años".

Lo cierto es que sí la habían apartado; la habían rebajado a
medios de segunda, a ser emisaria de los grupos de derecha, sin
ocasión de participar en las decisiones importantes. Ella culpaba a

los medios de comunicación, y la autocompasión que sentía por el azote público la unió más a Donald Trump. De hecho, su relación con el presidente se afianzó mientras ambos se lamían las heridas que les habían provocado los medios.

* * *

A los veintiséis años de edad, Hope Hicks fue la primera persona que se contrató para la campaña. Conocía al presidente muchísimo mejor que Conway, y comprendía que su principal función mediática era no salir en los medios.

Hicks se crió en Greenwich, Connecticut. Su padre era un ejecutivo de relaciones públicas que trabajaba para el Glover Park Group, una consultora política y de comunicaciones de tendencia demócrata. Su madre había trabajado en el equipo de un congresista demócrata. Estudió en la Universidad Metodista del Sur, donde fue una alumna del montón. Después trabajó como modelo antes de meterse en relaciones públicas. Primero trabajó para Matthew Hiltzik, que dirigía una pequeña empresa de relaciones públicas de Nueva York y era conocido por su capacidad para trabajar con clientes que requerían mucha atención, entre los cuales estaban la personalidad televisiva Katie Couric y el productor de cine Harvey Weinstein (que, más tarde, fue vilipendiado por años de acoso y abuso sexual, acusaciones de las que Hiltzik y sus empleados llevaban mucho tiempo tratando de protegerlo). Hiltzik era activista demócrata, había trabajado para Hillary Clinton y también era el representante de la marca de ropa de Ivanka Trump. Hicks empezó haciendo algunos trabajos para la cuenta de Ivanka, y más tarde se unió a la empresa a tiempo completo. En el 2015, Ivanka la transfirió a la campaña de su padre, y, a medida que esta avanzaba y Trump pasaba de ser una novedad a ser un factor político a tener en cuenta y, después, un gigante, la familia de Hicks empezó a sentirse, cada vez con mayor incredulidad, como si su hija hubiera sido secuestrada. (Después de la victoria de Trump y de que se mudase a la Casa Blanca, sus amigos más íntimos hablaban con gran preocupación sobre la clase de terapia y recuperación que necesitaría cuando por fin dejase el cargo).

A lo largo de los dieciocho meses de campaña, el grupo que viajaba de ciudad en ciudad solía estar compuesto por el candidato, Hicks y el director de campaña Corey Lewandowski. Con el tiempo, ella se convirtió no solo en una participante involuntaria del devenir de la historia —hecho que la asombraba a ella tanto como a los demás—, sino también en una especie de sustituta de esposa perfecta, la empleada que más se había entregado al puesto y que mejor toleraba al señor Trump.

Lewandowski fue despedido, en junio del 2016, por su mala relación con miembros de la familia Trump. Poco después, Hicks, con quien había tenido una relación romántica intermitente, estaba sentada en la Torre Trump con Trump y sus hijos, preocupada por cómo trataría la prensa a su examante, y se preguntó en voz alta qué podía hacer para ayudarlo. Trump, que el resto del tiempo parecía tratarla con ademán protector y paternal, levantó la mirada y le dijo: "¿Para qué? Ya has hecho mucho por él: tienes el mejor trasero que va a tocar en su vida". Hicks salió corriendo de la sala.

A medida que se formaban nuevas capas alrededor de Trump, primero como candidato y luego como presidente electo, Hicks continuó desempeñando el papel de relaciones públicas personal. Lo seguía como una sombra y era la persona que más acceso tenía a él. "¿Has hablado con Hope?" era una de las preguntas más frecuentes del Ala Oeste.

La impresión general era que Hicks, que contaba con el patrocinio de Ivanka y le era muy fiel, era la verdadera hija de Trump, mientras que Ivanka, la hija real, era su verdadera esposa. A nivel funcional pero elemental, Hicks era la persona que se ocupaba

de la relación con los medios. Trabajaba con él, al margen de los
cuarenta empleados de la oficina de comunicaciones de la Casa
Blanca. El presidente le encomendaba su imagen y su mensaje personal, aunque sería más acertado decir que ella era la agente que
transmitía ese mensaje y esa imagen que el presidente no le confiaba a nadie más que a sí mismo. Juntos, formaban algo así como
una operación autónoma.

No tenía opiniones políticas propias, pero sí experiencia en el
campo de las relaciones públicas en Nueva York y cierto desprecio
por los medios de la derecha, así que se convirtió en el enlace oficial con los medios mayoritarios. El presidente le había encargado
la tarea definitiva: conseguir un buen artículo sobre él en el *New
York Times*.

A juicio del presidente, esto aún no había ocurrido, "pero Hope
lo intenta una y otra vez", dijo él.

En varias ocasiones, al cabo de un día —uno de tantos— de
menciones muy críticas en los medios, el presidente la saludaba
con un afectuoso "debes de ser la peor relaciones públicas del
mundo".

* * *

Al principio de la transición, y con Conway fuera del proceso de
selección para el puesto de secretaria de prensa, Trump se empe-
cinó en encontrar a una estrella. La presentadora de radio Laura
Ingraham, una conservadora que había hablado en la convención,
estaba en la lista, junto a Ann Coulter. Maria Bartiromo, de Fox
Business, también estaba entre las candidatas. (El presidente electo
había dicho que se trataba de televisión, y que por eso tenía que
ser una mujer atractiva). Cuando ninguna de las opciones resultó,
le ofrecieron el trabajo a Tucker Carlson, de Fox News, que lo
rechazó.

Pero había una opinión contraria: la persona responsable de

la prensa tenía que ser lo opuesto a una estrella. De hecho, había que reformular toda la operación. Si la prensa era el enemigo, ¿por qué consentirla? ¿Por qué darle más visibilidad? Se trataba de bannonismo básico: deja de pensar que puedes llevarte bien con tus enemigos.

Mientras el debate se alargaba, Priebus presionó para que escogiesen a uno de sus segundos del Comité Nacional Republicano: Sean Spicer, un profesional político de Washington de cuarenta y cinco años que caía bien y había tenido una serie de puestos en el Congreso durante los años de George W. Bush, y también en el Comité Nacional Republicano. Spicer, que dudaba si debía aceptar la oferta, les preguntaba con nerviosismo a sus compañeros del pantano de Washington: "Si acepto, ¿podré volver a trabajar después?".

Las respuestas eran contradictorias.

Durante la transición, muchos miembros del equipo de Trump acabaron estando de acuerdo con Bannon en que la mejor manera de gestionar la prensa de la Casa Blanca era alejarla, cuanto más mejor. A la prensa, la iniciativa —o los rumores— le pareció una señal más de que la futura administración adoptaría una postura antiprensa, que anunciaba el intento sistemático de cerrar la llave de la información. A decir verdad, otros gobiernos habían sopesado las ideas de sacar la sala de prensa de la Casa Blanca, o de restringir el programa de sesiones informativas o limitar las conexiones televisivas o el acceso de la prensa. Hillary Clinton había defendido limitar el acceso de la prensa a la Casa Blanca de su marido.

Donald Trump no fue capaz de renunciar a la proximidad de la prensa ni a tener el escenario en su propia casa. Solía reprender a Spicer por sus intervenciones torpes, a las que a menudo prestaba toda su atención. Su respuesta a las sesiones informativas que preparaba Spicer obedecía a su convencimiento de que nadie podía lidiar con los medios tan bien como él, que tenía a su disposición la parodia de un equipo de comunicación sin carisma, magnetismo ni conexiones mediáticas significativas.

La presión a la que Trump sometía a Spicer —una retahíla continua de críticas e instrucciones autoritarias que siempre hacían perder la calma al secretario de Prensa— contribuyeron a convertir las sesiones en un auténtico desastre. Mientras tanto, la verdadera operación se había reducido a una serie de organizaciones de prensa que competían entre sí dentro de la Casa Blanca.

Hope Hicks y el presidente vivían en lo que otros habitantes del Ala Oeste consideraban un universo alternativo, donde los medios mayoritarios aún estaban por descubrir el encanto y la sabiduría de Donald Trump. Mientras que los presidentes anteriores tal vez pasaran parte del día hablando de las necesidades, deseos e intereses de los miembros del Congreso, el presidente y Hicks ocupaban mucho tiempo hablando sobre un reparto fijo de personalidades mediáticas, e intentando adivinar las verdaderas intenciones y puntos débiles de presentadores, productores y reporteros del *Times* y del *Post*.

A menudo, esa ambición fantasiosa se fijaba en la reportera del *Times* Maggie Haberman. Las exclusivas que Haberman publicaba en primera plana, lo que podría llamarse las exclusivas sobre rarezas de Donald Trump, eran relatos gráficos y coloridos de excentricidades, comportamientos reprobables y la basura que decía el presidente; todo contado con seriedad absoluta. Más allá de admitir que Trump era un chico de Queens que todavía le tenía un respeto reverencial al *New York Times*, en el Ala Oeste nadie era capaz de explicar por qué motivo él y Hicks recurrían tan a menudo a Haberman, si ella siempre hacía un retrato burlón e hiriente del presidente. Algunos pensaban que Trump estaba revisitando escenas de éxito pasado: el *Times* podía estar en su contra, pero Haberman había trabajado muchos años en el *New York Post*. "Es muy profesional", dijo Conway en defensa del presidente, y tratando de justificar el acceso extraordinario que le concedían a Haberman. Por muy decidido que estuviera a conseguir buena prensa del *Times*, el presidente pensaba que Haberman era "horrible y mezquina". Aun así, todas las semanas, Hicks y él tramaban cuándo involucrar al *Times*.

* * *

Kushner tenía su propia operación de prensa, y Bannon, la suya. La cultura de las filtraciones era ya tan abierta y manifiesta que se le había asignado personal. La mayoría de las veces todo el mundo sabía identificar las filtraciones de los demás.

La Oficina de Innovación de Kushner empleaba a Josh Raffel como portavoz, que había salido de la empresa de relaciones públicas de Matthew Hiltzik, como Hicks. Raffel, un demócrata que había trabajado en Hollywood, actuaba como representante personal de Kushner y de su esposa, sobre todo porque la pareja pensaba que Spicer no los representaba con suficiente empeño debido a su lealtad a Priebus. Se trataba de algo explícito; en el Ala Oeste se describía su trabajo con las palabras: "Josh es la Hope de Jared".

Raffel coordinaba la prensa personal de Kushner e Ivanka, si bien había más que hacer en el caso de ella que en el de él. Un dato importante era que Raffel coordinaba la gran cantidad de información que filtraba Kushner, o, por llamarlo de otro modo, las instrucciones y directrices no oficiales. Gran parte de ellas eran en contra de Bannon. Kushner, que afirmaba con gran convicción que él no hacía filtraciones, justificaba la existencia de su propio departamento de Prensa como una defensa contra el de Bannon.

La persona que cumplía esa función para Bannon, Alexandra Preate, era una figura de la sociedad conservadora, aficionada al champán y que había trabajado para Breitbart News y otros personajes conservadores, como Larry Kudlow, de CNBC. Además, era amiga íntima de Rebekah Mercer. Aunque nadie era capaz de explicar su relación, Preate se ocupaba de la repercusión mediática de Bannon, aunque no la empleaba la Casa Blanca a pesar de tener allí un despacho y una presencia más o menos constante. Quedaba claro que su cliente era Bannon y no la administración de Trump.

A Jared y a Ivanka no dejaba de alarmarlos que Bannon continuase teniendo a su disposición la enorme capacidad de alterar el humor y la atención de la derecha. Bannon insistía en que se había deshecho de todos los vínculos con sus antiguos compañeros de Breitbart, pero eso ponía a prueba la credulidad de todos, y todo el mundo daba por sentado que nadie debía creer semejante cosa. En todo caso, todos debían tener miedo.

Curiosamente, toda el Ala Oeste estaba de acuerdo con que Donald Trump, el presidente de los medios, tenía una de las operaciones de comunicación más disfuncionales de la historia moderna de la Casa Blanca. Y nadie dudaba de que Mike Dubke, un agente de relaciones públicas republicano que había sido contratado como director de Comunicaciones, tenía un pie en la puerta desde el primer día. Al final, duró en el puesto solo tres meses.

* * *

La cena de corresponsales de la Casa Blanca puso a prueba las habilidades del presidente al igual que el resto de los desafíos al que él y su equipo se habían enfrentado. Trump estaba seguro de que el poder de su encanto personal era mayor que el rencor que le tenía a su público, o que el público le tenía a él.

Recordó la aparición que había hecho en el programa *Saturday Night Live* en el 2015; según él, había sido todo un éxito. De hecho, se había negado a prepararse e insistía en que pensaba improvisar sin problema. Le dijeron que los humoristas no improvisaban, que tenían un guion y que estaba todo ensayado. Pero el consejo tuvo un efecto mínimo.

A excepción del presidente, casi nadie creía que pudiera salir airoso de la cena de corresponsales, y su personal estaba aterrorizado, pensando que moriría en el escenario, ante una audiencia que bullía de desprecio. A pesar de que era capaz de hacer bromas y a menudo lo hacía con crueldad, nadie lo consideraba capaz de aceptarlas. Pero el presidente parecía deseoso de hacer su aparición en el acontecimiento, si bien trataba de disimularlo. Hicks, que normalmente lo animaba a seguir todos sus impulsos, en este caso intentaba no hacerlo.

Bannon insistió en algo simbólico: el presidente no debería ser visto intentando congraciarse con sus enemigos ni entreteniéndolos. Los medios de comunicación eran mejores chivos expiatorios que cómplices. El principio de Bannon de la estaca metálica clavada en el suelo seguía siendo relevante: no te muevas, no te dobles, no cedas, no accedas a compromisos. Al final, en lugar de insinuar que Trump carecía del talento y del ingenio necesarios para emocionar al público, esa fue mucho mejor manera de convencer al presidente de que no acudiese a la cena.

Cuando Trump accedió, al fin, a renunciar a la cena, Conway, Hicks y el resto del personal del Ala Oeste respiraron con tranquilidad.

* * *

Poco después de las cinco de la tarde del centésimo día de su presidencia, que estaba siendo muy bochornoso, mientras dos mil quinientos miembros de distintas agencias de noticias y sus amigos se reunían en el Washington Hilton para la cena de corresponsales de la Casa Blanca, el presidente salió del Ala Oeste para dirigirse al Marine One, que pronto estaría de camino a la base aérea Andrews. Con él iban Steve Bannon, Stephen Miller, Reince Priebus, Hope Hicks y Kellyanne Conway. El vicepresidente Pence y su esposa fueron directo a Andrews, y allí embarcaron con los

demás en el Air Force One para hacer un vuelo corto hasta Harrisburg, Pennsylvania, donde el presidente pronunciaría un discurso.
Durante el vuelo les sirvieron pasteles de cangrejo, y el presidente
le concedió a John Dickerson, de *Face the Nation*, una entrevista
conmemorativa del centésimo día.

El primer evento de Harrisburg discurrió en una fábrica de
herramientas de jardinería y paisajismo, donde el presidente hizo
una inspección exhaustiva de una línea de carretillas de colores
vistosos. El siguiente, en el que tendría lugar el discurso, sería en
el rodeo del Farm Show Complex & Expo Center de Pensilvania.

Y ahí estaba el quid del viaje. Lo habían diseñado para recordarle al resto del país que el presidente no era otro hipócrita más
vestido de esmoquin como los de la cena de corresponsales de la
Casa Blanca (cosa que presuponía que la base electoral del presidente era consciente de semejante acontecimiento y que le importaba), pero también para distraer al presidente y que no se acordara
de la cena que se estaba perdiendo.

Sin embargo, el presidente no dejaba de pedir que lo tuvieran
al tanto de los chistes que se estaban contando en la reunión de
corresponsales.

16

COMEY

Es imposible hacerle entender que estas investigaciones no se pueden parar —dijo Roger Ailes, una de las voces frustradas en el grupo de amigos de Trump, a comienzos de mayo—. En los viejos tiempos, uno podía pedir que lo dejaran estar. Ahora, si pides que lo dejen, es a ti al que investigan. Él es incapaz de meterse eso en la cabeza.

Varios miembros del gabinete de multimillonarios trataban de tranquilizar al presidente en sus llamadas telefónicas nocturnas, pero, al expresarle sus profundas preocupaciones al respecto de los peligros del Departamento de Justicia y del FBI, lo que estaban haciendo en realidad era incitarlo en gran medida. Muchos de los amigos adinerados de Trump se consideraban unos conocedores particularmente buenos del Departamento de Justicia. Todos ellos, cada uno en su propia carrera profesional, habían tenido los suficientes problemas con el departamento como para cultivar sus fuentes y sus relaciones allí dentro. Flynn lo iba a poner en un brete. Manafort iba a escurrir el bulto. Y no era solo Rusia. Era Atlantic City. Y Mar-a-Lago. Y el Trump SoHo.

Tanto Chris Christie como Rudy Giuliani —ambos autoproclamados expertos sobre el Departamento de Justicia y el FBI, que

no dejaban de asegurarle a Trump que tenían fuentes dentro— lo
animaban a adoptar la opinión de que el Departamento de Justicia
estaba decidido a ir contra él; todo formaba parte de un complot de
la gente que quedaba de Obama.

Aún más insistente era el temor de Charlie Kushner, transmi-
tido a través de su hijo y de su nuera, de que los negocios de la familia Kushner se vieran envueltos en la persecución contra Trump.
Unas filtraciones del mes de enero habían servido para dar al traste
con el acuerdo de la familia Kushner con el coloso financiero chino
Anbang Insurance Group para refinanciar la enorme deuda de la
familia en uno de sus principales negocios inmobiliarios, el 666 de
la Quinta Avenida. En un artículo de portada de finales de abril y
gracias a unas filtraciones procedentes del Departamento de Justicia, el *New York Times* vinculó al negocio de los Kushner con Beny
Steinmetz, un multimillonario israelí con negocios inmobiliarios,
de diamantes y de minería con lazos con Rusia y que se encontraba bajo una eterna investigación en todos los lugares del mundo
(la situación de los Kushner no se vio favorecida por el hecho de
que el presidente le hubiese contado tan ufano a varias personas
que Jared era capaz de solucionar el problema de Oriente Medio
porque los Kushner conocían a todos los hombres de negocios turbios de Israel). Durante la primera semana de mayo, el *Times* y el
Washington Post cubrieron la noticia de los esfuerzos que estaba
haciendo la familia Kushner para atraer a inversores chinos con la
promesa de visados de residencia norteamericanos.

"Los chicos" —Jared e Ivanka— daban muestras de una creciente sensación de pánico. ¿Y si el Departamento de Justicia y el
FBI iban más allá de la injerencia rusa en las elecciones y se metían
con los negocios de la familia? "Ivanka está aterrorizada", dijo un
satisfecho Bannon.

Trump pasó a sugerir ante su coro de multimillonarios la posibilidad de expulsar a Comey, el director del FBI. Ya había plan-

teado aquella idea en muchas otras ocasiones, pero siempre había sido, al parecer, al mismo tiempo y en el mismo contexto en que planteaba la posibilidad de destituir a todo el mundo. "¿Debería despedir a Bannon? ¿Debería despedir a Reince? ¿Debería despedir a McMaster? ¿Debería despedir a Spicer? ¿Debería despedir a Tillerson?". Todo el mundo entendía que aquel ritual tenía más de pretexto para hablar de su poder que de una serie de decisiones sobre el personal en sentido estricto. Aun así, muy a la manera de Trump de envenenar el pozo, aquella pregunta de si debería despedir a tal o cual persona, y cualquier otra consideración al respecto expresada por cualquiera de los multimillonarios, se traducía en la idea de que ellos estaban de acuerdo, en plan: "Carl Icahn piensa que debería despedir a Comey (o a Bannon, o a Priebus, o a McMaster o a Tillerson)".

Con una urgencia agravada por el pánico de Charlie Kushner, su hija y su yerno lo animaban a hacerlo con el argumento de que un Comey, que tal vez en otro tiempo fuese agradable, era ahora una pieza peligrosa e incontrolable cuyo beneficio inevitablemente supondría una pérdida para ellos. Cuando a Trump se le calentaba la cabeza con algo, se percataba Bannon, solía ser porque alguien se la había calentado. Pronto, el foco de discusión de la familia —insistente, casi frenético— se situó prácticamente en exclusiva sobre las ambiciones de Comey. Ascendería a base de hacerles daño. Y el martilleo era cada vez más insistente.

"Ese hijo de puta va a intentar despedir al director del FBI", dijo Ailes.

Durante la primera semana de mayo, el presidente mantuvo una reunión con Sessions y su adjunto Rod Rosenstein en la que no dejó de protestar. Fue una reunión humillante para ambos, con un Trump que insistía en que no eran capaces de controlar a su propia gente y los presionaba para que hallasen un motivo para despedir a Comey. En realidad, los culpaba por el hecho de que no se les hubiera ocurrido ese motivo meses atrás (era culpa de ellos, les daba a entender, que Comey no hubiera sido despedido de buenas a primeras).

Aquella misma semana tuvo lugar una reunión que incluyó al presidente, a Jared e Ivanka, a Bannon, a Priebus y al asesor legal de la Casa Blanca Don McGahn. Fue una reunión a puerta cerrada, algo de lo que se percató todo el mundo, porque no era normal que la puerta del Despacho Oval estuviera cerrada.

"Todos los demócratas odian a Comey", dijo el presidente, que expresaba la certeza de una opinión que se justificaba por sí sola. "Todos los agentes del FBI también lo odian... el setenta y cinco por ciento de ellos no lo traga". (Esta era una cifra que Kushner se había sacado de no se sabe bien dónde y que Trump había hecho suya). "Despedir a Comey supondrá una enorme ventaja en cuanto a la recaudación de fondos", declaró el presidente, un hombre que prácticamente nunca hablaba de recaudaciones de fondos.

McGahn intentó explicarle que, en realidad, Comey no llevaba en persona la investigación sobre Rusia y que, sin él, las indagaciones continuarían adelante de todas formas. McGahn, el abogado cuya tarea era necesariamente la de hacer advertencias, era el frecuente blanco de las iras de Trump, que solían comenzar como una especie de exageración o de teatro para pasar, después, a lo que de verdad eran: pataletas malencaradas, incontrolables y de vena hinchada. La situación pasaba al terreno de lo primario. Ahora, las denuncias del presidente se centraban en una furia despiadada sobre McGahn, y sus advertencias, sobre Comey.

Comey era una rata, repetía Trump. Había ratas por todas partes, y había que librarse de ellas. "John Dean, John Dean", insistía. "¿Saben lo que John Dean le hizo a Nixon?".

Trump, un individuo que veía la historia a través de las personalidades —gente que le podía agradar o desagradar—, era un obseso de John Dean. Se puso como loco cuando un Dean ya canoso y muy envejecido apareció en los programas de tertulia para comparar la investigación sobre Trump y Rusia con el caso Watergate. Aquello hacía que el presidente, de manera instantánea, se incorporase para prestar atención y soltase un inevitable monólogo a modo de réplica ante la pantalla sobre la lealtad y lo que es capaz de hacer la gente por la atención mediática. También podía ir acompañado de diversas teorías revisionistas que tenía Trump acerca del Watergate y de que a Nixon le tendieron una trampa. Y siempre había ratas. Una rata era alguien capaz de tumbarte con tal de obtener un beneficio. Si tenías una rata, la tenías que matar. Y había ratas por doquier.

(Más adelante, fue Bannon quien tuvo que llevarse aparte al presidente y contarle que John Dean había sido el asesor legal de la Casa Blanca durante la administración de Nixon, de manera que tal vez sería una buena idea que rebajara la tensión con McGahn).

En el transcurso de la reunión, Bannon, caído en desgracia y aliado ahora con Priebus —en su común antipatía hacia el dúo Jarvanka—, aprovechó la oportunidad para hacer un acalorado alegato en contra de Jared, Ivanka y la gente de su círculo: "los genios" ("genio" era uno de los términos despectivos de Trump para cualquiera que pudiese irritarlo o considerarse más listo que él, y Bannon se lo había apropiado ahora y se lo estaba aplicando a la propia familia del presidente). Con una serie de advertencias contundentes y alarmantes, Bannon le dijo a Trump: "Esta historia de Rusia es de tercera fila, pero despida usted a Comey y será la mayor historia del mundo".

Llegados al final de la reunión, Bannon y Priebus estaban convencidos de que se habían impuesto. Sin embargo, aquel fin de semana, en Bedminster, el presidente volvió a convertirse en una olla a presión al prestar oídos, de nuevo, a la profunda consternación de su hija y de su yerno. Stephen Miller fue también a pasar allí el fin de semana, además de Jared e Ivanka. Hizo mal tiempo, el

presidente se perdió su partido de golf y se quedó con Jared dándole
vueltas a su enfado con el tema de Comey. Según la versión de las
personas ajenas al círculo de Jared e Ivanka, fue el primero quien
presionó a su suegro para que actuase y, una vez más, le calentó la
cabeza. Con el visto bueno del presidente, Kushner —según esta
versión— le entregó a Miller unas notas sobre los motivos por los
que se debería despedir al director del FBI, y le pidió que redactase
una carta que pudiera sentar las bases para su inmediata destitución. Miller —que no tiene una mano precisamente diestra como
redactor— reclutó a Hicks para que lo ayudase, otra persona que
carece de unas capacidades claramente notables (Miller recibiría
más adelante la reprimenda de Bannon por dejarse enredar, y posiblemente implicar, en el lío de Comey).

La carta, en el borrador precipitado que montaron Miller y
Hicks (ya fuera por indicación de Kushner o por instrucciones
directas del presidente), era una mezcla desordenada de ideas que
contenía los temas de discusión que darían forma al argumentario
de la familia Trump para despedir a Comey: la manera que Comey
tuvo de llevar la investigación sobre Hillary Clinton; la afirmación
(de Kushner) de que el propio FBI se había vuelto contra Comey;
y (la principal obsesión del presidente) el hecho de que Comey se
negara a admitir en público que no estaban investigando a Trump.
Es decir, todo salvo el hecho de que el FBI de Comey estaba investigando al presidente.

El bando de Kushner, por su parte, contrarrestó de forma
implacable cualquier descripción de Jared como el promotor o
ideólogo, y lo que hizo fue descargar por completo todo el afán
de la carta de Bedminster —y la determinación de librarse de
Comey— sobre los hombros del presidente y proyectar la imagen
de Kushner como alguien que pasaba por allí sin intervenir (la
postura del bando de Kushner se expresó así: "¿Apoyó él [Jared] la
decisión? Sí. ¿Le contaron que aquello iba a suceder? Sí. ¿Lo instigó

él? No. ¿Lo defendió [ante el despido a Comey] durante semanas
y meses? No. ¿Se opuso [al despido de Comey]? No. ¿Dijo él que
aquello saldría mal? No".).

Horrorizado, McGahn se negó a enviar la carta. Sin embargo,
esta llegó a Sessions y a Rosenstein, que de inmediato se pusieron a
redactar su propia versión de lo que era obvio que deseaban Kushner y el presidente.

"Cuando volvió, supe que podría reventar en cualquier instante", dijo Bannon después de que el presidente regresara de su fin
de semana en Bedminster.

* * *

La mañana del lunes 8 de mayo, en una reunión en el Despacho
Oval, el presidente le dijo a Priebus y a Bannon que había tomado
la decisión: iba a destituir al director Comey. Ambos volvieron a
rogarle de manera acalorada que no hiciese aquel movimiento y
pidieron que, como mínimo, se hablase más el tema. Aquí estaba
la técnica crucial para manejar al presidente: aplazar los temas.
Prorrogar algo solía significar que otra cosa —un desastre igual
o mayor— aparacería para desactivar el desastre actual. Es más,
aplazar era algo que funcionaba de maravilla con la capacidad de
atención de Trump; fuera cual fuese el problema del momento,
no tardaría en estar metido en otra cosa. Cuando terminó la
reunión, Priebus y Bannon creyeron que habían ganado un cierto
respiro.

Más tarde ese mismo día, Sally Yates y el antiguo director de
inteligencia nacional James Clapper comparecieron ante el Subcomité de Crimen y Terrorismo del Comité Judicial del Senado... y
fueron recibidos con una serie de furiosos tuits del presidente.

Ahí residía, vio Bannon de nuevo, el problema esencial de
Trump. Lo personalizaba todo de manera absoluta. Veía el mundo
en términos comerciales y en los del mundo del espectáculo: siem-

pre había alguien que trataba de quedar por encima de ti, siempre había alguien que intentaba acaparar la atención mediática. Siempre estabas librando una batalla contra alguien que quería lo que tú tenías. Para Bannon, reducir el mundo de la política a enfrentamientos y altercados empequeñecía el lugar en la historia que Trump y su administración habían conseguido, pero también servía para ocultar los verdaderos poderes a los que se enfrentaban. No personas, sino instituciones.

Para Trump, no se enfrentaba más que a Sally Yates, que "menuda hija de puta" que era, decía echando humo.

Desde su cese el día 30 de enero, Yates se había mantenido sospechosamente silenciosa. Cuando la abordaban los periodistas, o ella o sus intermediarios explicaban que no hablaba con ningún medio por consejo de sus abogados. El presidente creía que no hacía sino esperar al acecho. En llamadas telefónicas a sus amigos, Trump se preocupaba por el "plan" y la "estrategia" de Yates, y no dejaba de presionar a sus consejeros de sobremesa para que le contasen qué pensaban ellos que "escondían en la manga" tanto Yates como Ben Rhodes, el favorito de Trump entre los conspiradores de Obama.

Con cada uno de sus enemigos —y, en realidad, con cada uno de sus amigos—, en muchos sentidos, la cuestión se reducía para él a su plan mediático personal. Los medios eran el campo de batalla. Trump daba por sentado que todo el mundo quería disfrutar de sus quince minutos de gloria, y que todo el mundo contaba con una estrategia de prensa para cuando los consiguiese. Si no eras capaz de conseguirte esa prensa por ti mismo, te convertías en un filtrador. En opinión de Trump, ninguna noticia se producía por casualidad. Todas las noticias se manipulaban y se calculaban, se planificaban y se colocaban en los medios. Todas las noticias eran en cierta medida falsas, y él lo entendía perfectamente bien, porque él mismo las había falseado muchísimas veces a lo largo de su carrera. Este es el motivo por el que le salía de un modo tan natural la etiqueta de "noticias falsas". "Llevo toda la vida inventándome cosas, y siempre las publican", fanfarroneaba.

El retorno de Sally Yates, con su citación ante el Comité Judicial del Senado, marcaba para ella el comienzo —creía Trump— de un lanzamiento mediático sostenido y bien organizado (esta opinión se la confirmó más adelante en el mes de mayo la publicación de un generoso y halagador perfil de Yates en el *New Yorker*. "¿Cuánto tiempo creen que llevaba planeando esto? —preguntaba de manera retórica—. Porque saben que lo tenía planeado. Es su día de éxito"). "Yates solo es famosa gracias a mí —se quejaba el presidente con amargura—. Porque si no, ¿quién es ella? Nadie".

Ante el Congreso aquel lunes por la mañana, Yates tuvo una actuación cinematográfica —tranquila, comedida, detallada, desinteresada— que agravó la agitación y la furia de Trump.

* * *

En la mañana del martes 9 de mayo, con el presidente aún obsesionado con Comey y con su yerno y su hija todavía detrás de él, Priebus volvió a jugar la carta del aplazamiento: "Hay una manera correcta y otra incorrecta de hacer esto —le dijo al presidente—. No queremos que se entere de ello por la televisión. Y lo voy a decir una última vez: esta no es la manera correcta de hacerlo. Si lo quieres hacer tú, la forma correcta es hacerlo venir aquí y mantener una conversación. Esa es la manera decente y profesional de hacerlo". Una vez más, parecía que el presidente se calmaba y se centraba más en el procedimiento necesario.

Pero se trataba de un engaño. En realidad, con el fin de evitar aceptar el procedimiento convencional —o, para el caso, cualquier sentido real de causa y efecto—, el presidente se había limitado a excluir a todo el resto de la gente de *su* procedimiento. Durante

MICHAEL WOLFF

la mayor parte de aquel día, casi nadie llegaría a enterarse de que había decidido encargarse de la cuestión por su propia cuenta. En los anales de la presidencia estadounidense, es posible que el despido del director del FBI James Comey sea una de las medidas más trascendentales jamás tomadas por un presidente moderno que actuaba totalmente por su cuenta.

Pues bien, el Departamento de Justicia —el fiscal general Sessions y el fiscal general adjunto Rod Rosenstein— se encontraba preparando su argumentario contra Comey de forma independiente al curso adoptado por Trump. Habían tomado la línea fijada en Bedminster y culpaban a Comey de ciertos errores en su gestión del desastre de los correos electrónicos de Clinton, lo cual era una acusación problemática, pues, si de verdad era ese el problema, ¿por qué no fue destituido Comey por ese motivo en el preciso instante en que la administración de Trump tomó posesión? Pero el hecho era que, muy a pesar de la acusación de Sessions y Rosenstein, el presidente ya había decidido actuar por su cuenta.

Jared e Ivanka presionaban al presidente para que siguiese adelante, pero ni siquiera ellos sabían que el hacha tardaría poco en caer. Hope Hicks, la férrea sombra de Trump, quien, por lo demás, sabía todo lo que pensaba el presidente —en particular porque él no podía evitar expresarlo en voz alta—, no lo sabía. Steve Bannon, por muy preocupado que estuviera por el hecho de que el presidente pudiese reventar, no lo sabía. Su jefe de gabinete no lo sabía. Y su secretario de Prensa tampoco lo sabía. El presidente, a punto de iniciar una guerra con el FBI, con el Departamento de Justicia y con muchos congresistas, se estaba descontrolando.

En algún momento de la tarde, Trump le contó su plan a su hija y a su yerno, que de inmediato se convirtieron en coconspiradores y cerraron con firmeza el paso a cualquier consejo que les hiciese la competencia.

De manera extraña e inquietante, fue un día que transcurrió

con puntualidad y sin sobresaltos en el Ala Oeste. Mark Halperin, periodista político y cronista de campaña, esperaba en la zona de recepción a Hope Hicks, que pasó a recogerlo un poco antes de las cinco de la tarde. Howard Kurtz, de la Fox, también estaba allí, aguardando la hora de su cita con Sean Spicer. Y el ayudante de Reince Priebus acababa de salir a decirle a su cita de las cinco que solo tardaría cinco minutos.

El hecho es que, justo antes de las cinco, tras haberle notificado muy poco antes a McGahn sus intenciones, el presidente apretó el gatillo. El guardia personal de seguridad de Trump, Keith Schiller, entregó la carta de despido en la oficina de Comey, en el FBI, justo pasadas las cinco. La segunda frase de esta carta incluía las siguientes palabras: "Por la presente queda cesado y relevado de su puesto, con efecto inmediato".

Muy poco después, la mayor parte del personal del Ala Oeste —por cortesía de una información errónea de Fox News— creyó por unos breves instantes que Comey había presentado la renuncia. Luego, en una serie de contactos informativos en cadena por todas las oficinas del Ala Oeste, quedó claro lo que había sucedido.

—¡Pues lo siguiente será un fiscal especial! —dijo a nadie en particular un Priebus incrédulo cuando se enteró de lo que estaba pasando, poco antes de las cinco en punto.

Spicer, a quien más tarde se culparía de no haber sido capaz de vender de manera positiva la historia de la destitución de Comey, contó con apenas unos minutos para procesarlo.

El presidente no solo había tomado aquella decisión sin consultar prácticamente a nadie, salvo a su círculo familiar más cercano, sino que la respuesta, la explicación e incluso las justificaciones legales las habían gestionado él y su familia casi en exclusiva. Los motivos paralelos de Sessions y Rosenstein para la destitución se metieron con calzador en el último minuto, momento en el cual —por indicación de Kushner— la primera explicación de la des-

titución de Comey pasó a ser que el presidente había actuado
únicamente por recomendación de ambos fiscales. Spicer se vio
obligado a ofrecer este argumento tan inverosímil, lo mismo que le
sucedió al vicepresidente. Sin embargo, esta fachada se vino abajo
casi de inmediato, en particular porque casi nadie en el Ala Oeste
quería tener nada que ver con la decisión de despedir a Comey, y
todo el mundo estaba ayudando a tirarla abajo.

Trump, con su familia, se quedó a un lado de la línea divisoria
de la Casa Blanca, mientras que el personal —boquiabierto, incrédulo y sin palabras— se quedaba al otro.

Pero el presidente parecía querer también que se supiera que,
enfurecido y peligroso, había acabado personalmente con Comey.
Olvídense de Rosenstein y Sessions, eso era algo personal. Se trataba de un presidente poderoso y vengativo, irritado y ofendido
por todos aquellos que lo perseguían y decidido a proteger a su
familia, cuyos miembros, a su vez, se mostraban decididos a hacer
que él los protegiese.

—La hija derrocará al padre —dijo Bannon con un tono
shakespeariano.

En el Ala Oeste hubo una extensa dedicación al repaso de los
escenarios alternativos. Si lo que uno quería era librarse de Comey,
desde luego que había maneras políticas de hacerlo, maneras que
sin duda le habían sugerido a Trump (una de ellas, muy curiosa
—que más adelante hubiera resultado toda una ironía—, era la
idea de librarse del general Kelly en Defensa Nacional y trasladar
a Comey a ese puesto). Pero la cuestión era, en realidad, que el
presidente había querido hacerle frente al director del FBI y humillarlo. La crueldad era uno de los atributos de Trump.

La destitución se había llevado a cabo de forma pública y
delante de su familia, y sorprendió a Comey con la guardia baja
mientras daba una charla en California. Acto seguido, el presidente había particularizado más el golpe con un ataque personal

contra el director al sugerir que el propio FBI estaba de parte de Trump, y que allí tampoco había más que desprecio hacia Comey.

Al día siguiente, como si quisiera ahondar más y deleitarse tanto con el insulto como con su impunidad personal, el presidente se reunió con unos jefazos rusos en el Despacho Oval, incluido el embajador ruso Kisliak, el mismísimo centro de gran parte de la investigación sobre Trump y Rusia. A los rusos les dijo: "Acabo de despedir al director del FBI. Estaba loco, un verdadero pirado. Estaba sometido a una fuerte presión por lo de Rusia. Eso ha desaparecido". A continuación, por si fuera poco, les ofreció una información que Estados Unidos había recibido de Israel a través de su agente de campo en Siria: el Estado Islámico estaba utilizando computadoras portátiles para meter bombas en las líneas aéreas de pasajeros. Y les reveló lo suficiente como para comprometer al agente israelí (este incidente no sirvió de ayuda para la reputación de Trump en los círculos de inteligencia, dado que, en el espionaje, las fuentes humanas de información se han de proteger por encima de cualquier otro secreto).

—Ese es Trump —dijo Bannon—. Se cree que puede despedir al FBI.

* * *

Trump creía que destituir a Comey lo convertiría en un héroe. Se pasó las siguientes cuarenta y ocho horas vendiéndole su versión a diversos amigos. Era simple: se había plantado frente al FBI. Había demostrado que estaba dispuesto a asumir el poder del Estado. El que viene de fuera de la política contra los de dentro de toda la vida. Al fin y al cabo, por eso lo habían elegido.

En ciertos aspectos tenía razón. Uno de los motivos por los que los presidentes no despiden al director del FBI es que temen las consecuencias. Es el síndrome de Hoover: cualquier presidente puede ser rehén de lo que el FBI sabe, y un presidente que trata al FBI con

algo menos que deferencia lo hace por su propia cuenta y riesgo.
Pero este presidente había afrontado a los federales. Un hombre
frente a un poder sin contrapeso contra el que la izquierda siempre
había clamado... y que la derecha también se había tomado, más
recientemente, como una especie de santo grial. "Todo el mundo
debería estar apoyándome", le decía el presidente a sus amigos de
un modo cada vez más lastimero.

Este era otro de los peculiares atributos de Trump: la incapacidad de ver sus actos tal y como los veía la mayoría, o de llegar a
entender por completo cómo esperaba la gente que se comportase.
Se le escapa completamente la noción de la presidencia como concepto político e institucional, con un especial hincapié en lo ritual,
lo apropiado y lo semiótico del mensaje: la condición de hombre
de Estado.

Dentro del gobierno, la respuesta al despido de Comey fue una
especie de repulsión burocrática. Bannon había tratado de explicarle a Trump la importancia de los funcionarios de carrera en la
administración, personas cuya zona de confort se hallaba en su
conexión con organizaciones que eran hegemónicas y una sensación de tener una causa superior. Eran distintos, muy distintos
de aquellos que buscaban la distinción individual. Por mucho que
Comey pudiera ser otras cosas, antes que nada era un burócrata.
Expulsarlo de manera ignominiosa suponía otro insulto más de
Trump a la burocracia.

Rod Rosenstein, el autor de la carta que al parecer proporcionaba la justificación para destituir a Comey, se encontraba ahora
en la línea de fuego. Rosenstein, de cincuenta y dos años, quien con
sus lentes de montura al aire parecía querer erigirse en el burócrata
de los burócratas, era el fiscal estadounidense que llevaba más años
en el cargo. Vivía dentro del sistema, ciñéndose siempre a las normas, como si su mayor meta fuera conseguir que todo el mundo

dijese que siempre se ceñía a esas normas. Era una persona de fiar, y quería que todo el mundo lo supiera.

Trump minó todo esto, incluso lo destrozó. Aquel presidente que amedrentaba y gruñía enseñando los dientes había intimidado a los dos funcionarios más altos del país encargados de imponer el cumplimiento de la ley para que redactaran una poco meditada o, como mínimo, inoportuna lista de acusaciones contra el director del FBI. Rosenstein ya se sentía utilizado e insultado, y, a continuación, se demostró públicamente que también había sido engañado. Era un incauto.

El presidente había obligado a Rosenstein y a Sessions a construir un argumentario legal y, acto seguido, se había mostrado incapaz de mantener siquiera la ficción burocrática de atenerse a él. Después de haber embarcado a Rosenstein y a Sessions en su trama, Trump había dejado públicamente los esfuerzos de los fiscales por presentar una argumentación legítima y razonable a la altura de una farsa, y, quizá, como un plan para obstruir a la justicia. El presidente dejó perfectamente claro que no había despedido al director del FBI por haber actuado de forma incorrecta con Hillary; había despedido a Comey porque el FBI lo estaba investigando a él y a su administración de un modo demasiado agresivo.

El hiperestricto Rod Rosenstein —hasta entonces el actor apolítico por excelencia— se convirtió en el acto, a ojos de Washington, en un patético instrumento de Trump. Sin embargo, la venganza de Rosenstein fue diestra, veloz, abrumadora y, por supuesto, ceñida a las normas.

Dada la decisión del fiscal general de recusarse en la investigación sobre Rusia, quedaba bajo la autoridad de su adjunto determinar si él mismo tenía algún tipo de conflicto, es decir, decidir si existía alguna posibilidad de que el fiscal general adjunto no actuase de manera objetiva al estar motivado por su propio interés.

Quedaba a su único criterio también, en caso de que entendiese que sí existía tal conflicto, nombrar a un asesor legal externo especial con amplios poderes y responsabilidades para que llevara a cabo una investigación y, posiblemente, un procesamiento.

El 17 de mayo, doce días después de la destitución del director del FBI James Comey, sin consultar a la Casa Blanca ni al fiscal general, Rosenstein nombró al exdirector del FBI Robert Mueller para que supervisara la investigación sobre los vínculos de Trump, de su campaña y de su personal con Rusia. Si Michael Flynn se había convertido poco tiempo atrás en el hombre más poderoso de Washington por cuanto podía revelar sobre el presidente, se podría decir que ahora era Mueller quien ocupaba ese puesto, ya que tenía el poder suficiente para que Flynn y el resto de los secuaces y compinches de Trump se pusieran a chillar.

Por supuesto que Rosenstein comprendía, tal vez con una cierta satisfacción, que le había asestado lo que podía ser un golpe mortal a la presidencia de Trump.

Bannon, negando con la cabeza en un gesto de asombro acerca de Trump, comentó con mordacidad:

—No te creas que ve lo que se le viene encima.

17

EN CASA Y EN EL EXTRANJERO

El 12 de mayo, Roger Ailes tenía programado regresar a Nueva York desde Palm Beach para encontrarse con Peter Thiel, uno de los primeros y solitarios apoyos de Trump en Silicon Valley, que cada vez estaba más estupefacto con la impredecibilidad del presidente. Ailes y Thiel, ambos preocupados ante la posibilidad de que Trump fuera capaz de derribar el trumpismo, iban a conversar sobre la financiación y el lanzamiento de una nueva cadena de noticias por cable. Thiel la pagaría, y Ailes traería a O'Reilly, a Hannity y tal vez a Bannon, además de a sí mismo.

Sin embargo, dos días antes de la reunión, Ailes se cayó en el cuarto de baño y se dio un golpe en la cabeza. Antes de entrar en coma, le dijo a su mujer que no aplazase la reunión con Thiel. Una semana después, Ailes, aquella singular figura en el recorrido desde la mayoría silenciosa de Nixon hasta los demócratas que votaron a Reagan y las apasionadas bases de Trump, estaba muerto.

Su funeral en Palm Beach, el 20 de mayo, fue toda una muestra de las corrientes de ambivalencia e incluso vergüenza de la derecha estadounidense. Los profesionales conservadores de los medios se mantenían apasionados en su defensa pública de Trump, pero el que no estaba nervioso, estaba avergonzado. En el funeral, a Rush

Limbaugh y a Laura Ingraham les costaba lo suyo analizar el apoyo
al trumpismo al mismo tiempo que marcaban distancias con el
propio Trump.

No cabía la menor duda de que el presidente se había convertido en el sustento de los conservadores. Era el antiliberal definitivo: una persona autoritaria que era la viva encarnación de la
resistencia a la autoridad. Era el exuberante contrario de todo
aquello que a la derecha le parecía condescendiente, crédulo y
mojigato en la izquierda. Y aun así, como era obvio, Trump era
Trump: poco cuidadoso, caprichoso, desleal y absolutamente fuera
de cualquier posibilidad de control. Nadie lo sabía mejor que las
personas que más lo conocían.

La mujer de Ailes, Beth, se había mostrado vehemente al invi-
tar al funeral tan solo a los leales a Ailes. Excluyó a cualquiera
que hubiese flaqueado en la defensa de su marido desde que lo
despidieron o a cualquiera que hubiese decidido que había un
futuro mejor con la familia Murdoch. A Trump, que todavía estaba
embelesado con su nueva relación con Murdoch, esto lo situó al
otro lado de la raya. Fueron pasando las horas y, después, los días
—cuidadosamente contados por Beth Ailes— sin que se produjera
una llamada de condolencia del presidente.

En la mañana del funeral, el avión privado de Sean Hannity des-
pegaba del aeropuerto Republic de Farmingdale, en Long Island,
con rumbo a Palm Beach. Con Hannity, viajaba un pequeño grupo
de antiguos y actuales empleados de la Fox, todos ellos partidarios de Ailes y de Trump. Pero unos y otros sentían una declarada
angustia, o incluso incredulidad, por el hecho de que Trump fuera
Trump: primero estaba la dificultad de asimilar las razones que
había dado para lo de Comey y, ahora, su incapacidad para tener
siquiera un gesto con su difunto amigo Ailes.

—Es un idiota, resulta obvio —dijo la antigua corresponsal de
la Fox, Liz Trotta.

La presentadora de la Fox Kimberly Guilfoyle se pasó gran parte del vuelo debatiendo las súplicas de Trump para que ella sustituyese a Sean Spicer en la Casa Blanca. "Hay muchas cuestiones, incluida la supervivencia personal".

En cuanto al propio Hannity, su visión del universo conservador estaba pasando de tener su centro en la Fox a situarlo en Trump. No creía que fuese a pasar mucho más de un año antes de verse, él también, expulsado de la cadena, o que la cadena le pareciese a él un lugar demasiado inhóspito para quedarse. Y aun así lo afligía el derroche de atenciones que Trump le dedicaba a Murdoch, quien no solo había echado a Ailes, sino que su conservadurismo era utilitarista en el mejor de los casos. "¡Si apoyó a Hillary!", dijo Hannity.

Cavilando en voz alta, Hannity dijo que se marcharía de la cadena y que trabajaría para Trump a tiempo completo, porque no había nada más importante que el éxito de Trump... "A pesar del propio Trump", añadió Hannity entre risas.

Sin embargo, lo tenía muy enfadado que Trump no hubiese llamado a Beth. Tras una profunda calada a un cigarrillo electrónico, llegó a la conclusión de que "Mueller" lo tenía distraído.

Quizá Trump fuese una creación a lo Frankenstein, pero era la creación de la derecha, el primer y verdadero espíritu libre de la derecha estadounidense. Hannity podía pasar por alto el desastre de Comey. Y a Jared. Y el desastre de la Casa Blanca.

Pero, aun así, el presidente no había telefoneado a Beth.

—Pero, ¿qué mierda le pasa? —se preguntó Hannity.

* * *

Trump creía que le faltaba tan solo una victoria para darle la vuelta a todo. O, mejor dicho, quizá, le faltaba una victoria que le diese la buena prensa que le daría la vuelta a todo. El hecho de que hubiese desperdiciado en gran medida sus primeros cien días —cuyas vic-

torias le tendrían que haber servido durante los siguientes cien—
era irrelevante. Podía irte mal en los medios un día y, al siguiente,
conseguir un bombazo que te convirtiese en un éxito.

—Cosas grandes, las necesitamos grandes —decía enfadado
y con frecuencia—. Esto no es grande. Lo necesito grande. Trái-
ganme algo grande. ¿Saben siquiera lo que significa "grande"?

Derogar y reemplazar el Obamacare, las infraestructuras, una
verdadera reforma fiscal —el despliegue que Trump había prometido y cuyo cumplimiento había dejado después en manos de Paul
Ryan—: todo era un desastre, la verdad. Todos los altos cargos de
la administración mantenían ahora que no debían haber ido a por
la reforma de salud en primer lugar, como precursor del despliegue
legislativo. ¿De quién había sido aquella idea, por cierto?

Lo natural habría sido hacer cosas más pequeñas, versiones
progresivas del programa electoral, pero Trump mostraba poco
interés por lo pequeño. Se ponía apático e irritable.

Pues muy bien, tendría que ser la paz en Oriente Medio.

Para Trump, al igual que para tantos hombres del mundo del
espectáculo o empresarios de las agencias de comunicación, el
enemigo siempre es la complejidad y los trámites burocráticos, y
la solución para todo es saltarse los trámites. Tú puentea o ignora
las dificultades, vete directo hacia tu visión, la cual, si es lo bastante
atrevida o lo bastante grandiosa, se venderá sola. En esta fórmula
siempre hay una serie de intermediarios que te prometen que te
ayudarán a saltarte los trámites, además de algunos socios que
estarán encantados de subirse al carro de tu grandiosidad.

Entra en escena el príncipe heredero de la Casa de Saúd, Mohamed bin Salmán bin Abdulaziz, de treinta y un años de edad, también conocido como MBS.

Se dio la fortuita circunstancia de que el rey de Arabia Saudí,
el padre de MBS, estaba perdiendo facultades. Había un consenso
cada vez mayor (relativamente) en el seno de la familia real saudí

acerca de la necesidad de modernizarse. MBS —empedernido jugador de videojuegos— tenía una personalidad novedosa en el liderazgo saudí. Era locuaz, abierto y comunicativo, un personaje muy internacional y con encanto, un astuto vendedor en lugar de ser un jefazo distante y taciturno. Se había hecho con la cartera de Economía, y perseguía su sueño —muy al estilo de Trump— de ser más Dubái que el propio Dubái y diversificar la economía. El suyo sería un reino nuevo, moderno... bueno, un poco más moderno (sí, las mujeres no tardarían en poder conducir, así que ¡gracias a Dios que el auto autodirigido ya estaba en camino!). El liderazgo saudí se caracterizaba por la edad, el tradicionalismo, un relativo anonimato y un cuidado consenso como forma de pensar. La familia real saudí, por otro lado, de donde procede el *establishment*, solía destacarse por sus excesos, la ostentación y por participar de los gozos de la modernidad en los puertos extranjeros. MBS, un hombre con urgencias, trataba de tender puentes en la realeza saudí.

El liderazgo liberal global se había quedado prácticamente paralizado con la victoria de Trump... en realidad, con la mera existencia de Donald Trump. Pero en Oriente Medio la situación era la inversa por completo. El mal humor, la agresividad, la hiperracionalización y la microgestión de Obama, precedidos por el militarismo moral de Bush con sus problemas subsiguientes, precedidos por el pactismo, el *quid pro quo* y las puñaladas por la espalda de Clinton, le habían abierto las puertas a la versión de Trump de la realpolitik. El presidente no tenía paciencia con ese hastío de saberse atados de pies y manos tan típica de la época posterior a la Guerra Fría, esa sensación de tablero de ajedrez paralizado (o con movimientos progresivos en el mejor de los escenarios posibles), y con la guerra como única alternativa. Su manera de verlo era mucho más simple: "¿Quién está en el poder? Denme su número".

Y, de un modo igualmente básico: "El enemigo de mi enemigo es mi amigo". Si Trump tenía un punto fijo de referencia en Oriente Medio, ese era —principalmente por cortesía de las clases particulares de Michael Flynn— que Irán era el malo de la película. De ahí que cualquiera que se opusiera a Irán pasara a ser un tipo bastante bueno.

Después de las elecciones, MBS se puso en contacto con Kushner. En la confusión de la transición de Trump, no se había nombrado a nadie que tuviera estatura en política exterior ni una red de contactos internacionales: ni siquiera el candidato a secretario de Estado, Rex Tillerson, tenía una verdadera experiencia en política exterior. Parecía lógico que los desconcertados ministros de relaciones exteriores extranjeros viesen al yerno del presidente como una figura estable. Pasara lo que pasase, él seguiría ahí. Y, para ciertos regímenes, en especial un régimen familiar como el saudí, Kushner, el yerno, era mucho más tranquilizador que un político: no estaba en el cargo por sus ideas.

De entre las muchas brechas que presentaba Trump como gobernante moderno de una superpotencia, por el agujero que dejaba su carencia de relaciones y pormenores en política exterior se le podía colar, sin la menor duda, un caballo de Troya. Esto presentaba la oportunidad de un reinicio para el resto del mundo en sus relaciones con Estados Unidos; eso sí, siempre que se estuviera dispuesto a hablar el nuevo idioma de Trump, fuera cual fuese. Tampoco es que hubiera aquí mucho manual que seguir, sino un puro oportunismo, una nueva apertura de carácter comercial. O, mejor aún, una oportunidad de utilizar los poderes del encanto y la seducción a los que Trump respondía con tanto entusiasmo como lo hacía ante la oferta de un nuevo y ventajoso acuerdo.

Era realpolitik al estilo Kissinger, quien, siendo un conocido de Trump de mucho tiempo atrás gracias a la vida social neoyorquina, ahora había tomado a Kushner bajo su tutela, y estaba consiguiendo recolocarse ayudando a organizar reuniones con los chinos y los rusos.

La mayoría de los socios habituales de Estados Unidos, e incluso numerosos antagonistas, ahora se sentían inquietos, cuando no horrorizados. Aun así, algunos veían una oportunidad. Los rusos eran capaces de ver la libertad de acción en Ucrania y Georgia, además de un levantamiento de sanciones, a cambio de ceder en relación a Irán y a Siria. Al comienzo de la transición en el gobierno estadounidense, un funcionario de alto rango del gobierno turco, verdaderamente confundido, se puso en contacto con una prominente figura norteamericana de los negocios para preguntarle qué situaría a Turquía en una mejor posición de fuerza: presionar con la presencia militar estadounidense en su país u ofrecerle al nuevo presidente una localización envidiable para un hotel en el Bósforo.

Había una curiosa coincidencia entre la familia Trump y MBS. Como sucedía con todos los líderes saudíes, MBS no tenía ninguna formación en sentido práctico. En el pasado, esto había servido para limitar las opciones saudíes: no había nadie preparado para explorar nuevas posibilidades intelectuales con confianza. En consecuencia, todo el mundo se resistía a intentar conseguir que se imaginasen un cambio. Sin embargo, MBS y Trump se encontraban en igualdad de condiciones. Saber muy poco del tema los hacía sentirse extrañamente cómodos el uno con el otro. Cuando MBS se ofreció a Kushner como su hombre en el reino saudí, fue "como encontrarse a alguien simpático en tu primer día en la escuela", dijo el amigo de Kushner.

Después de dejar a un lado rápidamente cualquier suposición previa —sin ser consciente de tales suposiciones, en realidad—, la nueva idea de Trump sobre Oriente Medio se convirtió en lo siguiente: tenemos básicamente a cuatro participantes (o, al menos, nos podemos olvidar de todos los demás): Israel, Egipto,

Arabia Saudí e Irán. A los tres primeros los podemos unir contra el cuarto. Además, si Egipto y Arabia Saudí consiguen lo que quieren con respecto a Irán —y cualquier otra cosa que no interfiera con los intereses norteamericanos—, presionarán a los palestinos para que firmen un acuerdo. *Voilà*.

Esto representaba una mezcla ideológica mareante. El aislacionismo de Bannon (mal rayo los parta a todos... y bien lejos que nos encuentre a nosotros); el anti-iranismo de Flynn (de toda la perfidia y la toxicidad del mundo, la de los mulás no tiene igual) y el kissingerismo de Kushner (que no tenía tanto de kissingerismo —al carecer de opiniones propias— como de intento obediente de seguir los consejos del anciano de noventa y cuatro años).

Pero la cuestión fundamental era que las últimas tres administraciones habían malinterpretado la situación en Oriente Medio. Sería imposible exagerar el desprecio que la gente de Trump sentía por esa forma de pensar de "hacer lo de siempre" y que tan equivocada estaba. Por lo tanto, el nuevo principio operativo era sencillo: hacer lo contrario de lo que harían ellos (sí, Obama, pero también los neoconservadores de Bush). Sus conductas, sus pareceres, sus ideas —en cierto sentido, incluso sus antecedentes, su formación y su clase social—: todo ello era sospechoso. Y, lo que es más, tampoco le hace falta a uno saber tanto en realidad; basta con hacer las cosas de manera distinta de la que se han hecho antes.

La antigua política exterior se basaba en la idea de los matices: ante una fórmula multilateral infinitamente compleja a base de amenazas, intereses, incentivos, acuerdos y unas relaciones en constante evolución, nos dejamos la piel con tal de conseguir un futuro en equilibrio. En la práctica, la nueva política exterior —una eficaz doctrina de Trump— consistía en reducir a tres los elementos del tablero: las potencias con las que podemos trabajar, las potencias con las que no podemos trabajar, y aquellos que no tienen el poder suficiente y a los que podemos descartar o sacrificar operativamente hablando. Eran cosas de la Guerra Fría. Y, en efecto, en el gran esquema de Trump, fue durante la Guerra Fría cuando la época y las circunstancias le otorgaron a Estados Unidos su mayor ventaja global. Fue entonces cuando "Estados Unidos era grande".

* * *

Kushner era el impulsor de la doctrina Trump. Con China, México, Canadá y Arabia Saudí sentaría su precedente. Le ofreció a cada país la oportunidad de hacer feliz a su suegro.

En los primeros días de la administración de Trump, México echó por tierra su oportunidad. En las transcripciones de la conversación entre Trump y el presidente mexicano Enrique Peña Nieto, que más adelante se harían públicas, quedó bien claro que México no entendía este nuevo juego, o que no estaba dispuesto a participar en él. El presidente mexicano se negó a fingir que iba a pagar el muro de Trump, una ficción que habría redundado en un gran beneficio para él (sin que tuviera que haber llegado a pagar el muro realmente).

No mucho tiempo después, el primer ministro canadiense Justin Trudeau, un globalista de cuarenta y cinco años al estilo de Clinton y Blair, visitó Washington, y no dejó de sonreír y de morderse la lengua. Y funcionó: Canadá se convirtió en el nuevo mejor amigo de Trump.

Los chinos, a quienes Trump había calumniado con frecuencia durante la campaña, fueron a Mar-a-Lago a participar en una cumbre promovida por Kushner y Kissinger (lo cual requirió darle algunas clases a Trump, que se refería al líder chino como "señor X I"; le dijeron al presidente que pensara en él como en una mujer y lo llamara *she*, "ella" en inglés). Estaban de buen ánimo, con el evidente deseo de agradar a Trump, y no tardaron en descubrir que, cuando le haces halagos, él te los hace a ti.

Sin embargo, fueron los saudíes, también calumniados a menudo durante la campaña, quienes se llevaron la victoria con su intuitiva forma de comprender la familia, los rituales y la corrección.

La política exterior norteamericana mantenía una larga y bien afinada relación con el rival de MBS, el príncipe heredero Mohamed bin Nayef (MBN). Diversas figuras clave en la NSA y el Departamento de Estado se quedaron alarmadas ante la posibilidad de que las conversaciones de Kushner con MBS —y una relación entre ambos que avanzaba a gran velocidad— le enviasen un mensaje peligroso a MBN. Y por supuesto que lo hicieron. El personal de política exterior creía que a Kushner lo estaba embaucando un oportunista cuyas verdaderas opiniones no habían quedado contrastadas por completo. La opinión de Kushner era que, o bien —ingenuamente— no lo estaban embaucando, o bien —con la confianza de un hombre de treinta y seis años que asumía las nuevas prerrogativas del que está al mando— le daba lo mismo: aceptaremos a cualquiera que nos acepte.

El plan que surgió entre Kushner y MBS era bien simple, de un modo en que la política exterior no suele serlo: si tú nos das lo que queremos, nosotros te daremos lo que quieres. Cuando MBS aseguró que les daría unas noticias realmente buenas, recibió una invitación para ir de visita a la Casa Blanca en marzo (los saudíes llegaron con una gran delegación, pero fueron recibidos en la Casa Blanca tan solo por el círculo más reducido del presidente, y los saudíes tomaron especial nota de que Trump le pedía a Priebus que se levantara y fuera a buscarle cosas durante la reunión). Aquellos dos hombres corpulentos, un Trump más mayor y un MBS mucho más joven —ambos encantadores, aduladores y bien desenvueltos en la vida de los clubes de campo, aunque cada uno a su manera—, congeniaron a lo grande.

Fue una jugada diplomática agresiva. MBS estaba utilizando su abrazo con Trump como parte de su propia estrategia de poder dentro del reino, y la Casa Blanca de Trump, que no dejaba de negar que tal fuera el caso, lo dejaba hacerlo. A cambio, MBS ofreció todo un abanico de acuerdos y anuncios que coincidirían con una visita presidencial programada a Arabia Saudí, el primer viaje de Trump al extranjero. El presidente conseguiría una "victoria".

El viaje, que había sido programado antes de la destitución de Comey y del nombramiento de Mueller, tenía preocupados a los profesionales del Departamento de Estado. El itinerario —del 19 al 27 de mayo— era demasiado largo para cualquier presidente, y, en particular, para uno tan poco contrastado y aleccionado (el propio Trump, lleno de fobias a los viajes y los lugares desconocidos, había estado quejándose de las molestias del viaje). Sin embargo, al producirse inmediatamente después de lo de Comey y lo de Mueller, se trataba de una bendita oportunidad de quitarse de en medio. No podía haber un momento mejor para conseguir unos titulares lejos de Washington. Un recorrido por el extranjero podía transformarlo todo.

Al viaje se apuntó el Ala Oeste prácticamente entera, además del Departamento de Estado y el personal de Seguridad Nacional: Melania Trump, Ivanka Trump, Jared Kushner, Reince Priebus, Stephen Bannon, Gary Cohn, Dina Powell, Hope Hicks, Sean Spicer, Stephen Miller, Joe Hagin, Rex Tillerson y Michael Anton. También incluía a Sarah Huckabee Sanders, la vicesecretaria de Prensa; a Dan Scavino, director de Redes Sociales de la administración; a Keith Schiller, consejero de Seguridad Personal del presidente; y a Wilbur Ross, el secretario de Comercio. (Todo el mundo ridiculizaba a Ross por no dejar escapar una oportunidad de subirse al Air Force One. Como dijo Bannon, "Wilbur no se pierde una, en cuanto te das la vuelta está saliendo en una foto"). Este viaje y la potente delegación norteamericana eran el antídoto, el universo alternativo, al nombramiento de Mueller.

El presidente y su yerno apenas eran capaces de contener su entusiasmo. Estaban convencidos de que habían tomado el camino hacia la paz en Oriente Medio, y, en esto, se parecían mucho a otras tantas e innumerables administraciones norteamericanas que los habían precedido.

Trump se mostraba efusivo en sus alabanzas a Kushner. "Jared ha puesto a los árabes totalmente de nuestro lado. El trato está hecho —aseguró en una de sus llamadas nocturnas de sobremesa antes de salir de viaje—. Va a ser maravilloso".

—Trump creía —dijo su interlocutor— que con este viaje podía conseguir cambiarlo todo por sorpresa, como si fuera un giro inesperado en una mala película.

* * *

Por las calles desiertas de Riad, la caravana presidencial pasó por delante de unos grandes carteles con imágenes de Trump y el rey saudí (el padre de MBS, de ochenta y un años) con la leyenda "Juntos venceremos".

En parte, parecía que el entusiasmo del presidente surgía de —o había provocado, quizá— una considerable exageración de todo lo que se había acordado realmente en las negociaciones anteriores al viaje. En los días previos a su partida, le contaba a la gente que los saudíes iban a financiar una presencia militar completamente nueva en el reino que iba a superar e incluso a reemplazar al cuartel general de mando norteamericano en Catar. Y se produciría "el mayor avance de la historia en las negociaciones entre Israel y Palestina". Sería "la jugada decisiva, más importante de lo que nadie ha visto jamás".

En realidad, su versión de lo que se iba a conseguir constituía un mayúsculo salto respecto de lo que de verdad se había acordado, pero eso no parecía alterar su sensación de fervor y deleite.

Los saudíes adquirirían de inmediato armamento estadounidense por valor de 110,000 millones de dólares y, en el transcurso de diez años, un total de 350,000 millones. "Cientos de miles de millones de dólares de inversión en Estados Unidos y empleo, empleo, empleo", declaró el presidente. Además, los norteamericanos y los saudíes se unirían para "contrarrestar el mensaje del extremismo violento, dificultar la financiación del terrorismo y avanzar en materia de cooperación para la defensa". Y establecerían en Riad un centro para combatir el extremismo. Y, si bien aquello no era exactamente la paz en Oriente Medio, según el secretario de Estado, el presidente "tiene la sensación de estar ante un momento único. Va a hablar con Netanyahu sobre el avance del proceso. Hablará con el presidente Abás sobre lo que él considera necesario para que los palestinos tengan éxito".

Todo ello era un gran acuerdo al estilo Trump. Mientras tanto, a la familia presidencial —el presidente, la primera dama, Jared e Ivanka— le daban paseos de aquí para allá en carritos de golf de oro, y los saudíes se gastaron 75 millones de dólares en una fiesta en honor a Trump, en la que el presidente se sentó en una silla con aspecto de trono. (Trump pareció haberse inclinado en una foto mientras el rey saudí le hacía honores, lo que provocó la ira de ciertos conservadores).

Los saudíes convocaron a cincuenta países árabes y musulmanes para rendir homenaje al presidente. Trump llamó a casa para contar a sus amigos lo fácil y natural que resultaba todo aquello y que, de un modo inexplicable y sospechoso, Obama lo había estropeado todo. Antes había "habido algunas tensiones, pero no las habrá con esta administración", le aseguró el presidente al rey de Baréin, Hamad bin Isa al Jalifa.

Abdulfatah al Sisi, el hombre fuerte de Egipto, halagó con habilidad al presidente y le dijo: "Tiene usted una personalidad única, y es capaz de conseguir lo imposible" (y, a Sisi, Trump le respondió: "Me encantan sus zapatos. Hombre, menudos zapatos...").

Esto constituía un cambio dramático en la actitud y en la estrategia de la política exterior, y sus efectos fueron casi inmediatos. El presidente, que ignoró —cuando no desafió— los consejos de relaciones exteriores, estuvo de acuerdo con el plan de los saudíes para intimidar a Catar. La opinión que tenía Trump era que Catar estaba proporcionando apoyo financiero a los grupos terroristas... sin prestar atención a la similar historia de los saudíes (solo algunos miembros de la familia real saudí habían proporcionado tal apoyo, decía su nueva lógica). Pasadas unas semanas del viaje, MBS haría detener a MBN en plena noche y lo obligaría a renunciar al título de príncipe heredero para pasar a asumirlo él. Trump le contaría a sus amigos que Jared y él habían maquinado un golpe con los saudíes: "¡Hemos puesto a nuestro hombre en lo más alto!".

Desde Riad, el grupo presidencial siguió hacia Jerusalén, donde el presidente se encontraría con Netanyahu, y Belén, donde se vio con Abás y expresó, en su estilo en tercera persona, una certeza cada vez mayor: "Trump conseguirá la paz". Después fue a Roma a conocer al papa. Después, a Bruselas, donde trazó de manera significativa una línea de separación entre la política exterior basada en la alianza del mundo occidental, firmemente instaurada desde la Segunda Guerra Mundial, y el nuevo espíritu del "Estados Unidos primero".

En opinión de Trump, todo aquello tenía que haber sido una serie de elementos de los que marcan una presidencia. No podía creer que la prensa no hablara más de esos logros tan dramáticos. Era incapaz de aceptar la realidad —se percataron Bannon, Priebus y otros— de unos titulares continuos sobre Comey y sobre Mueller que le hacían la competencia.

Una de las deficiencias de Trump —una constante durante la campaña y, por el momento, en la presidencia— era su incierta comprensión de causas y efectos. Hasta ahora, cualquier problema que hubiera podido causar en el pasado se había visto constantemente sustituido por nuevos sucesos, lo cual le hacía confiar en que a una mala historia siempre la podía reemplazar otra mejor y más dramática. Siempre se podía cambiar de tema. Eso era exactamente lo que debería haber logrado con el viaje saudí y su atrevida campaña para tumbar el orden mundial de la antigua política exterior. Pero el presidente seguía viéndose —de forma incrédula por su parte— atrapado por Comey y Mueller. Parecía imposible lograr que aquellos dos sucesos se quedaran atrás y que las cosas avanzaran.

Tras la etapa saudí del viaje, Bannon y Priebus, ambos agotados por la intensa proximidad al presidente y su familia durante el viaje, se separaron del grupo y regresaron a Washington. Ahora les correspondía a ellos encargarse de lo que, en ausencia del personal de la Casa Blanca, se había convertido en una verdadera e incluso definitiva crisis de las que marcan a una presidencia.

* * *

¿Qué pensaban realmente de Trump las personas que el presidente tenía a su alrededor? No se trataba solo de una pregunta razonable, sino que era la pregunta que más se hacían quienes rodeaban a Trump. Se afanaban constantemente por averiguar lo que ellos mismos pensaban en realidad y lo que creían que estaban pensando todos los demás.

Por lo general, se guardaban para sí las respuestas, pero en el caso de Comey y Mueller, más allá de las habituales racionalizaciones para esquivarlo y escabullirse, la verdad es que no había nadie fuera de la familia del presidente que no culpase al propio Trump de forma muy clara.

Este era el punto donde se cruzaba el umbral del traje nuevo del emperador. Ya se podía dudar de su juicio, de su astucia y, sobre todo, de los consejos que le estaban dando, y se podía hacerlo en voz alta y con bastante libertad.

—No solo está loco —le afirmaba Tom Barrack a un amigo—:
es tonto.

Pero Bannon, junto con Priebus, había opuesto una fuerte
resistencia al despido de Comey, mientras que Jared e Ivanka no
solo lo habían apoyado, sino que habían insistido en ello. Aquel
terremoto había suscitado en Bannon un nuevo tema que repetía con frecuencia: que cualquier consejo procedente de la joven
pareja era un mal consejo.

Nadie creía ya que destituir a Comey hubiera sido una buena
idea; incluso el presidente parecía avergonzado. De ahí que Bannon viese su nuevo papel como salvador de Trump, y Trump siempre necesitaría que lo salvaran. Quizá fuese un actor brillante, pero
era incapaz de gestionar su propia carrera.

Y, para Bannon, este nuevo desafío tendría un claro beneficio:
cuando la suerte de Trump se hundiese, la de Bannon ascendería.

En el viaje a Oriente Medio, Bannon se puso a trabajar. Se centró en la figura de Lanny Davis, uno de los abogados del procedimiento de destitución de Clinton que, durante la mayor parte
de los dos años, se convirtió en un portavoz y defensor casi constante de la Casa Blanca. Bannon consideraba que Comey y Mueller
eran tan amenazantes para la Casa Blanca de Trump como Monica
Lewinsky y Ken Starr lo fueron para la de Clinton, y fue en la respuesta de este donde vio el modelo para escapar de un destino
mortal.

—Lo que hicieron los Clinton fue ir a la guerra con una disciplina impresionante —contaba Bannon—. Bill y Hillary crearon una fachada de cara al público y no lo volvieron a mencionar.
Apretaron los dientes para salir de aquello. Starr los había tomado
desprevenidos, y salieron de aquello.

Bannon sabía perfectamente lo que había que hacer: sellar el
Ala Oeste y montar un equipo legal y de comunicación independiente para defender a Trump. En este artificio, el presidente ocu-

paría una realidad paralela, apartado y sin implicarse en lo que se convertiría en una obvia cacería partidista y sangrienta, al igual que en el modelo de Clinton. La política quedaría reducida a su lado más feo, y Trump se comportaría como el presidente y como el comandante en jefe.

—Así que vamos a hacerlo igual que ellos —insistía Bannon con ardor guerrero y unas frenéticas energías—. Salas de operaciones separadas, abogados distintos, portavoces distintos. Se trata de mantener ese combate ahí apartado para poder librar este combate de aquí. Todo el mundo lo entiende. Bueno, Trump, quizá no tanto. No de forma clara. Un poco, quizá. No es lo que él se imaginaba.

Bannon, con una gran excitación, y Priebus, agradecido por tener una excusa para alejarse del presidente, regresaron veloces al Ala Oeste para acordonarla.

A Priebus no se le pasó por alto que Bannon tenía pensado crear una retaguardia de defensores —David Bossie, Corey Lewandowski y Jason Miller, que harían de portavoces externos, todos ellos— que le serían leales a él, principalmente. Y, sobre todo, a Priebus no se le escapó que Bannon le estaba pidiendo al presidente que representara un papel que se encontraba totalmente fuera de su personaje: el jefe ejecutivo frío, firme y sufrido.

Y, en efecto, tampoco sirvió de ayuda que no fueran capaces de contratar a un bufete de abogados con una experiencia de alto nivel en delitos económicos dentro de la administración. Para cuando Bannon y Priebus llegaron de regreso a Washington, tres bufetes de primer orden ya habían dicho que no. Todos ellos temían un motín entre su personal más joven si representaban a Trump, temían que Trump los humillase públicamente si las cosas se ponían feas, y temían que Trump los dejase plantados sin pagar la factura.

Al final, fueron nueve los bufetes de primer nivel que los rechazaron.

18

BANNON HA VUELTO

Bannon había vuelto, según la facción de Bannon. Según el propio Bannon: "Estoy bien. Estoy muy bien. He vuelto. Yo les dije que no lo hicieran. Que no echaran al director del FBI. Los genios de por aquí pensaban de otro modo".

"¿Había vuelto Bannon?", se preguntaba preocupado el otro bando de la casa: Jared e Ivanka, Dina Powell, Gary Cohn, Hope Hicks y H. R. McMaster.

Si estaba de vuelta, eso significaba que había conseguido desafiar la premisa organizativa de la Casa Blanca de Trump: la familia siempre se impondrá. Aun en su exilio interno, Steve Bannon no había dejado de lanzar sus ataques verbales en público contra Jared e Ivanka. Las declaraciones extraoficiales pasaron, en la práctica, a convertirse en lo oficial en Bannon. Se trataba de denuncias implacables, cómicas en ocasiones, sobre la astucia, la inteligencia y los motivos de la pareja: "Creen que lo están defendiendo a él, pero siempre se están defendiendo a ellos mismos".

Ahora los declaraba finiquitados como centro de poder, acabados. Y, si no era así, serían ellos quienes acabarían con el presidente con sus terribles e interesados consejos. Ivanka era aún peor que Jared. "Fue un fiasco durante la campaña. Luego entró a formar parte del personal de la Casa Blanca, y fue entonces cuando la gente se dio cuenta de que no puede ser más tonta. Sí, sabe algo de *marketing* y tiene una buena imagen, pero en lo referente a entender de verdad cómo funciona el mundo, qué es la política y lo que significa, nada. Cuando eso se hace evidente, pierdes la credibilidad. Jared solo revolotea por ahí y hace cosas como lo de los árabes".

Cualquiera diría que a los del bando del dúo Jarvanka les daba cada vez más miedo lo que pudiera pasar si se cruzaban con el bando de Bannon. Porque los bannonistas —realmente parecían temerse— eran unos asesinos.

En el vuelo a Riad, Dina Powell se acercó a Bannon para hablar de una filtración a una página web de noticias de ideología conservadora que la implicaba a ella. Powell le dijo a Bannon que sabía que la filtración procedía de Julia Hahn, que era de la gente de Bannon, una antigua colaboradora de Breitbart.

—Deberías comentárselo a ella —le dijo un divertido Bannon—, pero es una fiera. E irá a por ti. Ya me contarás cómo termina la cosa.

Entre los muchos blancos habituales de Bannon, Powell se había convertido en uno de sus favoritos. La solían anunciar como asesora adjunta de Seguridad Nacional, y esa era la designación que recibía a veces, incluso en el *New York Times*. En realidad, era asesora adjunta de Seguridad Nacional para Estrategia: la misma diferencia, señaló Bannon, que hay entre el jefe de operaciones de una cadena de hoteles y el recepcionista.

Al regresar de su gira por el extranjero, Powell comenzó a hablar muy en serio con sus amistades sobre sus planes de salida de la Casa Blanca para regresar a un puesto de trabajo en el sector privado. Sheryl Sandberg, decía ella, era su modelo.

—Hay que joderse —dijo Bannon.

El 26 de mayo, el día antes de que el grupo presidencial regresara de la gira por el extranjero, el *Washington Post* publicó que,

durante la transición, Kushner y el embajador ruso Serguéi Kisliak
—a petición de Kushner— habían comentado la posibilidad de que
los rusos establecieran un canal privado de comunicaciones entre
el equipo de transición y el Kremlin. El *Post* citaba a unos "funcionarios estadounidenses con acceso a informes de inteligencia". El
bando del dúo Jarvanka creía que Bannon era la fuente.

Una parte de la ya profunda enemistad de la pareja y sus aliados con Bannon y su equipo era la convicción que tenía Jarvanka
de que Bannon tenía algo que ver con muchos de los informes
sobre los contactos de Kushner con los rusos. Dicho de otro modo,
no era una simple guerra política interna: era un enfrentamiento a
muerte. Para que Bannon sobreviviese, Kushner tendría que acabar completamente desacreditado: ridiculizado, investigado y, tal
vez, incluso encarcelado.

Bannon, a quien todo el mundo le aseguraba que no había
manera de ganar contra la familia Trump, apenas se esforzaba por
ocultar la satisfecha convicción de que iba a jugar sus cartas mejor
que ellos. En el Despacho Oval, delante de su padre, Bannon atacó
abiertamente a Ivanka. "Tú —dijo señalándola mientras el presidente miraba— eres una puta mentirosa". Las amargas quejas de la
hija ante su padre, que en el pasado habían servido para rebajar a
Bannon, ahora se encontraban con que Trump se quedaba al margen. "Ya te dije que Washington era un sitio duro, nena".

* * *

Pero si Bannon había vuelto, distaba mucho de quedar claro qué
significaba estar de vuelta. Como Trump era Trump, ¿se trataba de
una verdadera rehabilitación, o acaso sentía un rencor aún mayor
hacia Bannon por haber sobrevivido a su intención inicial de acabar con él? Nadie pensaba realmente que Trump fuera de los que
olvidan, sino de los que le dan vueltas, cavilan y rumian. "Una de

las peores cosas es cuando él cree que has tenido éxito a sus expensas —contaba Sam Nunberg, anteriormente del círculo de Trump, expulsado después—. Si tu victoria se percibe en algún sentido como una pérdida para él, prepárate".

Por su parte, Bannon creía que estaba de vuelta porque, en un momento crucial, su consejo había demostrado ser muchísimo mejor que el de "los genios". No cabía duda de que despedir a Comey, la solución del dúo Jarvanka que todo lo iba a arreglar, había generado toda una serie de terribles consecuencias.

El bando de Jarvanka creía que Bannon, en esencia, estaba chantajeando al presidente. Por donde iba Bannon, iba también la virulencia de los medios digitales conservadores. A pesar de su aparente obsesión con las "noticias falsas" del *New York Times,* el *Washington Post* y la CNN, la verdad es que la amenaza de las noticias falsas era mayor para el presidente en el lado conservador. Aunque él jamás acusaría de dar noticias falsas a la cadena Fox, a Breitbart ni a los demás, estos medios podían ser mucho más peligrosos que sus equivalentes en la izquierda: cabía la posibilidad de que soltasen toda una batería de conspiraciones en las que un débil Trump se vendía al poderoso *establishment*.

A Bannon también se lo vio rectificar un anterior error burocrático. Si bien en un principio se había contentado con ser el cerebro de las operaciones —confiado de que era muchísimo más listo que todos los demás (y, de hecho, eran pocos los que intentaban disputarle el título)— sin preocuparse por el organigrama del personal, ahora estaba desplegando su organización y colocando bien a sus leales. Su personal paralelo de comunicación —Bossie, Lewandowski, Jason Miller, Sam Nunberg (aunque hacía mucho tiempo ya que había discutido con el propio Trump) y Alexandra Preate— formaba todo un ejército particular de filtradores y defensores. Es más, cualquier brecha que hubiera habido entre Bannon y

Priebus se cerró como la seda debido a su común animosidad hacia Jared e Ivanka. La Casa Blanca más profesional se había unido contra la Casa Blanca de la familia de aficionados.

Para aumentar su nueva ventaja burocrática, Bannon gozaba de la máxima influencia sobre la contratación para el nuevo equipo de control de daños, o cortafuegos: los abogados y el personal de comunicación que, de manera colectiva, se convertirían en el Lanny Davis de la defensa de Trump. Incapaz de contratar a algún talento de prestigio, Bannon recurrió a uno de los abogados implacables de Trump de toda la vida, Marc Kasowitz. Bannon ya había tenido contacto con Kasowitz cuando el letrado se encargó de una serie de problemas casi mortales durante la campaña, incluida la gestión de una gran cantidad de imputaciones y amenazas legales procedentes de una lista cada vez mayor de mujeres que acusaban a Trump de acosarlas y abusar de ellas.

El 31 de mayo entró en vigor el plan del cortafuegos de Bannon. En lo sucesivo, el equipo de Kasowitz se encargaría de cualquier conversación relacionada con Rusia, con la investigación de Mueller y el Congreso, y con otros temas legales de carácter personal. El presidente, según describía Bannon el plan en privado y según le indicaba a su jefe, dejaría de abordar cualquiera de estas áreas. Entre los numerosos, numerosísimos esfuerzos por obligar a Trump a comportarse de un modo presidencial, este era el último.

Bannon colocó entonces a Mark Corallo, antiguo miembro de comunicación de Karl Rove, como el portavoz del cortafuegos. También tenía pensado situar a Bossie y a Lewandowski dentro del equipo de gestión de crisis. Y, a instancias de Bannon, Kasowitz trató de aislar todavía más a su cliente al darle a Trump un consejo fundamental: envíe a los chicos a casa.

Desde luego que Bannon había vuelto. Era su equipo. Era su muro alrededor del presidente, el muro que él esperaba que mantuviese fuera al dúo Jarvanka.

El momento formal del regreso de Bannon quedó marcado por un gran hito. El 1 de junio, tras un extenso y duro debate interno, el presidente anunció que había decidido la retirada del Acuerdo de París. Para Bannon, era una bofetada profundamente satisfactoria en pleno rostro de la rectitud de los liberales —Elon Musk y Bob Iger abandonaron inmediatamente el consejo de empresarios de Trump— y la confirmación de los verdaderos instintos bannonistas de Trump.

Era, asimismo, la decisión en contra de la cual Ivanka Trump había luchado con más valor en la Casa Blanca.

—Victoria —dijo Bannon—. Esa zorra está muerta.

* * *

En la política moderna hay pocas variables más desestabilizadoras que un fiscal especial. Es el imponderable definitivo.

Un fiscal significa que el tema que se está investigando —o, de manera inevitable, la cascada de temas— será un constante foco de atención mediática. Los fiscales, que montan su propio escenario público, serán fuente de filtraciones con toda certeza.

Esto significa que todo el mundo dentro de un amplio círculo tiene que contratar a un abogado. Incluso una implicación tangencial puede alcanzar un costo cercano a las seis cifras; una implicación central asciende rápidamente a millones.

A comienzos del verano, ya había en Washington un intenso mercado de oferta de talentos de primer orden en derecho penal. Cuando la investigación de Mueller se puso en marcha, el personal de la Casa Blanca se precipitó en busca del mejor bufete de abogados antes de que otros llegaran y crearan un conflicto.

—No puedo hablar sobre Rusia, nada, no puedo ir por ahí —dijo Katie Walsh, que llevaba ya tres meses fuera de la Casa Blanca, por consejo de su nuevo abogado.

Cualquier entrevista o declaración ante los investigadores era un riesgo que podía ponerte en peligro. Es más, cada uno de los días en la Casa Blanca traía nuevos peligros: cualquier reunión en la que te pudieras ver incluido te podía dejar más al descubierto.

Bannon no dejaba de insistir en la absoluta importancia de esta cuestión, y para él era una importancia estratégica. Si no quieres ver cómo te aprietan las tuercas ante el Congreso, si no quieres ver tu carrera y tu patrimonio en peligro, ten cuidado con quién hablas. Y, lo que es más: bajo ninguna circunstancia hables con Jared e Ivanka, que ahora mismo eran tóxicos en cuanto a Rusia. Esa era la gran virtud y ventaja de Bannon, ampliamente publicitada: "Yo nunca he estado en Rusia. No conozco a nadie de Rusia. Jamás he hablado con ningún ruso, y tampoco tengo por qué hablar con nadie que lo haya hecho".

Bannon vio al desventurado Pence en multitud de "reuniones inapropiadas", y ayudó a traer al republicano Nick Ayers, hombre del partido, como jefe de gabinete de Pence y para que sacase de la Casa Blanca a "nuestro hombre de repuesto" y lo pusiera a "recorrer el mundo con el aspecto de un vicepresidente".

Y, más allá de los inmediatos temores y alteraciones, estaba el resultado prácticamente seguro de que un fiscal especial que tiene el encargo de encontrar un delito lo encontrará; posiblemente, encontrará muchos. Ahora, todo el mundo tenía la posibilidad de acabar implicando a otros. Caerían las piezas del dominó. Daría en un blanco tras otro.

Paul Manafort, que se ganaba bien la vida en las zonas grises del sector financiero internacional con un cálculo de riesgos que se basaba en la remota posibilidad de que un pirata que no llama la atención llegue a ser alguna vez objeto de un escrutinio detallado, ahora se vería sometido a una revisión con lupa. Sobre su némesis, Oleg Deripaska —que aún iba detrás de su reclamación de 17 millones de dólares contra Manafort, y buscaba el trato favorable de unas autoridades federales que habían restringido sus viajes a Estados Unidos—, se decía que estaba ofreciendo a los fiscales estadounidenses los frutos de sus propias investigaciones sobre los negocios de Manafort en Rusia y Ucrania.

Tom Barrack, conocedor de los monólogos internos del presidente y también de su historial financiero, de repente se ponía a evaluar sus propios riesgos. En efecto, todos los amigos multimillonarios con los que Trump hablaba por teléfono, con los que chusmeaba y divagaba, eran testigos potenciales.

En el pasado, las administraciones que se habían visto obligadas a enfrentarse con un fiscal especial nombrado para investigar y llevar a juicio cuestiones en las que había estado implicado el presidente, solían quedar consumidas por los esfuerzos por sobrellevarlo. Su mandato se dividía en un período de "antes" y otro de "después", este último, completamente empantanado en la telenovela del acecho del FBI. Cualquiera diría ahora que el período de "después" constituiría casi la totalidad del mandato de la administración de Trump.

En la Casa Blanca, a todo el mundo le parecía improbable la idea de una complicidad formal y una conspiración taimada, que era lo que tanto los medios como los demócratas creían o esperaban ansiosos que hubiera sucedido entre Trump y los rusos. (El comentario de Bannon de que el equipo de campaña de Trump no estaba lo suficientemente organizado ni para conspirar siquiera con sus propias organizaciones estatales se convirtió en el argumento favorito de todo el mundo, en especial porque era cierto). Pero nadie estaba respondiendo sobre los acuerdos paralelos, las operaciones por libre ni demás "insignificancias" que son el pan de cada día de un fiscal y que eran los probables desechos de los parásitos de Trump. Y todo el mundo creía que, si la investigación pasaba a la extensa cadena de transacciones financieras de Trump, alcanzaría casi con toda certeza a la familia Trump y a su Casa Blanca.

Y, además, estaba la insistente afirmación de Trump de que él podía hacer algo. "Puedo despedirlo", decía. En efecto, ese era otro de sus bucles repetitivos: puedo despedirlo. "Puedo" despedirlo, a Mueller. La idea de una confrontación en la que se imponía el hombre más fuerte, el más decidido, el más intransigente, el que más dijese "al diablo las consecuencias", era un elemento central en la propia mitología personal de Trump. Vivía en un mundo de enfrentamientos cara a cara, un mundo donde, si tu propia respetabilidad y tu propio sentido de la dignidad personal no eran cuestiones primordiales —si no eras débil en el sentido de tener la necesidad de parecer una persona razonable y respetable—, entonces tenías una ventaja magnífica. Y, si lo convertías en algo personal, si estabas convencido de ello cuando la lucha se volvía tan importante que se trataba de matar o morir, entonces era improbable que te cruzases con alguien tan dispuesto como tú a convertirlo en algo personal.

Esta era la idea fundamental de Bannon sobre Trump: lo convertía todo en algo personal, y no podía evitarlo.

* * *

Disuadido por todo el mundo de la idea de centrar sus iras en Mueller (al menos, por ahora), el presidente se centró en Sessions.

Jeff Sessions —Beauregard— era un estrecho aliado de Bannon, y, en mayo y junio, las afrentas casi diarias contra el fiscal general —más allá incluso de su lealtad y determinación, Trump lanzaba unas críticas mordaces sobre su estatura, su voz y su forma de vestir— supusieron una buena y repentina noticia para el bando anti-Bannon de la casa. Bannon, deducían ellos, no podía estar en lo más alto si a su representante fundamental le estaban echando la culpa de todo lo malo que pasaba en la vida de Trump. Como siempre, el respeto o el desprecio de Trump eran contagiosos: si estabas en gracia con él, todos y todo lo que él asociaba contigo también lo estaban. Si tú no lo estabas, todo lo asociado contigo era venenoso.

La brutalidad del descontento de Trump no dejaba de crecer. Sessions, un hombre menudo con la estatura del señor Magoo y un anticuado acento sureño, era el blanco de las implacables burlas del presidente, que trazaba de él un corrosivo retrato de debilidades físicas y mentales. El Despacho Oval irradiaba el trauma de las injurias. Lo podías oír cuando pasabas por allí cerca.

Los esfuerzos que hizo Bannon para que el presidente rebajase el tono —recordarle a Trump las dificultades que tendrían durante la confirmación de otro fiscal general por parte del Senado, la importancia de Sessions para las bases conservadoras más duras, la lealtad que Sessions había mostrado durante la campaña de Trump— le salieron por la culata. Para satisfacción del bando anti-Bannon, tuvieron como resultado otra ronda de faltas de respeto hacia el propio Bannon.

El ataque contra Sessions se convertía, ahora —al menos en la cabeza del presidente—, en la salva inaugural de un esfuerzo activo para sustituirlo como fiscal general. Sin embargo, solo había dos candidatos capaces de dirigir el Departamento de Justicia de quienes Trump creía que obtendría una lealtad absoluta: Chris Christie y Rudy Giuliani. Estaba convencido de que ambos se lanzarían como kamikazes por el puesto... tanto como el resto sabía, casi con toda certeza, que el Senado jamás los confirmaría.

* * *

Al aproximarse la fecha de la citación de James Comey para testificar ante el Comité de Inteligencia del Senado —tendría lugar el 8 de junio, doce días después de que la partida presidencial regresara a casa de su larga gira por Oriente Medio y Europa—, se puso en marcha entre los altos cargos del personal una investigación prácticamente abierta sobre las intenciones y el estado emocional de Trump.

Esto parecía instigado por una pregunta obvia: ¿por qué Trump no había destituido a Comey durante los primeros días de su mandato, cuando lo más probable era que aquello se hubiese visto como un cambio de guardia natural y sin evidente relación con las investigaciones sobre Rusia? Eran muchas las respuestas ambiguas: desorganización general, el rápido ritmo de los sucesos y una genuina sensación de inocencia e ingenuidad al respecto de las acusaciones sobre Rusia. Ahora parecían estar comprendiendo algo nuevo: Donald Trump creía que tenía un poder, una autoridad y un control muchísimo mayores de los que en realidad tenía, y consideraba que su talento para manipular a la gente, para doblegarla y dominarla, era muchísimo mayor de lo que de verdad era. Si llevamos esta línea de razonamiento un poco más lejos, los altos cargos de la administración de Trump estaban convencidos de que el presidente tenía un problema con la realidad, y la realidad, ahora, lo estaba superando.

De ser cierta, esta idea contravenía de forma directa la premisa básica del apoyo a Trump entre su personal. En cierto sentido, y sin un interrogatorio muy escrupuloso, ellos creían que tenía unos poderes prácticamente mágicos. Dado que no había explicación de su éxito, tenía que tener algún talento que se escapaba a su capacidad para entenderlo. Su instinto. O sus dotes de vendedor. O su energía. O el simple hecho de que Trump era lo contrario de lo que se suponía que había de ser. Esto era una política que se salía de los límites de lo común —política para sorprender al sistema—, pero podía funcionar.

Pero, ¿y si no funcionaba? ¿Y si todos estaban profundamente equivocados?

El despido de Comey y la investigación de Mueller impulsaron el reconocimiento que se había aplazado y que ponía fin a meses de suspensión voluntaria de la incredulidad. Estas repentinas dudas y consideraciones —en el nivel más alto del gobierno— no llegaban aún, ni mucho menos, a la capacidad del presidente para desempeñar el cargo de manera adecuada, pero sí llegaban —podría decirse que por primera vez en conversaciones abiertas— a la opinión de que Trump era absolutamente propenso a deteriorar él solo su propia capacidad para desempeñar el cargo. Este descubrimiento, con lo aterrador que era, dejaba al menos abierta la posibilidad de que, si le controlaban de manera meticulosa todos los elementos de aquel deterioro autoinfligido —la información que recibía, sus contactos, sus comentarios en público y la sensación de peligro y de amenaza que percibía—, quizá pudiera ser capaz de calmarse y de rendir con éxito.

De un modo bastante repentino, esta se convirtió en la opinión predominante sobre la presidencia de Trump y en una oportunidad que aún era tentadora: los que te rodean pueden salvarte o pueden hundirte.

Bannon creía que la presidencia de Trump fracasaría de un modo más o menos apocalíptico si Kushner y su mujer seguían siendo los consejeros más influyentes del presidente. Su falta de experiencia política o del mundo real ya estaba perjudicando a la presidencia, pero había empeorado desde el asunto de Comey: tal y como Bannon lo veía, el dúo estaba actuando ahora movido por el pánico personal.

El bando de Kushner creía que Bannon o el bannonismo habían empujado al presidente a una dureza que minaba su natural capacidad de vendedor para encandilar y para llegar a la gente. Bannon y los suyos lo habían convertido en el monstruo que, cada vez más, parecía ser.

Mientras tanto, prácticamente todo el mundo creía que una gran parte de la culpa recaía sobre Reince Priebus, que no había sido capaz de crear una Casa Blanca que protegiese al presidente de sí mismo... o de Bannon... o de sus propios hijos. Al mismo tiempo, creer que el problema fundamental residía en Priebus era la búsqueda fácil de un chivo expiatorio, por no decir que era poco más que risible: con tan poco poder, el jefe de gabinete simplemente no era capaz de dirigir ni a Trump ni a los que lo rodeaban. Lo único que el propio Priebus podía alegar, aunque no con mucha utilidad, era que nadie se hacía una idea de cuánto peor podría haber sido todo aquello sin su sufrida mediación entre los parientes del presidente, su asesor manejando los hilos y los propios instintos terribles de Trump. Quizá hubiera dos o tres debacles al día, pero, sin la estoica determinación de Priebus —y los golpes de Trump que él atajaba—, podría haber habido una docena más.

* * *

El 8 de junio, desde un poco después de las diez de la mañana hasta casi la una de la tarde, James Comey testificó en público ante el Comité de Inteligencia del Senado. El testimonio del antiguo director del FBI, una vuelta de tuerca en términos de franqueza, prestigio moral, honor personal y detalles condenatorios, le dejó al país un mensaje muy simple: el presidente quizá era un necio y, sin duda, un mentiroso. En la era de la corrección formal de los medios modernos, pocos presidentes se han visto tan cuestionados y tan puestos en entredicho ante el Congreso.

Aquí lo teníamos, en las duras palabras de Comey: el presidente consideraba que el director del FBI trabajaba directamente para él, que le debía a él su puesto de trabajo, y que ahora quería algo a cambio. "Mi sentido común —dijo Comey—, repito que me podría equivocar, pero mi sentido común me dijo: lo que está pasando aquí es que intenta recibir algo a cambio de concederme mi petición de continuar en el puesto".

Según el relato de Comey, el presidente quería que el FBI dejara en paz a Michael Flynn. Y quería impedirle al FBI seguir con su investigación sobre Rusia. La cuestión difícilmente podría haber quedado más clara: si el presidente estaba presionando al director del FBI porque temía que una investigación sobre Michael Flynn lo perjudicase, entonces eso era obstrucción a la justicia.

El contraste entre los dos hombres, Comey y Trump, era, en esencia, el contraste entre un buen gobierno y el propio Trump. Comey se mostró preciso, bien compartimentado y escrupuloso en su presentación de los detalles de lo que había sucedido y de la naturaleza de su responsabilidad: se ciñó a las normas tanto como fue posible. Trump, en el retrato ofrecido por Comey, era un hombre turbio, que actuaba sin pensar, irresponsable o incluso ignorante de las normas, engañoso y que solo pensaba en sí mismo.

Una vez terminada la comparecencia, el presidente le dijo a todo el mundo que no la había visto, pero todo el mundo sabía que sí lo había hecho. Hasta el punto de que se trataba, tal y como Trump lo veía, de un combate entre los dos hombres, una yuxtaposición tan directa como cabe imaginar. Todo el objeto del testimonio de Comey era reformular y contradecir todo cuanto el presidente había dicho en sus airados y defensivos tuits y declaraciones, sembrar las sospechas sobre sus intenciones y sus actos, y sugerir que el presidente pretendía sobornar al director del FBI.

Aun entre los leales a Trump que creían, igual que el propio Trump, que Comey era un farsante y que todo era un montaje, la sensación prácticamente universal era que, en aquel combate a muerte, Trump estaba bastante indefenso.

* * *

Cinco días después, el 13 de junio, le tocó a Jeff Sessions el turno de testificar ante el Comité de Inteligencia del Senado. Su tarea era la de tratar de explicar los contactos que había tenido con el embajador ruso, contactos que después habían provocado que se recusara... y lo habían convertido en el saco de boxeo del presidente. Al contrario que a Comey, al que habían invitado al Senado a hacer un alarde de su virtud —y él había aprovechado la oportunidad—, a Sessions lo habían invitado para que defendiese sus ambigüedades, sus engaños o su estupidez.

En un intercambio de palabras que a menudo fue irritado, el fiscal general ofreció una opinión nerviosa sobre el privilegio ejecutivo de no revelar información. Aunque el presidente no había invocado en realidad tal privilegio, Sessions consideró apropiado tratar de defenderlo igualmente.

Bannon, que estaba viendo la declaración desde el Ala Oeste, se frustró enseguida.

—Vamos, Beauregard —dijo.

Sin afeitar, Bannon estaba sentado presidiendo la larga mesa de madera para las reuniones en el despacho del jefe de gabinete, concentrado en la pantalla plana del otro extremo de la habitación.

—Esos se creían que al americano cosmopolita le gustaría que despidiésemos a Comey —dijo, y con "esos" se refería a Jared e Ivanka—. Los cosmopolitas nos iban a aclamar por acabar con el hombre que acabó con Hillary.

Mientras el presidente veía a Sessions como la causa del fiasco de Comey, Bannon lo veía como una víctima de aquello.

Entró en la sala sin hacer ruido un Kushner con aspecto de sílfide, luciendo un traje gris muy estrecho y una corbata negra muy fina (no hace mucho corría de boca en boca la broma de que Kushner era el hombre mejor vestido de Washington, que es todo lo contrario de un cumplido). En ocasiones, era como si la lucha de poder entre Bannon y Kushner cobrase forma física. La conducta de Bannon rara vez cambiaba, pero Kushner podía tener mal genio, ser condescendiente y despectivo, o, tal y como se mostraba ahora, vacilante, avergonzado y respetuoso.

Bannon no hizo el menor caso a Kushner hasta que el joven se aclaró la garganta.

—¿Cómo va la cosa?

Bannon hizo un gesto hacia la televisión, como si le estuviera diciendo: "Míralo tú mismo".

Finalmente, Bannon dijo:

—Esos no se dan cuenta de que esto tiene que ver con las instituciones, no con las personas.

"Esos" parecían ser los del bando del dúo Jarvanka, o incluso una idea más amplia para referirse a todos aquellos que se ponían ciegamente del lado de Trump.

—Esta ciudad va de sus instituciones —prosiguió Bannon—. Si despedimos al director del FBI, estamos despidiendo al FBI entero. Trump es un hombre en contra de las instituciones, y las instituciones lo saben. ¿Cómo crees tú que va a ir la cosa?

Se trataba de uno de los estribillos favoritos de Bannon en formato abreviado: en el transcurso de la campaña, Donald Trump había amenazado a prácticamente todas las instituciones de la vida política estadounidense. Era una versión idiota de James Stewart en *Caballero sin espada*. Trump creía que, ofreciéndole un caramelo a la ira y el resentimiento de los norteamericanos, un hombre podía ser más grande que el sistema. Este análisis presuponía que las instituciones de la vida política eran tan receptivas como las del entorno comercial de las que Trump procedía, y que estaban ansiosas por conocer el mercado y hallar el espíritu de su era. Pero, ¿y si dichas instituciones —los medios, el poder judicial, la comunidad de inteligencia, la propia rama ejecutiva a gran escala, además del pantano de Washington con sus bufetes de abogados, sus consultores, su tráfico de influencias y sus filtradores— no estaban dispuestas a adaptarse de ninguna de las maneras? Si, por su naturaleza, estaban decididas a perdurar, entonces este presidente accidental estaba entre la espada y la pared.

Kushner no parecía convencido.

—Yo no lo diría de ese modo —dijo.

—Creo que esa es la lección de los primeros cien días, la que han aprendido algunos de por aquí —dijo Bannon, que no hacía el menor caso a Kushner—. La cosa no va a ir mejor. Así es como es.

—No sé yo —dijo Kushner.

—Vete sabiéndolo —dijo Bannon.

—Yo creo que Sessions lo está haciendo bien —dijo Kushner—. ¿Tú no?

19

MIKA... ¿QUIÉN?

Los medios habían desvelado el valor de Donald Trump, pero pocos en los medios lo habían hecho de un modo más directo y personal que Joe Scarborough y Mika Brzezinski. Su programa matinal en la MSNBC era un continuo drama en plan telenovela, o al estilo de Oprah, sobre sus relaciones con Trump: sobre cómo los había decepcionado, sobre lo mucho que se habían alejado ellos de aquel respeto que sentían por él en un principio y sobre lo mucho que se ponía en ridículo él solo de forma habitual, y lo patética que era su manera de hacerlo. El vínculo que tuvo Trump con ellos en otra época, forjado a través de una fama común y un sentido propio y compartido de la política (Scarborough, excongresista, parecía pensar en buena lógica que él debería ser presidente tanto como Donald Trump pensaba que debería serlo él), había servido para hacer destacar su programa durante la campaña; ahora, su crispación pública había pasado a formar parte del ciclo diario de noticias. Scarborough y Brzezinski lo sermoneaban, encauzaban las preocupaciones de sus familiares y amigos, lo reprendían y se preocupaban abiertamente por él: por el hecho de que lo estuvieran aconsejando mal (Bannon) y, también, porque le estaban fallando las facultades mentales. Además, los dos se reivindicaban como representantes de una alternativa razonable de centroderecha al presidente, y desde luego que eran un buen termómetro de los esfuerzos de la centroderecha por lidiar con Trump y sus dificultades cotidianas derivadas de tener que vivir con él.

Trump, convencido de que Scarborough y Brzezinski lo habían utilizado e insultado, afirmó que había dejado de ver el programa. Sin embargo, todas las mañanas, Hope Hicks —temblando— se lo tenía que contar al presidente.

Morning Joe era todo un modelo básico del modo excesivo en que los medios habían invertido en Trump. Él era la ballena en torno a la cual se arremolinaban casi en frenética obsesión las emociones de los medios, su engreimiento, su ego, su ardor guerrero, el repunte de sus carreras y también su deseo de hallarse en el centro de la historia. A la inversa, los medios eran la misma ballena y cumplían las mismas funciones para Trump.

A esto, Trump le añadió otro tic: la eterna sensación de que los demás se aprovechaban constantemente de él de manera injusta. Quizá esto procediese de la tacañería y la falta de generosidad de su padre, o de su propio exceso de consciencia de sí mismo como un niño rico (y, sin duda, de sus inseguridades al respecto) o del profundo conocimiento que tiene un negociador de que no hay situaciones en las que todo el mundo salga ganando, sino que allá donde hay beneficio, hay pérdida. Trump, simplemente, no podía soportar el hecho de saber que alguien estaba obteniendo una ventaja a sus expensas. El suyo era un ecosistema de suma cero. En el universo de Trump, cualquier cosa que él considerase de valor, o bien se le había concedido a él, o bien se le había robado a él.

Scarborough y Brzezinski habían tomado su relación con Trump y la habían capitalizado sin meterle a él porcentaje alguno en el bolsillo, y, en esta ocasión, él consideraba que su comisión debería ser un trato servilmente favorable. Decir que esto lo volvía loco sería quedarse corto. Cavilaba y se obsesionaba con lo que él consideraba una injusticia. "No le menciones a Joe ni a Mika" era una de las habituales prohibiciones.

Sus sentimientos heridos y su incapacidad de comprender que alguien a quien él quería abrazar no lo abrazase a él de forma recíproca eran algo "profundo, profundísimo", dijo su antiguo asesor Sam Nunberg, quien llegó a tener sus conflictos con aquella necesidad de Trump de una total aprobación y con sus amargas sospechas de que se aprovechaban de él.

* * *

De esta ira acumulada surgió su tuit del 29 de junio sobre Mika Brzezinski.

Era un clásico de Trump: no había un punto medio entre el lenguaje extraoficial y una declaración pública. Se refirió en un tuit a "Mika, la loca del cociente de inteligencia bajo", y en otro escribió que la mujer "sangraba mucho por un estiramiento facial" cuando Scarborough y ella fueron a visitar a Trump a Mar-a-Lago en la última noche de fin de año. Muchos de sus tuits no eran, como pudiera parecer, expresiones espontáneas, pero sí eran constantes. Las afrentas de Trump solían comenzar como una comedia de insultos, se solidificaban en forma de acusaciones implacables y, después, en un momento incontenible, se convertían en una proclamación oficial.

El paso siguiente en este paradigma tuitero era el oprobio liberal universal. Al tuit sobre Brzezinski lo siguió cerca de una semana de furia en las redes sociales, golpes de pecho en la televisión por cable y condenas en las primeras planas de los periódicos. Esto venía acompañado de la otra parte de la dinámica tuitera de Trump: al unir a la opinión liberal en su contra, unía al opuesto de esta a su favor.

La verdad es que con frecuencia no era del todo consciente de la naturaleza de las cosas que había dicho, ni tampoco tenía pleno

conocimiento de los motivos por los que generaba unas reacciones tan apasionadas. Él mismo se sorprendía cada dos por tres.
"¿Qué he dicho?", preguntaba después de haber recibido un severo
bastonazo.

No se dedicaba a enviar tales insultos buscando el efectismo...
o, bueno, no del todo. Y su comportamiento no estaba meticulo-
samente calculado; era un ojo por ojo, y es probable que hubiera
dicho lo que dijo aunque no hubiese quedado nadie allí con él (esta
misma falta de cálculo, su incapacidad para tener una conducta
política, era parte de su encanto político). Se debía solo a la buena
suerte el hecho de que el treinta y cinco por ciento pro-Trump
—ese porcentaje de gente que, según la mayoría de las encuestas,
solía apoyarlo pasara lo que pasase (aquellos que, según pensaba él,
lo dejarían disparar a alguien en la Quinta Avenida sin que pasara
nada)— casi no se inmutase o quizá incluso se alegrase con cada
nueva expresión de su condición trumpiana.

Ahora, después de haberse expresado y de haber dicho la
última palabra, Trump volvía a estar risueño y optimista.

—A Mika y a Joe les encanta esto. Es una audiencia enorme
para ellos —dijo el presidente, con una firme satisfacción y una
verdad obvia.

* * *

Diez días después, una extensa mesa de bannonistas estaban
cenando en el Bombay Club, un restaurante indio de lujo a dos
manzanas de la Casa Blanca. Un miembro del grupo —Arthur
Schwartz, consultor de relaciones públicas— hizo una pregunta
sobre el tema de Mika y Joe.

Quizá fuera cosa del ruido, pero sirvió para dar buena medida
de la velocidad de los sucesos en la era Trump: la lugarteniente de
Bannon, Alexandra Preate, preguntó con una genuina confusión:

—¿Quién?

La opereta de los tuits sobre Mika —la brusquedad y el maltrato verbal de los que el presidente había hecho gala, su grave falta de control y de juicio y la censura mundial que le había caído encima por todo ello— ya quedaba muy lejos, eclipsada por completo por otras erupciones y controversias de Trump.

Sin embargo, antes de pasar al siguiente episodio de exclamaciones del tipo "no me lo puedo creer", no está de más considerar la posibilidad de que esta constante colisión de sucesos en cadena que se producía a diario, en ocasiones más de una vez al día —y cada colisión anulaba a la anterior—, sea la verdadera anomalía y la novedad que ocupan un lugar central en la presidencia de Trump.

Quizá jamás en la historia —ni a través de guerras mundiales, el derrocamiento de imperios, unos períodos de extraordinaria transformación social o episodios de escándalos que hacen que los gobiernos se tambaleen— se habían desarrollado los hechos de la vida real con un impacto tan emocional y tan propio de una trama cada vez más embrollada. Como si estuvieras viendo un maratón de una serie televisiva, tu vida real se convertía en secundaria ante el drama público. No sería poco razonable decir: "Oye, espera un minuto: la vida pública no sucede de esta manera". En realidad, la vida pública carece de coherencia y de dramatismo (la historia, en contraste, alcanza la coherencia y el dramatismo solo *a posteriori*).

El proceso de llevar a cabo el conjunto más pequeño de tareas dentro de un poder ejecutivo expansivo y resistente se produce a paso de tortuga. El peso con el que carga la Casa Blanca es el aburrimiento de la burocracia. Todas las Casas Blancas se afanan con tal de sacar la cabeza por encima de ello, y solo lo consiguen en algunas ocasiones. En una era hipermediática, esto no se ha vuelto más fácil para la Casa Blanca, sino más difícil.

Es un país distraído, fragmentado y preocupado. Podría decirse que la peculiar tragedia de Barack Obama fue que, como figura transformadora —y un comunicador que inspiraba—, en reali-

dad no fue capaz de suscitar mucho interés. También podría ser
una de las tragedias fundamentales de los medios el hecho de que
esa creencia que tienen —de mentalidad tan cívica, anticuada e
incluso ignorante— de que la política es la forma más elevada de
la noticia ha ayudado a transformar el negocio de masas en otro
negocio dirigido a audiencias pequeñas y fragmentadas. Lamentablemente, la política se ha convertido cada vez más en un sector
diferenciado y aislado. Su gancho es negocio a negocio: del sector y para el sector. El verdadero pantano de Washington es el de
los intereses cerrados, endogámicos e incestuosos, y no se trata
tanto de corrupción como de un exceso de especialización. Es una
vida de estudiosos de la política; una política que se ha ido por un
lado mientras la cultura se iba por otro. Los obsesionados con la
división izquierda-derecha fingen lo contrario, pero el gran centro no tiene los asuntos de la política entre sus prioridades en la
cabeza.

Y aun así, contraviniendo toda lógica mediática y cultural, Donald Trump no dejaba de generar a diario un asombroso
relato de esos que te tienen enganchado, y esto ni siquiera se
debía a que estuviera cambiando o alterando los fundamentos
de la vida estadounidense. En seis meses como presidente, sin
conseguir dominar prácticamente ningún aspecto del proceso
burocrático, más allá de colocar a su nominado para el Tribunal
Supremo, en la práctica no había conseguido hacer nada. Y aun
así —¡madre mía!—, casi no se hablaba de otra cosa en el país y en
gran parte del mundo. Esa era la naturaleza radical y transformadora de la presidencia de Trump: cautivaba la atención de todo el
mundo.

Dentro de la Casa Blanca, el alboroto diario y la fascinación
mundial no eran motivo de regocijo. En la amarga opinión del personal del Ala Oeste, eran los medios los que convertían cada día en

un momento culminante y ruin. Y, en cierto sentido, esto era así. No puede ser que todos los acontecimientos sean culminantes. El hecho de que el clímax de ayer, en comparación con el siguiente clímax, no tardase en quedar reducido a la insignificancia no hacía sino confirmar la desproporción. Los medios se estaban equivocando al juzgar la importancia relativa de los sucesos en torno a Trump: la mayoría de aquellos sucesos se quedaba en nada (podría decirse que todos ellos), y aun así todos se recibían con igual turbación y horror. El personal de la Casa Blanca creía que la cobertura mediática sobre Trump carecía de "contexto", y con eso se referían a que la gente debería darse cuenta de que Trump solo se dedicaba a revolverse y vociferar, principalmente.

Al mismo tiempo, eran pocos en la Casa Blanca los que no culpaban de esto también al presidente. Trump parecía carecer de la más básica noción de que los actos y las palabras de un presidente, de manera necesaria, se magnificarán elevados a la enésima potencia. En un cierto y oportuno sentido, era incapaz de entenderlo porque quería la atención, sin importar la frecuencia con que eso lo contrariase. Pero también la quería porque, una y otra vez, la respuesta lo sorprendía y, como si cada vez fuese la primera, era incapaz de cambiar de conducta.

Sean Spicer se llevó la peor parte del drama cotidiano, que convirtió a este profesional razonable, moderado, que hacía hincapié en los procedimientos para alcanzar las metas, en un personaje de chiste ante las puertas de la Casa Blanca. En su experiencia extracorporal diaria, como testigo de su propia humillación y sin saber qué decir, Spicer acabó comprendiendo —aunque empezó a entenderlo desde su primer día en el puesto, al lidiar con la controversia sobre la cantidad de público asistente a la inauguración— que se había "caído por la madriguera de un conejo". En aquel lugar tan desorientador había sido desechado todo artificio, todo disi-

mulo, proporción, sentido común y vergüenza de cara al público, o
—quizá como otra de las consecuencias de que Trump nunca pre-
tendiera de verdad conseguir la presidencia— en realidad nunca
llegaron a figurar dentro de la condición de ser presidente.

Por otro lado, la histeria constante sí tuvo una virtud política
que no había sido planeada. Si cada nuevo suceso enterraba al
anterior como si se estuviera en un esquema piramidal cíclico de
noticias disparatadas, entonces siempre sobrevivías otro día más.

* * *

Los hijos de Donald Trump, Don Jr., de treinta y nueve años, y Eric,
de treinta y tres, tenían con su padre una relación infantilizada a la
fuerza, un papel que los avergonzaba, pero que también abrazaban
con profesionalidad. El papel consistía en ser herederos y asistentes de Donald Trump. Su padre sentía un cierto disfrute diciendo
con regularidad que sus hijos eran los últimos en la fila cuando
Dios repartió los cerebros, pero bueno, Trump solía ridiculizar a
cualquiera que pudiera ser más listo que él. Su hermana Ivanka,
que sin duda no era de una genialidad innata, había sido designada
la lista de la familia, y su marido, Jared, era el que sabía conseguir
lo que quería. Eso dejaba a Don y a Eric para hacer los recados y
el papeleo. La verdad es que los hermanos se habían convertido
en unos ejecutivos razonablemente competentes en los negocios
familiares (que tampoco es que sea decir mucho) porque su padre
tenía poca o ninguna paciencia para dirigir él mismo la compañía.
Por supuesto, en una buena cantidad de su tiempo profesional se
dedicaba a los caprichos, proyectos, promociones y, en general, el
modo de vida de Donald J. Trump.

Uno de los beneficios de la participación de su padre en la
carrera por la presidencia era que lo mantenía lejos de la oficina.
Aun así, la administración de la campaña quedó en gran medida
bajo la responsabilidad de ambos, de manera que, cuando dicha

campaña pasó de ser un capricho a convertirse en un acontecimiento serio dentro del negocio y de la familia de los Trump, provocó un trastorno en la dinámica familiar. De repente, había otras
personas ansiosas por ser los principales lugartenientes de Donald
Trump. Estaban los de fuera, como Corey Lewandowski, el director
de campaña, pero también el de dentro, el cuñado Jared. Trump,
de un modo no muy inusual en una compañía familiar, hizo que
todo el mundo compitiese por su favor. La compañía consistía en
él; existía gracias a su nombre, a su personalidad y a su carisma, de
modo que la posición de mayor prestigio quedaba reservada para
quien fuese capaz de servirlo mejor. Tampoco es que hubiera tanta
competición por este papel antes de que él se presentara a la presidencia, pero a comienzos del 2016, con un Partido Republicano
que se hundía y un Trump emergente, sus hijos se enfrentaron a
una nueva situación profesional y familiar.

Su cuñado había ido participando cada vez más en la campaña,
en parte a instancias de su mujer ante la posibilidad de que la falta
de contención del padre afectase al negocio de los Trump si no
le echaban un ojo. Jared, además, y junto con sus cuñados, se vio
atraído por la emoción de la propia campaña. Hacia el final de la
primavera del 2016, cuando la nominación republicana estaba
prácticamente ganada, el equipo de campaña de Trump era un
conjunto de centros de poder en competencia y con el cuchillo
entre los dientes.

Lewandowski sentía por los dos hermanos y por el cuñado un
gran desprecio: no solo Don Jr. y Eric eran estúpidos y Jared se las
arreglaba para ser al tiempo altanero y servil (el mayordomo), sino
que ninguno sabía una pizca de política: en efecto, entre todos ellos
no reunían una sola hora de experiencia en dicho campo.

Con el paso del tiempo, Lewandowski se fue convirtiendo en
un personaje especialmente cercano al candidato. Para la familia,
en especial para Kushner, Lewandowski era una mala influencia.

Los peores instintos de Trump fluían a través de Lewandowski. A comienzos de junio, poco más de un mes antes de la Convención Nacional Republicana, Jared e Ivanka decidieron que —por el bien de la campaña, por el bien del negocio de los Trump— lo que hacía falta era una intervención.

Haciendo causa común con Don Jr. y Eric, Jared e Ivanka presionaron en un frente común para que Trump echase a Lewandowski. Don Jr., que no solo se sentía limitado por Lewandowski sino también por Jared, aprovechó la oportunidad. Conseguiría echar a Lewandowski y se convertiría en su sustituto... Y así fue, pues once días más tarde ya no estaría Lewandowski.

Todo esto formaba parte de los antecedentes de uno de los encuentros más absurdos de la política moderna. El 9 de junio del 2016, Don Jr., Jared y Paul Manafort se reunieron en la Torre Trump con todo un reparto digno de película y formado por personajes de poco fiar que habían prometido revelarles información que podía perjudicar a Hillary Clinton. Don Jr., alentado por Jared e Ivanka, estaba intentando causar en su padre la impresión de que él tenía lo que hay que tener para destacarse en la campaña.

Cuando esta reunión se hizo pública trece meses después, para la Casa Blanca de Trump sería un compendio tanto de la acusación de conspiración con los rusos como de la defensa contra dicha acusación. Ya fuese a favor o en contra, no era un caso de subterfugios y mentes brillantes, sino de unos inconscientes e ignorantes tan cándidos y despreocupados que actuaron en complicidad llenos de entusiasmo y a la vista de todo el mundo.

* * *

Aquel día de junio entraron en la Torre Trump un abogado de Moscú muy bien relacionado (y que, probablemente, era un agente ruso), unos colaboradores del oligarca rusoazerbaiyano Aras Agalarov, un promotor musical estadounidense que era el representante del hijo de Agalarov —una estrella rusa del pop— y un lobista del gobierno ruso en Washington. Su propósito al visitar el cuartel general de la campaña de uno de los presuntos nominados a la presidencia de Estados Unidos por uno de los dos grandes partidos era encontrarse con tres de las personas mejor situadas en el organigrama de dicha campaña. La reunión vino precedida de una cadena de correos electrónicos, dirigidos a múltiples destinatarios dentro del equipo de campaña de Trump con unas intenciones casi jubilosas: los rusos estaban ofreciendo un vertedero de información negativa, o incluso incriminatoria, sobre su contrincante.

Algunas de las teorías sobre el cómo y el porqué de esta imbecilidad de reunión son:

- Los rusos, ya fuese de manera organizada o de por libre, estaban intentando atrapar al equipo de campaña de Trump en una relación comprometedora.

- La reunión formaba parte de una cooperación ya activa por parte del equipo de campaña de Trump con los rusos para obtener y distribuir información perjudicial sobre Hillary Clinton, y, de hecho, pocos días después de la reunión de Don Jr., WikiLeaks anunció que había obtenido los correos electrónicos de Clinton. Menos de un mes después, comenzó a publicarlos.

- El equipo de campaña de Trump, con los ojos como platos y haciendo aún el teatro de que se presentaba a la presidencia —y sin que se les pasara mínimamente por la cabeza la posibilidad de ganar las elecciones—, se mostraba abierto a todas las peticiones y ofertas, pues no tenía nada que perder. "El lelo" de Don Jr. (Fredo, como lo apodaría Steve Bannon en uno de sus frecuentes préstamos de *El Padrino*) simplemente trataba de demostrar que tenía un sitio en aquella partida y que se podía contar con él.

- La reunión incluía al jefe de campaña, Paul Manafort, y a la voz más influyente de la campaña, Jared Kushner, porque: *a*) se estaba coor-

dinando una conspiración al más alto nivel; b) Manafort y Kushner,
que no se tomaban la campaña muy en serio, y sin pensar de ninguna manera en las consecuencias, pasaban el rato divirtiéndose
con la posibilidad de jugar sucio; c) los tres hombres de Trump se
habían unido en su plan para librarse de Lewandowski —con Don
Jr. en el papel de verdugo— y, como parte de esa unión, Manafort y
Kushner tenían que asistir a la estúpida reunión de Don Jr.

Fuera cual fuese el motivo del encuentro, con independencia
de cuál de los anteriores escenarios describe con mayor precisión
la manera en que se formó este cómico y alarmante grupo, un año
después, prácticamente nadie dudaba de que Don Jr. habría querido que su padre supiese que había tomado la iniciativa.

—La posibilidad de que Don Jr. no llevase a esos rusos hasta
el despacho de su padre en la planta veintiséis es cero —dijo un
asombrado, desdeñoso y burlón Bannon no mucho después de que
se conociera el encuentro.

—Los tres cargos más altos del equipo de campaña —proseguía
un incrédulo Bannon— pensaron que era una buena idea reunirse
con un gobierno extranjero en la sala de conferencias de la planta
veinticinco de la Torre Trump... y sin abogados. No tenían a ningún abogado. Aunque pensaras que eso no era una traición, algo
antipatriótico o una mierda muy peligrosa (y da la casualidad de
que yo considero que es todo eso), tendrías que haber llamado al
FBI de inmediato. Y, aunque no pensaras hacerlo, si fueras de una
absoluta falta de moralidad y quisieras esa información, vas y lo
haces en un Holiday Inn de Mánchester, Nuevo Hampshire, con
tus abogados, que son quienes van a ver a esa gente y lo hacen
todo para, después, de palabra, venir y contárselo todo a otro abogado a modo de cortafuegos, y, si tienes algo, entonces buscas la
manera de soltárselo a Breitbart o a algo por el estilo, o quizá a otra
publicación con más autoridad. Tú nunca llegas a verlo, nunca lo

sabrás, porque no te hace falta... pero así es el grupo de expertos que tienen.

Todos los participantes aducirían en última instancia que el encuentro no tuvo la menor consecuencia, fueran cuales fuesen las esperanzas depositadas en él, y reconocieron que había sido desafortunado. Pero, aunque eso fuera cierto, un año después, la revelación del encuentro tuvo tres efectos profundos y probablemente transformadores:

Primero, saltaron por los aires las constantes y repetidas negaciones de que hubiera habido conversación alguna entre los miembros del equipo de campaña y los rusos relacionados con el Kremlin acerca de la propia campaña y, sin duda ninguna, que hubiera habido contactos significativos entre el equipo de campaña y el gobierno ruso.

Segundo, la certeza entre el personal de la Casa Blanca de que el propio Trump no solo había sido informado sobre los detalles de aquella reunión, sino que se había reunido con sus protagonistas, significaba que el presidente había quedado como un mentiroso delante de aquellos cuya confianza más necesitaba. Era otro punto de inflexión entre un "mejor nos quedamos tapaditos" y un "allá vamos, a ver por dónde salimos", y también un "sáquenme de aquí".

Tercero, ya había quedado absolutamente claro que aquí divergían los intereses de cada uno. La suerte de Don Jr., Paul Manafort y Jared Kushner pendía de un hilo de manera individual. Es más, el mejor cálculo que hacían muchos en la Casa Blanca era que al encuentro lo había filtrado el bando de Kushner para sacrificar, así, a Don Jr., en un intento por desviar las responsabilidades de sí mismos.

* * *

Incluso antes de que se filtrara el rumor de la reunión de junio del 2016, el equipo legal de Kushner —que se formó a toda velocidad, sobre todo, a partir del nombramiento de Mueller como fiscal especial— había estado juntando las piezas forenses del rompecabezas de los contactos rusos del equipo de campaña, los negocios de las compañías de Kushner y la pista del dinero. En enero, después de haber hecho caso omiso de las advertencias de casi todo el mundo para que no lo hiciera, Jared Kushner había entrado en la Casa Blanca, en un alto cargo de la administración. Ahora, seis meses después, se enfrentaba a un serio peligro de carácter legal. Había tratado de mantener un perfil bajo, y se veía como un asesor lejos de la luz de los focos, pero, ahora, su situación pública no solo lo estaba poniendo en peligro a él, sino que también hacía peligrar el futuro de los negocios de su familia. Mientras él continuara tan expuesto, su familia seguiría sometida a un bloqueo efectivo de la mayoría de las fuentes de financiación. Sin acceso a este mercado, sus empresas se arriesgaban a entrar en una situación de apuros financieros a causa del endeudamiento.

La vida de fantasía que Jared e Ivanka se habían creado ellos solos —dos jóvenes ambiciosos, bien educados y bien reconocidos que vivían al más alto nivel en el mundo financiero y social de Nueva York después de haber aceptado el poder global con humildad, según ellos— se encontraba, ahora, ante el precipicio de la deshonra, incluso después de que ni marido ni mujer hubieran estado en el cargo el tiempo suficiente como para haber participado siquiera en ninguna actividad real.

La cárcel era una posibilidad. Y también la quiebra. Quizá Trump se hubiera dedicado a hablar en tono desafiante sobre ofrecer indultos, o a alardear sobre su capacidad para concederlos, pero eso no resolvía los problemas financieros de Kushner ni servía para aplacar a Charlie Kushner, el colérico y a menudo irracional padre de Jared. Es más, la posibilidad de pasar con éxito a través del ojo de la aguja legal requeriría de un delicado tacto y un sutil enfoque estratégico por parte del presidente: un acontecimiento bastante improbable.

Mientras tanto, la pareja culpaba al resto del mundo en la Casa Blanca. Culpaban a Priebus de aquella desorganización que había generado un ambiente belicoso que, a su vez, fomentaba unas filtraciones constantes y perjudiciales; culpaban a Bannon de las filtraciones; y culpaban a Spicer de no saber defender su virtud y sus intereses.

Tenían que defenderse ellos solos. Una de las estrategias era marcharse de Washington (Bannon tenía una lista de todos los momentos de tensión en los que la pareja se había tomado unas oportunas vacaciones), y daba la casualidad de que Trump acudiría a la cumbre del G20 en Hamburgo, Alemania, los días 7 y 8 de julio. Jared e Ivanka acompañaron en el viaje al presidente y, durante la cumbre, se enteraron de que se había filtrado la noticia de la reunión de Don Jr. con los rusos, que la pareja no dejaba de presentar de manera deliberada como "la reunión de Don Jr". Peor aún, se enteraron de que la noticia estaba a punto de salir en el *New York Times*.

En un principio, el personal de la Casa Blanca esperaba que los detalles del encuentro de Don Jr. aparecieran en la página web Circa. Los abogados —y el portavoz Mark Corallo— habían estado trabajando para gestionar aquella noticia, pero, mientras se encontraban en Hamburgo, el personal del presidente se enteró de que el *Times* estaba montando un artículo que contaba con muchos más detalles sobre el encuentro —facilitados, muy posiblemente, por el bando de Kushner— y que se iba a publicar el sábado 8 de julio. No se había informado de ello con antelación al equipo legal del presidente por el supuesto motivo de que Trump no estaba implicado.

En Hamburgo, Ivanka, consciente de que la noticia no tardaría en salir, estaba dando una muestra de su característica labor: un

fondo del Banco Mundial para ayudar a las mujeres empresarias
en los países en vías de desarrollo. Esto era otro ejemplo de lo que
el personal de la Casa Blanca veía como una extraordinaria desvia-
ción respecto de la línea oficial por parte de la pareja. El interés por
las mujeres empresarias en los países en vías de desarrollo no había
salido por ningún lado en la campaña de Trump, ni en las pizarras
de Bannon, ni tampoco estaba en el corazón de este presidente. El
programa de la hija se encontraba en un singular desacuerdo con
el del padre, o, por lo menos, con el programa por el que lo habían
elegido. En opinión de casi todo el personal de la Casa Blanca,
Ivanka malinterpretaba profundamente la naturaleza de su trabajo,
y había convertido las tradicionales labores formales y sociales de
la primera dama en un trabajo del personal de la Casa Blanca.

Poco antes de subir a bordo del Air Force One para el viaje de
regreso a casa, Ivanka —con lo que a esas alturas estaba comenzando a parecer una carencia de oído casi anárquica— había sustituido a su padre, sentada entre el presidente chino Xi Jinping y la
primera ministra británica Theresa May, ante la mesa de la principal conferencia del G20. Sin embargo, esto no era más que una distracción: cuando el presidente y su equipo se apiñaron en el avión,
el tema central no fue la conferencia, sino la manera de responder
al artículo del *Times* sobre la reunión de Don Jr. y Jared en la Torre
Trump, que estaba apenas a unas horas de publicarse.

De camino a Washington, Sean Spicer y todos los demás de la
oficina de comunicación quedaron relegados a la parte de atrás de
la aeronave, y fueron excluidos de aquellas discusiones nerviosas.
Hope Hicks se convirtió en la principal estratega de comunicaciones, con Trump, como siempre, como su único cliente. En los días
siguientes se le dio la vuelta al estatus político del hecho de estar
presente "en la sala", hasta entonces el más elevado. No estar en la
sala —en este caso, el camarote delantero del Air Force One— se

convirtió en el mejor estatus y en un salvoconducto para no ir a la cárcel. "Antes me sentía herido cuando los veía correr de aquí para allá haciendo lo que era mi trabajo —dijo Spicer—. Ahora me alegro de haberme quedado al margen".

En las conversaciones del avión participaron el presidente, Hicks, Jared e Ivanka y el portavoz de estos, Josh Raffel. Ivanka, según el posterior recuerdo de su equipo, dejó muy pronto la reunión, se tomó una pastilla y se fue a dormir. Jared, según su equipo, quizá estuviera allí, pero "no tomó nota de nada". No muy lejos estaban Dina Powell, Gary Cohn, Stephen Miller y H. R. McMaster viendo la película *Fargo* en una sala de conferencias, y todos ellos insistirían más adelante en que, por físicamente cercana que fuera su situación a la crisis que se estaba produciendo, se encontraban al margen de ella. Y, sin ninguna duda, cualquiera que estuviese "en la sala" había quedado retratado en una instantánea que no tardaría en ser objeto de un detallado escrutinio por parte del fiscal especial, y le plantearían la relevante pregunta de si uno o más empleados federales habían inducido a otros empleados federales a mentir.

Un presidente ofendido, inflexible y amenazador dominó aquellas conversaciones e hizo que su hija y su marido, Hicks y Raffel siguieran la misma línea y acataran su criterio. A Kasowitz —el abogado cuya tarea especial consistía en mantener a Trump a una distancia de seguridad de las cuestiones relacionadas con Rusia— lo tuvieron una hora esperando al teléfono, y después le colgaron sin pasar su llamada. El presidente insistió en que la reunión en la Torre Trump fue pura y simplemente sobre las políticas rusas de adopción. Eso fue de lo que se habló, y punto. Punto. Aunque era probable, si no seguro, que el *Times* tuviese la cadena de correos electrónicos incriminatorios —en realidad, era bastante posible que Jared e Ivanka y los abogados supieran que el *Times* tenía la

cadena de correos electrónicos—, el presidente ordenó que nadie
dijera nada sobre aquella conversación tan problemática acerca de
Hillary Clinton.

Fue un ejemplo en directo de la negación y el encubrimiento.
El presidente creía —de manera agresiva— lo que creía. La realidad era la que él estaba convencido que era, o que debía ser. De
ahí el relato oficial: hubo una breve reunión de cortesía en la Torre
Trump sobre las políticas de adopción, sin resultados, a la que asistieron altos cargos de la administración y unos ciudadanos rusos
particulares. Aquel cuento artificial era una operación montada
por unos novatos, y lo habían hecho razones deshonestas; dos
elementos que siempre son los más explosivos cuando se trata de
encubrir algo.

En Washington, Kasowitz y el portavoz del equipo legal, Mark
Corallo, no fueron informados sobre el artículo del *New York
Times* ni sobre la manera de responder hasta que salió el primer
comunicado de Don Jr., justo antes de que se publicara la noticia
aquel sábado.

En el transcurso de las siguientes setenta y dos horas, más o
menos, los altos cargos del personal de la Casa Blanca se encontraron apartados por completo de los actos del círculo de asesores
más cercanos al presidente, y, una vez más, se quedaron mirando
asombrados. En esto, la relación del presidente con Hope Hicks,
largo tiempo tolerada como un vínculo más bien raro entre el
hombre mayor y una joven digna de confianza, comenzó a ser
vista como algo anómalo y alarmante. Entregada por completo a
complacerlo, Hicks, su experta en redes sociales, estaba siendo más
bien una experta en facilitarle una conducta al margen de toda red
de seguridad. Los impulsos y pensamientos de Trump —sin editar,
sin revisar y sin que nadie se los discutiese— no solo pasaban a
través de él, sino que, a través de Hicks, viajaban al resto del ancho
mundo sin el arbitraje de ninguna otra persona de la Casa Blanca.

—El problema no es Twitter, es Hope —observó un miembro del equipo de comunicación.

El 9 de julio, un día después de publicar su primer artículo, el *New York Times* apuntó que la reunión de la Torre Trump se había convocado para discutir la oferta rusa de un material perjudicial sobre Clinton. Al día siguiente, mientras el *Times* se preparaba para publicar la cadena entera de correos electrónicos, Don Jr. se apresuró a hacerla pública él mismo. A continuación, vino una lista de nuevos personajes —todos peculiares e inquietantes, cada uno a su manera— que aparecían casi a diario como participantes en el encuentro.

Sin embargo, la revelación de aquel encuentro en la Torre Trump tuvo otra dimensión, de un mayor alcance, quizá. Significó el hundimiento de la estrategia legal del presidente: finiquitó el cortafuegos que Steve Bannon había dispuesto alrededor de Trump emulando el de Clinton.

El equipo legal, indignado y lleno de preocupación, veía, en efecto, que cada autor se convertía así en testigo de las fechorías potenciales de otro autor, y que todos conspiraban los unos con los otros con tal de que constara su relato. Al cliente y a su familia les había entrado el pánico, y se dedicaban a dirigir su propia defensa. Los titulares más inmediatos se estaban imponiendo a las estrategias a largo plazo. "Lo peor que se puede hacer es mentirle al fiscal", dijo un miembro del equipo legal. La persistente idea de Trump de que no es un delito mentir a la prensa era percibida por los abogados como una temeridad, en el mejor de los casos, y, en sí, como un acto potencialmente enjuiciable: era un intento explícito de poner palos en las ruedas de la investigación.

Mark Corallo recibió instrucciones de no hablar con la prensa (le dijeron que ni siquiera descolgara el teléfono). Más adelante aquella semana, Corallo, que no veía ninguna buena salida —y en privado confesaba estar convencido de que la reunión en el Air

Force One muy probablemente representaba una obstrucción a la justicia—, presentó la renuncia (el bando del dúo Jarvanka transmitió que Corallo había sido despedido).

—Esta gente no se va a dejar criticar *a posteriori* por los chicos —dijo un frustrado Bannon sobre el equipo del cortafuegos.

De igual manera, la familia Trump, fueran cuales fuesen sus riesgos legales, no se iba a dejar dirigir por sus abogados. Jared e Ivanka colaboraron en la coordinación de una serie de filtraciones escabrosas sobre Marc Kasowitz —bebida, mala conducta, una vida personal que era un caos—, el abogado que había aconsejado al presidente que enviase a la pareja a casa. Poco después de que el grupo presidencial regresara a Washington, Kasowitz estaba fuera.

* * *

Las culpas continuaban sucediéndose. El olor de una nueva y amarga realidad, cuando no fatalidad, vinculada a la debacle Comey-Mueller se veía potenciado por los esfuerzos que todo el mundo hacía con tal de no verse salpicado por ella.

Los bandos en la Casa Blanca —Jared, Ivanka, Hope Hicks, una Dina Powell cada vez más ambivalente y Gary Cohn, en un lado, y prácticamente todos los demás, incluidos Priebus, Spicer, Conway y, de un modo claro Bannon, por otro lado— se distinguían más por su culpabilidad o su distancia ante el desastre Comey-Mueller. Tal y como apuntaban quienes no estaban del lado del dúo Jarvanka, era un desastre "que habían creado ellos solitos". Por tanto, se convirtió en un esfuerzo de los Jarvanka no solo por distanciarse ellos de las causas de la debacle —cualquier implicación que tuvieran, ahora la pintaban como una participación estrictamente pasiva, o alegaban que se limitaron a cumplir órdenes—, sino también por sugerir que sus adversarios eran, como mínimo, igualmente culpables.

Poco después de que la historia de Don Jr. viera la luz, el presidente cambió el foco de atención, no sin éxito, a base de culpar a Sessions del lío Comey-Mueller y de menospreciarlo, amenazarlo de forma enérgica y sugerir que sus días estaban contados.

Bannon, que seguía defendiendo a Sessions y que creía que este había levantado un muro —claramente, con cáusticos ataques contra los Jarvanka por su estupidez— que lo protegiese de la violenta colisión con Comey, de repente se veía recibiendo llamadas de periodistas que tenían información de filtraciones que lo pintaban a él como uno de los participantes activos en la decisión sobre Comey.

En una furiosa llamada telefónica a Hicks, Bannon le echó la culpa de las filtraciones. Con el tiempo, había llegado a darse cuenta de que la joven de veintiocho años no era más que una desafortunada influencia que facilitaba las malas conductas del presidente y una sierva cándida del dúo Jarvanka, y estaba convencido de que ahora se había implicado hasta el fondo en todo el desastre al participar en la reunión del Air Force One. Al día siguiente, con más preguntas de los periodistas, se enfrentó a Hicks dentro de la sala del gabinete, y la acusó de estar haciéndole el trabajo sucio a Jared y a Ivanka. El enfrentamiento escaló rápidamente a una confrontación existencial entre los dos bandos de la Casa Blanca, dos bandos en absoluto pie de guerra.

—Tú no sabes lo que estás haciendo —gritó a Hicks un lívido Bannon, que le exigía saber para quién trabajaba, para la Casa Blanca o para Jared e Ivanka—. Tú no sabes el lío en el que te has metido —le chilló, y le dijo que, si no contrataba a un abogado, iba a llamar a su padre para decirle que sería mejor que le buscara uno—. ¡No tienes dos dedos de frente!

Según la versión del dúo Jarvanka, Bannon salió de la sala del gabinete, cruzó la zona abierta hasta donde lo podía oír el presidente y gritó "a voces, que daba miedo, en un claro tono amenazante": "¡Los voy a joder a ti y a tu grupito!", mientras un perplejo y lastimero presidente quiso saber "¿Qué está pasando?".

En esa versión del bando del dúo Jarvanka, Hicks huyó entonces de Bannon entre sollozos histéricos y "visiblemente aterrorizada". Otros en la Casa Blanca señalaron este punto como el momento álgido de una enemistad entre los dos bandos que estaba alcanzando la ebullición. Para los Jarvanka, el despotrique de Bannon era un alarde que ellos creían que podrían utilizar en su contra. La gente del dúo Jarvanka presionó a Priebus para que derivase el tema al asesor legal de la Casa Blanca, y se dijo del episodio que fue la mayor agresión verbal de la historia del Ala Oeste, o que, por lo menos, se encontraba entre los episodios más agresivos de la historia.

Para Bannon, esto era una muestra más de la desesperación del dúo Jarvanka: eran ellos, y no él, quienes tenían que cargar con el tema Comey-Mueller. Eran ellos a quienes les había entrado el pánico y estaban fuera de control.

Durante el resto del tiempo que pasó en la Casa Blanca, Bannon no volvió a dirigirle la palabra a Hicks.

20

MCMASTER Y SCARAMUCCI

Trump era impetuoso, y aun así no le gustaba tomar decisiones, no al menos aquellas que parecían acorralarlo y obligarlo a analizar un problema. Y no había decisión que lo persiguiera tanto —en realidad, desde el primer momento de su presidencia— como qué hacer con Afganistán. Era un interrogante que se había convertido en una batalla, y no solo implicaba a su propia resistencia al razonamiento analítico, sino también a la línea divisoria entre el hemisferio izquierdo y el hemisferio derecho del cerebro de la Casa Blanca, la división entre los que abogaban por desestabilizarlo y los que querían mantener el *status quo*.

En esto, Bannon se convirtió en la perturbadora e inverosímil voz a favor de la paz en la Casa Blanca, o de una especie de paz, en cualquier caso. En opinión de Bannon, solo él y la no muy resuelta presencia de ánimo de Donald Trump se interponían ante el envío de cincuenta mil soldados más hacia la ausencia de esperanzas en Afganistán.

En representación del *status quo* —y, en condiciones ideales, en ascenso a lo más alto del *status quo*— estaba H. R. McMaster, quien, junto al dúo Jarvanka, se había convertido en el principal objetivo de los insultos de Bannon. En este frente, Bannon selló

una fácil alianza con Trump, quien no ocultaba demasiado su desdén hacia el general del PowerPoint. Bannon y el presidente disfrutaban al juntarse para poner verde a McMaster.

McMaster era un protegido de David Petraeus, el anterior
comandante del Mando Central Estadounidense (CENTCOM)
y comandante en Afganistán que se había convertido en director
de la CIA con Obama, antes de renunciar por el escándalo de un
asunto amoroso y la gestión incorrecta de una información clasificada. Petraeus y, ahora, McMaster representaban una especie de
planteamiento de "hacer lo de siempre" en Afganistán y en Oriente
Medio. Un obstinado McMaster no dejaba de proponer al presidente distintas versiones del envío de tropas de refuerzo, pero,
después de cada discurso, Trump lo hacía salir del Despacho Oval
elevando la mirada al techo con desesperación e incredulidad.

El desagrado y el rencor del presidente hacia McMaster crecía
a la par que se iba haciendo más necesario tomar, finalmente, una
decisión sobre Afganistán, una decisión que Trump seguía apla-
zando. Su posición al respecto de Afganistán —un conflicto militar
del que poco sabía más allá de que era un atolladero— siempre
había sido la de darle un despectivo y cáustico portazo a la guerra
de dieciséis años. El hecho de haberla heredado no le generaba un
mayor cariño hacia ella ni un mayor deseo de detenerse a pensar
en ella. Sabía que aquella guerra no tenía arreglo, y, sabiendo eso,
no sentía la necesidad de saber nada más. La responsabilidad se la
otorgaba a dos de sus culpables favoritos: Bush y Obama.

Para Bannon, Afganistán representaba un fracaso más de
la forma de pensar del *establishment*. De un modo más preciso,
representaba la incapacidad que el *establishment* tenía para afrontar el fracaso.

Curiosamente, McMaster había escrito un libro justo sobre este
tema, una feroz crítica de las suposiciones de los líderes militares para entrar en la guerra de Vietnam, unas suposiciones que

nadie puso en duda. El libro recibió el apoyo tanto de los liberales como del *establishment*, en cuya línea, en opinión de Bannon, McMaster había caído por completo. Y, ahora —siempre temeroso de lo desconocido, concentrado en mantener las opciones abiertas y ansioso por proteger su credibilidad entre el *establishment*—, McMaster estaba recomendando un envío masivo de tropas de refuerzo a Afganistán.

* * *

A comienzos del mes de julio, las presiones para que se tomase una decisión estaban a punto de reventar. Trump ya había autorizado al Pentágono el envío de las tropas si lo consideraba necesario, pero Mattis, el secretario de Defensa, se negaba a actuar sin una autorización específica del presidente. Finalmente, Trump tendría que hacer la llamada... a menos que encontrase una manera de volver a aplazarla.

Lo que Bannon pensaba era que aquella decisión podía tomarse por el presidente —una manera de tomar decisiones que al presidente le gustaba—, siempre que Bannon pudiera librarse de McMaster. Eso serviría tanto para atajar la voz que pedía más tropas con más fuerza como también para vengarse de la salida de Bannon del Consejo de Seguridad Nacional, provocada por la mano de McMaster.

Con un presidente que prometía tener tomada una decisión para el mes de agosto, y con unos McMaster, Mattis y Tillerson que presionaban para que la decisión se tomase lo antes posible, los medios de inspiración bannonista iniciaron una campaña para tildar a McMaster de globalista, intervencionista, de no ser su tipo de trumpista se mirara por donde se mirase, y, para rematar, lo acusaban de ser blando con Israel.

Era un ataque insidioso, si bien parcialmente cierto. En realidad, McMaster hablaba con Petraeus con frecuencia. La pega era la sugerencia de que McMaster le estaba pasando información desde dentro a Petraeus, un paria a causa de su condena por el manejo inapropiado de información clasificada. También se daba el caso de que McMaster desagradaba mucho al presidente, y estaba a punto de ser destituido.

Era Bannon, pletórico de nuevo, disfrutando de un momento de un supremo exceso de confianza.

Sin duda, en parte para demostrar que había otras opciones además de enviar más tropas o una derrota humillante —y la lógica decía que lo más probable era que no hubiese más opciones—, Bannon se convirtió en proponente de la idea de Erik Prince, fundador de Blackwater (una idea obviamente interesada). Esta consistía en sustituir las tropas del ejército estadounidense con contratistas privados, con la CIA y con personal de Operaciones Especiales. La idea gozó de una breve aceptación por parte del presidente, pero quedó ridiculizada por los militares.

A aquellas alturas, Bannon estaba convencido de que McMaster ya estaría fuera en agosto. Estaba seguro de tener la palabra del presidente al respecto. Cosa hecha. "McMaster quiere enviar más tropas a Afganistán, así que lo vamos a enviar a él", dijo un Bannon triunfal. En el panorama que veía Bannon, Trump le otorgaría una cuarta estrella a McMaster y lo "ascendería" al puesto de máximo mando militar en Afganistán.

Igual que en el caso del ataque con armas químicas en Siria, era Dina Powell —incluso mientras se esforzaba cada vez más por salir de la Casa Blanca, bien siguiendo una trayectoria como la de Sheryl Sandberg, bien con una parada previa como embajadora ante las Naciones Unidas— quien se afanaba por apoyar el planteamiento menos desestabilizador, el que más opciones ofrecía. En esto, tanto porque el planteamiento parecía el camino más seguro como porque era el camino contrario al de Bannon, reclutó a unos encantados Jared e Ivanka.

Era probable que la solución que apoyaba Powell, diseñada para aplazar el problema y la consideración final otro año, o dos o tres, hiciera que la posición estadounidense en Afganistán fuese aún más desesperada. En lugar de enviar cincuenta o sesenta mil soldados —lo cual, con un insoportable costo y el riesgo de la ira nacional, serviría, en realidad, para ganar la guerra—, el Pentágono enviaría un número mucho más reducido, una cantidad que levantase poco revuelo y que se limitase a impedir que Estados Unidos perdiese la guerra. En la opinión de Powell y del dúo Jarvanka, esa era la medida más moderada, la mejor posible y la más fácil de vender. Además conseguía el perfecto equilibrio entre los escenarios que eran inaceptables para el ejército: retirada y deshonor, o muchos efectivos más.

No pasó mucho tiempo antes de que el plan de enviar a cuatro, cinco, seis o (como máximo) siete mil soldados se convirtiera en la estrategia intermedia apoyada por los dirigentes de Seguridad Nacional y prácticamente por todos los demás (salvo Bannon y Trump). Powell incluso ayudó a diseñar una presentación de PowerPoint que McMaster utilizó con el presidente: imágenes de Kabul en la década de los setenta, cuando aún tenía el aspecto de ser algo similar a una ciudad moderna. Podía volver a ser así, le contaron al presidente, "¡si actuamos con decisión!".

A pesar de tener a todo el mundo en su contra, Bannon estaba seguro de que iba ganando. Tenía con él a la prensa conservadora —unida— y, según creía, a unas bases pro-Trump de clase trabajadora que estaban hartas, cuyos hijos, probablemente, serían carne de cañón en Afganistán. Sobre todo, tenía al presidente. Enfadado con que le estuvieran dejando a él el mismo problema y las mismas opciones que le dieron a Obama, Trump continuaba vertiendo su cólera y sus burlas sobre McMaster.

Kushner y Powell organizaron una campaña de filtraciones en defensa de McMaster. El suyo no era un relato a favor del envío de tropas, sino sobre las filtraciones de Bannon y su utilización de los medios más conservadores para mancillar a McMaster, "uno de los generales más condecorados y respetados de su generación". El tema no era Afganistán, el tema era Bannon. En este relato, se trataba de McMaster, una figura que representaba la estabilidad, contra Bannon, la figura desestabilizadora. Se trataba del *New York Times* y del *Washington Post*, que salieron en defensa de McMaster, y contra Breitbart y sus compinches y subordinados.

Se trataba del *establishment* y los *never-Trumpers* contra los *Trumpkins* del "Estados Unidos primero".* † En muchos aspectos, Bannon se veía superado en número y en armamento, y aun así pensaba que lo tenía todo bien atado. Y, cuando él ganase, no solo se habría evitado otro capítulo profundamente estúpido en la guerra de Afganistán, sino que el dúo Jarvanka y su amiga Powell quedarían más relegados aún a la irrelevancia y la impotencia.

* * *

Cuando el debate avanzó hacia su resolución, el Consejo de Seguridad Nacional, en su papel de presentar las opciones más que de defenderlas (aunque por supuesto que también las defendía), ofreció tres: la retirada, el ejército de contratistas de Erik Prince y un envío de tropas convencional aunque limitado.

La retirada, fueran cuales fuesen sus ventajas —y por mucho que se pudiera retrasar o mitigar una ocupación de Afganistán por parte de los talibanes—, aún dejaba a Donald Trump como perdedor de una guerra, una posición insoportable para el presidente.

La segunda opción, un ejército de contratistas y la CIA, fue

---

* Never-Trumpers: los que jamás apoyarán a Trump, haga lo que haga. Proceden de todo el arco político, incluido el Partido Republicano. (N. de los t.)

† Trumpkins: partidarios de Trump, haga lo que haga. (N. de los t.)

rechazada en gran medida por la propia CIA. La agencia llevaba dieciséis años consiguiendo evitar Afganistán, y todo el mundo sabía que en Afganistán no se hacía carrera, sino que allí era donde las carreras morían. Así que, "por favor, déjennos al margen de esto".

Eso dejaba la postura de McMaster, un envío reducido, presentado así por el secretario de Estado Tillerson: más tropas en Afganistán, que, de alguna manera, estarán allí por motivos ligeramente distintos y, de algún modo, con una misión sutilmente distinta que las tropas enviadas en otras ocasiones.

El ejército esperaba que el presidente se decantase por la tercera opción, pero el 19 de julio, en una reunión del equipo de Seguridad Nacional en la sala de situación de la Casa Blanca, Trump perdió la cabeza.

Durante dos horas, clamó airado contra el desastre que le habían ofrecido. Amenazó con despedir prácticamente a todos los generales de la cadena de mando. No era capaz de entender, decía él, cómo habían sido necesarios tantos meses de estudio para idear aquel plan que no era muy distinto. Menospreció el consejo procedente de los generales y alabó el consejo de los soldados rasos. "Si tenemos que estar en Afganistán", quiso saber, "¿por qué no podemos sacar dinero con ello?". China, se quejaba él, tenía derechos sobre la minería, pero Estados Unidos, no (se refería a un acuerdo de diez años atrás que tuvo el respaldo estadounidense). "Esto es igual que el Club 21", les dijo, y dejó a todo el mundo confundido con aquella referencia a un restaurante de Nueva York, uno de sus favoritos. En los años ochenta, el 21 cerró durante un año y contrató a una gran cantidad de consultores para que analizasen la manera de hacer más rentable el restaurante. Al final, su consejo fue: una cocina más grande. "Justo lo que habría dicho cualquier camarero", gritó Trump.

Para Bannon, la reunión fue uno de los mejores momentos de la presidencia de Trump hasta la fecha. Los generales se pusieron a dar rodeos sin saber bien qué decir en un intento desesperado por guardar las apariencias: lo que estaban diciendo en la sala de situación, según Bannon, eran puras "tonterías".

—Trump les estaba haciendo frente —dijo un feliz Bannon—. Machacándolos. Evacuó los intestinos en su plan para Afganistán. Una y otra vez volvía al mismo argumento: estamos allí atascados, perdiendo, y aquí nadie tiene un plan para que nos vaya mejor.

Aunque todavía no había el menor indicio de una estrategia alternativa en Afganistán, Bannon —cuya frustración con el dúo Jarvanka alcanzaba su máximo— estaba seguro de ser el ganador. McMaster estaba acabado.

* * *

Más adelante, aquel mismo día de la reunión sobre Afganistán, Bannon tuvo noticia de otro de los descabellados planes del dúo Jarvanka. Pensaban contratar a Anthony Scaramucci, también conocido como "*the Mooch*", el Gorrón.

Después de que Trump se hiciese con la nominación republicana más de un año antes, Scaramucci —un inversor de capital riesgo e intermediario de Trump para todo lo relacionado con el negocio de las noticias por cable (principalmente, el Fox Business Channel)— se había convertido en una presencia habitual en la Torre Trump. Pero entonces, en el último mes de la campaña, con unas encuestas que predecían una humillante derrota de Trump, de pronto no se lo veía por ninguna parte. La pregunta "¿Dónde está el Gorrón?" solo parecía ser un indicador más del cierto y despiadado fin de la campaña.

Sin embargo, el día después de las elecciones, al llegar a media mañana a la Torre Trump, Steve Bannon —a punto de ser nombrado jefe de estrategia del cuadragésimo quinto presidente electo de Estados Unidos— se encontró con un Anthony Scaramucci que lo saludaba y le ofrecía un café de Starbucks.

En el trascurso de los tres meses siguientes, Scaramucci, aunque ya no era necesario como intermediario y no tenía nada más que hacer en particular, se convirtió en una constante presencia a la espera —o incluso al acecho— en la Torre Trump. Siempre inagotable, interrumpió una reunión en el despacho de Kellyanne Conway a comienzos de enero solo para asegurarse de que sabía que el bufete de su marido —Wachtell, Lipton, Rosen & Katz— lo estaba representando. Después de encargarse de aquello, de dejar caer algunos nombres y de halagar ampliamente a los socios principales del bufete, tomó asiento por su cuenta en la reunión de Conway y, tanto para provecho de la propia Conway como de su visita, ofreció un conmovedor testimonio sobre la singularidad y la sagacidad de Donald Trump y de la clase trabajadora que lo había elegido (además aprovechó la oportunidad para ofrecer un currículum con sus propias referencias en la clase trabajadora de Long Island).

Scaramucci no era ni el único parásito ni el único que buscaba trabajo en el edificio, pero su método estaba entre los más obstinados. Se pasaba los días tratando de encontrar reuniones a las que ser invitado, o visitantes con los que conversar, lo cual era fácil, porque cualquier otro que buscase trabajo iba detrás de alguien con quien charlar, de manera que no tardó en convertirse en algo parecido al saludador oficial extraoficial. Siempre que podía, aprovechaba unos minutos con cualquiera de los altos cargos del personal que no lo rechazase. Mientras esperaba a que le ofreciesen un buen puesto en la Casa Blanca, se estaba dedicando —cualquiera diría que tenía esa certeza personal— a reafirmar su lealtad, su espíritu de equipo y su energía sin par. Tenía tal confianza en su futuro que llegó a un acuerdo para vender su fondo de inversión, Skybridge Capital, al megaconglomerado chino HNA Group.

Las campañas políticas, que se basan sustancialmente en la ayuda de los voluntarios, atraen a toda una serie de personajes ridículos, necesitados y oportunistas. Quizá el equipo de campaña de Trump cayese más bajo que la mayoría. El Gorrón, por lo pronto, tal vez no fuese el voluntario más peculiar en la carrera de Trump por la presidencia, pero muchos lo veían entre los más desvergonzados.

No era solo que antes de convertirse en un devoto seguidor de Donald Trump hubiera sido un devoto negativista, o que antes hubiera apoyado a Obama o a Hillary Clinton. El problema era, en realidad, que no le caía bien a nadie. Incluso para alguien que está metido en política, era presuntuoso e incorregible, y venía seguido de una sarta de afirmaciones interesadas y a menudo contradictorias que le había hecho a tal persona sobre tal otra, lo cual, de manera inevitable, acababa llegando de vuelta a aquella persona de la que se había hablado de manera más negativa.

Y no era simplemente que se autopromocionara con descaro; es que lo hacía con orgullo. Era, según su propia versión, un fantástico creador de redes de contactos. (Este alarde era indudablemente cierto, ya que Skybridge era un fondo de fondos de inversión, en lo cual se trataba mucho menos de tener visión para invertir que de conocer a los mejores gestores de fondos y tener la posibilidad de invertir con ellos). Había pagado no menos de medio millón de dólares para que el logo de su firma apareciese en la película *Wall Street 2* y para costearse un cameo en el largometraje. Daba una conferencia anual para inversores de capital riesgo en la que él era la estrella. Tenía una sección televisiva en el Fox Business Channel. Era un famoso asistente a las fiestas en Davos todos los años, y una vez hasta bailó exuberantemente al lado del hijo de Muamar el Gadafi.

En cuanto a la campaña para la presidencia, cuando se alistó con Donald Trump —después de haber apostado a lo grande contra él—, se anunció como una versión del propio Trump, y veía a ambos como un nuevo tipo de comunicador y de hombre del espectáculo dispuesto a transformar la política.

Aunque su persistencia y su constante presión sobre el terreno y en su propio favor no le granjearan, quizá, el cariño de nadie, sí que motivaron la pregunta "¿Qué hacemos con Scaramucci?", una pregunta que, no se sabía muy bien cómo, pero requería una respuesta. Priebus, en un intento por solucionar el problema del Gorrón y por librarse de él al mismo tiempo, sugirió para él un puesto recaudando fondos como director financiero del Comité Nacional Republicano, oferta que Scaramucci rechazó en un arrebato en la Torre Trump, despotricando contra Priebus en un lenguaje muy gráfico (un mero anticipo de lo que estaba por venir).

Aunque quería un puesto en la Casa Blanca, el Gorrón deseaba de manera específica uno de los puestos que le proporcionasen una exención fiscal en la venta de su negocio. Existe un programa federal que prevé el pago aplazado de las plusvalías en el caso de la venta de propiedades para cumplir con cuestiones éticas. Scaramucci necesitaba un trabajo que le proporcionase un "certificado de desinversión", que era lo que un envidioso Scaramucci sabía que había recibido Gary Cohn por la venta de su cartera de Goldman.

Una semana antes de la inauguración, por fin le ofrecieron tal puesto: director de la Oficina de Asuntos Públicos e Intergubernamentales de la Casa Blanca. Sería el representante y animador del presidente ante los grupos de interés que sentían debilidad por Trump.

Sin embargo, la Oficina de Ética de la Casa Blanca lo frustró: la venta de su negocio tardaría meses en completarse, y estaría negociando de forma directa con una entidad controlada, al menos parcialmente, por el gobierno chino. Y, dado que Scaramucci apenas gozaba del apoyo de nadie más, fue rechazado. Fue —apuntó un resentido Scaramucci— uno de los pocos ejemplos en la admi-

nistración de Trump en que los negocios de alguien entraban en
conflicto e interferían con un nombramiento para la Casa Blanca.

Y, aun así, con la tenacidad de un vendedor, el Gorrón siguió
presionando. Se nombró embajador de Trump sin cartera. Se auto-
proclamó como el hombre de Trump en Wall Street aunque, en la
práctica, no era un hombre de Trump, y estaba saliendo de su propia firma. También estaba en contacto constante con todo aquel
del círculo de Trump que estuviera dispuesto a estar en contacto
con él.

La pregunta de "¿Qué hacemos con el Gorrón?" seguía ahí.
Kushner, con quien Scaramucci había mostrado una singular contención durante la campaña, y quien no había dejado de oír hablar
a otros contactos neoyorquinos sobre la sostenida lealtad de Scaramucci, ayudó a insistir con la cuestión.

Entre Priebus y otros mantuvieron a Scaramucci a raya hasta
junio, y, entonces, como en una especie de chiste, el Gorrón recibió
la oferta —y tuvo que aceptarla de manera degradante— de ser
nombrado vicepresidente primero y jefe de estrategia del Banco
de Exportación e Importación de Estados Unidos, una agencia del
Ejecutivo que Trump llevaba tiempo jurando que iba a eliminar.
Pero el Gorrón no estaba dispuesto a abandonar la lucha: después
de más presiones, le ofrecieron a instancias de Bannon el puesto
de embajador ante la Organización para la Cooperación y el Desarrollo Económicos. El puesto venía con un apartamento de veinte
habitaciones con vistas al Sena, una oficina de personal y —lo
que a Bannon le pareció especialmente divertido— sin la menor
influencia ni responsabilidades.

* * *

Entretanto, otra persistente pregunta parecía haber quedado vinculada al desastre causado por la respuesta ofrecida ante la noticia
de la reunión de junio del 2016 entre Don Jr., Jared y los rusos:

"¿Qué hacemos con Spicer?". Dado que había sido el presidente, mientras viajaban en el Air Force One, quien había dictado la respuesta al artículo inicial del *New York Times* sobre la reunión, la responsabilidad de esto se le debería haber atribuido a Trump y a Hope Hicks: Trump la había dictado, y Hicks la había transcrito. Sin embargo, dado que no se podía atribuir ningún desastre al presidente, la propia Hicks se libró. Y, aunque Sean Spicer había quedado claramente excluido de la crisis de la Torre Trump, la responsabilidad del episodio ahora se le atribuía a él, precisamente porque, con su lealtad en tela de juicio, hubo que excluirlo a él y al equipo de comunicación.

En este tema, al equipo de comunicación se lo consideraba antagonista, cuando no hostil, a los intereses de Jared e Ivanka; Spicer y su gente no habían conseguido montarles a ellos una defensa global, y el equipo de comunicación no había defendido de manera adecuada a la Casa Blanca. Esto, sin duda alguna, hacía hincapié en la cuestión obvia y esencial: aunque la joven pareja de la familia presidencial eran simples empleados y no formaban parte de la categoría institucional de la Casa Blanca, ambos pensaban y actuaban como si fueran integrantes de la entidad presidencial. Su ira y creciente enfado procedían de la renuencia de cierta parte del personal —una resistencia profunda y cada vez más intensa— a tratarlos como si formaran parte de la presidencia. (En una ocasión, Priebus tuvo que llevarse a Ivanka aparte para asegurarse de que entendía que, en su papel oficial, no era más que una empleada. Ivanka había insistido en la distinción de que ella era una empleada, barra, hija del presidente).

Bannon era su enemigo público; no esperaban nada de él. Pero a Priebus y a Spicer los consideraban funcionarios, y su trabajo era defender los objetivos de la Casa Blanca, que incluían los propios objetivos e intereses de la familia.

Sobre Spicer, siempre ridiculizado por la prensa por su dispara-

tada defensa de la Casa Blanca y por una lealtad que parecía estúpida, el presidente había considerado, ya desde la inauguración,
que no era lo suficientemente leal ni, mucho menos, tan agresivo
como debería en la defensa de Trump. O, en opinión de Jared e
Ivanka, en defensa de su familia. "¿A qué se dedican en realidad
las cuarenta personas que forman el equipo de comunicación de
Spicer?", era una insistente pregunta de la familia presidencial.

* * *

Casi desde el principio, el presidente había estado entrevistando
a posibles secretarios de Prensa. Al parecer, le había ofrecido el
puesto a varias personas, una de las cuales era Kimberly Guilfoyle,
personaje de Fox News y copresentadora de *The Five*. De Guilfoyle, ex esposa del demócrata californiano Gavin Newsom, también
se rumoreaba que era la amante de Scaramucci. Aunque la Casa
Blanca no lo sabía, la vida privada de Scaramucci se hallaba en una
dramática caída libre. El 9 de julio, embarazada de nueve meses de
su segundo hijo, la mujer de Scaramucci le pidió el divorcio.

Guilfoyle, consciente de que Spicer iba camino de la puerta de
salida y después de haber decidido no aceptar el puesto —o, según
otros en la Casa Blanca, después de que nunca se lo ofreciesen—,
sugirió en su lugar a Scaramucci, quien se había puesto a convencer
a Jared y a Ivanka de que el suyo era, en gran medida, un problema
de relaciones públicas, y que el actual equipo de comunicación no
les estaba haciendo un buen trabajo.

Scaramucci llamó a un periodista que conocía para instarle a
silenciar un inminente artículo sobre los contactos rusos de Kushner. A continuación, hizo que un conocido común llamase al
mismo periodista para decirle que, si se silenciaba la historia, eso
ayudaría al Gorrón a entrar en la Casa Blanca, con lo cual el periodista tendría un especial acceso al Gorrón. Acto seguido, Scara-

mucci aseguró a Jared y a Ivanka que él, con su saber hacer, había enterrado el artículo.

Scaramucci gozaba ahora de la atención del dúo. "Necesitamos una nueva forma de pensar", creía la pareja; "nos hace falta alguien que esté más de nuestro lado". El hecho de que Scaramucci fuese de Nueva York y de Wall Street, y que fuera rico, los convenció de que él comprendería lo que había en juego y que entendería que había que jugar con agresividad.

Por otro lado, la pareja no quería que los considerasen torpes, así que, después de acusar de forma implacable a Spicer de no haberlos defendido de manera adecuada, dieron un repentino paso atrás y sugirieron que solo tenían la intención de añadir una nueva voz al coro. El puesto de director de comunicación de la Casa Blanca, sin un ámbito muy preciso, estaba vacante desde el mes de mayo, cuando había renunciado Mike Dubke, cuya presencia apenas se había notado en la Casa Blanca. Scaramucci podía entrar en ese puesto, se imaginaba la pareja, y ser su aliado en tal papel.

—Queda bien en televisión —le dijo Ivanka a Spicer cuando le explicó el sentido que tenía nombrar a un antiguo inversor de capital riesgo como director de comunicación de la Casa Blanca—. Quizá nos pueda ayudar.

Fue el presidente quien, en una reunión con Scaramucci, quedó convencido gracias a las exhortatorias adulaciones del Gorrón, al estilo Wall Street y para morirse de vergüenza. (Alguien contó que lo fundamental de las súplicas de Scaramucci fue: "Yo solo espero llegar a alcanzar una pequeña parte de su genialidad como comunicador, porque usted es mi ejemplo y mi modelo"). Y fue Trump quien, acto seguido, insistió a Scaramucci para que se convirtiera en el verdadero jefe de comunicación bajo las órdenes directas del presidente.

El 19 de julio, Jared e Ivanka tantearon el terreno con Bannon a través de intermediarios: ¿Qué pensaba de que Scaramucci se uniese al equipo en el puesto de comunicación?

Esto le pareció a Bannon tal ridiculez —era tal muestra de desdicha y prueba cierta de que la pareja estaba realmente desesperada— que se negó a responder siquiera a la pregunta. Ahora estaba seguro: el dúo Jarvanka estaba perdiendo la cabeza.

21

BANNON Y SCARAMUCCI

El apartamento de Bannon en Arlington, Virginia, a quince minutos en automóvil del centro de Washington, recibía el nombre de "casa de seguridad". Esto parecía, en cierto modo, reconocer su transitoriedad y ser un guiño —por paradójico que fuese— a la naturaleza clandestina e incluso romántica de su política: esa canalla y peleona derecha alternativa. Bannon había levantado el campamento de la Embajada de Breitbart de la Calle A, en Capitol Hill, y se había venido aquí, una especie de apartamento de estudiante con un solo dormitorio en un edificio de uso mixto, sobre un McDonald's gigantesco —desdiciendo claramente la rumoreada fortuna de Bannon—, y con quinientos o seiscientos libros (con énfasis en los de historia popular) apilados contra la pared sin la ayuda de estanterías. Su lugarteniente, Alexandra Preate, también vivía en el edificio, igual que el abogado norteamericano de Nigel Farage, el británico ultraderechista y líder de la campaña del Brexit que formaba parte del círculo más amplio de Breitbart.

En la noche del jueves 20 de julio, el día después de la polémica reunión sobre Afganistán, Bannon daba una pequeña cena, organizada por Preate, con comida china para llevar. Bannon estaba muy comunicativo, casi de celebración. Aun así, sabía que, justo cuando te sentías en la cresta de la ola de la administración de Trump, lo más probable era que te iban a tumbar. Tal era el patrón y el precio de aquel liderazgo unipersonal: el liderazgo de una persona insegura. Siempre tocaba rebajar la estatura del otro que se destacase en la sala.

En su círculo eran muchos los que pensaban que Bannon estaba entrando en otro ciclo malo. En su primera vuelta al recorrido, el presidente lo había castigado por su portada en la revista *Time* y por la representación del "presidente Bannon" que había hecho el programa *Saturday Night Live,* la más cruel de las bromas contra Trump. Acababa de salir un libro, *Devil's Bargain,* que afirmaba, a menudo con las propias palabras de Bannon, que Trump no podría haber triunfado sin él. El presidente volvía a sentir una enorme rabia.

Aun así, Bannon parecía tener la sensación de que se había abierto paso. Pasara lo que pasase, él tenía las ideas claras. Era tal el lío en la Casa Blanca que, aunque no fuera otra cosa, su claridad lo podía situar en lo más alto. Su programa iba al frente, y sus enemigos habían quedado marginados. Jared e Ivanka recibían golpes a diario y estaban completamente preocupados en protegerse. Dina Powell estaba buscando otro trabajo. McMaster la había cagado con Afganistán. Gary Cohn, antiguo enemigo mortal, estaba ahora desesperado por que lo nombrasen presidente de la Reserva Federal (FED, por sus siglas en inglés) y por congraciarse con Bannon: "Lamiéndome las pelotas", dijo Bannon con una risa bastante socarrona. A cambio de apoyar la campaña de Cohn para conseguir aquel puesto en la FED, Bannon recibía la fidelidad de Cohn para con el programa comercial de la extrema derecha.

Los genios estaban jodidos. Incluso el presidente podría estar jodido. Pero Bannon tenía visión y tenía disciplina; estaba seguro de tenerlas. "Me estoy dejando los cuernos a diario. El programa nacionalista ya es nuestro, mierda. Y se quedará ahí".

Antes de la cena, Bannon había hecho circular un artículo del *Guardian* —que era el periódico preferido de Bannon, a pesar de ser una de las principales publicaciones progresistas de habla inglesa— sobre las reacciones adversas ante la globalización. El artículo, escrito por el periodista de tendencias liberales Nikil Saval, aceptaba la principal premisa de la política populista de Bannon —"la competencia con los trabajadores de los países en vías de desarrollo [...] había colaborado a reducir los salarios y la seguridad laboral de los trabajadores de los países desarrollados"— y la elevaba a la categoría de la lucha que marcaría nuestra época. Davos estaba muerto, y Bannon estaba bien vivo. "Los economistas que antes eran ardientes defensores de la globalización se han convertido, ahora, en sus críticos más prominentes —escribía Saval—. Los que antaño la apoyaban reconocen ahora, al menos en parte, que ha generado desigualdad, desempleo y una presión a la baja sobre los salarios. Las matizaciones y las críticas que los economistas solían plantear únicamente en foros privados están por fin saliendo a la luz de forma abierta".

"Estoy empezando a cansarme de ganar" fue todo cuanto escribió Bannon en su correo electrónico con el enlace al artículo.

Ahora, inquieto y dándose paseos de un lado a otro, Bannon narraba cómo Trump había puesto verde a McMaster y, además, se recreaba en aquel hilarante absurdo que habían montado los genios con la táctica de Scaramucci. Pero, sobre todo, se mostraba incrédulo con algo que había sucedido el día antes.

Sin que lo supieran los altos cargos del personal ni la oficina de comunicación —más allá de una nota formal en la agenda—, el presidente había concedido una gran entrevista al *New York Times*. Jared e Ivanka, con Hope Hicks, la habían acordado con el perió-

dico. Maggie Haberman —periodista del *Times*, la bestia negra de
Trump ("muy mala gente y no muy lista") y quien seguía siendo
aún su periodista habitual cuando buscaba una forma más elevada
de aprobación— había recibido una llamada para acudir a la Casa
Blanca con sus colegas Peter Baker y Michael Schmidt. El resultado fue una de las entrevistas más peculiares y desacertadas de la
historia presidencial (y eso viniendo de un presidente que ya había
alcanzado tal logro en varias ocasiones anteriores).

En la entrevista, Trump se había dejado llevar por los anto-
jos, cada vez más frenéticos, de su hija y de su yerno. Aunque lo
hiciese sin un objetivo claro y sin una estrategia definida, había
continuado con su trayectoria de amenazas al fiscal general por
haberse recusado y haber abierto la puerta a un fiscal especial. Presionó a Sessions de forma abierta para que renunciase, riéndose de
él, insultándolo y desafiándolo a tratar de seguir en el puesto. Por
mucho que aquello no pareciese ayudar a nadie, salvo quizá al fiscal especial, la incredulidad de Bannon —"Jefferson 'Beauregard'
Sessions no se va a ir a ninguna parte"— se centraba con mayor
atención en otro notable pasaje de la entrevista: el presidente le
había lanzado al fiscal especial la advertencia de que no cruzase la
línea de sus negocios familiares.

—¡Moc... Moc... Moc! —chilló Bannon, imitando el sonido de
una alarma de emergencia—. ¡No mire usted aquí! ¡Eso, vamos a
decirle a un fiscal qué es lo que no tiene que buscar!

Acto seguido, Bannon describió la conversación que había
tenido con el presidente aquel mismo día:

—Me fui directo a verlo y le dije: "¿Por qué has dicho eso?". Y él
me dice: "¿Lo de Sessions?". Y le digo: "No, eso es malo, pero no deja
de ser más de lo mismo". Y digo: "¿Por qué has dicho que estaba pro-
hibido ir detrás de los negocios de tu familia?". Y me dice: "Bueno,
lo está...". Y digo: "A ver, es que los senadores se van a empeñar con
el mandato que tienen... Puede que no te guste, pero te acabas de

garantizar que, si quieres poner a otro en el puesto [del fiscal especial], todos los senadores lo citarán con una orden y lo obligarán a jurar que lo primero que va a hacer es ir ahí para que entregue tu puta declaración de la renta".

Bannon, con mayor incredulidad aun, contaba los detalles de un reciente artículo del *Financial Times* sobre Felix Sater, uno de los más turbios de entre los turbios personajes relacionados con Trump, íntimamente alineado con el abogado personal de toda la vida del presidente, Michael Cohen (al parecer, uno de los objetivos de la investigación de Mueller), y uno de los vínculos clave para seguir la pista del dinero hasta Rusia. Sater, "prepárate —ya sé que vas a alucinar, pero espera"—, ya había tenido serios problemas con la ley, cuando "lo encontraron en Boca con un par de tipos, metiendo dinero ruso en un negocio telefónico ilegal de corredores de bolsa". Y resulta que "al colega Sater" lo procesó... "espera... Andrew Weissmann" (Mueller acababa de contratar a Weissmann, un enérgico abogado de Washington al frente de la división de delitos de fraude del Departamento de Justicia). "Tienen encima al LeBron James de las investigaciones de blanqueo de dinero, dúo Jarvanka. ¡Estoy que se me acaba de poner el culo tenso!".

De un modo bastante literal, Bannon se dio unos cachetes en las caderas y regresó a la conversación con el presidente.

—Y me dice: "Ese no es el mandato que tienen los senadores". Venga ya, hombre, ¿en serio?

Preate, que ponía la comida china en la mesa, dijo:

—Tampoco tenían el mandato de dejar a Arthur Andersen fuera del negocio durante lo de Enron, pero eso no impidió que Andrew Weissmann lo hiciera —uno de los fiscales del caso Enron.

—Se dan cuenta de hacia dónde va esto —prosiguió Bannon—. Todo esto va de blanqueo de dinero. Weissmann fue la primera elección de Mueller, y lo suyo es el blanqueo. Su camino para joder a Trump pasa justo por Paul Manafort, Don Jr. y Jared Kushner...

Está más claro que el agua... Pasa por el Deutsche Bank y por toda la mierda de Kushner. Y la mierda de Kushner es resbaladiza. Van a pasar directo por ahí. Van a agarrar a esos dos y les van a decir: "Vamos, dame juego o no me hagas perder el tiempo". Pero... "¡Privilegio ejecutivo!" —imitó Bannon—. "¡Tenemos privilegio ejecutivo!". ¡No hay privilegio ejecutivo que valga! Eso ya quedó demostrado en el Watergate.

Hombre expresivo, fue como si Bannon se hubiera agotado de repente. Después de una pausa, añadió cansado:

—Están sentados en una playa intentando detener un huracán de categoría cinco —con las manos al frente, hizo un gesto para imitar algo así como un campo de fuerza que lo aislase del peligro—. Esto no es cosa mía. Ya tiene a los cinco genios con él: a Jarvanka, a Hope Hicks, a Dina Powell y a Josh Raffel —volvió a levantar las manos, esta vez como si quisiera decir: "No me toques"—. No conozco a ningún ruso, no sé nada acerca de nada. No voy a ser testigo. Ni voy a contratar a un abogado. No va a ser mi culo el que se siente delante de un micrófono a responder preguntas en una cadena de televisión nacional. Hope Hicks está tan jodida que no se da ni cuenta. La van a dejar fuera de combate. Van a hacer que Don júnior se venga abajo por televisión nacional. Michael Cohen se vino abajo. Él —el presidente— me dijo que todo el mundo se tragaría lo de esa reunión de Don júnior con los rusos. Y yo le dije: "No todo el mundo se va a tragar lo de esa reunión". Y le dije: "Soy oficial de la marina, y yo no me voy a tragar ninguna reunión con ciudadanos rusos, y lo de hacerla en el cuartel general, ¿pero es que está loco, eh?". Y me dice: "Pero es un buen chico". No hubo ninguna reunión como esa cuando yo me hice cargo de la campaña.

El tono de Bannon pasó de la desesperación ante el absurdo a la resignación.

—Si despide a Mueller, así solo adelantará el proceso de impugnación. ¿Por qué no? Hagámoslo. Vamos para adelante con ello. ¿Por qué no? ¿Qué voy a hacer yo? ¿Voy a ir corriendo a salvarlo? Es Donald Trump, y nunca va a dejar de hacer cosas. Quiere un fiscal general que no se haya recusado. Ya le he dicho que si Jeff Sessions se va, Rod Rosenstein se va y, después, se va Rachel Brand —adjunta a la fiscalía general, la siguiente en la línea después de Rosenstein—, entonces estaríamos bajando a escarbar entre la gente de Obama. Tendríamos a alguien de Obama como fiscal general en funciones. Le dije que no va a conseguir a Rudy —Trump había reverdecido sus deseos de que sus leales Rudy Giuliani o Chris Christie ocupasen el puesto—, porque Rudy estaba metido en la campaña, y tendría que recusarse, y Chris Christie también, así que eso son fantasías masturbatorias, y quítatelas de la cabeza. Y, para conseguir que el Senado confirme a alguien, ese alguien va a tener que jurar y asegurar que las cosas irán para adelante y que no despedirá a nadie, porque el señor dijo ayer "¡Moc... Moc... Moc! Los negocios de mi familia están prohibidos", y lo que van a exigir, sea quien sea, es que prometa y se comprometa a que los negocios de la familia formarán parte de la investigación. Le dije que ahí no hay salida, como que sale el sol por la mañana, así que será mejor que rece para que Sessions se quede.

—Anoche se puso a llamar a gente a Nueva York para preguntarles qué debía hacer —añadió Preate (casi todo el mundo en la Casa Blanca seguía el hilo del pensamiento de Trump mirando a quién había llamado la noche anterior).

Bannon se sentó, se recostó y, echando humo de pura frustración, resumió su plan legal al estilo Clinton. "Fueron a la guerra con una disciplina impresionante. Apretaron los dientes para salir de aquello". Pero la clave de aquella historia fue la disciplina, hizo hincapié, y Trump —dijo Bannon, apuntando lo evidente— era el hombre menos disciplinado de la política.

Estaba claro hacia dónde iban Mueller y su equipo, dijo Bannon: seguirían el rastro del dinero a través de Paul Manafort, Michael Flynn, Michael Cohen y Jared Kushner, y volverían a uno o a todos ellos en contra del presidente.

"Es shakespeariano", dijo, enumerando los malos consejos de su círculo familiar:

—Son los genios, los mismos que lo convencieron de que despidiese a Comey, los mismos del Air Force One que dejaron al margen a su equipo legal externo sabiendo que el correo electrónico estaba ahí fuera, conscientes de que el correo electrónico existía, hicieron público el comunicado sobre Don júnior diciendo que la reunión solo trató sobre adopciones... los mismos genios que intentan conseguir que despida a Sessions.

"Miren, Kasowitz lo conoce desde hace veinticinco años. Kasowitz lo ha sacado de todo tipo de líos. Kasowitz durante la campaña... ¿a cuántas teníamos, a cien mujeres? Kasowitz se encargó de todas ellas. Y ahora va y nos dura, qué, ¿cuatro semanas? Está que no se tiene en pie. Estamos hablando del abogado más duro de Nueva York, destrozado. Mark Corallo, el hijo de puta más duro que he conocido en mi vida, pues no puede con ello".

"Jared e Ivanka creen", dijo Bannon, "que, si apoyan la reforma penitenciaria y salvar el DACA —el programa para proteger a los hijos de los inmigrantes ilegales—, los liberales saldrán en su defensa". Hizo un breve inciso para describir la visión legislativa de Ivanka Trump y sus dificultades —que se habían convertido en una importante preocupación en la Casa Blanca— en encontrar un proponente que defendiera su idea de las bajas remuneradas por motivos familiares.

—Este es el motivo, no dejo de decirle: porque no tiene apoyo político en sí. ¿Sabes lo fácil que es encontrar un proponente? Cualquier tuercebotas puede hacerlo. ¿Sabes por qué tu ley no tiene quién la vaya a presentar? Porque la gente se da cuenta de la tontería que es. Es más —dijo Bannon boquiabierto y elevando la mirada al techo—, fue idea del dúo Jarvanka lo de intentar el trueque de una amnistía a los inmigrantes ilegales a cambio del muro fronterizo. Si no es la mayor estupidez de la historia de la civilización occidental, está entre las tres primeras. ¿Pero saben acaso estos genios quiénes somos nosotros?

En aquel preciso instante, Bannon atendió una llamada telefónica, y quien lo llamaba le contó que todo apuntaba a que Scaramucci iba a conseguir el puesto de director de comunicación.

—A mí no me jodas, colega —se rió—. A mí no me jodas de esa manera.

Colgó el teléfono con más expresiones de asombro ante el mundo de fantasía de los genios, y añadió, por si acaso, una dosis extra y rebosante de desprecio hacia ellos.

—Es que no hablo con ellos, literalmente. ¿Saben por qué? Yo me dedico a mis mierdas, y ellos no tienen nada que ver, y me da igual lo que hagan ellos... Me da igual... Yo no me quedo a solas con ellos, no me quedo en la misma habitación que ellos. Ivanka ha entrado hoy en el Despacho Oval... [y] en cuanto ella ha entrado, me he quedado mirándola y he salido por la puerta... Que no me quedo en la misma habitación... no quiero... Entró Hope Hicks, yo salí.

—El FBI metió en la cárcel al padre de Jared —dijo Preate—. ¿Es que no entienden que no se juega...?

—Charlie Kushner —dijo Bannon, y se dio otro golpe en la cabeza en un gesto de incredulidad adicional—. Se está volviendo loco porque cree que se van a poner a bucear y a removerle la mierda sobre cómo lo ha financiado todo... Los rabinos con los diamantes y toda esa mierda que viene de Israel... Y todos esos tipos de Europa del Este... y todos esos rusos... y los tipos de Kazajistán... Y está empantanado en el 666 [de la Quinta Avenida], cuando esto se hunda el año que viene, establecerán los vínculos de todo esto... Está listo, fuera, está acabado, se acabó... Finiquitado.

Se llevó las manos a la cara por un instante y volvió a alzar la mirada.

—Se me da bastante bien idear soluciones. En cosa de un día se me ocurrió una solución para la campaña, que estaba hundida, pero esto no lo veo. No veo un plan para salir airosos. A ver, le di un plan, le dije: sella el Despacho Oval, envía a casa a esos dos chicos, líbrate de Hope, de todos esos vagos, y escucha a tu equipo legal: a Kasowitz y a Mark Dowd, y a Jay Sekulow y a Mark Corallo, que son todos ellos unos profesionales que ya han hecho esto muchas veces. Escucha a esos tipos y no vuelvas a hablar de esto jamás, te comportas como el comandante en jefe y, entonces, podrás ser presidente durante ocho años. Si no lo haces, no lo serás, así de simple. Pero él es el presidente, él decide, y ha decidido claramente seguir por otro camino... y no se lo puedes impedir. Es él quien decide todos sus movimientos. Es Trump...

Y entonces recibió otra llamada, esta vez de Sam Nunberg. También lo llamaba por Scaramucci, y sus palabras provocaron en Bannon algo similar a la estupefacción.

—Ni de puta broma.

Bannon colgó el teléfono y dijo:

—Santos cielos. Scaramucci. Es que ni tengo respuesta para esto. Es kafkiano. Jared e Ivanka necesitaban a alguien que defendiera sus mierdas. Es una locura. Se pondrá dos días delante de ese atril, y lo van a hacer picadillo de tal manera que va a sangrar por todas partes. Es que va a reventar en una semana, literalmente. Por este motivo no me tomo en serio estas cosas. ¿Nombrar a Scaramucci? No está capacitado para hacer nada. Lleva un fondo de fondos de inversión. ¿Saben lo que es un fondo de fondos de inversión? Pues no es un fondo. Madre mía, esto es desquiciante. Parecemos un grupo de bufones.

* * *

En los diez días de Anthony Scaramucci tuvo lugar la renuncia de Sean Spicer en su primera jornada, el 21 de julio. Curiosamente, esto tomó a todo el mundo desprevenido. En una reunión con Scaramucci, Spicer y Priebus, el presidente —quien, con su anuncio del nombramiento de Scaramucci como director de comunicación, lo había situado no solo por encima de Spicer, sino, en la práctica, por encima de Priebus, su jefe de gabinete— sugirió que los tres deberían ser capaces de sacar aquello adelante juntos.

Spicer regresó a su despacho, imprimió la carta de renuncia y se la llevó de vuelta a un desconcertado presidente, que le insistió en que de verdad quería que Spicer siguiera formando parte del equipo. Pero Spicer, sin duda el hombre más ridiculizado de Estados Unidos, entendía que se lo habían puesto en bandeja. Sus días en la Casa Blanca se habían acabado.

Para Scaramucci había llegado el momento de la venganza. De sus seis humillantes meses de estar fuera de juego, no le echaba a nadie la culpa tanto como a Reince Priebus: luego de haber anunciado su futuro en la Casa Blanca, de haber vendido su empresa ante la llegada de dicho futuro, no había obtenido nada, o al menos, nada de valor. Ahora, sin embargo, en un revés digno de un verdadero amo del universo —digno en realidad del propio Trump—, Scaramucci se encontraba en la Casa Blanca, más fuerte, mejor y más grandioso de lo que incluso él había tenido la desfachatez de imaginar. Y Priebus era un cadáver.

Esa era la señal que el presidente le enviaba a Scaramucci: arréglame este desastre. En opinión de Trump, los problemas que su mandato había tenido hasta ahora solo eran problemas con el equipo. Si el equipo desaparecía, los problemas desaparecían. Así, Scaramucci consiguió carta blanca para actuar. El hecho de que el presidente hubiera estado diciendo lo mismo sobre su desastre de equipo desde el primer día, el hecho de que aquella perorata hubiera sido una constante ya desde la campaña, de que con frecuencia dijese que quería echar a todo el mundo para, después, darle la vuelta y decir que no quería echar a todo el mundo, fue algo que pasó absolutamente desapercibido para Scaramucci.

Scaramucci comenzó a burlarse de Priebus en público, y dentro de la Casa Blanca adoptó una postura de tipo duro al respecto de Bannon: "Que no me venga con sus tonterías, que no me las trago". Trump parecía encantado con aquella conducta, lo cual llevó a Scaramucci a tener la sensación de que el presidente lo estaba azuzando. Jared e Ivanka también estaban complacidos; creían que se habían anotado un tanto con Scaramucci y confiaban en que él los defendería ante Bannon y el resto.

Bannon y Priebus no solo se mantenían en la incredulidad, sino que apenas se veían capaces de no venirse abajo. Para ambos, o bien Scaramucci era un episodio de alucinaciones —se preguntaban si sería mejor cerrar los ojos hasta que terminase—, o bien era otro acelerón para adentrarse más en la locura.

* * *

Incluso en comparación con otras semanas de esas que te ponían a prueba en la Casa Blanca de Trump, la del 24 de julio fue una verdadera lluvia de golpes. En primer lugar, marcó el inicio del siguiente episodio de aquello que se había convertido en un esfuerzo de ópera bufa por derogar el Obamacare en el Senado. Igual que en el Congreso, aquello ya no era tanto una cuestión sobre la reforma del sistema de salud como una lucha entre los republicanos de la Cámara, y también entre los líderes republicanos y la Casa Blanca. El tema estrella y lema del Partido Republicano se había convertido en un símbolo de su propia guerra civil.

Aquel lunes, el yerno del presidente se presentó ante los micrófonos delante del Ala Oeste en una declaración previa a su comparecencia ante los investigadores del Senado sobre los vínculos de la campaña de Trump con Rusia. Tras no haber hablado práctica-

mente nunca en público, Kushner negaba ahora cualquier culpabilidad en el lío de Rusia, esgrimiendo una ingenuidad irresponsable.
Con una voz delgada y aguda, autocompasiva, hizo un retrato de sí
mismo como un personaje al estilo de un Cándido, desilusionado
por un mundo cruel.

Aquella noche, el presidente viajó a West Virginia para ofrecer
un discurso ante los Boy Scouts de los Estados Unidos. Una vez
más, el tono de su discurso estuvo en desacuerdo con el momento,
el lugar y el buen sentido. Provocó una inmediata disculpa de los
Boy Scouts ante sus miembros, sus padres y el país en general. El
rápido viaje no pareció servir para mejorar los ánimos de Trump:
a la mañana siguiente, furioso, el presidente volvió a atacar de
forma pública a su fiscal general, y —ya que estaba, y sin motivo
aparente— tuiteó su veto a los transexuales en el ejército. (Al presidente le habían presentado cuatro opciones diferentes acerca de
la política sobre transexualidad en el ejército. El objetivo de la presentación era enmarcar un debate que estaba abierto, pero, diez
minutos después de recibir los puntos de discusión, y sin consultar
a nadie, Trump tuiteó su veto a los transexuales).

Al día siguiente, miércoles, Scaramucci se enteró de que, al
parecer, se había filtrado uno de los formularios de su declaración
patrimonial. Dando por sentado que lo estaban saboteando sus
enemigos, Scaramucci culpó a Priebus directamente y lo acusó de
forma implícita de cometer un delito grave. En realidad, la declaración patrimonial de Scaramucci era un documento público disponible para todo el mundo.

Aquella tarde, Priebus le dijo al presidente que entendía que
debía renunciar, y que sería mejor que empezasen a hablar sobre
su reemplazo.

A continuación, esa misma noche, se celebró una pequeña
cena en la Casa Blanca a la que asistieron diversos miembros de
Fox News, actuales y antiguos, entre los que se incluía Kimberly

Guilfoyle... y esto se filtró. Scaramucci —después de beber más de lo normal, en un intento desesperado por contener los detalles del colapso de su vida personal (que lo vincularan con Guilfoyle no iba a ser de ayuda en su negociación con su esposa), y sometido a la carga de unos sucesos que superaban la capacidad de sus circuitos— telefoneó a un reportero de la revista *New Yorker* y soltó una descarga.

El artículo resultante fue puro surrealismo: tan crudo en su dolor y en su furia que durante casi veinticuatro horas nadie pareció capaz de llegar a reconocer que el Gorrón había cometido un suicidio público. El artículo citaba a Scaramucci hablando sin rodeos sobre el jefe de gabinete: "A Reince Priebus, ya que quieres filtraciones, le van a pedir que resigne dentro de muy poco". Después de decir que él había aceptado aquel puesto "para servir al país" y que no estaba "intentando hacerse un nombre", Scaramucci cargó contra Steve Bannon: "Yo no soy Steve Bannon. No intento mamármela". (La verdad es que Bannon tuvo noticia sobre el artículo cuando lo llamaron de la revista para verificar la información y le pidieron un comentario sobre la acusación de Scaramucci de que él se la mamaba solito).

Scaramucci, que en la práctica había despedido públicamente a Priebus, se estaba comportando de manera tan estrafalaria que no estaba claro en absoluto quién sería el último en quedar en pie. Priebus, que tanto tiempo llevaba estando a punto de ser despedido, se percató de que quizá había accedido a renunciar demasiado pronto. ¡Podría haber tenido la oportunidad de despedir a Scaramucci!

El viernes, mientras la derogación de la ley del sistema de salud se hundía en el Senado, Priebus se unía al presidente a bordo del Air Force One en un viaje a Nueva York para dar un discurso. Dio la casualidad de que también lo hizo Scaramucci, quien, para evitar las secuelas del asunto del *New Yorker*, había dicho que ya se encontraba en Nueva York, donde había ido a visitar a su madre, cuando, en realidad, había estado escondido en el Hotel Trump de Washington. Y allí estaba ahora con sus maletas (ahora sí que se quedaría en Nueva York e iría a ver a su madre), comportándose como si nada hubiera sucedido.

En el viaje de vuelta, Priebus y el presidente hablaron en el avión y comentaron el momento de su marcha, con un Trump que le insistió en que hiciera las cosas bien y que se tomara su tiempo. "Tú me dirás qué es lo que te va bien a ti —dijo Trump—. Vamos a hacerlo bien".

Minutos después, Priebus puso los pies en el asfalto, y una alerta en su móvil le dijo que el presidente acababa de tuitear que había un nuevo jefe de gabinete, el secretario del Departamento de Seguridad Nacional, John Kelly, y que Priebus estaba fuera.

Trump llevaba seis meses en la presidencia, pero la cuestión sobre quién podría sustituir a Priebus había sido tema de debate casi desde el primer día. Entre los candidatos se encontraban Powell y Cohn, los favoritos del dúo Jarvanka; Mick Mulvaney, director de la Oficina de Administración y Presupuesto, una de las elecciones de Bannon; y también estaba Kelly.

A Kelly —quien pronto se disculparía, afligido, ante Priebus por la falta de cortesía con la que se había gestionado su salida—, en realidad, no lo habían consultado sobre su nombramiento. El tuit del presidente fue lo primero que supo del tema.

Sin embargo, no había tiempo que perder. Ahora, el asunto fundamental al que se enfrentaba la administración de Trump era que alguien tendría que terminar con Scaramucci. Dado que Scaramucci se había librado de Priebus —la persona que, en buena lógica, lo debería de haber despedido a él—, era necesario que el nuevo jefe de gabinete, de manera más o menos inmediata, se librase del Gorrón.

Y seis días más tarde, apenas unas horas después de haber jurado el cargo, Kelly destituyó a Scaramucci.

Escarmentada, la joven pareja de la familia presidencial, los genios inventores de la idea de traer a Scaramucci, estaban aterrorizados con la posibilidad de cargar —merecidamente— con las culpas de uno de los nombramientos más absurdos —cuando no catastróficos— de la historia moderna de la Casa Blanca. Ahora se apresuraban a decir con qué firmeza apoyaban la decisión de librarse de Scaramucci.

—Así que te pego un puñetazo en la cara —apuntó Sean Spicer desde la línea de banda— y, entonces, digo: "¡Oh, Dios mío, tenemos que llevarte al hospital!".

22

EL GENERAL KELLY

El 4 de agosto, el presidente y los principales miembros del Ala Oeste se marcharon al club de golf de Trump en Bedminster. El nuevo jefe de gabinete, el general Kelly, fue detrás de ellos, pero el jefe de estrategia del presidente, Steve Bannon, se había quedado en Washington. Trump protestaba mucho ante aquel viaje con duración planificada de diecisiete días, molesto con el hecho de que los medios se enteraran siempre con diligencia de sus sesiones de golf. De manera que aquel viaje se llamó "de trabajo", otra muestra de vanidad por parte de Trump que provocó encogimientos de hombros, miradas al techo y gestos negativos con la cabeza entre el personal, al que se le había encargado que organizara eventos que parecieran de trabajo pero que, al mismo tiempo, incluyeran grandes huecos de tiempo para el golf.

El Ala Oeste se sometería a una reforma durante la ausencia del presidente: Trump, hotelero y decorador, estaba "asqueado" ante las condiciones en las que estaba. El presidente no quería trasladarse al cercano Edificio de la Oficina Ejecutiva Eisenhower, lugar desde donde se llevarían, de forma temporal, los asuntos del Ala Oeste, y donde Bannon estaba sentado esperando su llamada para acudir a Bedminster.

Estaba a punto de marcharse a Bedminster, no dejaba de decirle
Bannon a todo el mundo, pero no llegaba invitación alguna. Bannon, que reclamaba el mérito de haber traído a Kelly a la administración en primera instancia, no estaba seguro de cuál era su
situación con el nuevo jefe de gabinete. La verdad es que el mismísimo presidente tampoco sabía cuál era su propia situación; no
dejaba de preguntar a la gente si él le caía bien a Kelly. En un sentido más general, Bannon no tenía del todo claro qué era lo que
estaba haciendo Kelly, más allá de cumplir con su deber. ¿Cómo
encajaba exactamente el nuevo jefe de gabinete en el universo de
Trump?

Si bien Kelly se situaba en algún lugar en la centroderecha
del espectro político, y había dado muestras de su voluntad de
imponer la mano dura con la inmigración en el Departamento de
Seguridad Nacional, el general no se encontraba tan a la derecha
como Bannon y Trump. "No es del ala dura" fue la apesadumbrada
evaluación de Bannon. Al mismo tiempo, Kelly no se encontraba
ni mucho menos cerca de los liberales neoyorquinos de la Casa
Blanca. Sin embargo, la política no era su ámbito. Como secretario de Seguridad Nacional, había observado el caos de la Casa
Blanca con indignación y había pensado en resignar. Ahora había
accedido a tratar de encarrilarla. Tenía sesenta y siete años y era
resuelto, adusto y circunspecto. "¿Sonríe alguna vez?", preguntó
Trump, que había empezado a pensar que lo habían engañado de
alguna manera al convencerlo de que lo nombrara.

Algunos trumpistas, en particular aquellos con libertad para
acceder al presidente aunque él no lo hubiera solicitado, creían
que alguien lo había engañado para que aceptase someterse de
un modo que era impropio de Trump. Roger Stone, una de esas
personas de cuyas llamadas protegía Kelly al presidente, difun-
dió el oscuro supuesto de que Mattis, McMaster y Kelly habían

hecho el pacto de no iniciar jamás una acción militar a no ser que los tres estuviesen de acuerdo, y de que al menos uno de ellos estaría siempre en Washington cuando los otros dos estuviesen fuera.

Después de que Kelly despachase a Scaramucci, sus dos asuntos más inmediatos —ahora sobre la mesa en Bedminster— eran los familiares del presidente y Steve Bannon. Era obvio que un bando o el otro se tenía que marchar. O, quizá, los dos.

Quedaba lejos de estar claro cómo un jefe de gabinete de la Casa Blanca que veía su función como la de establecer una cadena de mando e imponer una jerarquía organizativa —canalizar el flujo de las decisiones hacia el comandante en jefe— fuera capaz de actuar, o siquiera existir, en una Casa Blanca donde los hijos del comandante en jefe tenían un especial acceso a este y una influencia que se imponía a todas las demás. Aunque la hija y el yerno del presidente estuvieran ofreciendo ahora un respeto incondicional por los nuevos oficiales al mando, estaba claro que, por costumbre y por temperamento, acabarían imponiéndose al control de Kelly sobre el Ala Oeste. No solo tenían una obvia y especial influencia sobre el presidente, sino que ciertos miembros importantes del personal los veían en posesión de dicha influencia y, por tanto, creían que ellos marcaban el verdadero rumbo para ascender y lograr poder en el Ala Oeste.

Curiosamente, a pesar de toda su inexperiencia, Jared e Ivanka se habían convertido en una presencia muy temible, tan temida por los demás como ellos dos temían a Bannon. Es más, se habían convertido en unos consumados luchadores y filtradores —tenían el control de la puerta principal y el control de la puerta trasera—, aunque insistían, muy dolidos, que ellos nunca filtraban nada.

—Como son tan cuidadosos con su imagen y se han creado todo ese personaje, si se enteran de que alguien habla de ellos,

—dijo uno de los altos cargos del personal—, se enfadan mucho
y van por ti. Es como si fuera un problema tremendo que alguien
tratase de atravesar esa fachada o de decir algo en su contra.

Por otro lado, si bien "los chicos" podían conseguir que a Kelly
le resultara prácticamente imposible hacer su trabajo, mantener
a Bannon a bordo tampoco tenía demasiado sentido. Tuviera los
dones que tuviese, era un conspirador y un descontento empedernido, destinado a puentear cualquier organigrama. Además, al
inicio del paréntesis de Bedminster —ya fuese de trabajo o de otra
clase—, Bannon se encontraba, una vez más, en la lista negra del
presidente.

A Trump seguía poniéndolo nervioso *Devil's Bargain,* el libro
de Joshua Green que le otorgaba a Bannon el mérito de las elecciones. Y, además, mientras el presidente tendía a alinearse con
Bannon contra McMaster, la campaña para defender al general
apoyada por Jared e Ivanka estaba surtiendo efecto. Murdoch,
reclutado por Jared para que ayudase en la defensa de McMaster,
estaba presionando a Trump personalmente y pidiéndole la cabeza
de Bannon. A los bannonistas les daba la sensación de que tenían
que defender a Bannon de una decisión impulsiva del presidente,
así que ahora no solo tildaban a McMaster de débil con Israel, sino
que también convencieron a Sheldon Adelson para que presionase
a Trump: Bannon, le dijo Adelson al presidente, era la única persona en la que él confiaba sobre el tema de Israel en toda la Casa
Blanca. Los miles de millones y la implacabilidad de Adelson siempre habían impresionado a Trump, y su apoyo —creía Bannon—
fortalecía su posición de manera significativa.

Sin embargo, por encima de la gestión de la terrible disfuncio-
nalidad del Ala Oeste, el éxito de Kelly —o su relevancia, incluso,
tal y como le informaba prácticamente cualquiera que estuviese en
situación de ofrecerle sus opiniones— dependía de su capacidad
para estar a la altura del fundamental desafío de su puesto, que

era cómo manejar a Trump. O, en realidad, cómo vivir sin manejarlo. Sus necesidades, sus deseos y sus impulsos tenían que quedarse —necesariamente— al margen de la estructura organizativa. Trump era la única variable que, en términos de gestión, simplemente no se podía controlar. Era como un terco niño de dos años. Si tratabas de controlarlo, solo conseguías el efecto contrario. En esto, pues, el gestor debía gestionar de la manera más firme sus propias expectativas.

En una de sus primeras reuniones con el presidente, el general Kelly tenía a Jared y a Ivanka entre sus temas: cómo veía el presidente su papel; qué pensaba que estaba funcionando y qué no; cómo lo veía de cara al futuro. Todo aquello tenía la pretensión de ser una manera política de abrir un debate sobre la salida de la pareja. Sin embargo, Kelly no tardó en enterarse de que el presidente estaba encantado con todos los aspectos de su labor en el Ala Oeste. Quizá en algún momento Jared se convertiría en secretario de Estado: ese era el único cambio que el presidente parecía ver en el futuro. Lo máximo que pudo hacer Kelly fue conseguir que el presidente reconociese que la pareja debería formar parte de una disciplina organizativa superior en el Ala Oeste, y que no deberían saltarse el organigrama con tanta facilidad.

Aquello, al menos, era algo que el general podía imponer. En una cena en Bedminster —el presidente estaba cenando con su hija y con su yerno—, la familia presidencial se quedó confundida cuando Kelly apareció ante la mesa y se sentó. Aquello, entendieron rápidamente, no era ni un intento de hacer una agradable vida social ni un momento injustificado de un exceso de confianza. Era una imposición: Jared e Ivanka tenían que pasar por él para hablar con el presidente.

No obstante, Trump había dejado claro que los papeles que desempeñaban su hija y su yerno en su administración solo requerían de un ajuste menor, y esto representaba ahora un problema

significativo para Bannon. El jefe de estrategia había creído realmente que Kelly hallaría la manera de enviar a casa al dúo Jarvanka. ¿Cómo no lo iba a conseguir? Estaba claro, Bannon se había
convencido de que la pareja representaba el mayor peligro para
Trump. Tumbarían al presidente. Del mismo modo, Bannon creía
que él no podía seguir en la Casa Blanca si ellos seguían allí.

Más allá de la irritación de Trump con Bannon en aquel
momento, que muchos creían que no era más que la constante
habitual de los rencores y las quejas de Trump, los bannonistas
estaban convencidos de que su líder tenía una posición de ventaja, al menos en lo que a las políticas se refería. El dúo Jarvanka
estaba marginado; los líderes republicanos, después de la reforma
de salud, estaban desacreditados; el plan fiscal Cohn-Mnuchin
era un lío. Al mirar el futuro por una ventana, este parecía casi de
color de rosa para Bannon. Sam Nunberg, antiguo leal a Trump
que ahora era totalmente leal a Bannon, creía que Bannon seguiría dos años más en la Casa Blanca y después se marcharía para
dirigir la campaña de reelección de Trump. "Si eres capaz de que
este idiota salga elegido dos veces", se maravillaba Nunberg, habrás
conseguido algo similar a la inmortalidad en política.

Al mirar por otra ventana, sin embargo, Bannon no tenía ninguna posibilidad de seguir en su puesto. Parecía haber alcanzado
un estado de clarividencia que le permitía ver la ridiculez en la que
se había convertido la Casa Blanca. Apenas era capaz de contener
la lengua... no podía, en realidad. Bajo presión, no podía ver un
futuro para la administración de Trump. Y, mientras los bannonistas seguían diciendo que el dúo Jarvanka era ineficaz e irrelevante —no les hagan caso, decían—, Bannon los aguantaba cada
día menos, y los atacaba en público con una ferocidad y un veneno
cada vez mayor.

Bannon, que seguía esperando su llamada para unirse al presidente en Bedminster, decidió forzar la situación y presentarle su renuncia a Kelly, aunque en realidad se trataba de un juego a ver quién se acobardaba antes: él quería quedarse. Por otro lado, quería que el dúo Jarvanka se marchase. Y, en la práctica, aquello se convirtió en un ultimátum.

* * *

En el almuerzo del día 8 de agosto en la sede del club de Bedminster —rodeado de lámparas de araña, trofeos de golf y placas conmemorativas de torneos, todo al estilo Trump—, el presidente estaba sentado entre Tom Price, secretario de Salud y Servicios Humanos, y su mujer, Melania. Kellyanne Conway también estaba presente, igual que Kushner y otros tantos. Se trataba de uno de aquellos eventos "de trabajo": mientras comían, hubo una charla sobre la crisis de los opiáceos, que vino seguida de una declaración del presidente y una breve ronda de preguntas de los periodistas. Mientras leía su declaración con aire monótono, Trump mantenía la cabeza baja y apoyada en los codos sobre la mesa.

Después de responder a una serie de preguntas rutinarias sobre los opiáceos, de repente le hicieron una pregunta sobre Corea del Norte y, muy al estilo de un personaje de animación de las películas *stop motion*, fue como si cobrara vida.

Corea del Norte era un problema que tenía un exceso de detalle y una escasez de respuestas, un problema que él creía producto de una mentalidad simple y de una falta de determinación... Y era un problema al que le costaba prestarle atención. Es más, había personalizado cada vez más su antagonismo con el líder norcoreano Kim Jong-un, y se había referido a él con frecuentes epítetos peyorativos.

Su personal no lo había preparado para aquello, pero, con el aparente alivio de poder desviarse del tema de los opiáceos, además de una repentina satisfacción por la oportunidad de abordar un problema tan fastidioso, se aventuró hacia el precipicio de una crisis internacional con un lenguaje que había utilizado con frecuencia en privado, de la misma forma en que solía repetirlo todo.

—Más le vale a Corea del Norte no seguir lanzando amenazas contra Estados Unidos. Tendrán como respuesta un fuego y una furia como jamás ha visto el mundo. Se [Kim Jong-un] ha mostrado muy amenazador, más allá de lo normal, y como he dicho, [las amenazas] tendrán como respuesta fuego y furia, y un poder, francamente, como jamás ha visto el mundo. Gracias.

* * *

Corea del Norte, a cuya situación se aconsejaba a Trump que le restase importancia, se convirtió ahora en el tema central durante el resto de la semana, y tenía a los altos cargos del personal ocupados no tanto con el tema en sí, sino con la manera de responder al presidente, que estaba amenazando con volver a "reventar".

Con este trasfondo, casi nadie prestó atención al anuncio que hizo Richard Spencer, partidario de Trump y neonazi, de que estaba organizando una protesta en la Universidad de Virginia (UVA) en Charlottesville, contra la retirada de la estatua del general confederado Robert E. Lee. "Unir la derecha", el lema de la manifestación convocada para el sábado 12 de agosto, se había ideado de manera explícita para vincular las políticas de Trump con el nacionalismo blanco.

Spencer convocó una protesta nocturna el 11 de agosto, mientras el presidente seguía en Bedminster y continuaba amenazando a Corea del Norte y amenazando, también —de forma inexplicable para casi todo su personal—, con una intervención militar en Venezuela.

A las 8:45 de la noche, con el presidente en Bedminster ya retirado a descansar, unos doscientos cincuenta jóvenes vestidos con pantalones de color caqui y camisas polo, un estilo de vestir muy al estilo de Trump, iniciaron un desfile organizado con antorchas de queroseno por el campus de la UVA. El escenario se encontraba bajo el control de unos instructores que dirigían la marcha con auriculares y micrófonos. A una señal, los manifestantes comenzaron a gritar los eslóganes oficiales del movimiento: "¡Sangre y tierra!", "¡No ocuparán nuestro lugar!", "¡Los judíos no ocuparán nuestro lugar!". Poco después, en el centro del campus, cerca de una estatua de Thomas Jefferson, fundador de la universidad, el grupo de Spencer se topó con una contramanifestación. Prácticamente sin presencia policial, lo que vino a continuación fueron los primeros tumultos y los primeros heridos del fin de semana.

Otra vez, desde las ocho de la mañana del día siguiente, el parque cercano a la estatua del general Lee se convirtió en el campo de batalla de un movimiento racista que apareció de forma repentina con garrotes, escudos, mazas, pistolas y rifles automáticos (Virginia es un estado donde se pueden llevar armas de fuego en público y de forma abierta); un movimiento que, al parecer y para el horror de los liberales, había surgido de la campaña y de la elección de Trump, tal y como Richard Spencer pretendía que fuera visto. Frente a los manifestantes había una izquierda combativa y endurecida que había sido llamada a las barricadas. Difícilmente se pueda encontrar un escenario y un momento más apocalíptico, por limitado que fuera el número de participantes en la protesta. Durante gran parte de la mañana se produjo una serie de cargas y contracargas, un combate con piedras y botellas, con unas fuerzas policiales que parecían quedarse al margen, sin intervenir.

En Bedminster seguía habiendo poco conocimiento de lo que estaba sucediendo en Charlottesville. Pero entonces, a la una de la tarde, James Alex Fields Jr. —un aspirante a nazi de veinte años— lanzó su Dodge Charger contra un grupo de contramanifestantes y mató a Heather Heyer, de treinta y dos años, e hirió a otra veintena de personas.

En un tuit redactado a la carrera por su personal, el presidente declaraba: "Debemos estar TODOS unidos y condenar todo lo que representa el odio. No hay lugar en Estados Unidos para este tipo de violencia. ¡Unámonos como un solo hombre!".

Por lo demás, sin embargo, y en gran medida, era lo habitual para el presidente: Charlottesville era una mera distracción, y estaba claro que el objetivo del personal era mantenerlo apartado de Corea del Norte. El principal acto que había en Bedminster aquel día era la firma ceremonial de una ley que extendía la financiación de un programa que permitía a los veteranos recibir asistencia de salud fuera de los hospitales de la Administración de Veteranos. La firma se produjo en el gran salón de baile de la sede del club, dos horas después del ataque de Alex Fields.

Durante la firma, Trump se tomó un instante para condenar el "odio, fanatismo y violencia de muchas de las partes" en Charlottesville. Casi de inmediato, el presidente se vio sometido a un ataque por haberse negado a distinguir entre unos racistas declarados y el otro bando. Tal y como Richard Spencer había interpretado correctamente, las simpatías del presidente no estaban claras. Por fácil y obvio que fuese condenar a los racistas blancos —incluso a unos autoproclamados neonazis—, se resistía de manera instintiva.

La Casa Blanca no intentó aclarar la posición de Trump con un comunicado oficial hasta la mañana siguiente: "En su declaración de ayer, el presidente dijo con contundencia que condena todas las formas de violencia, fanatismo y odio. Por supuesto que eso incluye a los supremacistas blancos, al Ku Klux Klan, a los neonazis y a todos los grupos extremistas. Hizo un llamamiento a la unidad nacional y a salvar las diferencias entre todos los estadounidenses".

Pero, en realidad, Trump no había condenado a los supremacistas blancos, al Ku Klux Klan ni a los neonazis, y seguía dando muestras de testarudez al no hacerlo.

En una llamada a Bannon, Trump buscaba ayuda para defender sus argumentos: "¿Dónde va a acabar esto? ¿Van a derruir el

monumento a Washington, el Monte Rushmore, Mount Vernon?".
Bannon —que seguía sin recibir su convocatoria a Bedminster—
presionó para que la línea fuese esta: el presidente debería condenar la violencia y a los extremistas y, además, defender la historia
(incluso con la frágil asimilación que Trump tenía de la misma).
Insistir en la cuestión literal de los monumentos atormentaría a la
izquierda y reconfortaría a la derecha.

No obstante, Jared e Ivanka, con el respaldo de Kelly, impul-
saban la conducta del presidente. Su plan era hacer que Trump
regresara a la Casa Blanca y que abordara la cuestión con una
contundente censura de los grupos de odio y las políticas raciales:
justo el tipo de posición sin ambigüedades que Richard Spencer
había apostado de forma estratégica que Trump no adoptaría de
buen grado.

Bannon, que veía en Trump aquellas mismas inercias, presionó
a Kelly y le dijo que el plan del dúo Jarvanka tendría consecuencias
negativas: "Quedará claro que no lo dice de corazón", dijo Bannon.

El lunes por la mañana, poco antes de las once, el presidente
llegó a una Casa Blanca en plena reforma y ante un muro de preguntas a voces sobre el tema de Charlottesville. "¿Condena usted
los actos de los neonazis? ¿Condena los actos de los supremacistas
blancos?". Unos noventa minutos después, compareció en la sala
de recepción diplomática con los ojos clavados en el teleprónter, e
hizo unas declaraciones que duraron seis minutos.

Antes de entrar en el tema, dijo: "Nuestra economía es fuerte
ahora. Los mercados continúan batiendo récords al alza, el desempleo está en su punto más bajo en dieciséis años y las empresas
son más optimistas que nunca. Las grandes compañías están regre-
sando a Estados Unidos y están trayendo muchos miles de puestos
de trabajo. Ya hemos creado más de un millón de empleos desde
que tomé posesión".

Y, solo entonces, dijo: "Debemos amarnos los unos a los otros, mostrar afecto los unos por los otros y unirnos en la condena del odio, el fanatismo y la violencia [...]. El racismo es el mal, y quienes generan violencia en su nombre son unos criminales y unos matones, incluidos el Ku Klux Klan, los neonazis, los supremacistas blancos y otros grupos de odio que repugnan a todo aquello que llevamos en el corazón como norteamericanos".

Fue una pequeña prosternación a regañadientes. Era una especie de repetición del discurso en el que se retractó del tema de la partida de nacimiento de Obama durante la campaña: mucha distracción y confusión y, después, un reconocimiento entre dientes. De igual modo parecía suceder ahora: estaba intentando acatar la línea aceptada en referencia a Charlottesville, como un niño al que le llaman la atención. Resentido e irascible, estaba claro que leía unas frases forzadas.

Y, de hecho, fue poco el mérito que se le concedió por aquellos comentarios de aire presidencial mientras los periodistas le preguntaban a voces por qué había tardado tanto en abordar la cuestión. Al regresar en el Marine One rumbo a la base aérea de Andrews, de ahí, al aeropuerto JFK y, después, a Manhattan y a la Torre Trump, el presidente mostró un ánimo sombrío y un aire que hacía pensar: "Te lo dije". En privado, no dejaba de intentar racionalizar por qué sería alguien miembro del Ku Klux Klan, es decir: "Podría ser que en realidad no creyesen lo mismo que creía el Ku Klux Klan, y es probable que el Ku Klux Klan no crea ya lo mismo que creía antes, y, de todas formas, ¿quién sabe realmente en qué cree el Ku Klux Klan ahora?". La verdad —se dijo— era que a su propio padre lo acusaron de estar implicado con el Ku Klux Klan, y no era cierto (en realidad, sí: era cierto).

Al día siguiente, el martes 15 de agosto, la Casa Blanca había programado una conferencia de prensa en la Torre Trump. Bannon insistió a Kelly que la cancelase. De todas formas, era una conferencia absolutamente irrelevante. Se suponía que iba a tratar sobre las infraestructuras —acerca de una desregulación medioambiental que podía ayudar a poner en marcha los proyectos con mayor celeridad—, pero no era más que otro esfuerzo por mostrar que Trump estaba trabajando y no de vacaciones. Así que, ¿por qué molestarse? Es más —le dijo Bannon a Kelly—, él ya veía las señales: la flecha indicadora de la olla a presión de Trump estaba subiendo, y reventaría más pronto que tarde.

La conferencia de prensa siguió adelante de todos modos. De pie ante el atril en el vestíbulo de la Torre Trump, el presidente se ciñó al guion durante apenas unos minutos. A la defensiva y justificándose, sentó las bases de una posición que transmitía que lo del arrepentimiento era una bobada y que todo el mundo tenía su parte de culpa, y después se enfrascó de lleno en el tema. Siguió adelante sin la evidente capacidad de adaptar sus emociones a las circunstancias políticas o, en realidad, sin hacer siquiera un esfuerzo por salvarse. Era otro ejemplo más, entre los numerosos ya, del político absurdo y cómico, de película, que se limita a decir lo primero que se le pasa por la cabeza. Directamente. Como un loco.

—¿Qué pasa con la izquierda alternativa que cargó contra la derecha alternativa, como usted la llama? ¿Tienen esos alguna culpa, quizá? ¿Qué me dice del hecho de que cargasen con garrotes en la mano? En lo que a mí respecta, fue un día horrible, horrible [...]. Yo creo que ambas partes tienen culpa. No tengo la menor duda, y ustedes tampoco la tienen. Si informasen de ello de manera precisa, entonces lo verían.

Steve Bannon, que seguía esperando en su despacho temporal en el Edificio de la Oficina Ejecutiva Eisenhower, pensó: "Oh, Dios mío, allá va. Se los he dicho".

* * *

Más allá de esa fracción del electorado que, como afirmó Trump una vez, le permitiría disparar a alguien en la Quinta Avenida, el mundo civilizado mostraba un horror prácticamente universal. Todo el mundo se cuadró firme en una posición moral atónita. Cualquiera que se hallase en un puesto de responsabilidad remotamente ligado a una idea de respetabilidad pública tuvo que renegar de él. Todos los consejeros delegados de las compañías conocidas que se habían relacionado con la Casa Blanca de Trump tenían ahora que romper sus vínculos. El aspecto fundamental quizá no fuesen los obstinados sentimientos que Trump parecía albergar en su corazón —Bannon afirmaba que el presidente no era antisemita, pero no estaba seguro al respecto de la otra acusación—, sino el hecho de que era absolutamente incapaz de controlarse.

En la estela de aquella conferencia de prensa de inmolación, todas las miradas se volvieron de repente sobre Kelly: aquel era su bautismo de fuego trumpista. Spicer, Priebus, Cohn, Powell, Bannon, Tillerson, Mattis, Mnuchin... prácticamente todos los altos cargos del personal de la Casa Blanca y del gabinete de la presidencia de Trump, presente y pasado, habían atravesado las etapas de la aventura, el desafío, la frustración, la batalla, la autojustificación y la duda antes de haberse visto, por fin, en la obligación de afrontar la muy real posibilidad de que el presidente para el que trabajaban —de cuya presidencia ellos eran en cierta medida oficialmente responsables— no estaba en posesión de lo necesario para desempeñar su labor de manera adecuada. Ahora, pasadas menos de dos semanas en el cargo, le había llegado a Kelly el turno de asomarse al precipicio.

El debate, tal y como lo planteaba Bannon, no era acerca de si la situación del presidente era mala, sino de si era tan mala como para entrar dentro de la Vigésima Quinta Enmienda de la Constitución de los Estados Unidos.

* * *

Para Bannon, cuando no para Trump, el eje del trumpismo era China. La historia de la siguiente generación, creía él, ya estaba escrita, y era la historia sobre la guerra con China. Guerra comercial, guerra en los mercados, guerra cultural, guerra diplomática... Sería una guerra omnicomprensiva que pocos en Estados Unidos entendían que había que librar, y para la que prácticamente nadie estaba preparado.

Bannon había redactado una lista de "halcones" en el tema de China, una lista transversal desde el punto de vista político, que iba desde la banda de Breitbart hasta el antiguo editor del *New Republic,* Peter Beinart —que solo sentía desprecio hacia Bannon—, y el incondicional de la ortodoxia liberal progresista Robert Kuttner, editor de la pequeña revista sobre políticas públicas *American Prospect.* El miércoles 16 de agosto, el día después de la conferencia de prensa del presidente en la Torre Trump, Bannon llamó de buenas a primeras a Kuttner desde su despacho en el Edificio de la Oficina Ejecutiva para hablar sobre China.

A aquellas alturas, Bannon estaba prácticamente convencido de estar camino de la puerta de salida de la Casa Blanca. No había recibido la invitación para unirse al presidente en Bedminster, una señal de su debilitamiento. Ese día se había enterado del nombramiento de Hope Hicks como directora interina de comunicación: una victoria del dúo Jarvanka. Mientras tanto, seguían produciéndose los constantes susurros del bando del dúo Jarvanka sobre su segura destitución. Se habían convertido en un constante ruido de fondo.

Bannon todavía no estaba seguro de que lo fueran a destituir, y, sin embargo, en una entrevista oficial, tan solo la segunda que daba desde la victoria de Trump, llamó a Kuttner y decidió su destino. Más tarde mantendría que la conversación había sido extraoficial, pero así era el método Bannon, en el que tentaba a la suerte sin más ni más.

Si Trump había sido incapaz de dejar de ser Trump en su conferencia de prensa más reciente, Bannon fue incapaz de dejar de ser Bannon en su charla con Kuttner. Trató de insistir en la imagen de un Trump que él hacía parecer débil con China. De un modo burlón, le llevó la contraria a la fanfarronada del presidente sobre Corea del Norte: "morirán diez millones de personas en Seúl", declaró. E insultó a sus enemigos internos: "Están que se mean encima".

Si Trump era incapaz de sonar como un presidente, Bannon se había puesto a su altura: era incapaz de sonar como un asesor presidencial.

* * *

Aquella noche, un grupo de bannonistas se reunieron para cenar cerca de la Casa Blanca. La cena se había convocado en el bar del hotel Hay-Adams, pero Arthur Schwartz, un relaciones públicas del grupo de Bannon, tuvo un altercado con el camarero de la barra por tratar de cambiar el canal de la televisión de la CNN a la Fox, donde estaba a punto de aparecer un cliente suyo, Stephen Schwarzman, de Blackstone, presidente de uno de los consejos de empresarios de Trump. El consejo de empresarios se estaba desangrando a base de perder a sus miembros, consejeros delegados de empresas, después de la conferencia de prensa del presidente Trump sobre Charlottesville y después de que el propio Trump hubiese anunciado en un tuit que iba a disolver el consejo. (Schwarzman se lo había aconsejado al presidente: el consejo se estaba hundiendo, y Trump, al menos, debía hacer que pareciese que se desmantelaba por decisión suya).

Schwartz, indignadísimo, anunció que dejaba su habitación en el Hay-Adams y que se mudaba al Hotel Trump. También insistió en que la cena se trasladase a dos manzanas de distancia al Joe's, un establecimiento del Joe's Stone Crab de Miami. Matthew Boyle, editor político en Washington de Breitbart News, se vio inmerso en la furiosa marcha de Schwartz, quien reprendió al joven Boyle de veintinueve años por encenderse un cigarrillo. "No conozco a nadie que fume", le dijo con desdén. Aunque Schwartz era un firme partidario del bando de Bannon, aquella afrenta parecía más bien genérica contra la gente de Breitbart por ser de clase baja.

Los dos devotos bannonistas debatieron los efectos de la entrevista de Bannon, que había tomado por sorpresa a todos los integrantes de su universo. Ninguno de los dos era capaz de entender por qué había concedido una entrevista como aquella.

¿Estaba Bannon acabado?

"No, no, no", afirmó Schwartz. Quizá pudo haberlo estado unas semanas atrás, cuando Murdoch se confabuló con McMaster, fue a ver al presidente y lo presionó para que echara a Bannon. Pero después, Sheldon lo había arreglado, dijo Schwartz.

—Steve se quedó en casa cuando vino Abás —dijo Schwartz—. No iba a respirar el mismo aire que un terrorista. —Esta fue la línea precisa que Schwartz daría a los periodistas en los días siguientes, en un esfuerzo más por dejar clara la virtud ultraderechista de Bannon.

Alexandra Preate, lugarteniente de Bannon, llegó sin aliento a Joe's. Segundos más tarde llegó Jason Miller, otro relaciones públicas de la cuerda de Bannon. Durante la transición, el nombre de Miller se había barajado como candidato a director de comunicación, pero entonces se supo que Miller había tenido una relación con otro miembro del personal, quien había anunciado en un tuit que estaba embarazada de él, como también lo estaba la propia esposa de Miller en aquel momento. Miller, que había perdido su prometido puesto en la Casa Blanca pero seguía haciendo las veces de voz de Bannon y de Trump desde el exterior, se enfrentaba ahora a otro período de dificultades con la prensa a causa del reciente nacimiento de su hijo, o del reciente nacimiento de sus dos hijos con dos mujeres distintas. Aun así, hasta él estaba concentrado de un modo obsesivo en lo que podría significar la entrevista de Bannon.

A aquellas alturas, la mesa bullía de especulaciones.

¿Cómo reaccionaría el presidente?

¿Cómo reaccionaría Kelly?

¿Suponía el fin?

Para tratarse de un grupo de personas que estaba en un contacto casi constante con Bannon, resultaba llamativo que nadie
pareciese entender que él, a la fuerza o no, sin la menor duda iba
a salir de la Casa Blanca. Muy al contrario, convirtieron por consenso a aquella entrevista tan dañina en una brillante jugada de
estrategia. Bannon no se iba a ir a ninguna parte, en especial porque, sin Bannon, no había Trump.

Era una cena cargada de entusiasmo, una ocasión llena de energía con un apasionado grupo de personas, todas ellas vinculadas al
hombre que ellas creían que era el personaje más convincente de
Washington. Lo veían como una especie de elemento irreducible:
un Bannon era un Bannon era un Bannon.

En el transcurso de la noche, Matt Boyle se enzarzó en un
furioso intercambio de mensajes de texto con Jonathan Swan,
periodista en la Casa Blanca que había escrito un artículo acerca
de que Bannon estaba en el lado perdedor en su enfrentamiento
con McMaster. Poco después, prácticamente todos los periodistas
bien relacionados de la ciudad se estaban poniendo en contacto
con alguien de la mesa. Cuando entraba un mensaje de texto, el
receptor enseñaba la pantalla del móvil si en ella salía el nombre
de algún periodista notable. En un momento dado, Bannon envió
a Schwartz un mensaje con unos puntos de discusión. ¿Era posible
que todo aquello no fuese sino otro día más en el interminable
drama de Trump?

Schwartz, que parecía considerar la estupidez de Trump como

un hecho políticamente demostrado, ofreció un enérgico análisis de por qué Trump no podía seguir adelante sin Bannon. Después, buscando más pruebas que respaldasen su teoría, Schwartz dijo que iba a enviar un mensaje a Nunberg, por lo general considerado como el hombre que mejor entendía los caprichos e impulsos de Trump, y quien había predicho sabiamente la supervivencia de Bannon en cada momento de duda durante los meses anteriores.

—Nunberg siempre lo sabe —dijo Schwartz.

Segundos después, Schwartz levantó la mirada. Los ojos se le pusieron como platos y, por un instante, guardó silencio. Y, entonces, dijo:

—Nunberg dice que Bannon está muerto.

Y, en efecto, sin que lo supieran los bannonistas, ni tampoco los más cercanos a él, Bannon se encontraba en aquel momento cerrando su salida con Kelly. Al día siguiente, estaría empacando su pequeño despacho y, el lunes, cuando Trump regresara a una remodelada Ala Oeste —una mano de pintura, mobiliario nuevo y alfombras nuevas, con un aspecto que tiraba hacia el Hotel Trump—, Steve Bannon se encontraría de vuelta en Capitol Hill, en la Embajada de Breitbart, y siendo aún —confiaba él— el jefe de estrategia de la revolución Trump.

EPÍLOGO:
BANNON Y TRUMP

En una sofocante mañana de octubre del 2017, el hombre que había sacado a Estados Unidos del Acuerdo de París sin despeinarse, más o menos, se detuvo en los escalones del edificio unifamiliar adosado de Breitbart y con una sonora risa dijo: "Supongo que el calentamiento global es una realidad".

Steve Bannon había perdido nueve kilos desde su salida de la Casa Blanca seis semanas antes: estaba llevando una estricta dieta a base de *sushi*. "Ese edificio —dijo su amigo David Bossie, refiriéndose a todas las Casas Blancas en general, pero de forma especial a la Casa Blanca de Trump— recibe a la gente sana y la envejece y le estropea la salud". Pero Bannon, al que Bossie había declarado prácticamente en estado de coma durante sus últimos días en el Ala Oeste, se encontraba de nuevo —según su propia descripción— "dándolo todo". Se había marchado de la "casa de seguridad" de Arlington, se había vuelto a instalar en la Embajada de Breitbart y la había convertido en un cuartel general de cara a la siguiente etapa del movimiento Trump, que quizá no llegase a incluir al propio Trump en absoluto.

Al preguntarle sobre el liderazgo de Trump del movimiento

nacionalista populista, Bannon hizo constar un nada despreciable cambio en el panorama político del país:

—*Yo* soy el líder del movimiento nacionalpopulista.

Una de las causas del alarde de Bannon y de su nueva determinación era que Trump, sin motivo alguno que Bannon fuera capaz de adivinar, había abrazado al candidato del aparato del partido propuesto por Mitch McConnell en las recientes primarias republicanas en el estado de Alabama, en lugar de apoyar al elegido por el nacionalpopulismo para el escaño del Senado que había dejado vacante el ahora fiscal general Jeff Sessions. Al fin y al cabo, el líder republicano McConnell y el presidente apenas se hablaban. Desde sus "vacaciones de trabajo" en Bedminster durante el mes de agosto, el personal del presidente había tratado de organizar una reunión conciliatoria con McConnell, pero el personal de este había respondido que no sería posible, porque el líder del Senado estaría cortándose el pelo.

Sin embargo, el presidente —siempre dolido y confundido ante su incapacidad para entenderse con los líderes del Congreso y, a la inversa, enfurecido por la negativa de estos a entenderse con él— había apostado de lleno por el candidato de McConnell, Luther Strange, que se había presentado contra el candidato de Bannon, el agitador derechista Roy Moore. (Incluso para un lugar como Alabama, Moore representaba la ultraderecha: había sido destituido como presidente del Tribunal Supremo del estado por desobedecer la orden de los tribunales federales de retirar un monumento a los Diez Mandamientos del edificio judicial de Alabama).

Para Bannon, el razonamiento político del presidente había sido, en el mejor de los casos, obtuso. Era improbable que consiguiera sacarle algo a McConnell, y, en efecto, Trump no había exigido nada a cambio de su apoyo a Luther Strange, que llegó por medio de un tuit imprevisto que puso en el mes de agosto. Las perspectivas de Strange no solo eran escasas, sino que lo más probable era que sufriese una derrota humillante. Moore era el candidato claro para las bases de Trump, y era el candidato de Bannon. De manera que ese era el enfrentamiento: Trump contra Bannon. En realidad, el presidente no tenía por qué apoyar a ninguno: nadie se habría quejado si se hubiese mantenido neutral en unas primarias. O podría haber apoyado a Strange de manera tácita, y no doblando su apuesta con más y más tuits insistentes.

Para Bannon, lo que había detrás de este episodio no era solo la curiosa y continua confusión del presidente al respecto de lo que él representaba, sino también sus volubles, desaforadas y a menudo disparatadas motivaciones. En contra de toda lógica política, Trump había dado su apoyo a Luther Strange, le dijo a Bannon, porque "Luther es mi amigo".

—Lo dijo como un niño de nueve años —dijo Bannon con un gesto de repulsión, y añadió que no existía universo alguno en el que Trump y Strange de verdad fueran amigos.

Para todos los altos cargos del personal de la Casa Blanca, este sería el eterno interrogante a la hora de tratar al presidente Trump: el "porqué" de su comportamiento a menudo desconcertante.

—El presidente sobre todo quiere gustar —fue el análisis de Katie Walsh—. Tiene tal necesidad de gustar que siempre... todo es siempre una lucha para él.

Esto se traducía en una constante necesidad de ganar algo, lo que fuese. De igual importancia, era esencial que *pareciese* un ganador. Demás está decir que los intentos por ganar sin contar con mayores consideraciones, planes u objetivos claros en el transcurso de los nueve primeros meses de la administración habían obtenido derrotas casi como único fruto. Al mismo tiempo, echando por tierra toda lógica política, aquella ausencia de planificación, aquella impulsividad, aquel aparente ardor guerrero, habían ayudado a crear la desestabilización que para tantos y de manera tan gozosa había hecho añicos el *status quo*.

Pero ahora —pensaba Bannon— aquella novedad estaba perdiendo, por fin, sus efectos.

Para Bannon, la carrera Strange-Moore había sido una prueba para el culto de Trump a la personalidad. Ciertamente, Trump continuaba creyendo que la gente lo seguía a él, que él era el movimiento y que su apoyo significaba un aumento de entre ocho y diez puntos en cualquier carrera electoral. Bannon había decidido poner a prueba aquella tesis, y había decidido hacerlo de la manera más dramática posible. En total, entre los líderes republicanos del Senado y otros, se habían gastado 32 millones de dólares en la campaña de Strange, mientras que la campaña de Moore se había hecho con 2 millones.

Trump, aunque era consciente de la marcada desventaja de Strange en las encuestas, había decidido ampliar su apoyo con un viaje que realizaba a título particular, pero aquella aparición del 22 de septiembre en Huntsville, Alabama, ante una multitud de las típicas de Trump, fue un cero político a la izquierda. Fue un discurso al más puro estilo de Trump, noventa minutos de divagaciones e improvisaciones: se construiría el muro (ahora era un muro transparente), la injerencia rusa en las elecciones era un rumor falso, echaría a cualquier miembro de su gabinete que apoyara a Moore. Sin embargo, aunque sus bases habían acudido en masa aún atraídas por "la novedad" Trump, la mejor respuesta que obtuvo el presidente al apoyar a voces a Strange fue el silencio. La multitud se empezaba a incomodar, y el evento amenazaba con convertirse en una total vergüenza.

Trump, al ver la reacción del público y desesperado por encontrar una salida, de repente soltó una frase sobre el jugador de fútbol americano Colin Kaepernick, que había puesto una rodilla en

tierra mientras sonaba el himno nacional en un partido de la Liga
Nacional de Fútbol Americano (NFL, por sus siglas en inglés). La
frase arrancó una ovación con la gente en pie. Acto seguido, el
presidente abandonó a Luther Strange durante el resto del acto.
De igual modo, siguió azotando a la NFL durante toda la semana
siguiente. No hagamos caso de la sonada derrota de Strange cinco
días después del acto de Huntsville. Ignoremos el tamaño y la magnitud del rechazo hacia Trump y el triunfo de Bannon y Moore,
con sus señales de una nueva desestabilización que se avecinaba.
Trump ya tenía un nuevo tema, y un tema victorioso: la Rodilla.

* * *

La premisa fundamental que tenía prácticamente todo el mundo
al unirse a la Casa Blanca de Trump era: "Esto puede funcionar.
Podemos ayudar a que esto funcione". Ahora, cuando solo se
habían cumplido tres cuartas partes del primer año del mandato
de Trump, ya no quedaba literalmente ni un solo miembro entre
los altos cargos del personal capaz de seguir confiando en esa premisa. Posiblemente —y, en muchos de los días, indudablemente—,
la mayoría de los altos cargos creían que lo único positivo de formar parte de la Casa Blanca de Trump era poder ayudar a evitar
que sucediera lo peor.

A principios de octubre, quedó echada la suerte del secretario
de Estado Rex Tillerson —si es que su obvia ambivalencia hacia el
presidente no la había decidido ya— cuando se reveló que había
dicho que el presidente era "un puto imbécil".

Esto —insultar la capacidad intelectual de Trump— era por un
lado lo único que no podías hacer, y por otro —entre las risotadas
de estupefacción de los altos cargos del personal—, lo único de lo
que todo el mundo era culpable. Cada uno a su manera, todos se
afanaban por expresar lisa y llanamente el hecho palpable de que
el presidente no sabía lo suficiente, que no sabía qué era lo que

no sabía ni tampoco le preocupaba especialmente, y, para colmo, que se mostraba seguro, cuando no sereno, en sus incuestionables certezas. A aquellas alturas había una buena cantidad de risitas de colegiales a sus espaldas acerca de quién había llamado qué a Trump. Para Reince Priebus y Steve Mnuchin, se trataba de un "idiota". Para Gary Cohn, era "increíblemente tonto". Para H. R. McMaster, un "inepto". Y así continuaba la lista.

Tillerson se convertía, simplemente, en otro ejemplo más de un subordinado convencido de que sus propias capacidades podían compensar de algún modo los fallos de Trump.

Alineados con Tillerson estaban los tres generales: Mattis, McMaster y Kelly, y cada uno de ellos se veía a sí mismo como la representación de la madurez, la estabilidad y la contención. Y, por supuesto, Trump estaba resentido con todos ellos por esa misma razón. La sugerencia de que cualquiera de aquellos hombres pudiera ser más centrado e incluso equilibrado que el propio Trump era causa de enfurruñamientos y pataletas por parte del presidente.

La conversación diaria entre los altos cargos, los que seguían allí y los que ya se habían ido —quienes, todos ellos, habían dado por perdido el futuro de Tillerson en la administración— era cuánto tiempo duraría Kelly como jefe de gabinete. Había una especie de apuesta virtual en los despachos, y la broma era que Reince Priebus tenía posibilidades de ser el jefe de gabinete de Trump que más tiempo hubiese durado en el cargo. El desagrado que sentía Kelly por el presidente era de dominio público —trataba a Trump con condescendencia en cada gesto y cada palabra—, y el desagrado que el presidente sentía hacia Kelly era mayor aún. Era una diversión para el presidente desobedecer a Kelly, quien se había convertido en lo único que Trump no había sido capaz de soportar en su vida: una figura paterna que le mostraba su desaprobación y lo censuraba.

* * *

Lo cierto es que no había ilusión ninguna en el 1600 de la Avenida Pensilvania. A la resignada antipatía de Kelly hacia el presidente solo le hacía la competencia el desprecio que el general sentía por la familia de Trump: "Kushner —se manifestó— es un insubordinado". El desprecio burlón de Cohn hacia Kushner y, también, hacia el presidente era aun mayor. En respuesta, el presidente descargaba más insultos sobre Cohn: el antiguo presidente de Goldman Sachs era ahora un "completo idiota, más tonto que tonto". La verdad era que Trump había dejado de defender a su propia familia y se preguntaba cuándo "captarán la indirecta y se marcharán a casa".

Pero todo esto, por supuesto, seguía siendo política: aquel que fuera capaz de sobreponerse a la vergüenza o la incredulidad —y, a pesar de toda la ordinariez y el absurdo trumpiano, hacerle la pelota y seguirle el juego— podría tener a su alcance una singular ventaja política. Y resultó que eran pocos los capaces de hacerlo.

En octubre, sin embargo, muchos de los miembros del personal del presidente se fijaron, en particular, en uno de los pocos oportunistas de Trump que quedaban: Nikki Haley, la embajadora de Estados Unidos en las Naciones Unidas. Haley —"tan ambiciosa como Lucifer", según la presentaba uno de los altos cargos del equipo presidencial— había llegado a la conclusión de que la presidencia de Trump duraría, en el mejor de los casos, una sola legislatura, y que ella, con la requerida sumisión, podía llegar a ser su heredera forzosa. Haley había agasajado a Ivanka y se había hecho su amiga, e Ivanka la había introducido en el círculo familiar donde se había convertido en uno de los focos particulares de atención de Trump, y él de ella. Haley, tal y como se había vuelto cada vez más evidente para el más amplio círculo del equipo de política extranjera y Seguridad Nacional, era la elección de la familia para el puesto de secretaria de Estado tras la inevitable dimisión de Tillerson (asimismo, en este baile de puestos, Dina Powell sustituiría a Haley ante las Naciones Unidas).

El presidente había estado pasando una notable cantidad de tiempo en privado con Haley en el Air Force One, y se lo había visto preparándola para un futuro político a escala nacional. A Haley, que tenía mucho más de republicana tradicional, una republicana con una vena moderada —un tipo cada vez más conocido como un "republicano Jarvanka"—, la estaban educando, para muchos de manera evidente, en las maneras de Trump. El peligro aquí, sugería un importante trumpista, "es que ella es mucho más lista que él".

Lo que ahora existía en la práctica, incluso antes de llegar al final del primer año del presidente, era un vacío de poder. El presidente, en su fracaso a la hora de sacar la cabeza más allá del caos diario, apenas había sacado partido de la situación. Pero alguien lo haría, tan cierto como que estamos hablando de política.

En ese sentido, el futuro de Trump y el futuro republicano ya se estaban desplazando lejos de aquella Casa Blanca. Ahí estaba Bannon, trabajando desde fuera e intentando tomar el control del movimiento Trump. Ahí estaban los líderes republicanos del Congreso, tratando de obstaculizar al trumpismo, si no de acabar con él. Ahí estaba John McCain, haciendo cuanto podía con tal de dejarlo en evidencia. Ahí estaba la oficina del fiscal especial, persiguiendo al presidente y a muchos de los que lo rodeaban.

Para Bannon, las apuestas estaban claras. Haley, un personaje muy poco trumpiano, pero de lejos la más cercana a él de entre todos los miembros de su gabinete, podría tentar a Trump con inteligentes artimañas políticas para que pusiera en sus manos la revolución trumpiana. En efecto, temiendo la influencia que Haley ejercía sobre el presidente, el bando de Bannon había forzado la máquina —aquella misma mañana en que Bannon se había

detenido en las escaleras de la casa adosada de Breitbart con ese
calor tan impropio de octubre— para imponer a Mike Pompeo,
de la CIA, para el Departamento de Estado cuando Tillerson se
marchase.

Todo esto formaba parte de la siguiente etapa del trumpismo:
protegerlo de Trump.

* * *

De un modo severo y consciente, el general Kelly trataba de pur-
gar el caos del Ala Oeste. Había comenzado por compartimentar
las fuentes y la naturaleza de ese caos. La fuente que se imponía
a todas era, por supuesto, la de las propias erupciones del presidente, que Kelly no podía controlar y a cuya aceptación se había
resignado. En lo referente al caos secundario, gran parte de él se
había calmado con la eliminación de Bannon, Priebus, Scaramucci
y Spicer, lo cual tuvo el efecto de generar un Ala Oeste bastante
controlada por el dúo Jarvanka.

Ahora, pasados nueve meses, la administración de Trump se
enfrentaba al problema añadido de que resultaba muy complicado
traer a alguien con estatura suficiente para sustituir a los altos cargos que se habían marchado, y la estatura de los que quedaban
parecía disminuir con cada semana que pasaba.

Hope Hicks, de veintiocho años, y Stephen Miller, de treinta
y dos —ambos habían iniciado sus pasos en la campaña como
becarios—, se encontraban ahora entre los puestos de mayor responsabilidad de la Casa Blanca. Hicks había asumido el mando
de las comunicaciones, y Miller había sustituido a Bannon en la
práctica como máximo estratega político.

Después del fiasco de Scaramucci y de darse cuenta de que
el puesto de director de comunicaciones sería inmensamente
más difícil de ocupar, se lo adjudicaron a Hicks, como directora
"interina". Recibía el título de interina, en parte, porque parecía

inverosímil que estuviera calificada para dirigir un mecanismo de transmisión de mensajes muy maltratado ya, y, en parte, porque si le daban el puesto de forma permanente, todo el mundo asumiría que el presidente estaba efectivamente tomando la iniciativa en las decisiones del día a día. Sin embargo, a mediados de septiembre y de forma discreta, lo de "interina" se convirtió en "permanente".

En el más amplio mundo de la política y los medios, Miller —a quien Bannon se refería como "mi mecanógrafo"— era una figura que generaba una incredulidad cada vez mayor. Apenas se lo podía sacar en público sin que provocase un desaforado, cuando no a gritos, arrebato de quejas y denuncias. Era de hecho el artífice de las políticas y los discursos, y aun así, hasta ahora se había dedicado, sobre todo, a tomar nota de lo que le dictaban.

Pero lo más problemático era que Hicks y Miller, con todos los demás del bando del dúo Jarvanka, se encontraban ahora vinculados de manera directa con actos relacionados con la investigación sobre Rusia o con esfuerzos para tergiversarla, desviarla o, en efecto, encubrirla. Miller y Hicks habían redactado —o al menos mecanografiado— la versión de Kushner de la primera carta escrita en Bedminster para destituir a Comey. Hicks se había reunido con Kushner y con su mujer en el Air Force One para redactar, conforme a las directrices de Trump, el comunicado de prensa sobre la reunión que Don Jr. y Kushner mantuvieron con los rusos en la Torre Trump.

Así, esto se convirtió en la cuestión definitoria para el personal de la Casa Blanca: quién se encontraba en qué habitación inoportuna. E, incluso más allá del caos general, el constante peligro legal formaba parte de aquella barrera tan elevada para traer a la gente a trabajar en el Ala Oeste.

Kushner y su mujer —considerados ahora en gran medida como una bomba de tiempo dentro de la Casa Blanca— dedicaban un tiempo considerable a su propia defensa y a combatir la sensa-

ción de una paranoia que no dejaba de crecer, en especial acerca
de lo que podrían decir ahora sobre ellos los miembros importantes del personal que ya se habían marchado del Ala Oeste. Curiosamente, a mediados de octubre, Kushner incorporó a su equipo
legal a Charles Harder, el abogado de pleitos por difamación
que había defendido tanto a Hulk Hogan en su demanda contra
Gawker (el sitio web de chismes) como a Melania Trump en su
demanda contra el *Daily Mail*. Quedaba clara la amenaza implícita
a los medios y a los críticos: tú sabrás lo que haces si hablas sobre
Jared Kushner. Probablemente, también significaba que Donald
Trump seguía gestionando la defensa legal de la Casa Blanca a base
de reclutar a sus "tipos duros" preferidos de entre sus abogados.

Más allá de las payasadas diarias de Donald Trump, este era el
tema que consumía a la Casa Blanca: la investigación que estaba en
marcha, dirigida por Robert Mueller. El padre, la hija, el yerno, el
padre del yerno, la exposición del resto de la familia, el fiscal, los
lacayos tratando de salvar la piel, los miembros del personal a los
que Trump había obsequiado con el reverso de la mano... todo ello
amenazaba —en opinión de Bannon— con hacer que Shakespeare
se pareciese a Dr. Seuss.

Todo el mundo estaba esperando a que cayesen las fichas del
dominó y a ver cómo el presidente, en su furia, podría reaccionar
y volver a cambiar de tema.

* * *

Steve Bannon le estaba contando a la gente que él creía que había
un 33.3 por ciento de probabilidades de que la investigación de
Mueller condujese a un proceso de destitución del presidente, un
33.3 por ciento de probabilidades de que Trump renunciase, quizá
ante las amenazas del gabinete de actuar con acuerdo a la Vigésima
Quinta Enmienda (según la cual, el gabinete puede destituir al presidente llegado el caso de verse incapacitado), y un 33.3 por ciento

de probabilidades de que Trump llegase renqueando al final de su mandato. En cualquier caso, no habría un segundo mandato, sin duda ninguna, ni siquiera un intento de conseguirlo.

—No lo va a conseguir —dijo Bannon en la Embajada de Breitbart—. Se le ha ido.

Con menos locuacidad, Bannon le estaba diciendo otra cosa a la gente: él, Steve Bannon, iba a presentarse a la presidencia de Estados Unidos en el 2020. La expresión "Si yo fuera presidente..." se estaba convirtiendo en "Cuando yo sea presidente...".

Tenía de su parte a los principales donantes de Trump en el 2016, afirmaba Bannon: Sheldon Adelson, los Mercer, Bernie Marcus y Peter Thiel. Rápidamente, y como si se hubiera estado preparando para esta jugada durante un tiempo, Bannon había abandonado la Casa Blanca y había montado una organización de campaña a base de remanentes. El Bannon que hasta ahora se había quedado detrás de las cámaras se estaba reuniendo de manera metódica con todos los líderes conservadores del país: "dándolo todo", como él lo expresó, para "besarles el culo y rendir homenaje a todos los ancianos". Y estaba participando como orador en una buena lista de eventos conservadores a los que nadie podía faltar.

—¿Por qué está hablando Steve? No sabía que él fuera a hablar —comentó el presidente a sus asesores con desconcierto y una creciente preocupación.

Trump también había quedado eclipsado de otras maneras. Había programado una gran entrevista en septiembre con *60 Minutes*, pero esta se canceló de forma abrupta después de que Charlie Rose entrevistara a Bannon en dicho programa el 11 de septiembre. A los consejeros del presidente les daba la sensación de que Trump no debía situarse en un lugar donde se lo pudiera comparar con Bannon. El recelo entre el personal era que probablemente sufriría con dicha comparación: a todos les preocupaba que sus divagaciones y sus alarmantes repeticiones (repetía las mismas frases con las mismas expresiones con apenas unos minutos de diferencia) se habían incrementado de manera significativa, y también les preocupaba que su capacidad para estar concentrado, que jamás fue grandiosa, había descendido de forma notable. En su lugar, la entrevista se le ofreció a Sean Hannity... con una revisión previa de las preguntas.

Bannon también se había hecho con el grupo para investigar a la oposición —los mismos investigadores contables con metodología forense que habían juntado las piezas de las perjudiciales revelaciones de *Clinton Cash*—, y lo estaba centrando en lo que él presentaba como las "élites políticas". Se trataba de una abarcadora lista de enemigos que incluía a muchos republicanos y a tantos otros demócratas.

Por encima de todo, Bannon estaba centrado en presentar candidatos para el 2018. Aunque el presidente había amenazado en repetidas ocasiones con apoyar la posibilidad de que los titulares de los escaños del Congreso que fueran sus enemigos tuvieran que aceptar el desafío de otros aspirantes del propio partido en unas primarias, al final sería Bannon quien llevase la batuta de dichas primarias gracias a la ventaja que había tomado de forma tan agresiva. Era Bannon quien sembraba el terror en el Partido Republicano, no Trump. En efecto, Bannon estaba dispuesto a escoger unos candidatos estrafalarios, cuando no chiflados —incluido el antiguo congresista de Staten Island Michael Grimm, que había cumplido condena en una prisión federal—, para demostrar la magnitud, el ingenio y la intimidación de la política al estilo Bannon, como lo había demostrado con Trump. Aunque los republicanos de las elecciones al Congreso en el 2018 se enfrentaban, según los números de Bannon, a una desventaja de quince puntos, Bannon estaba convencido de que, cuanto más extrema pareciese la apuesta de la derecha, más probable era que los demócratas presentasen a unos chiflados de izquierda menos elegibles aún que los chiflados de derecha. La desestabilización acababa de empezar.

Trump, en opinión de Bannon, era un capítulo, o incluso un rodeo que habían dado en la revolución Trump, que siempre había consistido en los puntos débiles de los dos grandes partidos. La presidencia de Trump —durara lo que durase— había creado el hueco que proporcionaría su oportunidad a los verdaderos *outsiders*. Trump era solo el comienzo.

De pie en los escalones de Breitbart en aquella mañana de octubre, Bannon sonrió y dijo:

—Lo que viene va a ser brutal.

AGRADECIMIENTOS

Estoy agradecido a Janice Min y Matthew Belloni, del *Hollywood Reporter,* quienes, hace dieciocho meses, me despertaron una mañana para que me subiera a un avión en Nueva York y entrevistase aquella noche al inverosímil candidato en Los Ángeles. Mis editores, Stephen Rubin y John Sterling, de Henry Holt & Co., no solo han apoyado este proyecto con generosidad, sino que lo han guiado con su entusiasmo y sus cuidados casi a diario. Mi agente, Andrew Wylie, hizo posible este libro casi de la noche a la mañana, como suele hacerlo.

Michael Jackson, de Two Cities TV, Peter Benedek, de UTA, y mis abogados, Kevin Morris y Alex Kohner, han impulsado este proyecto hacia delante con paciencia.

La lectura legal de tus textos puede ser como una visita al dentista. No obstante, en mi dilatada experiencia, no hay un abogado de pleitos por difamación más capaz con los matices, la sensibilidad y la estrategia que Eric Rayman. Una vez más, ha sido casi un placer.

Muchos amigos, colegas y personas generosas en los más amplios círculos de los medios y de la política han hecho de este libro una obra más inteligente, entre ellos: Mike Allen, Jonathan

Swan, John Homans, Franklin Foer, Jack Shafer, Tammy Haddad, Leela de Kretser, Stevan Keane, Matt Stone, Edward Jay Epstein, Simon Dumenco, Tucker Carlson, Joe Scarborough, Piers Morgan, Juleanna Glover, Niki Christoff, Dylan Jones, Michael Ledeen, Mike Murphy, Tim Miller, Larry McCarthy, Benjamin Ginsberg, Al From, Kathy Ruemmler, Matthew Hiltzik, Lisa Dallos, Mike Rogers, Joanna Coles, Steve Hilton, Michael Schrage, Matt Cooper, Jim Impoco, Michael Feldman, Scott McConnell y Mehreen Malik.

Mi agradecimiento a Danit Lidor, Christina Goulding y Joanne Gerber, que se dedicaron a verificar los datos.

Mi mayor agradecimiento para Victoria Floethe, por su apoyo, su paciencia y sus ideas, y por su gentileza al dejar que este libro ocupe un espacio tan exigente en nuestras vidas.